中华传世藏书

【图文珍藏版】

# 山海经

诠解

马博⊙主编

第四册

线装书局

# 二、预测

## (一)南山经

柜山:有兽焉,其状如豚,有距,其音如狗吠,其名曰狸力,见则其县多土功。有鸟焉,其状如鸱而人手,其音如痹,其名曰鴸,其名自号也,见则其县多放士。

长右山:有兽焉,其状如禺而四耳,其名长右,其音如吟,见则郡县大水。

尧光山:有兽焉,其状如人而彘鬣,穴居而冬蛰,其名曰猾裹,其音如斫木,见则县有大繇。

丹穴山:有鸟焉,其状如鸡,五采而文,名曰凤皇。首文曰德,翼文曰义,背文曰礼,膺文曰仁,腹文曰信。是鸟也,饮食自然,自歌自舞,见则天下安宁。

鸡山:黑水出焉,而南流注于海。其中有鱄鱼,其状如鲋而彘毛,其音如豚,见则天下大旱。

令丘山:有鸟焉,其状如枭,人面四目而有耳,其名曰颙,其鸣自号也,见则天下大旱。

## (二)西山经

太华山:有蛇焉,名曰肥遗,六足四翼,见则天下大旱。

女床山:有鸟焉,其状如翟而五采文,名曰鸾鸟,见则天下安宁。

鹿台山:有鸟焉,其状如雄鸡而人面,名曰凫徯,其鸣自叫也,见则有兵。

小次山:有兽焉,其状如猿,而白首赤足,名曰朱厌,见则有兵。

邽山:濛水出焉,南流注于洋水。其中多黄贝,蠃鱼,鱼身而鸟翼,音如鸳莺,见则其邑大水。

鸟鼠同穴山:渭水出焉,而东流注于河。其中多鰠鱼,其状如鳝鱼,动则其邑有大兵。

崦嵫山:其上多丹木,其叶如构,其实大如瓜,赤符而黑理,食之已瘅,可以御火。……有鸟焉,其状如鸮而人面,蜼身犬尾,其名自号也,见则其邑大旱。

崇吾山:有木焉,员叶而白柎,赤华而黑理,其实如枳,食之宜子孙。……有鸟焉,其状如凫,而一臂一目,相得乃飞,名曰蛮蛮,见则天下大水。

钟山:其子曰鼓,其状如人面而龙身,是与钦䰱杀葆江于昆仑之阳,帝乃戮之钟山之东曰瑶崖。钦䰱化为大鹗,其状如雕而黑文白首,赤喙而虎爪,其音如晨鹄,见则有大兵。鼓亦化为鵕鸟,其状如鸱,赤足而直喙,黄文而白首,其音如鹄,见则其邑大旱。

槐江山:有天神焉,其状如牛,而八足二首马尾,其音如勃皇,见则其邑有兵。

玉山:有兽焉,其状如犬而豹文,其角如牛,其名曰狡,其音如吠犬,见则其国大穰。有鸟焉,其状如翟而赤,名曰胜遇,是食鱼;其音如录,见则其国大水。

章莪山:有鸟焉,其状如鹤,一足,赤文青质而白喙,名曰毕方,其鸣自叫也,见则其邑有讹火。

翼望山:有兽焉,其状如狸,一目而三尾,名曰讙,其音如夺百声,是可以御凶,服之已瘅。有鸟焉,其状如乌,三首六尾而善笑,名曰鵸𪆰,服之使人不厌,又可以御凶。

## （三）北山经

浑夕山：有蛇一首两身，名曰肥遗，见则其国大旱。

錞于毋逢山：北望鸡号之山，其风如飚。西望幽都之山，浴水出焉。是有大蛇，赤首白身，其音如牛，见则其邑大旱。

## （四）东山经

犲山：有兽焉，其状如夸父而彘毛，其音如呼，见则天下大水。

独山：末涂之水出焉，而东南流注于沔。其中多䱻蛹，其状如黄蛇，鱼翼，出入有光，见则其邑大旱。

空桑山：有兽焉，其状如牛而虎文，其音如吟，其名曰軨軨，其鸣自叫，见则天下大水。

余峨山：有兽焉，其状如菟而鸟喙，鸱目蛇尾，见人则眠，名曰犰狳，其鸣自訆，见则螽蝗为败。

耿山：有兽焉，其状如狐而鱼翼，其名曰朱獳，其鸣自訆，见则其国有恐。

卢其山：沙水出焉，南流注于涔水。其中多鹭鹕，其状如鸳鸯而人足，其鸣自叫，见则其国多土功。

姑逢山：有兽焉，其状如狐而有翼，其音如鸿雁，其名曰獙獙，见则天下大旱。

硬山：有兽焉，其状如马，而羊首、四角、牛尾，其音如獋狗，其名曰峖峖，见则其国多狡客。有鸟焉，其状如凫而鼠尾，善登木，其名曰絜钩，见则其国多疫。

女烝山：石膏水出焉，而西注于鬲水。其中多薄鱼，其状如鳣鱼而一目，其音如欧，见则天下大旱。

钦山:有兽焉,其状如豚而有牙,其名曰当康,其鸣自叫,见则天下大穰。

子桐山:子桐之水出焉,而西流注于余如之泽。其中多滑鱼,其状如鱼而鸟翼,出入有光,其音如鸳鸯,见则天下大旱。

剡山:有兽焉,其状如彘而人面,黄身而赤尾,其名曰合窳,其音如婴儿;是兽也,食人,亦食虫蛇,见则天下大水。

太山:有兽焉,其状如牛而白首,一目而蛇尾,其名曰蜚,行水则竭,行草则死,见则天下大疫。

### (五)中山经

鲜山:鲜水出焉,而北流注于伊水。其中多鸣蛇,其状如蛇而四翼,其音如磬,见则其邑大旱。

阳山:阳水出焉,而北流注于伊水。其中多化蛇,其状如人面而豺身,鸟翼而蛇行,其音如叱呼,见则其邑大水。

敖岸山:有兽焉,其状如白鹿而四角,名曰夫诸,见则其邑大水。

熊山:有穴焉,熊之穴,恒出神人。夏启而冬闭,是穴也,冬启乃必有兵。

乐马山:有兽焉,其状如彙,赤如丹火,其名曰㺍,见则其国大疫。

倚帝山:有兽焉,状如鼣鼠,白耳白喙,名曰狙如,见则其国有大兵。

鲜山:有兽焉,其状如膜犬,赤喙、赤目、白尾,见则其邑有火,名曰狋即。

历石山:有兽焉,其状如狸,而白首虎爪,名曰梁渠,见则其国有大兵。

几山:有兽焉,其状如彘,黄身、白头、白尾,名曰闻獜,见则天下大风。

### 【鉴赏】

上面为《山海经》有部分预测活动和医药内容的记述,其信息量非常丰富。此外,由于许多草木属于常见草药,因此经文仅述及其名,而未提及其药效。其中,《五藏山经》共记述有类似预测行为 56 条,其中《南山经》7 条,《西山经》15 条,《北山经》4 条,《东山经》16 条,《中山经》14 条,可以看出居住在《东山经》所述地区的人们对预测活动有着更浓厚的兴趣。《五藏山经》所述预测活动均属于前兆判断,其水平尚处于初级阶段,这也是该书相当古老的标志之一。其中,具有前兆功能的事物绝大多数为动物,计有 52 种,此外还有人神 2 种、器物 1 种、自然物 1 种,共计 56 种。预测的内容,包括劳役 1 项、土功 2 项、放士 1 项、多狡客 1 项、疾疫 4 项、火灾 2 项、恐慌 3 项、国败 1 项、战争 9 项、天下安宁 2 项、大风 2 项、大水 9 项、大旱 13 项、虫害 1 项、风雨水为败 1 项、霜 1 项、大穰 3 项,与农业相关的有 30 项之多,令人多少有些诧异的是缺少渔猎畜牧业的内容。

有必要说明的是,本文对预测和医药放在一起进行鉴赏,一方面是因为两者往往在《山海经》里被一起记述,另一方面也是因为两者在本质上是一致的,都属于生命智力带有预见性的智力活动范畴。

生命智力学暨智因进化论的核心内容是,生命与生命智力同时起源、同步进化,生命智力的实质是使用间接信息达成期望效应。所有的生命都拥有生命智力,不同的生命拥有不同结构、不同形式和不同层次的生命智力,生物进化的实质是生命智力主导实施的生存方式多样化和生存技术复杂化。

人类之所以能够从生物世界脱颖而出,乃是因为人类的生命智力发展到了一个全新的阶段,其主要标志是火的应用,即举起火把才是人。接下来,人类社会的发展,主要取决于预见性(属于期望效应)的不断提高,而预测行为和医药的应用都离不开预见性,或者离不开对预见性的追求。

从《山海经》的记述可知,古人的预测行为,使用的方法是"用某一个因素去对应某一种现象",他们关心的问题主要是社会是否安宁、是否有战争、是否有旱涝灾害、是否丰收、是否有瘟疫等等。古人的医药实践,基本上处于"单方治病"的阶段,即用一味草药(包括动物、矿石等)去对应医治一种疾病(包括美容、养生、长寿)。从这个侧面来说,《山海经》的撰写时代应该是非常古老的,而且其内容也是真实可靠的。

# 第十四章 《山海经》的哲学与社会观念

## 一、《山海经》关于天、帝、神的记载

有互人之国。炎帝之孙，名曰灵恝，灵恝生互人，是能上下于天。

华山、青水之东，有山名曰肇山，有人名曰柏高，柏高上下于此，至于天。

西南海之外，赤水之南，流沙之西，有人珥两青蛇，乘两龙，名曰夏后开。开上三嫔于天，得《九辩》与《九歌》以下。此天穆之野，高二千仞，开焉得始歌《九招》。

帝俊赐羿彤弓素矰，以扶下国，羿是始去恤下地之百艰。

有神焉，人首蛇身，长如辕，左右有首，衣紫衣，冠旃冠，名曰延维，人主得而飨食之，伯天下。

《山海经》关于天、帝、神的记载相当丰富，详尽内容可参阅本书"山海经的部落世系"等章节。

## 二、具有社会功能的神异动物

丹穴山：有鸟焉，其状如鸡，五采而文，名曰凤皇。首文曰德，翼文曰义，背文曰礼，膺文曰仁，腹文曰信。是鸟也，饮食自然，自歌自舞，见则天下安宁。

有鸾鸟自歌,凤鸟自舞。凤鸟首文曰德、翼文曰顺、膺文曰仁、背文曰义,见则天下和。

有关具有社会功能的神异动物的详尽内容,可参阅本书"山海经的预测与医药"等章节。

# 三、礼仪之邦

君子国在其北,衣冠带剑,食兽,使二文虎在旁,其人好让不争。有薰华草,朝生夕死。一曰在肝榆之尸北。

# 四、与自然和谐相处

此诸夭之野,鸾鸟自歌,凤鸟自舞。凤皇卵,民食之;甘露,民饮之,所欲自从也。百兽相与群居。在四蛇北。其人两手操卵食之,两鸟居前导之。

有载民之国。帝舜生无淫,降载处,是谓巫载民。巫载民盼姓,食谷。不绩不经,服也;不稼不穑,食也。爰有歌舞之鸟,鸾鸟自歌,凤鸟自舞。爰有百兽,相群爰处。百谷所聚。

有沃之国,沃民是处沃之野,凤鸟之卵是食,甘露是饮。凡其所欲,其味尽存。爰有甘华、甘祖、白柳、视肉、三骓、璇瑰、瑶碧、白木、琅玕、白丹、青丹,多银铁。鸾鸟自歌,凤鸟自舞,爰有百兽,相群是处,是谓沃之野。

## 五、天下一统

洪水滔天。鲧窃帝之息壤以堙洪水，不待帝命。帝令祝融杀鲧于羽郊。鲧复生禹。帝乃命禹卒布土以定九州。（禹鲧是始布土，均定九州。）

## 六、禹的哲学与社会观念

禹曰：天下名山，经五千三百七十山，六万四千五十六里，居地也。言其五藏，盖其余小山甚众，不足记云。天地之东西二万八千里，南北二万六千里；出水之山者八千里，受水者八千里；出铜之山四百六十七，出铁之山三千六百九十。此天地之所分壤树谷也，戈矛之所发也，刀币之所起也。能者有余，拙者不足。封于太山，禅于梁父，七十二家，得失之数，皆在此内，是谓国用。地之所载，六合之间，四海之内，照之以日月，经之以星辰，纪之以四时，要之以太岁。神灵所生，其物异形，或夭或寿，唯圣人能通其道。

【鉴赏】

《山海经》是一部记述自然地理和人文地理的书，同时也涉及许多哲学和社会观念。在哲学观念里，比较突出的是"天"的概念。《山海经》所说的"天"，并不是单纯指天空，而是对大自然力量的一种抽象概括和提升。所谓互人、柏高"上下于天"，体现着人类与"天"沟通的愿望。夏后开"上三嫔于天"云云，表现出的观念是人类统治者的权力需要得到"天"的认可。事实上，"天"的概念出现，以及对"天"的敬畏，乃是人类文明发展过程中的一种突破。

对比之下,在其他动物身上,我们看不到任何对"天"的意识活动。

与此同时,《山海经》对"帝"和"神"的记述,也体现着相应的哲学和社会观念。例如,《海内经》"帝俊赐羿彤弓素矰,以扶下国,羿是始去恤下地之百艰",反映的是羿通过仪式接受帝俊的旨意,为民众除害兴利。又如,"……延维,人主得而飨食之,伯天下",反映的是人主(帝王)对统治权扩展的追求。所谓"得而飨食之",意思是向神延维进行祭祀、献上美食祭品。

众所周知,"神"是由人类创造出来的。那么,人类为什么要创造出具有超自然或超人能力的"神"?其根源在于,人类的大脑思维生命智力系统有着强烈的自我发展欲求,"神"实质上就是"未来的人"。人类历史的发展已经充分证明了这一点:今天的人掌握的本领,相当于过去的"神"的神力。

《山海经》记载了许多具有社会功能的神异动物,其中比较突出的是凤凰。虽然关于凤凰"凤鸟首文曰德、翼文曰顺、膺文曰仁、背文曰义"的描述,有可能是整理者注释的文字误窜入到正文里,但是,凤凰"见则天下安宁"、"见则天下和"却是一种相当古老的观念,体现出中国古人对和平安宁生活的向往。

《山海经》关于君子国"衣冠带剑"、"其人好让不争"的记述,反映了中国人从非常古远的时期就对礼仪之邦有着推崇与追求。

《山海经》对诸夭之野、载民国、沃之国的记载,描述了一种物产丰饶、人类与大自然和谐相处的美妙场景。老子在《道德经》第81节描述的小国寡民,很可能就是从《山海经》对诸夭之野、载民国、沃之国的记载所得到的启发,因为老子任周王室图书馆馆长期间有条件阅读到《山海经》的内容。进一步说,这种物产丰饶、人人平等、人类与大自然和谐相处的美妙场景,也符合人类社会的发展方向——共福社会:思想自由、消费适度、权责公平。

特别值得注意的是，《山海经》一书结尾一段话"帝乃命禹卒布土以定九州"，寄托着《山海经》撰稿者对天下一统的渴望。与此同时，《山海经》一书的开篇《禹曰》，则通过禹说过的话，体现出《山海经》撰稿者的哲学与社会观念：大自然有着自己的演化规律，它为人类提供着丰富的资源。人类要遵循大自然的规律，用好自然资源，合理分配使用自然资源。毋庸置疑，这对我们今天的人类社会发展来说，仍然具有重要的启示意义。

# 第十五章 《山海经》中的龙凤文化

## 一、十二生肖动物纪年

中国人有十二生肖文化,印度等国也有类似中国的年生肖文化,而西方人有黄道十二宫文化。中国十二生肖的文化内涵主要由两部分组成,第一部分实际上是一套动物纪年历法,每 12 年一轮回,每年各有一种动物,这十二种被选作纪年的动物依次是鼠、牛、虎、兔、龙、蛇、马、羊、猴、鸡、狗、猪。十二生肖又称十二肖、十二兽、十二禽、十二属,古人还把十二生肖动物与十二地支(十二辰)结合起来,联称为子鼠、丑牛、寅虎、卯兔、辰龙、巳蛇、午马、未羊、申猴、酉鸡、戌狗、亥猪。第二部分则是"生肖":某年出生的人,要模仿当年的纪年动物,人们相信通过这种模仿动物的行为,有利于人的顺利成长,这种习俗就称为"生肖","肖"即模仿的意思。据此可知,在十二生肖起源的时候,每一个生肖动物对象都应该是自然界里真实存在着的动物,也就是说十二生肖里的龙当初是一种或一类真实的动物。进一步说,"生肖"行为实际上还包含着健身意义,堪称中国最早的健身术,华佗五禽戏和古老的导引术,以及中医的穴位、经络、气功(《山海经·大荒北经》记有"有继无民,继无民任姓,无骨子,食气、鱼"),很可能都源于或者受益于"生肖健身术"。

对比之下,西方的黄道十二宫实际上是一套月历,它描述的是地球环绕太阳的周年运动轨迹。古希腊天文学家把360度的黄道平均分为十二段，每段30度，分别由一个星座来代表，每个星座就称为一宫，它们依次是白羊宫、金牛宫、双子宫、巨蟹宫、狮子宫、室女宫、天秤宫、天蝎宫、人马宫、摩羯宫、宝瓶宫、双鱼宫，一个宫占一个月的时间。在一年的时间里，白羊宫是春分的起点，巨蟹宫是夏至的起点，天秤宫是秋分的起点，摩羯宫是冬至的起点。黄道十二宫除了宝瓶宫形象为器物之外，其余均为动物，因此又被称为动物圈。其中，天秤宫形象既是器物，又作为天蝎的"钳"子。白羊宫形象为希腊神话金羊，为了金羊毛（实际上是争夺地中海贸易控制权），希腊人发动了战争。摩羯宫的形象是一头准备战斗的山羊，却有着鱼的尾巴，他是牧羊神潘恩变成的。

细心的人不难发现，西方的月生肖准确说应该称之为月星象（这里的月历，是指阳历的月历，而不是阴历的月历），因为西方黄道十二宫里面虽然有许多动物形象，但是并没有出生在某月的人就要模仿该月天空星座象征动物的内容，而只是强调出生季节差异对人的命运的影响。对比之下，中国的生肖文化，则与季节变化无关，而是与十二年的周期规律有关。由于中国人相信人出生在不同的年份会有不同的命运，而西方人则相信人出生在不同的月份会有不同的命运；因此，我们可以说中国的生肖文化是年生肖文化（古人的批八字，同时包括年生肖、月生肖、日生肖和时生肖），西方的十二宫文化是月生肖文化。

《中国古代动物学史》的作者（郭郛、李约瑟、成庆泰，科学出版社1999年），深入研究分析考证了《山海经》、《尔雅》等古籍记载的300余种动物。该书指出，中国古代有着多种动物分类方法，《尔雅》将动物分为虫、鱼、鸟、兽四大类，《管子》和《月令》将动物分为蠃、羽、毛、介、鳞五大类，《本草纲目》将动物分为虫、介、鳞、禽、兽、人六大类。

从动物分类学的角度来说,十二生肖动物尽管仅仅只有12种,却囊括了哺乳类动物(食草类、食肉类和杂食性动物)、飞禽(鸟)类动物、爬行类动物、水族类动物(两栖类和鱼类),以及家畜类动物。或可表明,当时的人们对如何筛选12种有代表性的动物,还是动了一番脑筋的。

由孔子编辑的《诗经·小雅》"吉日庚午,既差我马"已经把地支"午"与动物马联系在一起,而十二生肖最早的完整文字记载,见于东汉学者王充的著作《论衡·物势》:"寅,木也,其禽,虎也。戌,土也,其禽,犬也。……午,马也。子,鼠也。酉,鸡也。卯,兔也。……亥,豕也。未,羊也。丑,牛也。……巳,蛇也。申,猴也。"《言毒篇》:"辰为龙,巳为蛇,辰、巳之位在东南。"

关于十二生肖的起源有多种说法,其中比较流行的民间故事讲,轩辕黄帝要选十二种动物担任宫廷侍卫。猫托老鼠报名,老鼠给忘了,结果猫没选上,从此与老鼠结为冤家。大象也来报名,老鼠钻进象鼻子里,把大象赶跑了。剩下十二种动物,原本推举牛居首位,老鼠跳到牛背上,猪跟着起哄,结果老鼠排第一,猪排为倒数第一。龙和老虎也不服,被封为海中之王和山中之王,排在了老鼠和牛的后面。兔子不服,与龙赛跑,这样兔子又排在了龙的前面。狗在旁边看着不服气,就咬了兔子尾巴一口,结果狗被罚到了后面,而兔子的尾巴从此就变短了。蛇、马、羊、猴、鸡也经过一番较量,才逐一排定了先后位置。

上述民间故事可能不完全是虚构的(许多民间故事都记录着远古文化信息,例如牛郎织女描述的实际上是先夏时期黄帝族与炎帝族通婚的故事)。在我国先秦典籍里,就提到黄帝驱使各种野兽作战,《山海经》里也记录着许多部落"使四鸟(虎、豹、熊、罴)",这些所谓的"野兽"有可能是远古部落或氏族的图腾动物。因此,民间故事说黄帝选十二种动物为侍卫,也可以理解为黄帝部落联盟里面有十二个主要的部落成员。

问题是,十二生肖实质是十二兽历,就是用12种动物分别纪十二年,每一年都特别适宜某一种动物生长,而且具有周期性。换句话说,古人是因为发现不同年份更适宜某种动物的生存,因此才会用这种动物作为这个年份的象征动物。那么,为什么存在着12年的周期轮回,只能是12种纪年动物,而不是11种纪年动物或13种纪年动物呢?这就涉及天文生物学的规律了。

众所周知,对地球上的生物影响最大的天体是太阳、月亮和五大行星,以及彗星、陨石等。其中,与12年周期循环变化最接近的天体现象,一是木星绕太阳一周的时间为12年(近现代测定为11.8年),二是太阳黑子活动周期平均为11年。有鉴于此,我们有理由认为十二生肖的起源与木星12年绕太阳一周的运动有关。也就是说,木星在绕太阳旋转的周期中,它在太阳系的不同位置对地球的气候产生了不同的作用,从而影响到地球上不同动物的生存活力。

值得注意的是,在世界各文明古国里,唯有中国古代典籍明确记载了木星周期运动对地球气候的周期影响。《玉函山房辑佚书》收有《计倪子》一书,该书记有:"太阴三岁处金则穰,三岁处水则毁,三岁处木则康,三岁处火则旱。故散有时,积棃有时,领则决万物,不过三岁而发矣。以智论之,以决断之,以道佐之,断长续短。一岁再倍,其次一倍,其次而反。水则资车,旱则资舟,物之理也。天下六岁一穰,六岁一康,凡十二岁一饥,是以民相离也。故圣人早知天地之反,为之预备。"计倪子又名计然,春秋时越国大夫,范蠡曾拜计倪子为师。

《计倪子》的上述观点,从今天的角度来说,属于天文环境经济学,他研究的是天体位置对地球自然环境变化的规律,以及这种规律变化对社会经济的作用。所谓太阴,实质上说的就是木星,意思是:当木星三年位于"金"的方位时,风调雨顺农作物丰收;当木星三年位于"水"的方位时,将发生水涝灾害,农作物减产;当木星三年位于"木"的方位时,雨顺风调农业收成好,人们生活安康;当木星三年位于"火"的方位时,将出现旱灾,农业收成不好(在五行里,金代表西方,水代表北方,木代表东方,火代表南方)。人们只要掌握了这种规律,就可以提前做好准备,并由此而获得丰厚的经济利益。

《计倪子》的上述一番言论,又与十二生肖有什么关系呢?有学者指出十二生肖动物的排列存在着与《计倪子》类似的三年一组的规律性。具体来说,鼠年、牛年适宜食草动物生长,食草动物多了又适宜食肉动物(虎年)的生长;因此,鼠、牛、虎这三年相当于木星位于"金"的三年,是风调雨顺的好时光。食肉动物多了,食草动物就少了,就到了兔年(原本应是蛙年或蟾蜍年,与嫦娥在月宫相伴的原本是蟾蜍,因蟾蜍又称顾菟,才变成玉兔捣药,蟾蜍喜水属于两栖类);龙是水族类代表动物(原型为娃娃鱼),蛇性喜潮湿,表明这三年雨涝洪水频仍,相当于木星位于"水"的方位。接下来,马年、羊年又适宜食草类动物生长,猴喜吃树上的果子,表明这三年又赶上雨顺风调,正好对应木星位于"木"的方位上的情况。再之后,鸡(原本应是百鸟之王凤凰)是鸟类的代表性动物,鸟类的主要食物是昆虫,而昆虫在天旱时往往得到大发展(这正是旱年闹蝗灾的原因),因此鸡年(应该恢复为凤年)表示旱灾严重;狗和猪都属于杂食性动物,它们在天旱情况下的生存能力特别强;也就是说鸡、狗、猪这三年是旱灾年,相当于木星位于"火"的方位时的自然环境状况。因此,中国自古就有"牛马年,好种田"、"饥猴年,饿狗年,要吃饱饭是猪年"等民间谚语。

至于《计倪子》所说的"一岁再倍,其次一倍,其次而反",则是一种对自然变化的更细微的观察,例如在风调雨顺的三年里(鼠、牛、虎),第一年气候好,第二年气候仍然比较好,到第三年气候状况开始发生逆转。同理,在水灾的三年里(蛙、龙、蛇)、雨顺风调的三年里(马、羊、猴)和旱灾的三年里(凤、狗、猪),同样存在着上述逐年发生程度不同的变化。与此同时,对于动物的适宜程度而言,或许还存在着滞后现象;这种情况类似一天里最热的时间并不是正午,而是午后一个时辰(即下午两点)。

综上所述,我们有充分的理由认为,是中国人最先发现了木星绕日运动周期对地球生物圈的周期作用,因此十二生肖动物纪年只能是诞生在中国。这也从一个侧面揭示,远古时曾经有一段相当长的时期,木星绕日的周期非常接近 12 年,而且当时的木星可能比今天更明亮,对地球生物圈的影响更显著。

值得注意的是,中国人也是最先观察太阳黑子的民族,所谓太阳里面有三足乌,正是对太阳黑子的形象化。在远古的时候,太阳黑子的活动周期也可能曾经非常接近 12 年,而且太阳黑子的活动也可能更强烈,这也会对地球生物圈产生明显的影响。因此,远古木星运动周期对地球生物圈的作用,有可能叠加了太阳黑子周期变化对地球生物圈的影响(太阳黑子的活动周期,可能与木星的运动周期有关,因为木星是太阳系里仅次于太阳的天体)。

事实上,中国人在非常早的时期就发现了木星的运动规律,根据《自然科学大事年表》(上海人民出版社 1975 年),中国在公元前 2000 年左右已测定木星十二年一周天。《大荒西经》的日月山就是一座著名的天文台,天文台长名叫噓,又名噎,他的职责就是"行日月星辰之行次",即观测太阳、月亮和五大行星的运动规律。噎又名噎鸣,《海内经》称"噎鸣生岁十有二",意思是说噎鸣发现了木星十二年绕太阳一周的规律,并为每一年的木星分别起了名称。据此,我们可以说噎鸣(颛顼的后裔或炎帝的后裔)是十二兽历和生肖文化的开山鼻祖。从这个角度来说,生肖文化实际上是一种星宿文化,或者是星宿文化的一部分,

接下来还有一个问题,这就是为什么十二生肖动物要以老鼠为首?由于十二生肖动物里面六畜(牛马羊鸡狗猪)齐全,表明当时已进入农业社会。因此,十二生肖动物要以老鼠为首应该与农业社会有关。众所周知,自从人类定居以来,老鼠就成为人类居住地赶不走的"房客",但是这似乎并不构成十二生肖动物要以老鼠为首的理由。而且,老鼠不仅偷食,还咬坏衣物、传播疾病,甚至伤害幼儿,为什么还要把它排在第一位呢?

有趣的是,有一种观点认为,老鼠(田鼠)在人类发明农业的过程中曾经有过客观的贡献。《国语·鲁语上》:"昔烈山氏之有天下也,其子曰柱,能植百谷百蔬。夏之兴也,周弃继之,故祀以为稷。"这个烈山氏就是神农炎帝,他和他的后裔发明了烧山开荒种五谷菜蔬的农业生产技术。相传炎帝尝百草,不仅找到了优良的五谷种子,还发明了草药。

其实,当初先民放火烧山,原本目的乃是用火把野兽从山林里赶出来,以便捕猎(这种方法特别适宜在春天使用)。然而,放火烧山却在客观上把原始生态的山林变成了处女地,或者说对原有的植被进行了某种程度的人工筛选。在这些被人烧山后的土地上,得到生长发展的植物品种正是老鼠爱吃的草籽丰满的植物,包括野菽、野粟、野黍等野谷。

在农村生活过的人都知道,老鼠(特别是田鼠)有秋季储存食物的习俗,届时老鼠们两只一组,一只倒躺着抱着野谷,另一只拖着同伴的尾巴往洞里拉,临冬前把老鼠洞里的储藏室填得满满的,这些野谷食物通常可以吃到来年春暖花开时节。多少万年来老鼠都是过着这样的快乐生活,那时人类并没

有发明农业。但是,当人类开始在春天放火烧山捕猎以来,老鼠往往来不及吃光老鼠洞里储藏的野谷,这些野谷在烧山后的处女地就得到了更好的生存机会(阳光、水、肥更充足)。久而久之,这些被老鼠优先选择的颗粒饱满的野谷,在烧荒后的田野上的密度越来越高,它们的颗粒也越来越饱满。终于有一天,人们发现了这些野谷的味道和价值(烧山时,有可能闻到某些老鼠洞里谷物被烧焦后的香味),于是开始有目的地种植并收获这些野谷,在这个划时代的一刻,人类最伟大的创举之一的农业就诞生了。

在汉语里,我国许多古老的粮食作物,它们的发音都与"鼠"相同,例如"黍"(黄米)、"粟"(小米)、"菽"(豆类)。其他能够种植的作物"薯"、"蔬"、"茶"的发音也与"鼠"相同或相近,它们分别代表地下、地上、树叶类可食植物,而且加工熟食的方法也称之为"煮",收藏食物也称之为"储"。显然,一种合理的解释是,它们当初都是从老鼠洞里储存的种子里培育出来的农作物品种。事实上,农业生产更需要对季节的把握,因此农业社会对天文历法有着更迫切更精确的要求。在这种情况下,当农业社会的人们观察到气候变化的 12 年周期,并形成十二兽历和十二生肖文化时,便顺理成章地把老鼠排在了第一位。这不仅因为老鼠对农业的发明有功,也是因为在农业生产初期,老鼠的大量出现,预示着气候开始向着有利于农作物丰收方向转化。

## 二、《山海经》里的十二生肖动物

人类生活在地球生物圈里,动物、植物与人类的生活息息相关,中国先秦典籍《山海经》里就记录着中国先民对众多动物和植物的观察,其中也包括十二生肖动物,兹以《五藏山经》为主列举如下(部分):

### (一)《山海经》记述的鼠

《西山经》西次一经:皋塗之山……有白石焉,其名曰礜,可以毒鼠。有草焉,其状如稾茇,其叶如葵而赤背,名曰无条,可以毒鼠。

《西山经》西次四经:鸟鼠同穴之山,其上多白虎、白玉。渭水出焉,而东流注于河。

《北山经》北次三经:天池之山……有兽焉,其状如兔而鼠首,以其背飞,其名曰飞鼠。

### (二)《山海经》记述的牛

《西山经》西次一经:小华之山,其木多荆、杞,其兽多莋牛。

《西山经》西次一经:石脆之山……灌水出焉,而北流注于禺水,其中有流赭,以涂牛马无病。

### (三)《山海经》记述的虎

《西山经》西次二经:女床之山……其兽多虎豹、犀兕。

《西山经》西次二经:厎阳之山……其兽多犀兕、虎、豹、莋牛。

### (四)《山海经》记述的兔(蛙)

《中山经》中次八经:大尧之山……其兽多豹虎羚臭。

《大荒西经》:有虫状如菟,胸以后者裸不见,青如猿状。

### (五)《山海经》记述的龙

《南山经》南次一经:凡鹊山之首,自招摇之山,以至箕尾之山,凡十山,二千九百五十里。其神状皆鸟身而龙首。

《西山经》西次三经:钟山,其子曰鼓,其状如人面而龙身,是与钦䲹杀葆江于昆仑之阳,帝乃戮之钟山之东曰崿崖。钦䲹化为大鹗,其状如雕而黑文白首,赤喙而虎爪,其音如晨鹄,见则有大兵。鼓亦化为鵕鸟,其状如鸱,赤足而直喙,黄文而白首,其音如鹄,见则其邑大旱。

《北山经》北次一经:隄山……隄水出焉,而东流注于泰泽,其中多龙龟。

《北山经》北次三经:龙侯之山,无草木,多金玉。决决之水出焉,而东流注于河。其中多人鱼,其状如鳀鱼,四足,其音如婴儿,食之无痴疾。

《东山经》东次一经:凡东山经之首,自樕蟱之山至于竹山,凡十二山,三千六百里。其神状皆人身龙首。

《中山经》中次一经:金星之山。多天婴,其状如龙骨,可以已痤。

《中山经》中次八经:光山,其上多碧,其下多水。神计蒙处之,其状人身而龙首,恒游于漳渊,出入必有飘风暴雨。

《中山经》中次九经:凡岷山之首,自女几山至于贾超之山,凡十六山,三千五百里。其神状皆马身而龙首。

《中山经》中次十经:凡首阳山之首,自首山至于丙山,凡九山,二百六十七里。其神状皆龙身而人面。

《中山经》中次十一经:中次一十一山经荆山之首,曰翼望之山。湍水出焉,东流注于济。贶水出焉,东南流注于汉,其中多蛟。

《中山经》中次十二经:凡洞庭山之首,自篇遇之山至于荣余之山,凡十五山,二千八百里。其神状皆鸟身而龙首。

《海外南经》:南方祝融,兽身人面,乘两龙。

《海外西经》:龙鱼陵居在其北,状如狸。一曰鰕。即有神圣乘此以行九野。一曰鳖鱼在夭野北,其为鱼也如鲤。

《海外西经》：西方蓐收，左耳有蛇，乘两龙。

《海外东经》：东方句芒，鸟身人面，乘两龙。

《大荒东经》：大荒东北隅中，有山名曰凶犁土丘。应龙处南极，杀蚩尤与夸父，不得复上。故下数旱，旱而为应龙之状，乃得大雨。

《大荒北经》：西北海之外，赤水之北，有章尾山。有神，人面蛇身而赤，直目正乘，其瞑乃晦，其视乃明，不食不寝不息，风雨是谒。是烛九阴，是谓烛龙。

《海内南经》：窫窳龙首，居弱水中，在狌狌知人名之西，其状如貙，龙首，食人。

《海内北经》：从极之渊，深三百仞，维冰夷恒都焉。冰夷人面，乘两龙。一曰忠极之渊。

《海内东经》：雷泽中有雷神，龙身而人头，鼓其腹。在吴西。

《海内经》：有窫窳，龙首，是食人。

## （六）《山海经》记述的蛇

《南山经》南次一经：猨翼之山，其中多怪兽，水多怪鱼，多白玉，多蝮虫，多怪蛇，多怪木，不可以上。

《西山经》西次一经：太华之山，削成而四方，其高五千仞。其广十里，鸟兽莫居。有蛇焉，名曰肥螈，六足四翼，见则天下大旱。

《北山经》北次一经：大咸之山，无草木，其下多玉。是山也，四方，不可以上。有蛇名曰长蛇，其毛如彘豪，其音如鼓柝。

《大荒北经》：有儋耳之国，任姓，禺号子，食谷。北海之渚中，有神，人面鸟身，珥两青蛇，践两赤蛇，名曰禺强。

### (七)《山海经》记述的马

《西山经》西次二经:凡西次二经之首,自钤山至于莱山,凡十七山,四千一百四十里。其十神者,皆人面而马身。其七神皆人面牛身,四足而一臂,操杖以行,是为飞兽之神;其祠之:毛用少牢,白菅为席。其十辈神者,其祠之:毛一雄鸡,钤而不糈,毛采。

《北山经》北次一经:求如之山……其中多水马,其状如马,文臂牛尾,其音如呼。

《北山经》北次一经:罴差山,无草木,多马。

《北山经》北次三经:马成之山……有兽焉,其状如白犬而黑头,见人则飞,其名曰天马,其鸣自訆。

### (八)《山海经》记述的羊

《西山经》西次一经:西山经华山之首,曰钱来之山……有兽焉,其状如羊而马尾,名曰羬羊,其脂可以已腊。

《西山经》西次二经:大次之山,其阳多垩,其阴多碧,其兽多柞牛、羚羊。

《西山经》西次三经:凡西次三经之首,崇吾之山至于翼望之山,凡二十三山,六千七百四十四里。其神状皆羊身人面。其祠之礼,用一吉玉瘗,糈用稷米。

### (九)《山海经》记述的猴

《南山经》南次一经:南山经之首曰鹊山,其首曰招摇之山……有兽焉,其状如禺而白耳,伏行人走,其名曰狌狌,食之善走。

《南山经》南次一经:堂庭之山,多棪木,多白猿,多水玉,多黄金。

（十）《山海经》记述的鸡（凤凰）

《南山经》南次三经：丹穴之山……有鸟焉，其状如鸡，五采而文，名曰凤皇。首文曰德，翼文曰义，背文曰礼，膺文曰仁，腹文曰信。是鸟也，饮食自然，自歌自舞，见则天下安宁。

《大荒东经》：有五采之鸟，相乡弃沙。惟帝俊下友。帝下两坛，采鸟是司。

《大荒西经》：有五采鸟三名，一曰皇鸟，一曰鸾鸟，一曰凤鸟。

《大荒西经》：有沃民之国，沃民是处沃之野，凤鸟之卵是食，甘露是饮。凡其所欲，其味尽存。爰有甘华、甘柤、白柳、视肉、三骓、璇瑰、瑶碧、白木、琅玕、白丹、青丹，多银铁。鸾鸟自歌，凤鸟自舞，爰有百兽，相群是处，是谓沃之野。

《大荒西经》：有弇州之山，五采之鸟仰天，名曰鸣鸟。爰有百乐歌舞之风。

《大荒北经》：大荒之中，有山名曰北极天柜，海水北注焉。有神，九首人面鸟身，名曰九凤。又有神衔蛇操蛇，其状虎首人身，四蹄长肘，名曰强良。

《海内西经》：开明西有凤皇、鸾鸟，皆戴蛇践蛇，膺有赤蛇。

《海内经》：西南黑水之间，有都广之野，后稷葬焉。爰有膏菽、膏稻、膏黍、膏稷，百谷自生，冬夏播琴。鸾鸟自歌，凤鸟自舞。灵寿实华，草木所聚。爰有百兽，相群爰处。此草也，冬夏不死。

《海内经》：有鸾鸟自歌，凤鸟自舞。凤鸟首文曰德、翼文曰顺、膺文曰仁、背文曰义，见则天下和。又有青兽如菟，名曰㘴狗。有翠鸟。有孔鸟。

《海内经》：北海之内，有蛇山者，蛇水出焉，东入于海。有五采之鸟，飞蔽

### (十一)《山海经》记述的狗

《西山经》西次三经:阴山,浊浴之水出焉,而南流注于蕃泽,其中多文贝。有兽焉,其状如狸而白首,名曰天狗,其音如榴榴,可以御凶。

《海内北经》:环狗,其为人兽首人身。一曰猬,状如狗,黄色。

### (十二)《山海经》记述的猪

《南山经》南次二经:浮玉之山……有兽焉,其状如虎而牛尾,其音如吠犬,其名曰彘,是食人。

《东山经》东次四经:钦山……有兽焉,其状如豚而有牙,其名曰当康,其鸣自叫,见则天下大穰。

《海内经》:流沙之东,黑水之西,有朝云之国、司彘之国。黄帝妻雷祖,生昌意。昌意降处若水,生韩流。韩流擢首、谨耳、人面、豕喙、麟身、渠股、豚止,取淖子曰阿女,生帝颛顼。

综上所述,在帝禹时代的文献典籍《五藏山经》里记录有全部的十二生肖动物,其中对蛇的记述最多,而对龙的直接描述却几乎未见,这又涉及龙的原型究竟是什么动物,以及这种盛极一时的动物为什么会消失之谜。

# 三、《山海经》里的龙凤文化

### (一)《山海经》里的龙文化

根据《山海经》有关龙的记载,山海经时代的龙文化有如下特点:

1. 图腾神或山神采用龙的造型。例如南次一经之神、南次二经之神、南次三经之神、东次一经之神、中次九经之神、中次十经之神、中次十二经之神。中次八经的神计蒙"其状人身而龙首,恒游于漳渊,出入必有飘风暴雨"。

2. 以龙为山名、水名、药名。例如西次二经的龙首之山,北次三经的龙侯山,中次八经的龙山,《大荒西经》的龙山。中次五经的龙余水。中次一经"天婴,其状如龙骨"。中次九经的龙脩。

3. 人神具有龙的造型。例如西次三经"鼓,其状如人面而龙身",《海内南经》"窫窳龙首",《海内东经》"雷神,龙身而人头"。

4. 以龙为动物名。例如北次一经的龙龟,《海外西经》的龙鱼。

5. 龙的其他名称,例如北次三经的人鱼。中次十一经的蛟,泛指体型长的水生动物。在民间传说中,蛟是无角的母龙,能够发洪水,此外蛟亦可指鳄类动物。中次十一经的鲵山、鲵水,以鲵为地名,表明当地多鲵,鲵俗称娃娃鱼,乃龙的原型动物。

6. 龙为人神的乘骑。例如南方之神祝融、西方之神蓐收、东方之神句芒都"乘两龙",《海外西经》的神圣乘龙鱼"以行九野",《海内北经》的"冰夷人面,乘两龙"。

7. 以龙为人名、神名。例如《大荒东经》的晏龙、应龙,《大荒北经》的苗龙、烛龙,《海内经》的先龙。

8. 关于舞龙求雨习俗的最早文字记载见于《大荒东经》:"大荒东北隅中,有山名曰凶犁土丘。应龙处南极,杀蚩尤与夸父,不得复上。故下数旱,旱而为应龙之状,乃得大雨。"相传应龙是一种有翅膀的能飞的龙,所谓"旱而为应龙之状,乃得大雨"的意思是当事人如果模仿应龙飞舞的样子就可以感动上天降雨。

9.《山海经》缺少对龙的形象的具体描述。

综上所述,在山海经时代,龙是一种神奇的动物,但还不是帝王专有的象征物。此外,在《山海经》龙凤文化和十二生肖文化里,龙是水族类代表动物,属于阴性,凤是飞禽类代表动物属于阳性。显然这与后世的观念并不相同,后世称皇帝为龙、皇后为凤,是以龙为阳性的最高代表,以凤为阴性的最高代表。

### (二)龙的原型动物娃娃鱼

龙是什么? 什么是龙? 百姓说不准,学者道不明。中国人自称是龙的传人,但是却搞不清龙为何物,实在有点尴尬。大体而言,学者的意见可归纳为:1. 龙是虚构的神异动物。2. 龙是若干种图腾动物的集合图腾,象征着中华民族是由多民族融合而成。3. 龙是闪电、虹霓、龙卷风等自然物的神化。4. 龙与农音近,代表着农业的起源。5. 多种动物均可称为龙,例如猪龙、龙马、龙狗、龙蛇等。6. 龙是水族类动物的代表,类似凤凰是鸟类的代表。7. 中国人所说的龙,既不是恐龙,也不是西方人所说的怪兽,而是真实存在过的某种具体的动物,它可能是大鲵(娃娃鱼)或蛇、蜥蜴、鳄鱼、鲤鱼等,但是由于某种原因它曾一度消失而被后人夸张神话为神奇的龙。

值得注意的是,甘肃省甘谷县西坪出土的一件鲵鱼纹彩陶瓶,属于马家窑文化石岭下类型器物;其鲵鱼图形,脸似人面,颌下有须,造型人格化,有学者认为此即人类始祖伏羲的原形。事实上,古史传说所谓"伏羲蛇躯",实际上当初很可能是指"鲵躯",亦即后来所说的"龙躯",表明龙的原型出自大鲵,龙的传人实出于此。

娃娃鱼学名为鲵,分小鲵和大鲵两种,大鲵又称鰕,目前发现有体长1.8

米的大鲵,是现存最大的两栖类动物,前肢四趾,后肢五趾,头部疣粒显著,自颈侧至体侧有皮肤皱,以鱼、蛙、虾为食,分布在中国山西、陕西、河南、四川等地。或许几千年前的大鲵,它们的体型更长大,因此具有被后人神化为龙的资质。

《水经注·伊水》引《广志》曰:"鲵鱼声如小儿啼,有四足,形如鲮鳢,可以治牛,出伊水也。"所谓"可以治牛",当是能够治服牛的意思,表明伊水的鲵鱼个头相当的大。屈原在《楚辞·天问》里问道:"焉有虬龙,负熊以游?"意思是哪里有这样大的无角龙,能够驮着黄熊在江河上出游?所谓虬龙可能指的也是大鲵,而人或神乘龙出游的传说当亦源于此(不排除人驯服大鲵用以渡河的可能性,因为大鲵不像鳄鱼那样危险;不过,鲵鱼也有凶猛的一面,见《吕氏春秋·贵直》)。

《本草纲目·鳞部四》称:"鲵鱼,在山溪中,似鲇有四脚,长尾,能上树,声如小儿啼,故曰鲵鱼,一名人鱼。"由于鲵鱼能爬上山椒树,因此民间又称其为山椒鱼;曾经有人目睹娃娃鱼爬到树上,张开大嘴,嘴里有水,吸引鸟儿前来饮水,然后趁机吞食掉。娃娃鱼的这种兼具水行、陆行和树行的生存能力,有可能被后人夸张成神龙拥有上天入地入水的神奇本领。此外,雌鲵生下的卵是串珠状,由雄鲵守护,有时雄鲵之间会争夺串珠状的卵,其情景颇似"二龙戏珠"。

帝禹时代的中华宝典《五藏山经》是一部国土资源普查白皮书,其中记述许多地方都有娃娃鱼,然而却有着不同的名称,例如鰕(大鲵)、谛鱼(小鲵)、赤儒和人鱼。但是,到了夏代文献《海外西经》里,娃娃鱼已被称为龙鱼,而且开始被神化了:"龙鱼陵居在其(诸夭之野)北,状如狸(鲤),一曰鰕(鲵),即有神圣乘此以行九野。"显然,夏代的人还知道龙的原型是大鲵;不过,已经有点拿不准，而且与鲤鱼混淆了（估计是鲤与鲵音相近而误传，鲤鱼跳龙门的故事，可能原本属于鲵鱼）。

接下来，在周代早期文献《海内北经》里则称"陵鱼人面，手足，鱼身，在海中"，这就表明周代的人已经不怎么知道龙鱼（陵与龙通）是娃娃鱼了，以为它是海洋里的鱼类。在周代和春秋战国时的作品《诗经》里，现存的305篇提到动物108种（《中国古代动物学史》，科学出版社），其中没有娃娃鱼，表明当时娃娃鱼非常少，人们已经见不到它们了。此后，西汉学者刘向在《新序·杂事》里讲了一则"叶公好龙"的故事，表明当时人们已经不知"龙"原为何种动物了。《左传》昭公二十九年（公元前513年）称当年秋天"龙见于绛郊"（今山西省南部汾河下游），显然这种动物在当时已经非常罕见了，否则不会被郑重记录下来，同时记录的还有魏献子与蔡墨（晋太史）关于龙的对话。

根据蔡墨掌握的上古文献，帝舜时代有一个名叫董父的人，擅长畜养龙，被封为豢龙氏。到了夏帝孔甲时（公元前17世纪），在黄河和汉水获得两对龙，被认为是上帝赐给的乘龙；但是孔甲不知道如何喂养龙，遂聘请刘累养龙，并封其为御龙氏；后来有一条雌龙死了，御龙氏将死龙肉烹制成肉汤，献给夏后吃；夏后品尝后，问起龙养得怎么样了，御龙氏惧罪而迁居鲁县，夏代的养龙活动从此也就消失了。

此外，《尚书·舜典》记载帝舜任命22名中央和地方的长官，其中任命龙为纳言，即帝王的喉舌，相当于今天的政府发言人或宣传部长，并兼有钦差大臣的身份。这就表明帝舜时代，龙是一种普遍存在的动物，并有人（氏族）以龙为图腾（或者以捕龙、养龙为职业）；以"龙"为发言人，可能与娃娃鱼的啼声与人类相近有关。

问题是，帝舜时代为什么要养龙或捕龙呢？有学者推测是为了获取点灯照明用的油。《海内北经》称舜的女儿宵明和烛光发明了人造光源："舜妻登比氏生宵明、烛光，处何大泽，二女之灵能照此所方百里。一曰登北氏。"《大荒北经》记有烛龙（《海外北经》称为烛阴）的故事："西北海之外，赤水之北，有章尾山。有神，人面蛇身而赤，直目正乘，其瞑乃晦，其视乃明，不食不寝不息，风雨是谒。是烛九阴，是谓烛龙。"或谓此处的烛龙乃北极光的神化，其实这则神话也可能是古代以龙油为灯烛的记录。据此可知，帝舜时代大规模捕龙养龙，目的在于获得点灯照明的能源。

事实上，用牛羊猪等动物的脂肪提取的油脂，在常温下为固体或膏状，它们只能涂抹在火把上帮助燃烧照明，而不适宜用于点灯照明。进一步说，在先夏时期，尽管人们可能已经在使用石油、煤炭等矿物燃料，但是还没有提炼矿物液体油的能力；与此同时，当时的人们也没有找到从植物中提炼燃料油的技术。在这种情况下，那个时代的人们，该用什么油点灯呢？当然只能是用鱼油了。我们知道，生活在海边的人，能够从鲸鱼身上提炼出点灯用的油。对于生活在黄土高原上的中国先民来说，不大可能从海边进口点灯用的鱼油，因此必须从江河里的鱼类或两栖类动物身上打主意，于是富含脂肪的娃娃鱼就被列入首选的对象。据说秦始皇陵里的长明灯，用的就是娃娃鱼油。

有鉴于此，我们有理由推论，帝舜时代开始的大规模捕猎娃娃鱼的行为，造成了娃娃鱼的数量急剧下降，甚至一度处于濒临灭绝的状况。与此同时，由于娃娃鱼的近乎灭绝，人们也就逐渐忘掉了娃娃鱼的样子。在此前后，人们不得不寻找新的灯油来源，并终于（大约在夏代前后）发明了从豆类、油菜籽、芝麻等植物中提炼植物油的技术。过了很长的时间，由于人们有了取代娃娃鱼油的植物油，因此人们不再捕猎娃娃鱼，野生的娃娃鱼才逐渐恢复了生存的机会。但是，这时的人们已经不知道娃娃鱼就是先夏时期的龙了；而人们记忆中的龙，由于没有了对应的现实动物，也就获得了"自由"，即获得了被充分夸张和神化的条件，久而久之它最终变成了我们今天所说的神龙。但是，为了点灯照明，中国古人曾几乎把龙（大鲵）捕杀殆尽，这应当引起我们的深刻反思。

这里还有一个问题需要说明，这就是中国龙不应该翻译成西方邪恶怪兽"Dragon"，这种错误的翻译使中国龙在世界文化领域吃了大亏，稀里糊涂地给原本以吉祥、奋进为主体形象的中国龙，泼了一盆脏水、臭水，在世界上对中国龙以至中国传统文化、中国国家形象和中国人都造成了不好的负面的误解，有鉴于此，现在是该给中国龙正名的时候了。建议把中国龙翻译为英文的"Loong"（龙字的音译）或者"Loongdm"（意思是体型长的大鲵，其中'dm'是英文大鲵'Megalobatrachus davidanus'的缩写），以便与"Dragon"区分开来。英文的"Dragon"（一种邪恶的多头怪兽），应该翻译成中文"蠪"，以便与中国龙区分开来。生物学中的"Dinosaur"过去翻译成中文"恐龙"，应该纠正为"恐蠪"，以示与中国龙没有关系。其他语种的翻译，也应该参照实行。

我们知道中国龙的原型动物是娃娃鱼，那么西方蠪（Dragon）的动物原型是什么呢？它就是《山海经》记述的九头蛇身怪兽"相柳"（又称相繇），《海外北经》记有："共工之臣曰相柳氏，九首，以食于九山。相柳之所抵，厥为泽溪。禹杀相柳，其血腥，不可以树五谷种。禹厥之，三仞三沮，乃以为众帝之台。在昆仑之北，柔利之东。相柳者，九首人面，蛇身而青。不敢北射，畏共工之台。台在其东。台四方，隅有一蛇，虎色，首冲南方。"

毋庸置疑，在这个远古治理洪水的故事里，禹是正义的拯救人类的英雄，而相柳则是邪恶的多头蛇身怪兽。显然，这与西方远古传说里有英雄人物战胜邪恶的多头蛇身怪兽"Dragon"如出一辙。进一步说，由于远古洪水泛滥是全球性的。当年曾经有多头蛇身怪兽在洪水泛滥过程中兴风作浪,很可能也是真实发生过的。因此,找到并确定西方蠬(Dragon)的动物原型就是中国先秦宝典《山海经》记述的九头蛇身怪兽"相柳",乃是一项非常重要的文化工作,因为这样我们就可以直接把"Dragon"翻译为汉语的"相柳",这无疑有助于把西方蠬(Dragon)与中国龙明确区分开来。

### (三)《山海经》里的凤文化

《山海经》里的凤文化有着鲜明的特点:

1. 凤凰是吉祥鸟,它的出现对人类寓意着"天下安宁"、"天下和"。

2. 凤凰栖息的地方环境优美、物产富饶,所有的动物都能够和谐相处,例如"沃之野"、"都广之野"。

3. 凤凰卵是一种美味的富含营养的食品。

4. 凤凰有多种名称,例如五彩鸟、采鸟、皇鸟、鸾鸟、凤鸟、鸣鸟、翳鸟,以及可能还有翠鸟(绿色鹦鹉或极乐鸟)、孔鸟(孔雀)等。不同名称的凤凰有着各自突出的特点,鸾鸟以歌喉婉转著称,凤鸟以舞蹈婆娑著称,皇鸟羽毛洁白颇有王者之风,采鸟以羽毛色彩鲜丽著称,鸣鸟以擅长鸣叫著称,翳鸟以大规模群居为特征。

5. 凤凰是帝俊族群的友谊鸟、氏族图腾鸟,以五彩鸟为图腾的氏族承担着管理帝俊神坛的职责,该神坛对帝俊族的繁衍生息有着重要的意义。《大荒东经》所谓"惟帝俊下友"表面看是帝俊与凤凰为友,实质上是说帝俊与以五彩鸟为图腾的氏族建立了友善关系,而这个"以五彩鸟为图腾的氏族"很有可能原本属于少昊族群。

6. 凤凰是黄帝族群的氏族图腾鸟,以凤凰为图腾的氏族居住在开明西,其职责是"戴蛇践蛇",亦即捕蛇、驯蛇。在《山海经》里,巫师或人神都要"操蛇"以显示其神灵和权威,可能是手持真蛇,也可能是手持蛇杖(权杖)。

7. 凤凰的羽毛纹理被后人赋予"首文曰德,翼文曰义,背文曰礼,膺文曰仁,腹文曰信"或"首文曰德、翼文曰顺、膺文曰仁、背文曰义"的象征意义。需要说明的是,所谓德、义、礼、仁、信乃是周代(主要是春秋战国时期)流行的观念,表明《山海经》里的这些文字是春秋战国或秦汉时期的学者添加上去的。事实上,在春秋战国之前,民风淳朴,因此也就用不着特别强调"诚信"。

### (四)凤凰的原型动物五彩鸟

在十二生肖动物里,凤凰是一种至少在中国已经灭绝的鸟,有人说它就是今天仍然栖息在南亚的极乐鸟或五彩鹦鹉,也有人说凤凰就是孔雀。不过,在《山海经》等古籍里,凤凰的原型是鸡。例如,《南山经》南次三经称"有鸟焉,其状如鸡,五采而文,名曰凤皇"。《法苑珠林》卷49引刘向《孝子传》:"舜父夜卧,梦见一凤凰,自名为鸡,口衔米以哺己,言鸡为子孙,视之,乃凤凰。"《拾遗记》则称尧时,祇支国献重明鸟,双睛,状如鸡,鸣如凤,能搏逐虎狼。郭璞《尔雅·释鸟》称凤的形貌为"鸡头、蛇颈、燕颔、龟背、鱼尾,五彩色,高六尺许"。

《说文》称凤的字形象征着凤凰飞时"群鸟从以万数",表明凤凰为百鸟之王。进一步说,凤凰与风都有着"几"字形外围,表明凤凰的翅膀羽毛又宽又长,能够御风飞翔。根据凤凰有多种名称(五彩鸟、采鸟、皇鸟、鸾鸟、凤鸟、鸣鸟、鷟鸟、翠鸟、孔鸟)来看,凤凰的原型动物是五彩鸟,或者说凡羽毛绚丽的体型大的鸟均可称之为凤凰。具体来说,凤凰鸟的主体是一种长羽山鸡(雉),可惜它早已从人们的视线中消失了。

# 第十六章 《山海经》水道考察

据《山海经》的记载,远古时代的中国位于以昆仑山为中心的山岳地带。昆仑山(此名仅见于该书《海内东经》)一名昆仑丘(见《西山经》、《大荒西经》),或名昆仑虚(见《海内西经》、《海内北经》、《海内东经》)。该昆仑山不在今黄河流域,亦不在今黄河流域西部的昆仑山中,而在今云南省的西部地区。古昆仑山的位置在今日地面上得以落实,为与该山有关联的水道的探索创造了条件;水道的考证,反过来又将证实定古昆仑山于今云南省的西部的正确性。

《山海经·西次三经》说:"……昆仑之丘,实惟帝之下都……河水出(按,即发源)焉,而南流东注于无达。赤水出焉,而东南流注于氾天之水。洋水(按,郭璞云:"或作清。"郭说是。洋水当作清水,实即青水。详见下文)出焉,而西南流注于丑涂之水。黑水出焉,而西流于大杅。"是河水、赤水、青水、黑水出(即发源)于昆仑山。

《山海经·海内西经》说:"流沙出(按,即发源)钟山,西行又南行昆仑之虚,西南入海黑水之山。"按,钟山位于昆仑山北,实为昆仑山的一部分。流沙为水(河流)名。流沙出钟山,实即是出昆仑山。是流沙亦发源于昆仑山。

《海内西经》又说:"海内昆仑之虚,在西北,帝之下都。昆仑之虚,方八百里,高万仞。"又说:"赤水出东南隅,以行其(按,即指昆仑虚)东北,西南流注南海厌火东。"又说:"河水出东北隅,以行其(按,即指昆仑虚)北,西南又入渤海,又出海外,即西而北,入禹所导积石山。"又说:"洋水、黑水出西北隅,以东,东行,又东北,南入海,羽民南。"又说:"弱水、青水出西南隅,以东,又北,又西南,过毕方鸟东。"是赤水、河水、黑水、弱水、青水皆出自昆仑山。

《山海经·大荒西经》说:"西海(按,为水域名称,属湖泽类,即今云南西部的洱海)之南,流沙(按,为水名)之滨,赤水之后,黑水之前,有大山,名曰昆仑之丘……其下有弱水之渊环之……"是流沙、赤水、黑水、弱水与昆仑山有关联。

由以上所引《山海经》之文,知河水、赤水、黑水、流沙(水)、弱水、青水等与昆仑山有关联。由第二章的讨论,已将古昆仑山大致定于今云南省的西部地区;与昆仑山有关联的诸水考出,则古昆仑山的具体轮廓即可显现出来。

这里应当指出,与昆仑山有关联的并非只有河水等六水;还有别的一些水,它们与昆仑山的定位关系不是很大,我们把它们放在本章的末尾讨论。还应附带指出,与昆仑山有关联的六水中,河水、赤水、黑水、流沙等在《山海经》中各自并非仅为一水之名。以下从黑水入手,对有关各水逐一进行考说。

# 一、黑水(一)

《山海经·大荒南经》说:"(大荒之中)有渊四方,四隅皆达,北属黑水,南属大荒。北旁名曰少和之渊,南旁名曰从渊,舜之所浴也。"渊指湖泽,如本节经文的少和渊、从渊及《大荒东经》所载"有甘山者,甘水出焉,生甘渊"的甘渊,均为湖泽之名;渊亦指河流,如《大荒西经》称弱水为"弱水之渊"、《海内经》称湘水为"苍梧之渊"即是。"有渊四方",说明该渊是四方形;据下文"北旁名曰少和之渊,南旁名曰从渊",说明该渊是东西狭、南北长,为纵向的长方形,故能分出"北旁"、"南旁"两渊,并各有其名(正是因为该渊较长,故能南、北水域各有其名)。该渊即指今云南西部的大湖大理州境内的洱海无疑也。

洱海为断层陷落湖。该湖长约41公里,宽约8公里,面积约250平方公里,为云南境内仅次于滇池的第二大湖。该湖略呈西北—东南向。湖东岸为山地,岸线曲折陡峭,滨湖平地极少。南岸多为平陆,岸线略为曲折。西岸为大理平原。该平原自点苍山东麓缓缓向洱海倾斜,为点苍山东侧十八溪之水平行东流所挟泥沙逐步沉积而形成一狭长陆地。喜洲镇驻地与前大理县县城(今名大理街道办事处)二地一带因泥沙量大,使陆地有较大扩展,故二地岸线明显向湖中凸起,致使西岸岸线颇为曲折。北岸弥苴河口为一半岛状陆地伸入湖中,故岸线亦甚曲折;之所以如此,乃是因为解放后洱海西南的出水河道西洱河兴建水电站用洱海湖水发电,在浚深西洱河河床之后,洱海水位下降,致使洱海北端弥苴河河口原水下三角洲露出水面,岸线即因此变得复杂。显然,喜洲、前大理县县城二地一带及南岸情况亦部分与此相同。即使有如此变化,今洱海仍明显地保存了四方(实是长方)形的特点。《山海经》成书的时代远在数千年之前,那时洱海西岸泥沙的沉积量自然不是很多,洱海西岸岸线未有今日曲折,其整个湖岸为四方形的特点当比今日更为突出。今云南高原上的天然湖泊甚多,如滇池、抚仙湖、程海等,形状各异,均不具洱海那样明显的四方形的特点,故知经文"有渊四方"之渊必指洱海。洱海面积甚大,远古时代没有如今日飞机之类的飞行器飞临洱海上空对其作垂直俯视观察,何以知其为四方形? 这是因为洱海西侧有点苍山,该山海拔甚高(高出洱海水面1000～2000余米),且与洱海平行并相距较近;古人常登临该山活动,当其于洱海南、北两头处登山眺望,即可见该湖两端形状。"四隅皆达",四隅即四角;有四方才有四隅,二者相辅相成。四隅皆达即四角皆有通路。今洱海的情形仍是如此。"北属黑水,南属大荒"下郭璞注云:"属犹连也。"其说甚是。

北属黑水即北连黑水。指"有渊四方"之渊北面连着黑水。该渊为今洱海,则洱海北面连着的渼苴河即是古之黑水。渼苴河为洱海的主要水源河道。该河发源于洱源县东北界长木箐北山之西的谷中,西南流至观音山(该山位于茈碧湖东岸)东麓转向东南流,入于洱海。《山海经·海内经》所载"北海(按,为地域名称)之内,有山名曰幽都之山,黑水出焉……有大玄之山"的黑水亦指今渼苴河。幽都山即今渼苴河源头处的长木箐北山;"大玄之山",玄为黑色,大玄山即大黑山,今渼苴河源头处确有山名大黑山,位于长木箐北山西南。今云南各地山名"大黑山"者甚多,而古黑水(今渼尔苴河)源头处今仍有大黑山存在,当不是偶然巧合。这也说明定今洱海的主要水源河道渼苴河为古之黑水为不误。此黑水至关重要,是我们今天探索远古时代的昆仑山并进而探索远古时代的中国所在的惟一线索。黑水出(发源)于昆仑山;单寻黑水所在极其难寻,而寻找南面连接着一个湖泽的黑水却不难寻,因为湖泽的数量不是很多,特别是有明显方向、明显形状的湖泽更是不多。该黑水南面连着一个巨大的、千古不变的湖泽(今洱海),而自古至今该湖泽均为一个极为显著的地理标志,只要我们把该湖泽的远古身份认准了,黑水也就自然找到了。黑水的所在确定了,与此黑水相关的水道乃可寻出,进而可依次寻出其他水道,最后即可寻出古昆仑山及远古中国之所在。从黑水入手以考证各水,原因即在于此。"北旁名曰少和之渊",少和渊即指今洱海的北部水域;"南旁名曰从渊",从渊即指今洱海的南部水域。《海内北经》载"从极之渊,深三百仞,维冰夷恒都焉。冰夷人面,乘两龙。一曰忠极之渊"。从极渊(或忠极渊)实为从渊的全称。"有渊四方"之渊为昆仑地区的最大最深的渊,当时的人们对该渊的水深作了测量,测得数据为三百仞。所测地点是在该渊的南半部水域即从渊(亦即从极渊或忠极渊)中。寻检《山海经》一书,所记大小湖泽甚多,然仅有此湖记有测量深度,可见古人对它的重视。《海内西经》载"昆仑南渊深三百仞",亦记其事。昆仑南渊显然为从渊(即从极渊或忠极渊)的别称。有昆仑南渊则必有昆仑北渊与之对应,则昆仑北渊当为少和渊。昆仑南渊与昆仑北渊二者当合称为昆仑渊,此昆仑渊即"有渊四方"之渊。冰夷居从渊中,即居于今洱海的南部水域中;冰夷所居故地当在今洱海南部水域的金梭岛(位于前大理县县城的正东)上,此正位于"南旁名曰从渊"的从渊中。金梭岛现属大理市海东乡海岛行政村管辖。海岛行政村即设于该岛上。岛上居民均以捕鱼为业。该岛风景优美,已于数年前辟为游览地,有游船与大理市城区(下关)及洱海沿岸各游览点连接。"冰夷人面,乘两龙",为冰夷在《山海经图》上的图像。经文说"有渊四方"为"舜之所浴"处,亦即今洱海为舜所浴处。经文"舜之所浴也"下郭璞注云:"言舜尝在此中澡浴也。"舜所浴处当在少和渊,亦即今洱海北部水域中。更确切地说,当在今大理市喜洲镇所辖周城行政村的东面洱海中。周城为西汉武帝元封二年(前109年)开"西南夷"所置益州郡的叶榆县县治(见《汉书·地理志》和《水经·叶榆河注》)。作为地名及姓,古代"叶"字应读若"斯"。"叶榆"急读为"舜"。汉晋之际,叶榆县治(今周城)本为远古时代帝舜所居之城;该城初名当作舜城,而"舜"字缓读则为"叶榆";即是舜城变为了叶榆城。汉武帝开"西南夷"于今洱海地区所设之县名叶榆县,即用其名。今洱海为远古时代帝舜所浴之泽,该泽曾为舜之所浴,其名当作舜泽,其后又渐变为叶榆("舜"之缓音)泽,直至西汉(《汉书·地理志》载益州郡叶榆县下云:"叶榆泽在东。")。《山海经·西次三经》所载"昆仑之丘……黑水出焉,而西流于大杅"的黑水亦指此水。大杅为山名。该山在今云南西部漾濞县境内,为漾濞江与其支流顺濞河汇流处的西南之山。今无之名。该山为此古黑水所止之山。今渳苴河为古黑水的上源;该河南流入于洱海,于洱海西南角流出名西洱河,为洱海的出水河道。西洱河西流,于漾濞县平坡乡驻地(平坡〈村〉)西南流入漾濞江。漾濞江西南流与顺濞河汇。是今涤苴河、西洱河及西洱河下接之漾濞江西南流至与顺濞河汇流处止的河道为此古黑水。何以古黑水不止于今西洱河与漾濞江汇流处(平坡〈村〉西南)而止于漾濞江与顺濞河的汇流处? 这是因为漾濞江与西洱河汇流处以上的漾濞江为《山海经》所载的流沙(水),而顺濞河及其与漾濞江汇流处以下的漾濞江——黑惠江为《山海经》所载的赤水(该书载有二赤水,此为其一)。考之地理,经文"(黑水)而西流于大杅"应为"(黑水)而西南流于大杅"。今洱海位于古黑水的中游,理应为古黑水的一部分。

《山海经·大荒西经》说:"西海之南……黑水之前,有大山,名曰昆仑之丘。"西海为水域名称,指今洱海,有该书《南山经首经》可以为证。该经说:"《南山经》之首曰誰山。其首曰招摇之山,临于西海之上……丽麂之水出焉,而西流注于海。"招摇山在今大理市洱海东岸挖色乡(驻地挖色〈村〉)之东与宾川县大营乡间界上。今无山名(海拔约2470米)。西海即指洱海。丽麂水出(即发源)自招摇山,该水即是于今挖色(村)南入于洱海之小溪。今名麻甸箐。该小溪确是自东向西流的。所谓"临于西海之上",即高踞于西海之侧(岸边)。临为居高临下之意。"西海之南",即今洱海以南巍山、弥渡及南涧三县一带地区。可见,今巍山、弥渡及南涧三县间一带山地为《山海经》昆仑山(丘)的一部分。"黑水之前",此黑水指今涤苴河及涤苴河下接之洱海。"黑水之前"系指黑水之西,实指黑水(今涤苴河及洱海)流域之西,包括鹤庆、宾川二县西部之山。可见,鹤庆、宾川二县西部山地为《山海经》昆仑山(丘)的一部分。

据研究,《山海经》中黑水有四,此为其一。然此条黑水为关键的一条黑水。其余三条黑水则在后面讨论之。

今洱海的北部水域，《山海经》中名为少和渊；南部水域名为从渊、从极渊、忠极渊、昆仑南渊。少和渊与从渊当合称昆仑渊，而昆仑渊又称为西海。可见，这种一湖多名的现象由来已久。

今洱海为舜所浴之渊。

# 二、流沙水

《山海经·海内经》说："流沙之东，黑水之西，有朝云之国、司彘之国。"又说："流沙之东，黑水之间，有山名不死之山。"引文中的二流沙是为一水，二黑水亦是一水。由引文足知流沙在黑水之西。此黑水是以今洱源县境内所出的㳽苴河为上源的黑水。说已见前。黑水之西为流沙，流沙即是今㳽苴河——洱海之西的以弥沙河为上源的黑潓江——漾濞江。《海内西经》说："流沙出钟山，西行又南行昆仑之虚，西南入海黑水之山。"由此引文知流沙发源于钟山。钟山即今云南省西北部剑川县北界老君山的第二高峰（海拔4213米），位于剑川、丽江二县间界上者。该山在《山海经》中曾多次出现，可见其重要。《山海经》中有时也称以今老君山第二高峰为中心的剑川、兰坪与丽江三县间的整个老君山为钟山。这是钟山一名范围的扩大。今老君山的第一峰（即主峰）位于第二峰西北不远处。今老君山第二峰、第一峰之西及第一峰西北一带（剑川县境内）谷中数溪并出合为一溪，西南流至核走山东北麓与西北流来一小溪（此小溪源出于云南省西北部兰坪县通甸乡丰华行政村所属黄木〈村〉东南谷中，东南流入于剑川县西北境）汇。二溪汇流后即东南流名白石江。"流沙出钟山"，此钟山实是钟山一名范围的扩大。"西行"乃指今白石江自发源流至核走山东北的一段源头河道；此段河道准确地说应是西南行。此段河道《山海经》中又称为观水。《山海经·西次三经》说："（钟山）又西（按，应为西北）百八十里，曰泰器之山（按，即今老君山主峰）。观水出焉，西流（按，应为西南流）注于流沙。""（观水）西流注于流沙"，说明《西山经》又不以此段水道为流沙之源，而以自今兰坪县通甸乡黄木（村）东南谷中所出、东南流入剑川县境来汇之小溪（今无河名）者为源矣！（由此流沙源头歧异、不能统一之例，亦可见《山海经》一书确是不为一人一时所作。）白石江东南流名玉石河；复东南流名弥沙河，东南流入于洱源县境内与东北流来的黑潓江汇。汇流后的黑潓江西南流，后又转向东南流入于漾濞县境，名漾濞江。漾濞江东南流于平坡乡驻地（平坡〈村〉）西南与东来之西洱河汇。古流沙（水）即止于此。"黑水之山"即今漾濞江与西洱河汇流处东南之山，今名议地山。该山属大理市境地。今洱海的主要水源河道渼苴河（洱源县境内）及洱海的出水河道西洱河及西洱河下接之漾濞江西南流至与顺濞河汇流处止的河道为古之黑水，"黑水之山"即因位于黑水之侧而得其名；今议地山即位于古黑水之侧、地处古黑水与古流沙（水）的汇流处，其为黑水山无疑。自今核走山处起，古流沙总的走向均为东南行，经文谓"又南行"、"西南入海黑水之山"不确。入海之"海"非水域名称，更非海洋之"海"，而是地域名称。入海即入南海，因为黑水山位于当时的南海境内（远古时代中国称海，海的南方称南海，说已见前。此入海之"海"实为南海之简称）。

《山海经·海内西经》说："河水（按，此河水指今云南省西北部中甸、丽江二县间的金沙江；《山海经》中载河水有二，此为其一。说详下文）出（按，为流出之"出"，非源出之"出"）东北隅（按，应为西北隅。说详下文），以行其（按，指昆仑虚）北……"由此引文，知此河水自昆仑山（虚）的西北角向东（大致）

流过昆仑山的北面。此河水即今中甸、丽江二县的界河金沙江河段；则此河段以南即为古昆仑山地。"流沙出钟山"的钟山（即今剑川、兰坪与丽江三县间的老君山）位于此段金沙江（即古河水）河段以南，则钟山为昆仑山的一部分无疑。《大荒西经》说："西海（按，即今洱海）之南，流沙之滨……有大山，名曰昆仑之丘。"流沙之滨的"流沙"即是此"流沙出钟山"的"流沙（水）"。流沙之滨意即流沙两岸，实即流沙流域。是流沙流域的整个范围皆为昆仑山（丘）地。可见，漾濞江与西洱河汇流处以上的漾濞江——黑潓江——弥沙河——玉石河——白石江流域亦为《山海经》昆仑山（丘）的一部分。

《海内西经》"流沙出钟山"下郝懿行云："《楚辞·招魂》云：'西方之害，流沙千里些。'王逸注云：'流沙，沙流而行也。'高诱注《吕氏春秋·本味篇:》云：'流沙在敦煌郡西八百里。'《水经》云：'流沙地在张掖居延县东北。'注云：'流沙，沙与水流行也。亦言出钟山，西行，极崦嵫之山，在西海郡北。'"郝懿行君所引流沙诸说，皆指今中国西北干旱少雨地区的沙漠，此断非《山海经》流沙之意。《山海经》中的流沙为水（河流）名；该水中多沙，沙与水一同流行，故其水取名"流沙"。《山海经》各"山经"中，还有不少"水行××里，流沙××里"的记载，其中所谓"水行"，即是沿水而行，亦即沿着河流而行，并非有如今日乘船于江河之中走水路；所谓"流沙"，亦是沿着水（河流）而行，只不过是沿着一段多沙的水而行而已，并非穿越沙漠。此种"流沙"显然与作为水名的流沙意义又不相同，这是需要在此说明的。

《山海经》中流沙有二，此为其一，且为主要的流沙。

# 三、赤水（一）

《山海经·西次三经》说："昆仑之丘,实惟帝之下都……赤水出焉,而东南流注于氾天之水。"此赤水即是以今云南省西部云龙县东界所出关坪河为上源的顺濞河及顺濞河与漾濞江汇流后以下的漾濞江——黑惠江（漾濞江——黑惠江,为澜沧江在云南境内的最长支流）。顺濞河本为漾濞江——黑惠江的支流;《山海经》此赤水不以漾濞江（其上流为黑潓江）为源,而以其支流顺濞河为源,显然是主支流不分。其实在古地理书中此种主支流不分的情形并不少见,《汉书·地理志》及《水经》中多有之。大约古人在这方面的区分并不十分严格（河流〈古人称之为"水"〉是地面上客观存在的地理实体;小河〈支流〉的水流入大河〈主流〉,是不以人的意志所能改易的自然现象,也即是说它不以书籍的记载为转移。由于此种主支不分的情形在《山海经》中较多,故于此处作一议论）。黑惠江为澜沧江的主要支流;该河中游连接作一个大湖——洱海（洱海本身就是一个明显的地理标志）,这就使得该河成了云南西部的著名河流。澜沧江源远流长,为我国西南著名大河。该河水量甚大。澜沧江与其支流黑惠江汇流后,水量进一步增大;此二河汇流后的河道即是经文所称的"氾天之水"。"氾天"乃是形容水的样子,"氾天之水"指水势盛大之意;而经文又作为水（河流）名。以今顺濞河为源的漾濞江——黑惠江自发源流至与澜沧江汇流处止的河道（古赤水）甚是曲折,但其总的走向是自西北流向东南。经文谓赤水"东南流注于氾天之水",十分正确。

《山海经·大荒南经》说："南海（按,为地域名称）之中,有氾天之山,赤水穷焉。""氾天之山"为赤水所止之山,该山当位于今黑惠江与澜沧江汇流处之西南,亦即黑惠江流入澜沧江的黑惠江河口对岸之山,今名二月十四山(海拔2348米)。位于云南省西部凤庆县境内。氾天山当因氾天水而得其名;氾天水实始于氾天山。

《山海经·海外南经》说:"三株树在厌火北(按,应为东北),生赤水上……"又说:"三苗国在赤水东……"经文所说的赤水,亦指以今顺濞河为源的漾濞江——黑惠江。厌火为国名,即厌火国。该国国邑故地当在今昌宁县东北境的耇街乡耇街(村)一带。三株树所在故地当在今昌宁县东北界珠街乡驻地珠街处。该地位于黑惠江(古赤水)西岸山坡上。三株树实生于厌火国国邑的东北。"生赤水上",即生于赤水之侧,亦即生赤水的岸边。三苗国国邑故地当在今昌宁县东北界珠街乡驻地珠街之东南的黑马行政村所属的上元村处。该地位于黑惠江(古赤水)之东。由此可证,以今顺濞河为源的漾濞江——黑惠江确为古之赤水。厌火国、三株树及三苗国事,详见下文。《山海经·海内西经》说:"赤水出东南隅,以行其(按,指昆仑虚)东北,西南流注南海(按,为地域名称)厌火东。"此赤水亦即指以今顺濞河为源的漾濞江——黑惠江。然此节经文所记赤水走向却与《西次三经》"赤水出焉,而东南流注于氾天之水"的走向大为不同。是此节经文所记有误。但赤水"南流注南海厌火(为国名)东"是正确的。由此亦可证今黑惠江确为古之赤水。由所引《海内西经》之文,知以今顺濞河为源的漾濞江——黑惠江流域亦为古昆仑山(虚)地。

## 四、青水

《山海经·西次三经》说:"昆仑之丘,实惟帝之下都……洋水出焉,而西南流注于丑涂之水。"经文"洋水出焉"下郭璞注云:"(洋)或作清。"郭说甚是。洋字实是清字的讹文;清字为青字的同音异字,本应作青字。青水即今云南省西部永平县境内的银江河段。该河源出于永平县西北部龙门乡境内,东南流经该县中部,至该县南界与其支流打平河汇合后即转向西流,为永平、昌宁二县间之界河,于鱼坝平坦(地片名)西南入于澜沧江。经文"西南流"应为东南流。"丑涂之水"即今银江河支流打平河及打平河与银江河汇流后以下的银江河河道。打平河源出于昌宁县东北(澜沧江以东)耇街乡南界,西北流,至昌宁、永平二县界入于银江河。该河为银江河的支流,甚是短小;《山海经》以此河及下接之银江河为丑涂水,并言青水流注于此水,亦是主流与支流不分。

《山海经·大荒南经》说:"大荒之中,有山名乃歹刕之山,青水穷焉。"歹刕字为丑字的近音字;歹刕涂山即丑涂山。歹刕(丑)涂山为青水所止之山,该山当位于丑涂水之侧,即位于今打平河及其下接的银江河之侧;考之地理,该山当位于银江河与打平河汇流处之西南。今该处之山无山名。地处昌宁县境内。丑涂水当因歹刕(丑)涂山而得其名。由《大荒南经》"歹刕涂之山,青水穷焉"之文,知郭君"(洋)或作清"之言十分正确。

《山海经·海外南经》说:"毕方鸟在其(按,指二八神)东,青水西……"又《海内西经》说:"弱水、青水出西南隅……过毕方鸟东。"毕方鸟所在故地当位于今永平县南部水泄乡驻地牛街河西北与天鹅抱蛋山(山峰名)之间的半山坡上,此处有村名小平坦。在水泄行政村境内。二经文均言青水在毕方鸟东,则今银江河确为古之青水。《海内西经》中"弱水"二字实为衍文。当删去之;因为弱水(详见下文)不"过毕方鸟东"。"青水出西南隅","出"为发源之意;"西南隅"是指昆仑虚(山)的西南隅。是今银江河流域一带的永平县及昌宁县东北部亦为古昆仑山地。

# 五、河水（一）

　　《山海经·西次三经》说："昆仑之丘，实惟帝之下都……河水出焉，而南流东注于无达。"此河水即是发源于今云南省西北部兰坪县境内的沘江及沘江与澜沧江汇流后的澜沧江东南流至与黑惠江（古赤水之一）汇流处止的河道。无达为山名，河水止于此山；该山即是今澜沧江与其支流黑惠江汇流处东南之山，今名正月十五山，位于南涧县的西南角。该山西与凤庆县境内的二月十四山东西相对；二月十四山为古之氾天山，为古赤水之一所止之山。今澜沧江与黑惠江汇流后的澜沧江河道为古氾天水。说已见前。今沘江大致为南北走向；沘江南流与澜沧江汇，二江汇流处起东南流至与黑惠江汇流处止的澜沧江河道则是自西北流向东南呈向西南方向凸起的弧线状，此正与经文所说的河水"南流东注于无达"的走向相吻合。

　　《西次三经》又说："轩辕之丘，无草木。洵水出焉，南流注于黑水。"《山海经》中丘与山为同义词。轩辕丘乃是指今兰坪县所出沘江西源挂登河——金坪河源头一带之山。该山为《山海经》所载的轩辕国的北部之山，故其名为轩辕丘。该山今名玉坪山，其主峰名雪门坎。洵水出（发源）自轩辕丘，而南流注于黑水，黑水即今之澜沧江（详见下文），则洵水即是今之沘江。今沘江及其下接之澜沧江东南流至与黑惠江汇流处止的河道本名河水，洵水"南流注于黑水"，则是沘江段名河水者又别名洵水，澜沧江段名河水者又别名黑水矣！

　　《西次三经》又说："（轩辕之丘）又西（按，应作南）三百里（按，此里程有误），曰积石之山，其下有石门，河水冒以西南流。是山也，万物无不有焉。"此节经文所记的河水，亦是指今沘江。积石山即指今云南省西部云龙县境东北部之山，在古轩辕丘之南。古河水（今沘江）南流经过此山。"万物无不有"，言该山所出物产之富，也表明了它的面积不小。"其下"指积石山下。"石门"乃是河流横切山岭而形成两岸山坡十分陡峭狭窄有如门状的峡谷河道地形。河水经石门而"冒以西南流"，石门故地当在今云龙县长新乡驻地长春坡南约4华里的沘江转弯处。沘江自北而来，流至此即转向西南流，于此形成一明显拐角。沘江自此向西南流约22华里与其支流师里河汇合后又转向南流，入于澜沧江。积石山当因石门上口处的河水河道中多崩崖散落之石及流水自上流搬运而来之石聚积甚多而得其名。石门以上河流走向为纵向。河水自北向南流来，其北来之水流至石门处又改变方向突然转向西南流，在这急拐弯处水流必然减缓，所挟之石必然会沉积下来，以致使其河床抬高阻塞河道，水流因此不得畅行，不得不"冒以西南流"。"冒"为水流涌起之状。

《山海经》中所载河水有二，积石山亦有二；且二积石山又分别与二河水有密切的联系。详见下文。

由上面对河水的讨论，知今沘江流域及沘江下接之澜沧江流至与黑惠江汇流处止的澜沧江河段流域，亦为古昆仑山地。

## 六、黑水（二）

《山海经·西次三经》说："轩辕之丘，无草木。洵水出焉，南流注于黑水。"轩辕丘即今云南省西北部兰坪县境内所出沘江西源挂登河——金坪河源头一带之山。说已见前。洵水即今沘江，为澜沧江支流。洵水又为以今沘江河段为源的河水的别名。泜水"南流注于黑水",黑水即是今之澜沧江。

　　澜沧江发源于青海省南部的唐古拉山,东南流经西藏东部、云南西部,于云南省南部的西双版纳州南部出境。出境后称湄公河,曲折东南流经缅甸、老挝、泰国、柬埔寨,于越南南部入南海。澜沧江与沘江汇流处以上的(指云南境内)河道走向大致为纵向,汇流处以下流至与黑惠江汇流处止的河道走向大致是西北—东南向,并向西南方向凸起略呈一弧线状。

　　《山海经·海内西经》说:"洋水、黑水出西北隅……南入海,羽民南。"经文"出"为流出之"出",非源出。"西北隅"指昆仑虚(山)的西北隅;黑水出昆仑山西北隅,洋水则否,是"洋水"二字为衍文。当删去之。"南入海",此海为地域名称,指南海;海实为南海的简称。"羽民"为国名,即羽民国。羽民国国邑故地当在今永平县南部水泄乡境内狮子窝行政村驻地核桃坪一带。黑水过"羽民南",表明今澜沧江与沘江汇流后东南流至与黑惠江汇流处止的河道确名黑水。此段河道与上接之沘江本名河水,是此段河道既名河水又名黑水矣!

　　《山海经·大荒南经》说:"大荒之中,有不姜之山,黑水穷焉。"经文"黑水"亦指今澜沧江,但与所引前节经文颇有不同。不姜山为黑水所止之山,考之地理,该山当即今澜沧江与沘江汇流处东南之山。该山今名烟堆子,地处云龙、永平二县间界上。是《大荒南经》仅以今与沘江汇流处以上的澜沧江河段为黑水矣!

　　《山海经·海内南经》说:"窫窳居弱水中,在狌狌之西,其状如貙,龙首,食人。"狌狌为猩猩之别写。猩猩所在故地当在今云南省西部巍山县西部(龙街乡所属龙街〈村〉一带)的山中。地处黑惠江(古赤水之一)之东。猩猩当是该山中的特有兽类,故《山海经》记载之。窫窳亦为兽类,该兽产于猩猩产地之西的弱水中,则此弱水即是今澜沧江与沘江汇流处起东南流至与黑惠江汇流处止的一段澜沧江河道。此节经文下载有"(建木)在窫窳西弱水上",其下又载有"氐人国在建木西"之文,知氐人国(实指氐人国国邑)之东有建木,此木生长于弱水的西岸,建木之东的弱水中产有窫窳。氐人国国邑故地在今保山市金鸡乡驻地金鸡村处,则窫窳的具体产地当在今保山市瓦渡乡与永平县永和乡之间的澜沧江中。窫窳产地与狌狌产地相距较远,经文说窫窳"在狌狌之西",只是指出一个大致的方位而已。"其状如貙,龙首"此是窫窳的真实形貌。窫窳"食人",并生于水中,又"状如貙,龙首",我疑此兽乃是鳄鱼。该段澜沧江海拔在1150米以下,且位于亚热带地区,而大禹那个时代的今云南西部地区的气候要比今日更热(《山海经·大荒南经》载"苍梧之野"产有象。"苍梧之野"在今弥渡县寅街乡勤劳行政村驻地三甲营〈村〉西南、多祜河——毗雌河之东南,今名仓房山。象与窫窳的产地,纬度相同。这类动物今均产于热带雨林中。是那时的气候比今日要热之明证),当时那段弱水中出产鳄鱼当不为怪。不知今日还有否,当至其地考察之。今澜沧江南流至云南省南部西双版纳州首府允景洪镇附近的河道中时有鳄鱼出现——我于20世纪80年代中期至该地听说之。

《大荒西经》说:"西海(按,即今洱海)之南,流沙(按,水名。说已见前)之滨,赤水(按,即今怒江。详见下文)之后,黑水(按,以今弥苴河为源的黑水。说已见前)之前,有大山,名曰昆仑之丘……其下有弱水之渊环之……"经文"其下",指昆仑山(丘)之下。此弱水即今澜沧江与沘江汇流后东南流至与黑惠江汇流处止的澜沧江河段。"渊"为深堑于高山中的水道。"环"即绕也。此段澜沧江河道向西南方向凸起呈一弧线状,环绕在古昆仑山下,此与《山海经》的记载吻合。

《山海经·海内经》说:"南海之内,黑水、青水之间,有木名曰若木,若水出焉。"经文"黑水、青水之间"下袁珂先生说:"《水经注·若水》引此经无青水二字。"(见其所著《山海经校注》)是此经原文本无青水二字。二字实是衍文。南海为地域名称,指当时中国的南方。此黑水指今澜沧江与黑惠江汇流处以上的澜沧江河道;此与《西次三经》"(轩辕之丘)洵水出焉,南流注于黑水"之说一致。"黑水之间"即黑水一带,实指今澜沧江与沘江汇流处起东南流至与黑惠江汇流处止的一段澜沧江河道,实即弱水河段。因此段河道之侧多生有若木,故此段河道名为若水。若水出焉之"出"既非源出,也非流出,而是出现。实为河名的出现。弱水之名实是若水一名的别写,当以若水一名为正。因为若水之名有其来历,即因若木之生而来;而弱水之名则得而无因。

《大荒北经》载"大荒之中,有……灰野之山,上有赤树,青叶,赤华,名曰若木"。我疑若木当是今日的攀枝花树。该树为热带、亚热带植物,为乔木,较高大。今云南境内许多温热河谷中多有之。该木先开花后生叶。其花花型较大,花为红色,极鲜明。叶为青色。树的枝干为麻色。开花时节整个树上红花一片,光辉灿烂,甚是好看。经文说此树为赤树,当是从远处观看而产生的错觉。此树今澜沧江河谷中仍有生长。热带、亚热带地区开花之树甚多,但未有能如攀枝花树给人印象深刻者。

今澜沧江与沘江汇流处以上的澜沧江河段古名黑水;汇流处以下东南流至与黑惠江汇流处止的澜沧江河段名河水、黑水、若水、弱水。这种一水四名的情形够复杂的了! 可见,这种一河多名的现象由来已久。

《大荒北经》说:"西北海外,黑水之北,有人有翼,名曰苗民。"黑水亦指今澜沧江。"西北海外",指当时中国中心地区西北之外。黑水由北向南流经当时中国中心地区的西部;"黑水之北"乃是指该黑水流经当时中国中心地区西北之外的那一段河道，亦即流经今云南西北部的那一段澜沧江河道。苗民（非三苗）及所引前节经文中的灰野山的所在即在今云南西北部的那一段澜沧江一带。

由上面的讨论，知今澜沧江与沘江汇流处以上（指云南境内）的澜沧江流域亦为古昆仑山的一部分。

《尚书·禹贡》中，黑水一名曾三次出现："华阳黑水惟梁州"、"黑水西河惟雍州"、"导黑水，至于三危，入于南海"。其中"华阳黑水惟梁州"与"导黑水，至于三危，入于南海"的黑水为一水，指今日中国西南部的著名大河澜沧江；"黑水西河惟雍州"的黑水是另一黑水，我疑此黑水即是今日四川省北界若尔盖县境内的黑河。《禹贡》中的黑水是一复杂的问题，数千年来众说纷纭，至今仍悬而未决，这里顺便作一探讨。

我们从"导黑水，至于三危，入于南海"入手，来对《禹贡》中的黑水加以讨论。"导黑水，至于三危"，表明三危为一具体地点，当为一山名，且在与黑水相距不远的黑水之侧。黑水"入于南海"，此南海不是《山海经》中为地域名称的南海，而是指中国南面的南海，即今南中国海。因为《禹贡》是战国时期的地理著作，该书中的南海显然为水域名称，而与《山海经》中的南海为地域名称者不同。《禹贡》中入于南海之水自然是一大水，而不是小水；今日中国西南地区长江上游（金沙江流域）以南流入南海的河流有数条，它们是南盘江（为珠江上源）、元江（上源为礼社江，下游为红河）、澜沧江（出境后为湄公河）。《禹贡》中的黑水当在这三条河流之中。这三条河流中，要决定哪一条河流为《禹贡》中的黑水，其关键在于找出三危的位置所在。

《禹贡》中有三危，《山海经》中亦有三危。《山海经》中的三危为山名，位于今日的云南西部地区；《禹贡》中位于"入于南海"的黑水之侧的三危亦应在今日的云南西部地区。《山海经》、《禹贡》二书中均记有三危,三危当是著名之山;可以断定,二书中的三危实是一山。

《山海经·西次三经》说:"(符惕之山)又西二百二十里,曰三危之山……是山也,广员百里。"符惕山今名汤涧梁子,位于云龙县旧州乡汤邓行政村东南,澜沧江西岸。三危山今名大雪坪,位于云龙县漕涧镇驻地漕涧东北三崇山(为怒江与澜沧江之间碧罗雪山的一部分)上。在汤涧梁子之西。该大雪坪实是三崇山南部一复合形山顶;上甚平,因经常积雪,故其名为大雪坪。经研究《山海经》中里的长度约为今华里的3.3%。大雪坪约1平方华里,此正合《山海经》"广员(方圆)百里"之义。大雪坪位于澜沧江的西侧,距澜沧江甚近;澜沧江南流注于南海,且为《山海经》中所载的黑水之一,其为《禹贡》中"入于南海"的黑水无疑!今大雪坪(古三危山)处,自古至今均为要道所经之地,"知名度"自然很高,以致二地理书中均有记载。

《禹贡》"入于南海"的黑水即今澜沧江既已考出,那么"华阳黑水惟梁州"的问题也就不难解决了!"华阳黑水惟梁州",华即指华山,在今陕西省东部华阴县南。其同名主峰为古五岳之一的西岳,该山为横贯中国中部的秦岭东段的山峰。《穀梁传·僖公二十八年》说:"水北为阳,山南为阳。"华阳,即华山之南。黑水作为划分梁州界线的地理标志之一,当即指"导黑水,至于三危,入于南海"的黑水,亦即指今日中国西南的著名大河澜沧江无疑。"华阳黑水惟梁州",是说从华山的南面至黑水是梁州地区的范围。古梁州大致包括今陕西、甘肃二省秦岭山脉以南的地区及四川、贵州、云南(澜沧江以东)三省和湖北西部、湖南西部、广西西北部地。

"黑水西河惟雍州",西河即指今陕西、山西二省间的界河黄河河段。此段黄河为纵向,自北向南流至华山东北的潼关之北,与西来的渭河相汇。雍州在梁州之北;华山为划分梁州的地理标志之一,显然华山之北为雍州之地。横亘于中国中部黄河、长江二大流域间的秦岭是一大天然的、明显的划分南北界线的地理标志;华山既为雍、梁二州在东面划分南北的地理标志,其位置处在今秦岭的东段,那么,雍、梁二州在西面划分南北界线的地理标志的黑水,则应位于今秦岭的西段某地方更合情理。如此,则华山、黑水之北为雍州地,之南为梁州地的划分才能分明。很显然,作为雍、梁二州在西面划分南北界线的地理标志的黑水不是"华阳黑水惟梁州"、"导黑水,至于三危,入于南海"中的黑水即今之澜沧江者。

考之地理,我以为"黑水西河惟雍州"中的黑水,乃是今四川省北界若尔盖县境内的黑河。黑河旧名黑水,藏语名墨曲,发源于岷山西北山麓(红原县境内),西北流,于甘肃省玛曲县境内入于黄河。黑河流域地势平坦,有着广阔的牧场,是畜牧业放殖的良好地区。该地地处秦岭与岷山的交会处之西,而秦岭、岷山一向为我国著名之山;而黑河实位于秦岭的西端,该河虽小,正因为它位于秦岭的西端,仍不失为一明显地划分地理界线的标志。该河当是《禹贡》中的另一黑水无疑!"黑水西河惟雍州",是说从黑水至西河是雍州地区的范围。古雍州大致包括今陕西、甘肃二省秦岭山脉以北的地区及青海东部、宁夏和内蒙西南部地。

本书的前面已经谈到中华民族曾在商代的初年进行过一次大规模的迁徙,即由今日的云南省的西部地区迁向范围广大的各地。其中氐羌人的大部分则是经由四川境内的岷江北上,到达四川的北部、青海东南部、甘肃南部及陕西的西南地区。今秦岭西端的黑河流域的草原地区是自商代以来的氐羌族的主要聚居地之一。《山海经》中记载的远古时代的氐羌人是居住在今云南省西北部的澜沧江河谷一带,澜沧江古名黑水;氐羌人迁到新的居地即今四川北界的若尔盖县一带后,便把他们原先居住之地的黑水之名也一同带入新地而重新命名之。今黑河之名当是由此而来。战国时的《禹贡》以今黑河(古黑水之一)作为划分雍、梁二州间的地理标志,是完全可能的。

必须指出,《禹贡》是战国时代的地理著作,它记载的假托大禹治平水土并划分九州(雍、梁二州均为其中之二州)事,实是战国人的一种理想制度,但这种制度在中国历史上从来不曾实现过。大禹也不曾导过古黑水之一的今澜沧江(可以从《山海经》中得知),然而《禹贡》所载的黑水之一指今之澜沧江,与《山海经》所载的黑水之一亦指今之澜沧江却是一致的。由此可见,今澜沧江在远古时代确名黑水;此黑水之名一直延至战国之时而未变(因为《禹贡》为战国时代作品)。因此亦可知,国人于商代初年的大迁徙时,许多原地的地名随着迁徙活动被带到了新的居地,但确有极少数的地名仍在原地保留着;说明国人并未完全迁走,而有少量留在原地仍在继续使用着原来的地名者。

《山海经》中的地名,仅有黑水(今澜沧江)与三危山与《禹贡》有关联,也即是说《禹贡》中涉及我国西南地理的,只有黑水(今澜沧江)与三危山;而《山海经》是专记我国远古时代的西南一小范围的地理,显然用《禹贡》来解释《山海经》中的地理,已用处不大。

# 七、赤水(二)

《山海经·南次二经》说:"……柜山……英水出焉,西南流注于赤水。"柜山即今保山市老营乡老营行政村西的猴子石卡(山峰名),为今东河源头一带之山的主峰。英水即是今之东河(下游名勐波罗河)。东河西南流入于怒江,则赤水即是今之怒江无疑。

怒江位于澜沧江之西,亦为我国西南地区的著名大河。该河源出于青海、西藏二省区间的唐古拉山南麓,东南流过西藏的东部地区,进入云南省后便转向南流,于德宏州东南出国境进入缅甸,名萨尔温江,于毛淡棉附近注入印度洋。

《山海经·大荒西经》说:"西北海之外,赤水之东,有长胫之国。"又说:"西北海之外,赤水之西,有天民之国,食谷,使四鸟。"经文"西北海之外",是指当时的中国中心地区的西北之外,其地与今日的云南西北部地区相吻合。怒江自云南西北角进入云南省境后一直南流经过云南西部,并于云南西(稍偏南)部出境。也即是说怒江在云南省境内是纵向流的。今怒江为古之赤水,赤水亦流经远古时代的中国的西部。赤水流经当时中国中心地区西北之外(即"西北海之外")的那一段河道即在今日的云南西北部。显然,位于赤水之东的长胫国和位于赤水之西的天民国均在今云南省西北部的怒江河谷中。

《山海经·大荒西经》又说:"西南海之外,赤水之南,流沙之西,有人珥两青蛇,乘两龙,名曰夏后开。"经文"西南海之外",是指当时的中国中心地区的西南之外,其地与今云南的保山地区、德宏州及临沧地区的西部和北部相吻合。赤水流经当时中国中心地区西南之外(即"西南海之外")的那一段河道(主要是在今保山地区境内)即是经文所谓的"赤水之南"(实是南段赤水河道)。此段河道除接近出国境的那一小段外均为纵向。经文"流沙"当是"赤水之南"的一段赤水的特称。因此段赤水多沙,故取流沙之名。流沙为赤水南段河道,我疑此段名流沙的赤水即是今保山市西南坝湾乡境内的怒江河段。今坝湾乡境内的怒江河谷为宽谷地形,实为一山间盆地。盆地中的土质多为沙质,多为北来的怒江所挟泥沙沉积而成。"流沙之西",当指此段怒江之西。"有人珥两青蛇,乘两龙",此是对夏后开其人在《山海经图》上的图像的记述。夏后开即夏后启。详见下文。

《山海经·大荒北经》说:"有人衣青衣,名曰黄帝女魃。蚩尤作兵伐黄帝,黄帝乃令应龙攻之冀州之野。应龙畜水,蚩尤请风伯雨师,纵大风雨。黄帝乃下天女曰魃,雨止,遂杀蚩尤。魃不得复上,所居不雨。叔均言之帝,后置之赤水之北。"又说:"西北海之外,赤水之北,有章尾山。"经文"赤水之北",乃是指赤水流经当时中国中心地区西北之外(即"西北海之外")的那一段河道(今怒江州北半部境内)。此段河道为纵向,与"西南海之外"的"赤水之南"所指的那一段赤水的情形相同。由此可知,黄帝女魃所居之处及章尾山均应在今怒江州北半部境内的怒江河谷中。

《山海经·大荒西经》说:"西海之南,流沙之滨,赤水之后,黑水之前,有大山,名曰昆仑之丘。"西海为水域名称,即指今之洱海。流沙为水(河流)名,即指今弥沙河为源的黑潓江——漾濞江流至与洱海的出水河道西洱河汇流处止的河段。说已见前。赤水即指今之怒江。黑水即指以淤尔苴河为源与洱海的出水河道西洱河及西洱河下接之漾濞江西南流至与顺濞河汇流处为止的河段(洱海在其流程之中,亦应包括在内)。"赤水之后"与"黑水之前"为对文;"赤水之后"指赤水之东,实指赤水流域以东。赤水指今怒江,"赤水之后"乃指今怒江流域之东。由此可见,今怒江西侧的高黎贡山以东(包括高黎贡山)的怒江流域(在云南省境内)亦为古昆仑山地的一部分。

## 八、黑水(三)

《山海经·海内经》说:"西南黑水之间,有都广之野,后稷葬焉。"经文

"西南"指当时中国西南方。"黑水之间"指黑水一带。《山海经·海内西经》说:"后稷之葬,山水环之。在氐国西。""在氐国西",指在氐国国邑之西。氐国国邑故地在今保山市金鸡乡驻地金鸡村处。后稷的葬地在氐国国邑之西,并在山中("都广之野"中),则后稷之冢墓当在今保山市河图乡红庙行政村驻地红庙之西北的皇家坟(山峰名)山中。此地位于金鸡村之西、保山城的西北。皇家坟亦是东河源头一带之山的一部分,显然今东河源头一带之山即是古"都广之野"(《山海经》中野与山为同义词);今东河即是古之黑水。经文"黑水之间"实指黑水源头一带。

《山海经·南次二经》说:"……柜山,西临流黄……英水出焉,西南流注于赤水。"柜山为今东河源头一带之山的主峰,该山今名猴子石卡,位于今保山市老营乡老营行政村驻地老营街之西。英水即今之东河(下游名勐波罗河)。东河西南流入于怒江。怒江为古赤水之一。说已见前。显然英水与黑水为同一水,即英水为黑水的别名。流黄为国名。《山海经·海内西经》说:"流黄酆氏之国,中方三百里;有涂四方,中有山。在后稷葬西。"《山海经·海内经》说:"有国名曰流黄辛氏,其域中方三百里,其出是尘。"流黄国实是"流黄酆氏之国"或"流黄辛氏"国的简称。该国故地在今保山市杨柳乡境内的罗明坝中。罗明坝为一山间小盆地,约9平方公里。盆地底部甚平坦,中部有一小山突起,高约70余米,此正与经文"中有山"相吻合。该坝四周均有道路可通,此又与经文"有涂四方"相吻合。其地位于今皇家坟(后稷葬地)之正西。经文谓柜山"西临流黄",可见今罗明坝以东之山的总名为柜山甚明。"都广之野"为柜山的一部分。《山海经》中流黄酆氏国(或流黄辛氏国)的故地在今保山市杨柳乡境内的罗明坝(今该坝中设有干田、马湾、岩头三个行政村)地确定,也是我定古昆仑山在今云南西部地区的最坚强、最有力的证据之一。

# 九、河水(二)

《山海经·海内西经》说:"(昆仑之虚)河水出东北隅,以行其(按,即指昆仑虚)北,西南又入渤海,又出海外,即西而北,入禹所导积石山。"经文"河水出东北隅"下郝懿行云:"郭注《尔雅·释水》及李贤注《后汉书·张衡传》及《广韵》引此经并作'河出昆仑西北隅';《淮南(子)·地形训》、《广雅》及《水经注》并从此经作'东北隅'。疑传写之讹。说见《尔雅略》。"(见其所著《山海经笺疏》)按,当以郭注《尔雅·释水》及李贤注《后汉书·张衡传》及《广韵》引此经并作"河出昆仑西北隅"为是。也即是说,经文"河水出东北隅"应作"河水出西北隅"。若作"河水出东北隅,以行其(即昆仑虚)北……",则河水为自东向西流过昆仑虚(山)之北,此显然不合于地理实际。此河水即今流经云南省西北德钦、维西、丽江(注:"丽江县"已改名为"玉龙县"。)三县与中甸县(注:"中甸县"已改名为"香格里拉县"。)间的界河金沙江河段。

金沙江为长江的上游。其上源名沱沱河,源出自青海省西南界唐古拉山脉的各拉丹冬雪山(海拔6621米)。沱沱河北流,又折向东流,汇当曲后东北流名通天河。通天河转东南流,至玉树县巴塘河口处始称金沙江。金沙江东南流为西藏、四川二省区间的界河;复东南流入云南省西北部的迪庆州境。该河又东南流为迪庆州与丽江地区间的界河;流至丽江县石鼓镇驻地石鼓街之东即转向东北流,至丽江县北界;此段河道亦为迪庆州与丽江地区间的界河。金沙江自丽江县北界又转向南流入于丽江地区境内。复南流,穿行于丽江地区的永胜县与大理州的鹤庆县之间;后于永胜县西南界与西南流来的落漏河——枯木河（自鹤庆南部流来）汇流后即转向东流。后于丽江、大理、楚雄三地州交界处与一泡江汇流后便向东北流去……金沙江在今云南省西北部的走向大致如此。

古昆仑虚（山）的西北隅在今云南省西北角的金沙江以西一带地区。"河水出西北隅"，即出昆仑虚的西北隅；"出"为流出或出现，非源出。因为河水（今金沙江）之源距昆仑虚甚远。"以行其北"，指河水流行于昆仑虚的北面，此指今金沙江东南流至丽江县石鼓镇红岩行政村境内红石崖（山名）东南为止的河段。"西南又入渤海"，"西"字为衍文。当删去之。红石崖东南以上的金沙江为西北—东南向，红石崖东南以下流至石鼓街东为止的金沙江是自北向南流的（纵向），故知该经文应作"南又入渤海"。"渤海"非专名，乃是形容河水水势浩大的样子。《山海经》中除此还有别处称水道为渤海者是其证（见《山海经·南次三经》）。渤海当指今自红石崖以东南流至虎跳峡上口处为止的金沙江河段。此段金沙江河谷为宽谷地形，河道侧有大面积的河滩地（今均为良田）交替出现。远古时代河水水势甚大，水位比今日要高，故称此段河水为渤海。《山海经·海外北经》载"聂耳之国……县（按，为"悬"的本字）居海水中"。聂耳国国邑故地在今丽江县石鼓镇驻地石鼓街处。石鼓街位于著名的"长江第一湾"顶部金沙江西南的山嘴上，地势甚高；远古时代聂耳国国邑设此，其西、北、东三面为渤海之水所环绕，故经文谓其"县（悬）居海水中"云。又，《山海经·北次二经》载"（姑灌之山）又北三百八十里，曰湖灌之山……湖灌之水出焉，而东流注于海"。姑灌山即今丽江县境内的玉龙雪山。该经说此山"冬夏有雪"，即终年积雪之山。湖灌山即今丽江县大东乡甲子行政村境内之山。该山今无名，实位于姑灌山之东北。湖灌水即出自该山西南谷中的黑白水。黑白水东流入于金沙江。"湖灌之水出焉，而东流注于海"，此"海"即是今丽江县东面的金沙江。此亦可证今石鼓街上下的金沙江远古时代确称渤海或海。"又出海外","海外"指渤海之外。"即西而北",实是即西南而东北。因为自石鼓街之东流至虎跳峡上口为止的金沙江(古河水)河段的走向是自西南向东北方向流的。"入禹所导积石山","入"为流进之义。《山海经·海外北经》说:"禹所积石之山在其(按,即邓林)东,河水所入。"经文"禹所积石之山"下毕沅云:"当云禹所导积石之山,此脱导字。"其说甚是。邓林为"夸父与日逐走……道渴而死。弃其杖,化为邓林"的邓林。此事亦见此经。邓林故地当在今丽江县龙蟠乡星明行政村驻地仁河(村)处。该地位于金沙江东岸。禹所导积石山在邓林东,考之地理,则此山即是今中甸县东南部的哈巴雪山与丽江县境内的玉龙雪山之间的金沙江虎跳峡河段沿岸之山。该山实位于邓林所在地的东北。《山海经·大荒北经》说:"大荒之中,有山名曰先槛大逢之山,河济所入,海北注焉。其西有山,名曰禹所积石。"按,经文"河济"为"河水"之误文;是"河济所入"当作"河水所入"。详见下文。"海北注焉",按此经文例,当作"海水北注焉",此脱"水"字,当补。"禹所积石"实为"禹所导积石之山"的简称。先槛大逢山即今虎跳峡下口以外的金沙江沿岸之山,亦即今中甸县境内三坝乡所属江边行政村驻地埃美支东南的永壳坝(该坝为河谷阶地地形,顶部甚平,高出金沙江水面约220米。南、东二面为金沙江环绕,坡甚陡峭)与东南隔江相对的丽江县境内大具乡的大具坝(该坝面积较大,亦为河谷阶地地形,顶部甚平,高出金沙江水面约100米。西北临江,坡亦甚陡)的合称。二坝四周均为高山所环绕,实构成高山深谷中一盆地地形。由于二坝高出于金沙江水面甚多,虽为河谷阶地,远古时代称其为山是有道理的。《大荒北经》首节载:"东北海之外,大荒之中,河水之间,附禺之山,帝颛顼与九嫔葬焉。"经文"东北海之外"实指当时的中国中心地区的东北角。"河水之间"即河水一带;此河水亦指今金沙江。附禹山实即先槛大逢山的别名;"河水"流经附禹山一带,此足以证明上引经文"河济所入"的先槛大逢山的"河济"确为"河水"之误文。先槛大逢山"其西有山,名曰禹所积石",显然,今永壳、大具二坝以西的虎跳峡沿岸一带之山确是古禹所导积石山。

禹所导积石山当因禹所导积石而得其名。积石故地当在今虎跳峡上口以上的金沙江河道中。远古时代,该处河水河道中当聚积有许多石头,致使河水水流不得畅行,并使水位增高;当洪水暴发(《山海经·海内经》中有"洪水滔天"之记载)时,水位更是大大提高,使得今虎跳峡上口以上直至红石崖以上的古河水两侧的许多滨河滩地被水淹没;鲧治水失败被杀,其子禹继父之业继续治水,疏导积石,使河水畅通,水位下降,水患终于得以根治。积石山因其与禹所疏导的积石处相距甚近,故取名"禹所导积石之山"云。

《山海经·海外北经》说:"夸父与日逐走,入日。渴欲得饮,饮于河渭;河渭不足,北饮大泽。未至,道渴而死。弃其杖,化为邓林。"经文"与日逐走,入日"下郭璞注云:"言及日于将入也;逐音胄。"郝懿行云:"《史记·礼书》裴骃集解引此经作'与日逐走,日入……'"袁珂先生云:"……又经文入日,何焯校本作日入,黄丕烈、周叔弢校同。"(见其所著《山海经校注》)按,经文"入日"为"日入"之倒文,当作"日入"为是。郭注即是其义。又经文"河渭"为"河水"之误文;此与上引《大荒北经》的"河济"为"河水"之误文的情形相同。邓林故地当在今丽江县龙蟠乡星明行政村驻地仁河(村)处。夸父渴死,"弃其杖,化为邓林",显然其弃杖之处即是夸父之死处。夸父"北饮大泽"未至而死于途中,显然该大泽位于夸父弃杖处(邓林)之北,亦即在今仁河(村)处之北。古大泽当在今龙蟠乡(驻地龙华〈村〉)境内岩羊村至虎跳峡上口一带的金沙江河谷中。今此段金沙江由南至北(纵向)流；远古时代此段河水河道一带当为宽谷地形，河水水面远比今日金沙江水面要宽而为湖泽之状，故称为大泽。当是在商代初年之后(即《山海经》最后成书之后)，因该段河道东岸山体产生了大规模的滑坡，致使河谷陡然变窄，大泽从此消失。今岩羊村北至虎跳峡上口一带约20华里长的金沙江东侧杂乱无章的缓坡地形为山体滑坡堆积的特征明显可见，就是证据。大禹于这一地带疏导积石一事，即已表明在大禹之前的若干年中，已有许多山石散落山坡或河中成为"积石"，阻塞河道，故大禹导而通之；大规模的山崩则当发生在大禹治水之后的若干年中。《大荒北经》说："(大荒之中)有大泽方千里，群鸟所解。"其大泽亦指此泽。又，《海内北经》说："舜妻登比氏生宵明、烛光，处河大泽，二女之灵能照此所方百里。"其大泽亦指此泽。该大泽为河水的一部分(实为河水的一段河道)，故此经在大泽二字之前加一"河"字，以示与其他大泽(《山海经》中所记大泽之名较多)之区别。二女当居于该大泽之旁。"方百里"下郭璞注云："言二女神光所烛及者方百里。"按，"方百里"为二女所烛照的范围大小，不是指大泽的周长；其周长是"方千里"。或以为《海内西经》所载"大泽方百里，群鸟所生及所解"的大泽与舜之二女的"处河大泽"的大泽是一泽，大误。因为"方百里"的大泽是指今剑川县境内的剑湖；剑湖与古河水(今金沙江)无关。显然该湖不是二女"处河大泽"的大泽。之所以把"方百里"的大泽与二女的"处河大泽"误为一泽，乃是因为所记二泽之文中均有"方百里"的缘故。

《山海经·中次三经》所载萯山"山系"，该"山系"自敖岸山至于和山，凡五山，是自今石鼓镇驻地石鼓街东沿金沙江南岸由西南向东北方向排列至龙蟠乡星明行政村驻地仁河(村)之东。其首山敖岸山为今石鼓街东南雕场(山名)之一峰(今无山名，实为雕场之主峰，其西北至石鼓街极近)。该峰矗立于金沙江南岸,高出金沙江水面近1000米,且山坡十分陡峭;此正合经文敖岸(高岸)之义。经文说,敖岸山"北望河林,其状如蒨如举"("如蒨如举"下郝懿行云:"蒨,草也;举,木也。举即榉柳。《本草》陶注详之。")。"河林"即河水岸上之林;河水即今金沙江。今从该山上北望,确是可以看到金沙江河滩地上的树林。此经还载有畛水、正回水、潚潚水及"九水"四水"北流注于河";四水北流所注之河即河水(今金沙江)。今此四水于该地一一可考。由此可见,今金沙江于远古时代确名河水。

今石鼓街一带的金沙江,《山海经》中称河、河水,又称海、渤海,但也称之为泽。《山海经·西次三经》(该经说"《西次三经》之首,曰崇吾之山,在河之南"。河即河水,亦即指今金沙江在石鼓街一带的河道)之第三节经文说:"(长沙之山)又西北三百七十里,曰不周之山。北望诸㱷之山……东望泑泽,河水所潜也,其原浑浑泡泡。"长沙山今名石红山,位于丽江县九河乡河源行政村驻地河源的东北。"不周之山"下郭璞注云:"此山形有缺不周匝处,因名云。"不周山在今丽江县九河乡河源行政村驻地河源西北水塘箐(为自然村)之北,为一垭口(山口)。该山口实位于长沙山的西南。为老君山东面的主要山口。该处为古代自今剑川县北界翻越老君山(古钟山)到达石鼓街以上的金沙江河谷的要道所经之地。该垭口于远古时代当十分著名(《淮南子·天文训》说:"昔者共工与颛顼争为帝,怒而触不周之山,天柱折,地维绝。天倾西北,故日月星辰移焉;地不满东南,故水潦尘埃归焉。"此虽为《淮南子》作者编造的神话,但不周山确与共工其人有关。今石鼓街以上数十华里长的金沙江河谷为远古时代共工所建之国〈共工国〉的故地;该国之人南出的要道经于不周山,也即是说该山实为共工国之门户)。于不周山上"东望泑泽,河水所潜也",该泑泽为今石鼓街一带的金沙江河道;该段河道古时因水面宽阔,《山海经》中称之为海或渤海。"河水所潜"疑谓河水流入渤泽之中犹如水之归海而不再流动,有若潜伏于海中然。此亦可证经文"(河水)南又入渤海"的渤海确是指今石鼓街上下一段金沙江河道;入渤海的河水确是指今金沙江。何以又别称今石鼓街一带的金沙江为渤泽?乃是因为此地有渤水与河水相汇。该《西次三经》说:"(崇吾之山)西北三百里,曰长沙之山。泚水出焉,北流注于渤水。"崇吾山位古长沙山的东面,其山在今九河乡中和行政村驻地中和的西面,今无山名。长沙山即今石红山(说已见前),该山实位于占不周山的东北。泚水即今石红山北面谷中所出的小溪,今无河名。泚水北流所注之渤水即今冲江河。该《西次三经》又说:"(泰器之山)又西三百二十里,曰槐江之山。丘时之水出焉,而北流注于渤水。"泰器山即今剑川县北界之老君山的同名主峰。槐江山位于今老君山主峰西北,为剑川、兰坪及丽江三县交界处之山,今无名。丘时水即是今该山的东面和北面(有数源)谷中所出的小溪,今无河名。丘时水北流所注之渤水亦即今冲江河。由此可见,今老君山北面的金沙江支流冲江河确是远古时代的渤水。

冲江河源出于丽江县西南石头乡西北界金丝厂(山名)西南谷中,东南流经老君山北即转向东北流,于石鼓街东北入于金沙江。由于渤水(今冲江河)与河水(今金沙江)于今石鼓街处相汇流,故今石鼓街一带的古河水又称之为渤泽。

考之地理,古不周山处并不能"东望渤泽",惟从乐游山(亦为《西次三经》所载山名,位于槐江山之西北。该山今名山神庙〈为山峰名〉)东望可以望见之。故"东望渤泽,河水所潜也,其原浑浑泡泡"本为乐游山节之文而误记于不周山节者。

经文"河水出东北(按,应为西北)隅,以行其北,西(按,西字为衍文)南又入渤海，又出海外，即西而北，入禹所导积石山。""渤海"一本作"勃海"。"勃海"下毕沅云："《淮南子·地形训》云：'贯勃海。'高诱注云：'勃海，大海也。'案，即塞外蒲昌海。勃，旧本作渤。俗字。今改正。"又，经文"不周之山……东望泑泽，河水所潜也，其原浑浑泡泡"，"河水所潜也"下毕沅云："《史记》云：张骞曰：'盐泽潜行地下，其南则河原（按，应作源）出焉。'汉以昆仑为在于阗，故言河原在南。""浑浑泡泡"下郭璞注云："河南出昆仑，潜行地下，至葱岭（按，古代对今新疆西部帕米尔高原和天山西段及喀喇昆仑山一带之山的总称），出于阗国复分流岐出，合而东流注泑泽。已复潜行南出于积石山，而为中国河也。名泑泽即蒲泽，一名蒲昌海。广三四百里。其水停，冬夏不增减。去玉门关三百余里，即河之重源，所谓潜行也。"毕沅以蒲昌海即古之渤海，郭璞以蒲昌海即古之泑泽。蒲昌海即今新疆维吾尔自治区塔里木盆地东部的罗布泊。渤海与泑泽为一（这是完全正确的），即指今丽江县石鼓街一带的金沙江河段；若以今新疆境内的罗布泊为渤海与泑泽，实为大误。其所以有此误，乃是因为人们误将《山海经》中"南又入渤海，又出海外，即西而北，入禹所导积石山"的河水以为即是今日的黄河所致。

《山海经》中河水有二，且积石山有二，并分别位于二河水上。此河水（即今金沙江）流经的积石山其附近之积石为大禹所导（疏通），故其名为"禹所积石之山"（见《海外北经》）或"禹所导积石山"（见《海内西经》）或"禹所积石"（见《大荒北经》）。显然，经过大禹所导的积石山，其名称中都有一个"禹"字。另一河水（即今泚江及其下接之澜沧江东南流至与黑惠江汇流处止的河段。说已见前）流经的积石山其附近之积石未为大禹所导，故其名直呼为"积石山"。二积石山是极易辨别的。两座积石山，一座为禹所导而另一座未为禹导；只是因为在当时对人们生产生活危害甚大、非导不可的才为禹所导，而为害并不甚大、无导的价值的才不为禹所导。所谓"导"，只是导水不是导山；导山是不可能的。因为那时不可能有导山的物质力量。

《山海经》中的二河水很容易被混为是一水，二积石山与二河水分别有关，二河水既易被混为一水，则二积石山亦易被混为是一山。

《山海经》中的二河水确被混为一水，于商朝初年的国人大迁徙时将其名称移向今日中国的北方作为黄河之名；与二河水有关联的二积石山亦被混为一山，其名称也移向今日的黄河上游。此积石山今又名阿尼玛卿山，位于青海省东南部，并向东南延入甘肃省南部边境。《禹贡》"导河积石"即指此山。

自周秦以来，人们以为《山海经》中的河水即是今日中国北方的黄河，积石山即是今日黄河上游处的积石山（阿尼玛卿山）；而对于《山海经·西次三经》所载不周山"东望泑泽，河水所潜"的泑泽不能解释，于是便拉今日新疆境内的罗布泊（古称盐泽或蒲昌海）配之。于是今日新疆境内注入罗布泊的、而与黄河无关的塔里木河即成了黄河的上源，而出自今日青海省境内的真正的黄河之源却被认为是罗布泊的潜出之水，被说成是黄河的所谓"重源"；于是今日黄河上游处的积石山也被认为是大禹所导的积石山了。

《水经·河水》说："昆仑墟在西北，去嵩高五万里，地之中也。其高万一千里。河水出其东北陬，屈从其东南流入于渤海。又出海外，南至积石山下，有石门，河水冒以西南流。又南入葱岭山，又从葱岭出而东北流。其一源出于阗国南山，北流与葱岭所出河合。又东注蒲昌海。又东入塞，过敦煌、酒泉、张掖郡南。又东过陇西河关县北，洮水从东南来流注之。"（以下从略）此段记载今日黄河（西汉初年之前，黄河称河或河水）上源的《水经·河水》之文，极为荒谬。此段文字，自然可议者甚多。"昆仑墟（按，本应作"虚"）在西北"，此语实是硬套《山海经·海内西经》"（海内）昆仑之虚，在西北（帝之下都)"之言。"去嵩高五万里,地之中也"下郦道元注云:"《禹本纪》与此同。"《禹本纪》当为记载大禹事迹传说的书。此书当作于商代初年中国人大迁徙到达今日中国北方的黄河流域之后不久。嵩高为山名,即嵩山。为古五岳之一的中岳。位于今河南省的登封县北。"去嵩高五万里,地之中也"显然是取《禹本纪》之文。《史记·大宛列传》载"太史公曰:《禹本纪》言'河出昆仑……'"此《禹本纪》所载的"河"与"昆仑"显然位于今日云南西部之地。此昆仑并不在嵩高西北(由于《水经》的作者并不确知昆仑(山)的位置所在,且"昆仑墟在西北,去嵩高五万里"为摘取《山海经》与《禹本纪》二书之文拼凑而成,并不顾及彼此间的准确方位)。"其高万一千里",此实取《淮南子·地形训》"(昆仑虚)其高万一千里百一十四步二尺六寸"(十分荒唐,可发一笑)之文(而取其大数)。"河水出其东北陬,屈从其东南流入于渤海。又出海外,南至积石山下,有石门,河水冒以西南流"语,实是《山海经·海内西经》"河水出东北(按,应作西北。说已见前)隅,以行其北,西(按,"西"字为衍文。说已见前)南又入渤海,又出海外,即西而北,入禹所导积石山"及《山海经·西次三经》"积石之山,其下有石门,河水冒以西南流"二文综合改写而成。显然《水经》的作者误解了《山海经》中的河水和积石山;并将《山海经》中的二河水看成是一水、二积石山看成是一山了。"又南入葱岭山,又从葱岭出而东北流",其中的葱岭是古代对今新疆西部帕米尔高原和天山(在帕米尔高原的东北)西段及喀喇昆仑山(在帕米尔高原东南)一带之山的总称。今帕米尔高原及天山西段以北并不存在"南入葱岭山"之水,是"又南入葱岭山"以上之文所叙之河水纯属子虚乌有之水!"又从葱岭出而东北流",此水即是今新疆塔里木河二源之一的叶尔羌河。此河发源于喀喇昆仑山而东北流,而并非自帕米尔高原及天山西段流出。"其(按,指今叶尔羌河)一源出于阗国南山,北流与葱岭所出河合","一源"乃指今塔里木河二源之一的和田河。和田河上源名喀拉喀什河,亦发源自喀喇昆仑山,曲折东北流,经和田县县城西,复东北流与叶尔羌河汇。二河汇合后东北流,名塔里木河。塔里木河东北行又转向东南流,入于罗布泊(古名盐泽或蒲昌海)。汉代于阗国故地在今新疆和田县一带。"于阗国南山"显然是指今和田县之南和田河源头一带的喀喇昆仑山。无论古今,塔里木河本与黄河无有关联,塔里木河不为黄河之上源;而张骞以为"于窴(按,即于阗)之西,则水皆西流,注西海;其东水东流,注盐泽。盐泽潜行地下,其南则河源出焉。多玉石,河注中国"(见《史记·大宛列传》)。把今日的黄河与塔里木河联系了起来,以为黄河为罗布泊潜出之水,亦即视塔里木河为黄河之上源。此为张骞的河源之说。张骞的河源之说显然是错误的,而《水经》的作者比张骞之误走得更远;他不但把今日的黄河与塔里木河直接联系了起来,还把塔里木河与帕米尔高原及天山西段北面(今俄罗斯境内)的一条并不存在的某"河水"又直接联系了起来(即所谓"又南入葱岭山"),使塔里木河及那某一并不存在的"河水"都成了黄河的上源。这样一来,关于河源的问题就变得更加复杂化了。

从上面所引《水经·河水》所载的记述黄河源头的文字可知,石门、积石山、渤海及所谓"河水"所出之地的昆仑墟诸地皆不在今日的国境之内,而在俄罗斯境内;这不但不与《山海经》地理符合,甚至与《禹贡》的地理也不相符。郦道元屈从《水经》的河源之说,对其谬误未能予以匡正。

今日的黄河(古称河或河水)与积石山,不是《山海经》中的河水(亦称"河")与积石山;今日的黄河与积石山合于《禹贡》地理,而不合于《山海经》地理。所以,不能把《禹贡》中的河(即今黄河)与积石山拿来解释《山海经》中的河水与积石山。显然也不能拿《水经》中的河水与积石山来解释《山海经》中的河水与积石山。

由《海内西经》"河水出东北(按,应作西北)隅,以行其(按,指昆仑虚)北……"之文,知今云南省西北部德钦、维西、丽江三县与中甸县间之界河金沙江河段之南为古昆仑山地。

经过对上面诸水的讨论,大致画出了古昆仑山在今天的地面上的轮廓范围。下面继续进行讨论。

## 十、宪翼水

《山海经·南山经首经》说:"(猿翼之山)又东三百七十里,曰杻阳之山……怪水出焉,而东流注于宪翼之水。"猿翼山,即今大理市海东乡(驻地向阳村)东界的猫猫山(位于向阳村正东)。杻阳山,即今宾川县大营乡南界的黑泥塘(山峰名)。杻阳山实位于猿翼山的东南。怪水出自杻阳山,该水即今黑泥塘东侧谷中所出的小溪。今无河名。该小溪西北流,又转向东北流与西北流来之瓦溪河汇。瓦溪河复东南流名宾居河,该河流至宾居乡驻地(宾居街)西北处又转向东北流,于州城乡驻地州城街西南与东南海稍水库流来的铁城河相汇。二河汇流后北流名纳溪河。纳溪河北流经宾川县县城牛井镇东,于县城之北左与炼洞河、大营河二河合流之河汇。纳溪河复北流入永胜县南境后名达旦河,后入于金沙江。怪水"东流注于宪翼之水",则怪水当是今黑泥塘所出的小溪及该小溪下接之瓦溪河——宾居河流至州城街西南与东南海稍水库流来之铁城河相汇处止的河段。此段河道大致是自西向东流的。宪翼水当是东南自海稍水库流来之铁城河及其下接的纳溪河——达旦河无疑。

# 十一、融水

《山海经·大荒东经》说:"有招摇山,融水出焉。有国曰玄股……"又,《山海经·南山经首经》说:"……其首曰招摇之山,临于西海(按,即今洱海)之上……丽麂之水出焉,而西流注于海(按,即"西海",亦即今洱海)。"二经所载的招摇山实是一山。招摇山在今大理市洱海东岸挖色乡与宾川县大营乡间界上。今无山名。丽麂水即是该山西侧发源之小溪。该小溪西流,于挖色乡驻地挖色(村)南入于洱海。该小溪今无河名。玄股国国邑故地当在今宾川县太和乡驻地新房子之北白羊村处。《大荒东经》载融水出(发源)于招摇山;而又将玄股国系于融水之后,与之连文,显然此水与玄股国有关。招摇山是融水的源出之山,则玄股国当是融水的尽头之地。由此可知,融水即是今日宾川县境内纳溪河的支流炼洞河。融水实是以今炼洞河南源为上源的炼洞河。今炼洞河南源无河名。该河自发源地(古招摇山)东北流,出大营乡入炼洞乡,于炼洞乡中部与西北流来之沙址河(炼洞河北源)汇。二河汇流后转向东南流,名炼洞河。炼洞河东南入牛井镇境,于彩凤村西南又折向东北流,至牛井镇驻地(即宾川县县城)西北与西南流来的大营河汇。二河汇流后复东北流,于不远处注入纳溪河(此处东南去白羊村约4华里)。

# 十二、甘水

《山海经·大荒东经》说:"东海之外……有甘山者,甘水出焉,生甘渊。"《大荒南经》说:"东海之外,甘水之间,有羲和之国。有女子名曰羲和,方浴日于甘渊。羲和者,帝俊之妻,是生十日。"(袁珂先生的《山海经校译》已移入《大荒东经》。甚是。)二经所说的甘水,实是一水。经文"东海之外"指当时中国中心地区的东部。出(即发源)自甘山并流经羲和国的甘水即今日宾川县境内的大营河,为纳溪河的支流。纳溪河北流名达旦河入于金沙江(古河水之一)。此甘水位于当时中国中心地区的东部。或以为此甘水即是该书《大荒南经》所载"又有成山,甘水穷焉"的甘水,非是。穷(意为水流所止,即河口)于成山的甘水,则是今日永平县境内的倒流河,为澜沧江(古黑水之一)的支流。彼甘水位于当时中国中心地区的西南部。二甘水虽然同名,实是各为一水。

大营河源出于大营乡东北界的干海子山(山峰名)西侧(鼓楼山东侧)谷中,东南流,至大营乡驻地(大营街)东北处又转东北流,曲折流至牛井镇驻地(即宾川县县城)西北与西南流来的炼洞河汇。二河汇流后复东北流,于不远之处入于纳溪河。

甘水乃甘山所出(发源),甘渊为甘山所生,而不为甘水所生;甘渊绝非甘水。甘渊为湖泽之名,位于甘山处。甘水即是今大营河;甘山即是今大营河源头处之山,今名干海子山;甘渊即是今干海子山顶部的干海子。此干海子为一山顶天然湖泊。该湖长约400米,宽100余米。此湖今属宾川县炼洞乡管辖。经文"甘水之间",即指甘水一带,亦即指今大营河一带。地处大营河下游以今宾川县县城为中心的山间盆地为《山海经》中玄股国的故地,则羲和国故地当在今大营乡境内的大营河河谷盆地中。该国国邑当在今大营街一带。

经文"生十日"下郭璞注云:"言生十子各以日名名之,故言生十日,数十也。"郭说是。生十日,犹今言生十个儿子,或生十个男孩;而绝不能理解为生十个太阳。详见下文。原经文"方日浴"下袁珂先生说:"日浴,宋本、吴宽抄本、毛扆本并作浴日,诸书所引亦均作浴日,作浴日是也。《大荒西经》云:'有女子方浴月。'可证。"(见其所著《山海经校注》)先生所说甚是。"日浴"实浴日之倒误。十日为帝俊之妻羲和所生之十子,羲和"方浴日于甘渊",甘渊即今干海子;则今宾川县炼洞乡驻地官宅村西南干海子山上的干海子为远古时代十日洗澡之处无疑也。羲和国以帝俊之妻名羲和者之名为国名,该国当系羲和之故国。甘渊为十日浴处之一。

由此甘水的考证,特别是甘山、甘渊的考出,为我定古昆仑山和远古时代的中国在今日云南省的西部地区又增添了一个最坚强、最有力的证据。

# 十三、湘水

《山海经·大荒南经》说:"(大荒之中)帝尧、帝喾、帝舜葬于岳山。爰有文贝、离俞、鸱久、鹰、贾、延维、视肉、熊、罴、虎、豹;朱木,赤枝,青华,玄实。"是尧等三帝同葬于岳山。

又,《海外东经》说:"嗟丘……在东海。两山夹丘……一曰嗟丘……在尧葬东。""东海"为地域名称,指当时中国中心地区的东部。嗟丘(嗟丘)地处当时中国中心地区的东南角,既居于当时的南海,又位于当时的东海;该丘被记于《海外东经》,故其所在地区称为东海。嗟丘即今弥渡县弥渡坝子南端寅街乡驻地寅街东南面的山丘。今名营盘山。该山丘呈西北—东南向,长约 5 华里,底部宽约 600 米,高约 40～60 米,顶部较为平坦,今均为耕地并长有很多桉树。"两山夹丘",此叙嗟丘所处之地的形势。两山即今寅街东西两面之山,实即今弥渡坝子南部两侧之山。和古之嗟丘相比,寅街东西两面之山显得较高大,而古鏊丘实被夹于其间。今其东面之山名白云山,是西村山的北延部分;西面之山名景东坡(山),是老鸦山、骡马塘(山)的北延部分。东面的白云山低于西面的景东坡(山),但白云山东面紧靠的山岭却可以与景东坡(山)相颉颃。由此所引经文,知尧葬(即帝尧的葬地)在今弥渡县寅街乡驻地寅街西面的山中。帝尧与帝喾及帝舜皆葬于一山即岳山,则古岳山即是今日寅街西面之山无疑。

又,《海外南经》说:"狄山,帝尧葬于阳,帝喾葬于阴。爰有熊、罴、文虎、蜼、豹、离朱、视肉。吁咽、文王皆葬其所。一曰汤山。一曰爰有熊、罴、文虎、蜼、豹、离朱、鸱久、视肉、虖交。"从狄山(汤山)与岳山所产物种看,出入不大;不难看出狄山即是岳山。山南曰阳,山北曰阴。"帝尧葬于阳,帝喾葬于阴",并非帝尧葬于狄山(或岳山)的南面,帝喾葬于狄山的北面,因为狄山地形复杂,不是一单纯的东西向的、能够分得出山南山北的山;所以此句经文只能理解为帝尧、帝喾皆葬于狄山上,而帝喾是葬在帝尧的北面。"吁咽"下袁珂先生说:"吁咽与文王并列,疑当是人名。盖吁咽如属之视肉、离朱以上种种奇禽异物中,则下文'皆葬其所'之'皆'字无着落,因疑是人名。此人维何?《大荒南经》云:'帝尧、帝喾、帝舜葬于岳山。'郭璞注:'即狄山也。'则所谓'吁咽'者,或当是舜之析音,吁咽(因)相切,其音近舜,当即岳山所葬之帝舜也。"此说极是(见其所著《山海经校注》)。"文王"疑即叔均。叔均亦葬于此山。《大荒西经》说:"有西周之国,姬姓,食谷。有人方耕,名曰叔均。帝俊生后稷,稷降以百谷。稷之弟曰台玺,生叔均。叔均是代其父及稷播百谷,始作耕。"此经文系于"西北海之外,赤水之东,有长胫之国"节经文后,显然西周国亦位于"西北海之外,赤水之东"。此赤水即今云南省西部的怒江。考之地理,西周国国邑故地当在今云南省西北部福贡县利沙底乡驻地利沙底处。叔

《山海经》水道考察

均为帝俊之孙及后稷之侄。叔均代父及后稷播百谷及始作耕之地亦应在今利沙底处。又《海内经》说："后稷是播百谷。稷之孙曰叔均，是始作牛耕。"叔均本为帝俊之孙，此经言"稷之孙曰叔均"，则叔均为帝俊之曾孙了，是与上引《大荒西经》"有西周之国"节所载有异。当是此经有误。是"稷之孙曰叔均"之"稷"字当为"帝俊"二字之误文。叔均为我国农耕的重要发明人，业绩非凡，其号"文王"，甚是适宜。或以为此文王为商末的周族领袖姬昌，非是。

又，《大荒南经》说："（南海之外）赤水之东，有苍梧之野，舜与叔均之所葬也。"经文"赤水"乃是指以今顺濞河为源的漾濞江——黑惠江流至与澜沧江汇流处止的一段河道。此段河道大致为南北走向（纵向）。舜与叔均所葬之地的"苍梧之野"当在岳山（狄山或汤山）中，而为岳山的一部分。"苍梧之野"确在赤水之东。"苍梧之野"距赤水较远，经文不过从大方位而言之。

又，《海内南经》说："苍梧之山，帝舜葬于阳，帝丹朱葬于阴。""苍梧之山"即"苍梧之野"。帝舜与帝丹朱葬于苍梧山上，帝丹朱当葬于帝舜的北面。由此节与上节经文，知帝舜与叔均及帝丹朱三人葬于岳山（狄山或汤山）中的苍梧山（野）中。

又，《海内经》说："南方苍梧之丘，苍梧之渊，其中有九嶷山，舜之所葬。"按，此节经文之末，尚有"在长沙零陵界中"一语，此语显然为秦、汉间人对该经文的释语，后羼入经文者。实为不伦不类。宜删去之。渊为湖泽之称，亦为河流之称。经文"苍梧之渊"当指湘水。见下。舜所葬地之九嶷山当在"苍梧之丘"（即"苍梧之野"或"苍梧之山"）中，而为"苍梧之丘"的一部分。由此经文知帝舜一人葬于九嶷山中。

又，《海内南经》说："兕在舜葬东，湘水南。"考之地理，湘水即是今日弥渡县寅街乡境内以多祜河为源的毗雌河。此河亦即是《海内经》所载"南方（按，指当时中国中心地区的南方）苍梧之丘，苍梧之渊，其中有九嶷山"的"苍梧之渊"。该河发源于弥渡、巍山二县间之界山（主峰名太极顶，在弥渡与南涧二县间界上）东侧，由数小溪汇集而为一水，名多祜河，东北流至大山顶（山名）南，与西北流来的大纪罗河（该河源出于太花乡西南界，亦由数小溪汇集而成）汇。二河汇流后即转东流，名毗雌河，经勤劳行政村驻地三甲营东南复转向东北流。后又与南来的磨刀箐（河名，该河为太极顶东北一带山中许多溪水汇集而成。此河即是《海内南经》所载之郁水）汇。于八孔桥（桥梁名）处流出山地进入弥渡坝（平原），复东北流6华里入毗雄河（为礼社江支流）。帝舜与叔均及帝丹朱的葬地的苍梧山，即是多祜河与西北流来的大纪罗河汇流处的东南之山，今名仓房山。九嶷山为苍梧山的一部分。今仓房山东南（上毗雌〈片村〉之西）的部分，当是古之九嶷山，而为帝舜一人的葬地。兕在舜的葬地之东，湘水之南，其地当在今上毗雌（片村）所属维新村东南的河谷中（此河为磨刀箐的支流）。该地地势较低，近水，当是兕的栖息之地。岳山（即狄山或汤山）的范围比苍梧山大，当是今弥渡县境内毗雄河下游以西至毗雌河流域一带山地皆为岳山。

《海内南经》"苍梧之山，帝舜葬于阳，帝丹朱葬于阴"节下为"氾林方三百里，在狌狌（按，即猩猩之别写）东"，此节之下为"狌狌知人名（按，"知人名"三字为衍文，当删去之）……在舜葬西"。由此三节引文，知氾林在舜的葬地之西，而狌狌又在氾林之西。《海内北经》载"昆仑虚南所，有氾林方三百里"，《海外南经》载"狄山，帝尧葬于阳，帝喾葬于阴"，考之地理，氾林（或范林）故地当在今巍山县境内的巍山坝子中（巍山县县城文华镇之西）。狌狌在氾林之西，则狌狌栖息故地当在今巍山坝子西面（黑惠江东面）的山中（龙街乡所属龙街〈村〉一带）。

《山海经》水道考察

《海外南经》将范(氾)林系于"狄山"节之末而与之连文,表明范(氾)林所在与狄山靠近,范(氾)林故地在巍山县境内的巍山坝子中,是知今巍山坝子东面与弥渡坝子西面之山地皆为古狄山(汤山或岳山)的范围。亦由此知帝尧、帝喾、帝舜、叔均及帝丹朱5人中,帝舜的葬地是在其余4人葬地之西;故《海内南经》"狌狌……在舜葬西",即以"舜葬"为标志来定位。

我疑帝尧即炎帝,帝喾即黄帝(详见下文);是我祖炎帝、黄帝及帝舜、叔均(文王)、帝丹朱诸人均葬于今弥渡县的毗雌河(古湘水)流域一带的山地中也!

《海内东经》载有"湘水出舜葬东南陬,西环之,入洞庭下"之文。此湘水即指今日湖南省境内的湘江,实与《山海经》中的湘水是指今云南弥渡县境内的多祜河——毗雌河无涉;此文显系他书之文拦入《山海经》中者。此处不作讨论。

## 十四、荥水

《山海经·大荒南经》说:"有荥山,荥水出焉。"袁珂先生注说:"经文二荣字吴任臣《广注》本、毕沅校本、《百子全书》本并作荥。"此节经文下的第二节经文说:"大荒之中,有不庭之山,荥水穷焉。有人三身;帝俊妻娥皇,生此三身之国,姚姓,黍食,使四鸟。""荥水穷焉"下袁珂先生注说:"经文荣水,吴任臣本、毕沅校本、《百子全书》本并作荥水。"(均见其所著《山海经校译》)荥山、荥水当以作荥山、荥水为是。二节经文所叙之荥水乃是一水。荥山为荥水的所出(发源)之地,不庭山为荥水的所止之山。不庭山与三身国连文,知不庭山当在三身国国邑附近。三身国国邑故地疑在今云龙县宝丰乡大栗树行政村驻地大栗树(村)处;则大栗树(村)东北处入于沘江的中因河即为古之荥水。中因河上游名金盘河,发源于永平县龙门乡李子树行政村羊火塘丫口之西的谷中,西南流又屈而西北流入云龙县境,入于沘江。今羊火塘丫口一带之山即古之荥山;今中因河与沘江汇流处沘江西岸(中因河河口对岸)的三角山当即古之不庭山。

## 十五、黑水(四)

《山海经·大荒南经》说:"有荣山,荣水出焉。黑水之南,有玄蛇,食麈。"袁珂先生在"有荣山,荣水出焉"下说:"经文二荣字吴任臣《广注》本、毕沅校本、《百子全书》本并作荥。"(见其所著《山海经校译》)二荣字当并作荥字为是。荥山即今永平县龙门乡李子树行政村羊火塘丫口一带之山;荥水即今羊火塘丫口之西的谷中所出之金盘河——中因河,为沘江支流。说已见前(《水道考索·十四》)。黑水与荥山、荥水连文记之,是知此黑水亦出自荥山。荥山即今永平县龙门乡李子树行政村羊火塘丫口一带之山,则此黑水乃是今羊火塘丫口之东的谷中所出之羊火塘沟(为河名)及此沟下接之南板河——六米河,为顺濞河支流。此黑水是自西向东横向流的。"黑水之南,有玄蛇,食麈",玄蛇非蛇名,乃是食麈之蛇在《山海经图》上绘的是玄(黑色)色的图像。麈为鹿类动物,俗称"四不像"。食麈之蛇自然是蟒一类的大蛇。此蛇当是"黑水之南"的山中的特有蛇种。

此节经文之下节说:"有巫山者,西有黄鸟。帝药,八斋。黄鸟于巫山,司此玄蛇。"巫山即今永平县北斗乡黑豆场行政村、六米行政村与龙门乡大龙午行政村间的石山神(山峰名)。巫山在黑水之南,巫山之西亦在黑水之南。巫山西的黄鸟所"司"之玄蛇,即食麈之玄蛇。黄鸟亦非鸟名,乃是"司"玄蛇之鸟在《山海经图》上绘的是黄色的图像。此鸟当是巫山之西的山中的特有鸟种。黄鸟与玄蛇并无关联,"黄鸟于巫山,司此玄蛇",此是《山海经》作者记述《山海经图》上的图像所采用的一艺术手法。即将图上的图像(符号)故事化、神话化。其效果的确十分生动而像煞有介事。如此一来,读者在《山海经图》上查找黑水的位置所在大为方便,查找巫山的位置亦很方便了。袁珂先生以为《大荒西经》之灵山"疑即巫山",云雨山即巫山(亦即《大荒西经》所记之灵山,见其所著《山海经校注》),其说甚是。该书《大荒西经》说:"有灵山,巫咸、巫即、巫朌、巫彭、巫姑、巫真、巫礼、巫抵、巫谢、巫罗十巫,从此升降,百药爰在。"灵山即巫山。灵山为"百药爰在"之山,因其药治病甚灵,故有灵山之名。该山为我国最早的中草药基地,巫咸等"十巫"常"升降"(即上山下山)于此山采药,故其山又名巫山。巫山为"十巫"采药之山,今山名石山神;石山神旧名十山神,"十山神"即巫咸等"十巫"也!今山名"石山神"应改还旧名"十山神"才是。巫山位于当时中国的西南,故该山之事既记于《大荒南经》,又记于《大荒西经》中。《大荒南经》又说:"(大荒之中)有云雨之山,有木名曰栾。禹攻云雨,有赤石焉生栾,黄本,赤枝,青叶,群帝焉取药。"云雨山即巫山(灵山)。是巫山即灵山即云雨山。这种一山多名的现象由来已久。战国时楚国的宋玉所作的《高唐赋序》中,叙先王(楚襄王之前的)曾梦见巫山之女事。巫山之女自言其"在巫山之阳,高丘之阻。旦为朝云,暮为行雨"。巫山神女所居的巫山,是今四川省东部、湖北省西部的长江三峡一带之山,今仍名巫山。显然此巫山之名是由巴国人在商朝初年的大迁徙时自今云南西部地区带来于新地重新命名之山。宋玉的巫山神女事,乃属于远古时代巫山即云雨山的传说的编造。因论黑水而及巫山之事。

今德钦、维西、丽江三县与中甸县间的界河金沙江,《山海经》中称为河水（或河）,为《山海经》中的二河水之一;而《汉书·地理志》则称其为绳水（见该书越巂郡遂久县下注文）。今澜沧江,《山海经》中称为黑水,澜沧江与其支流泍江汇流处以下东南流至与其支流黑惠江汇流处止的一段河道《山海经》中又称黑水、河水、若水、弱水;而《汉书·地理志》的若水则指今金沙江支流雅砻江（见该书蜀郡旄牛县下注文）,弱水则指今甘肃省的以山丹河为上源的黑河——弱水（见该书张掖郡删丹县下注文）。《山海经》中若水与弱水本为一水之二名,显然早在汉代之前就已分化,并分别移向他处而为河名。今怒江,《山海经》中称为赤水,为《山海经》的二赤水之一;而《汉书·地理志》则称其为周水（见该书益州郡巂唐县下注文）。由此可见《汉书·地理志》的地理已不同于《山海经》中的地理,即不能拿《汉书·地理志》来解释《山海经》。

# 第十七章 《山海经》中的天文奇观

　　天上的星星,是宇宙的眼睛。大自然想了解自己,它把这个任务交给了人。当人类开始仰望星空时,人类的生命智力又一次得到升华。中华民族远古神话传说记述着先民对日月星空的观感,中国先秦典籍《山海经》、《尚书》、《诗经》等著作中记录着先民对日月星空的观察,我们这里重点谈一谈《山海经》描述的天文奇观(包括天文历法)。

　　我们的地球位于银河系的太阳系之中,地球有自转和公转,地球是太阳的行星,月球是地球的卫星。宇宙星辰、太阳、月亮、行星、彗星、流星、陨石和风云雨雪,它们对人类的生存有着决定性的以及不可忽视的作用。因此,仰望星空就成为人类社会生活中非常重要的内容之一,对天文星象的观测,对历法的计算,对气象的观察,就构成了人类生存极其重要的天文历法资源和气象资源。在《山海经》一书里,就记录有中国人早在先秦时期进行的精确的天文历法观测和细致的气象观察活动。进一步说,观测天象、颁布历法,既是采集、狩猎、畜牧和农业等生存活动所需,也是构成社会管理权力的重要组成部分。

## 一、羲和与纪日历法

　　天空中最大最耀眼的星体是太阳,因此太阳理所当然成为人类最早观测的天文历法对象,而对日升日落的计数也就构成最早的纪日历法,《山海经》里就记录有中国古人的纪日历法活动。

《山海经·大荒南经》:"东(南)海之外,甘水之间,有羲和之国。有女子名曰羲和,方浴日于甘渊。羲和者,帝俊之妻,生十日。"

《山海经·海外东经》:"下有汤谷。汤谷上有扶桑,十日所浴,在黑齿北。居水中,有大木,九日居下枝,一日居上枝。"

《山海经·大荒东经》:"大荒之中,有山名曰孽摇頵羝,上有扶木,柱三百里,其叶如芥。有谷曰温源谷。汤谷上有扶木,一日方至,一日方出,皆载于乌。"

所谓羲和"生十日"、"浴日于甘渊"云云,记述的是古代帝俊(或谓即帝舜)部落的一项重要的天文巫术活动,主持者为帝俊的妻子羲和,她在模拟十个太阳依次从东方海中升起的场景;每天升起一个太阳,并依次为十个太阳命名(有可能用的正是甲乙丙丁戊己庚辛壬癸这 10 个天干字符),这是有文字记载的最早的以十日为一旬的纪日历法。由于古人相信西落的太阳要经过黑暗的地下通道才能重新返回东海,因此羲和还要为每一个返回的太阳进行清洗,以便使其重新恢复光热。据此可知,羲和是一位披着巫术外衣的天文学家,她负责制定并颁布纪日历法。中国先民采用十日为一旬的纪日历法,得益于十进制的建立,而且有助于计算一年的天数。根据先秦典籍《书·尧典》记载,在帝尧时代(7000 年前),已经精确的测算出一年有 366 天。

所谓"一日方至"云云,是说汤谷的扶桑树上有十个太阳,它们轮流出没,每当一个太阳从西方回来(经由地下)时,就有另一个太阳从扶桑树上飞起,所有的太阳都由三足乌驮载着运行。显然,《大荒东经》的汤谷即《大荒南经》的甘渊。《论衡·说日》称"日中有三足乌",《淮南子·精神训》称"日中有蹲乌"，古人产生日中有乌的观念，一是源自太阳的运动需要有动力，二是因为古人观察到太阳上面有黑子。至于太阳金乌为什么有三足，可能与古人追求奇异的心态有关。此外，古人制作陶鸟时，为了使其能够平稳站立，常常要加塑一足，久而久之人们便形成三足乌的传说。与此同时，《山海经》关于扶桑树上有十个太阳轮流出没的记载，已经被三星堆出土的青铜神树所证实。

## 二、常羲与纪月历法

夜晚天空最大最明亮的星体是月球，月球的圆缺轮回周期变化对古人来说更具有神秘的吸引力。当古人计数一年里月圆月缺的周期次数时，纪月历法就诞生了，《山海经》里就有相关的记述。

《山海经·大荒西经》："有女子方浴月。帝俊妻常羲，生月十有二，此始浴之。"

所谓"生月十有二"，是说帝俊的妻子常羲发明了或者负责颁布一年十二个月的纪月历法。所谓"方浴月"，则是一种天文历法演示巫术，与羲和浴日类似，即在象征月亮升起的海面上，模拟十二个月亮依次升起的场景；并为每一个新升的月亮洗浴，使其重新明亮起来。或许，常羲也曾经为依次升起的十二个月亮分别起了名字，有可能使用的就是十二地支"子丑寅卯辰巳午未申酉戌亥"。

《山海经·大荒东经》："有女和月母之国。有人名曰鹓，北方曰鹓，来之风曰狋，是处东北（极）隅以止日月，使无相间出没，司其短长。"

郝懿行注谓："女和月母即羲和、常羲之属也。谓之女与母者，《史记·赵世家》索隐引谯周云："余尝闻之代俗，以东西阴阳所出入，宗其神，谓之王父母。"据谯周斯语,此经"女和月母"之名,盖以此也。据此可知,除了帝俊的妻子羲和负责颁布纪日历法、常羲负责颁布纪月历法之外,在其他部落或方国也有女性天文学家负责颁布纪日历法和纪月历法。其中,女和月母之国可能更偏重于纪月历法,那里的天文历法主管人名叫鹓,她通过观测月相的变化和日影的长短,以及来自北方的季风,履行其职责。

# 三、《山海经》里的五大行星

当人类仔细观察天上的天体时,除了太阳和月亮之外,他们也会逐渐注意到满天星斗里,有几颗相对位置不断发生周期性变化的星星(行星),而其他的几千颗星星(肉眼通常可分辨出 6000 颗)总是一起围绕着北斗星同步旋转,而它们彼此之间的相对位置却并不发生变化(恒星)。中国先民很早就知道五大行星即水星(辰星)、金星(启明、长庚、太白)、火星(荧惑)、木星(岁星)、土星(镇星、填星),我们今天通过望远镜知道太阳系里共有 8 颗大的行星(包括地球、天王星、海王星),以及成千上万的小行星。那么,中国先民是什么时候知道五大行星的呢?《山海经》里有关于五大行星的记载吗?

## (一)《山海经》里有金星

《山海经·五藏山经·中山经》的中次一经记有:"又东二十里,曰金星之山。多天婴,其状如龙骨,可以已痤。"这座金星山的名称,或可表明当时(帝禹时代)人们已经知道五大行星之一的金星。

《山海经·海内西经》记有:"海内昆仑之虚,在西北,帝之下都。昆仑之虚,方八百里,高万仞。上有木禾,长五寻,大五围。面有九井,以玉为槛。面有九门，门有开明兽守之。百神之所在，在八隅之岩，赤水之际，非仁羿莫能上冈之岩……开明兽身大类虎而九首，皆人面，东向立昆仑上。"

所谓"开明兽"原本应是"启明兽"，汉代学者编校《山海经》时为了避汉景帝刘启的讳而改"启"为"开"，类似的例子在《山海经》里还有把"夏后启"改为"夏后开"。由于金星在中国古代又称为"启明星"（出现于早晨太阳升起前的东方地平线上）和"长庚星"（出现在傍晚太阳落山后的西方地平线上），因此启明兽"东向立昆仑上"的说法，表明启明兽（在《西山经》里是神陆吾）的职责是观察启明星预报天亮。据此可知，当时（周代）人们已经在根据金星来报时了。

### （二）《山海经》的木星纪年

在五大行星里，亮度最高的是金星、火星和木星，其中尤以木星最显著。《山海经·海外南经》（实际上应是《五藏山经·禹曰》）记有："地之所载，六合之间，四海之内，照之以日月，经之以星辰，纪之以四时，要之以太岁，神灵所生，其物异形，或夭或寿，唯圣人能通其道。"

六合，指前后左右上下六个方位，亦即三维空间。四海，古人相信大地被东南西北四个方向的大海包围着，四海之内即陆地所及范围。四时即春夏秋冬四季。太岁即木星，或者准确说是木星纪年；木星十二年绕太阳一周，古人就用十二地支来分别命名每一年，十二生肖动物纪年和六十甲子纪年均与木星纪年有关。

《山海经·海内经》："炎帝之妻，赤水之子听訞生炎居；炎居生节并，节并生戏器，戏器生祝融。祝融降处于江水，生共工；共工生术器，术器首方颠，是复土穰，以处江水。共工生后土，后土生噎鸣，噎鸣生岁十有二。"

此处经文"共工生术器,术器首方颠,是复土穰,以处江水。共工生后土,后土生噎鸣,噎鸣生岁十有二",与《大荒西经》天枢日月山记述的内容有相近之处。术器"首方颠",类似嘘"两足反属于头上",均系具有巫术色彩的特殊动作。由于我国出土了数十颗3000年前至5200年前的有洞头骨,从这个角度看"术器首方颠",或许可以解读为对术器(大约在4000年前至6000年前之间)实施了开颅巫术,以使他具有特殊的本领。在中国传统文化里,巫师(同时兼科学家)是能够与天沟通的神人,在头骨上开洞的象征意义正是与天沟通(开天目)。据此可以推测,那个时代的巫师氏族,当小孩成年时,要在头骨上开洞,表明他从此就具备了行使巫术的能力和权力。

噎鸣"生岁十有二",类似噎(即嘘)"处于西极以行日月星辰之行次",均为天文观测活动;噎之名与噎鸣几乎完全相同,因此有理由认为噎即噎鸣。两者的差别在于,噎的父祖为重黎、老童、颛顼,而噎鸣的父祖为后土(术器)、共工、祝融、炎帝;也就是说,黄帝族与炎帝族都有负责天文观测的人,并使用着相同或相近的职务名称(帝俊族天文官的名称为羲和、常羲,而羲与嘘音相近)。

所谓噎鸣"生岁十有二","岁"即木星(又称太阴、太岁),意思是说噎鸣发现了木星十二年绕太阳一周的运动规律,并为每年木星所在天空位置分别起名。众所周知,今天测定的木星绕日周期为11.8年,比古人测定值略微小一点;这有可能是古人的测定存在一些误差,但也有可能在古代木星周期曾经确实非常接近12年一周天的数值。

木星是星空中亮度仅次于太阳和月亮的周期运动行星,中国先民很早就发现它在星空中的位置(准确说是在太阳系的位置)对地球生物圈有着重要的影响。《计倪子》称:"太阴三岁处金则穰,三岁处水则毁,三岁处木则康,三岁处火则旱。"计倪子(公元前6世纪—前5世纪)又名计然、计研,乃春秋时期越国大臣范蠡(公元前6世纪—前5世纪)的老师,其先人乃晋国的贵族。浙江省丽水县缙云仙都有一处"倪翁洞"景观,相传就是当年计倪子隐居的地方。

我们前面已经谈到,计倪子的上述观点属于自然环境气候经济学或天文经济学,大意是:当木星三年位于"金"的方位时,农作物丰收;当木星三年位于"水"的方位时,将发生水涝灾害,农作物减产;当木星三年位于"木"的方位时,农业收成好,人们生活安康;当木星三年位于"火"的方位时,将出现旱灾,农业收成不好。人们只要掌握了这种规律,就可以提前作准备,并获得丰厚的经济利益。与此同时,十二生肖动物的排列也存在着三年一组的规律性,以及食草动物与食肉动物交替兴旺的规律性,并且符合计倪子所说的木星十二年一周天影响地球气候水旱交替周期性变化规律。

### (三)《山海经》里可能有水星、火星、土星

虽然《山海经》里没有直接提到水星、火星、土星这三颗行星,但是这并不一定就意味着《山海经》时代的人们不知道天空中还有水星、火星、土星这三颗也能够移动位置的星星。事实上,《山海经·禹曰》"经之以星辰"、《山海经·大荒西经》"噎,处于西极,以行日月星辰之行次",都可表明当时人们已经知道五大行星,而且还在观测太阳、月亮、五大行星的运行规律。此外,由于土星的运行周期与二十八星宿相近,因此如果《山海经》里有二十八星宿,亦可表明当时人们已经知道土星。

# 四、《山海经》与二十八星宿

除了十二生肖动物之外,我国古代也将二十八星宿与 28 种动物挂钩:东方青龙七宿,角(蛟)、亢(龙)、氐(貉)、房(兔)、心(狐)、尾(虎)、箕(豹);北方玄武七宿,斗(獬)、牛(牛)、女(蝠)、虚(鼠)、危(燕)、室(猪)、壁(獝);西方白虎七宿,奎(狼)、娄(狗)、胃(雉)、昴(鸡)、毕(乌)、觜(猴)、参(猿);南方朱雀七宿,井(犴)、鬼(羊)、柳(獐)、星(马)、张(鹿)、翼(蛇)、轸(蚓),其中就包括十二生肖动物。

不难看出,二十八星宿动物是以龙为首,这与十二生肖动物以鼠为首明显不同。但是,如果仔细看,可以发现两者仍然有着排序上的相同规律,只是前者被分成了两段,即二十八星宿的动物,若从虚宿的鼠开始,向前追溯则依次为牛、虎、兔、龙;然后,再接着轸宿的蛇,向前追溯则依次为马、羊、猴、鸡、狗、猪。那么,二十八星宿的动物排列法,与十二生肖动物的排列法,孰先孰后呢? 这个问题专家学者也没有定论。不过,一般来说,人们认识世界多半是从简单到复杂,因此十二生肖动物排列法的出现可能先于二十八星宿动物排列法的形成。

## (一)《山海经》与二十八星宿

既然《山海经》里不但记载有十二生肖动物,而且也差不多记述了二十八星宿动物,那么《山海经》是不是也记载了二十八星宿呢? 有学者(例如吴晓东)对此持肯定的看法,其主要理由是,根据《大荒东经》与《大荒西经》中七对东西相对的日月出入之山的记述,以及《大荒南经》与《大荒北经》文本里未被人发现的另外七对南北相对的用来观测星辰的山峰,将这二十八座山峰为单位所描绘的内容与天空中的二十八星宿进行比较,两者之间有许多惊人的相似性,并据此认为二十八星宿的划分起源于《大荒经》中的用来观测星辰的二十八座山峰。《大荒经》以及与其具有渊源关系的《海外经》是两部占星古籍,其所描绘的神话,不仅来自与历法有关的物候,还有很多来自于对星宿的描写,以及对这些星宿的分野的描写。具体来说,《山海经》与二十八星宿的对应关系如下:

东方青龙七宿。1. 角——大言山·大人国、大人之市、小人国。2. 亢——合虚山·君子国。3. 氐——明星山(孽摇頵羝山)·奢比之尸。4. 房——鞠陵于天山、招摇山·玄股、困民之国。5. 心(氐)——孽摇頵羝山·扶木。6. 尾——猗天苏门山·埙民之国。7. 箕——壑明俊疾山(明星山)·中容之国。

北方玄武七宿。1. 奎——方山。2. 娄——丰沮玉门山。3. 胃——龙山。4. 昴——日月山。5. 毕——鏖鏊钜山。6. 觜——常阳山。7. 参——大荒山。

西方白虎七宿。1. 斗——不咸山。2. 牛——衡天山。3. 女——先槛大逢山。4. 虚——北极天柜山。5. 危——成都载天山。6. 室——不句山。7. 壁——融父山。

南方朱雀七宿。1. 井——衡石山·牛黎之国。2. 鬼——不庭山·结匈国。3. 柳——不姜山·羽民国、卵民国。4. 星——去痓山。5. 张——融天山·张弘、反舌国(蜮民国)、凿齿国、交胫国。6. 翼——涂山·驩头国、三苗国、狄山(岳山)与舜之所葬。7. 轸——天台高山·不死民、菌人。8. 轸——天台高山·不死民、菌人。

上述观点可视为一家之言。不过,由于《山海经》记载有东南西北中各区域的山脉及其人文地理,因此如果采用分野对应星宿的话,总是能够找到地上的 28 处山峰来对应天上的二十八星宿的。有鉴于此,如果说《山海经》里记载有二十八星宿,那么直接的证据应该是其中记述有二十八星宿的星名(哪怕有若干星名也算是很好的证据)。

### (二)二十八星宿起源于北斗历法

古代使用二十八宿的国家和地区包括中国、印度、埃及、伊朗、巴比伦、印第安等,而最完整的则是中国和印度,其起源仍然众说纷纭。诸多证据表明,二十八宿最早起源于中国,然后才逐渐传播到其他地方。理由之一是,二十八宿与北斗星总是紧密联系在一起,而印度由于地理位置靠近赤道因此从来都不关心北斗星。理由之二是,中国自古至今都是春夏秋冬四季,而印度古代却划分 6 个季节,即冬、春、夏、雨、秋、露(近代改为寒、暑、雨三个季节)。其他理由尚多,这里不再一一论述。

二十八宿起源问题应该与其用途密不可分,目前已知二十八宿用途涉及五个方面。一是"月站",即月亮每天从一宿移动到下一宿。二是"镇星年站",即镇星(土星)每年从一宿移动到下一宿。三是"日站",即太阳每年沿着二十八星宿转一周,约 13 天移动一宿。四是"斗柄星座",陈遵妫在《中国天文学史》一书中指出,中国古代用二十八宿表示北斗七星斗柄所指的方位。五是"以齐七政",《尚书·舜典》称"璇玑玉衡,以齐七政",意思是用北斗七星调和日月五星的运行周期。

其中,"斗柄星座"之说的证据非常多,例如 20 世纪 70 年代湖北随县曾侯乙墓(下葬时间在公元前 433 年左右)出土的一件衣箱的漆箱盖上,绘有一幅彩色的天文图,画面中央是篆书的大个"斗"字,四周写着二十八宿的名称;

显然,画中的"斗"字即北斗星,它位居中央地位乃是古人崇拜北斗的表现。在二十八宿文字圈的东侧绘有一龙,西侧绘有一虎,这与古人所说东方苍龙、西方白虎正好对应。这是目前所见年代最早的将青龙、白虎与二十八宿、北斗配合在一起的实物,也是中国迄今发现的关于二十八宿的最早文字记载。

黄海之滨的连云港市西南郊锦屏山马耳峰南麓的将军崖,海拔20米,由花岗岩构成,在一块长22米、宽15米的黑亮岩石上,有先夏时期古人敲凿、磨刻出的图案(刻痕至今仍然深达1厘米,不知用何工具),内容包括人面、鸟兽、农作物、日月星云,以及各种符号。值得注意的是,这里的太阳和星座图案特别多,而且还有北斗九星,这就表明其年代非常久远。在距离将军崖百里远的灌云县大伊山等地,出土有石棺和表示星辰的石窝。上述天文活动发生在6000~7000年前,有可能是远古东夷人所为。

河南省濮阳地区古为"颛顼之墟",这里在上古时代是五帝之一的颛顼及其部族的主要活动区域,相传颛顼葬在此地故而称为"帝丘"。据史料记载,颛顼曾实施"绝地天通"的重大改革,制定了中国第一部天文历法"颛顼历"。1987年夏,濮阳市老城西南角的荒地西水坡,发现一处约公元前4500年的仰韶文化聚落遗址。其中,45号墓是一座土坑竖穴墓,南北长4.1米,东西宽3.1米,南端圆曲,北端方正,东西两侧有一对弧形小龛,男性墓主头南脚北仰卧于墓中,周围葬有三具殉人。在墓主骨架两旁,有用蚌壳排列成的动物图形,东方为龙,西方为虎,头均向北,腿均向外侧。中国社会科学院考古研究所冯时认为,该墓葬体现出北斗的图形,殉人位置的摆放则再现了《尚书·尧典》所谓的"分至四神",表明中国早期星象在6000年前已形成体系。

事实上,中国古代曾经广泛流行"北斗历法",只是没有直接使用这个名称而已。例如,《鹖冠子》称"斗柄指东,天下皆春;斗柄指南,天下皆夏;斗柄指西,天下皆秋;斗柄指北,天下皆冬",《夏小正》亦称"正月初昏,斗柄悬于下;六月初昏,斗柄正在上",显然这都是在使用北斗历法判断季节。此外,北斗七星也用于夜间计时,每转 30 度即为一个时辰(2 小时),这对于军事作战是非常重要的。

但是,"斗柄星座"的说法也存在着困难。这是因为,北斗星是与二十八宿一起围绕北极星旋转的,因此斗柄(以北斗七星的第六颗星和第七颗星的连线为准)永远指向同一个恒星星座,即二十八宿的斗宿。此外,二十八宿记录四季的时间并非等分,而是春秋天数多,冬夏天数少,而且历代还有变化(这可能与历代观察者所在纬度有关)。

有鉴于此,二十八宿最早用途很可能是"日站",即太阳每年沿着二十八星宿转一周;当然,这实际上是因为地球绕日旋转,所"看"到的太阳在星空背景的位置。问题在于,古人无法直接测定太阳在星空背景的位置,因此只能借助于其他间接的观测手段。从北斗星与二十八星宿的"捆绑"关系形成的斗柄星座来看,这个间接观测手段应该与北斗历法有关,因为两者都是对一年的时节进行天象观测,而这也是最具实用(农业、牧业、生活)的天文历法。

《夏小正》记载的天象"正月初昏,斗柄悬于下;六月初昏,斗柄正在上",其中"斗柄悬于下",即斗柄指向北,意思是初昏看见"斗宿"位于北方时,就是正月时节了(冬季)。所谓"斗柄正在上",即斗柄指向南,意思是初昏看见"斗宿"(实际上用的是对称星宿"井")位于南方时,就是六月时节了(夏季)。据此可知,当时已经采用"中星观测",即初昏时观测天顶的星辰,属于更精确的因而也是后出的观测方法。对比之下,《尚书·尧典》标志四季的"鸟、火、星、虚"四星,则是偕日没观测,即在初昏时观测西方的天象(根据岁差,尧典四星的观测时间约在七八千年前)。

综上所述,二十八宿乃是"北斗历法"与"日站"的结合,由斗柄星座标志的日站实际上是根据斗柄指向与四季关系在星空背景的推算位置。也就是说,古人根据初昏时观测到的二十八宿某一宿在星空的位置,就可以推知目前是一年里的什么时节。例如,冬季可见"叁星在户",夏季可见"心、尾"当空。据此可知,二十八宿最早起源于中国古老的北斗历法,首先用于间接观测"日站",与此同时又可用于观测月亮和土星、以及夜间计时,此外再加上"斗为帝车"、"以齐七政"的政治观念,因此而在中国得到广泛应用并远播海外。有趣的是,古人还将二十八宿与二十八种动物、二十八种草药和二十八宿战旗、云台二十八将(东汉开国将领)逐一对应起来,形成丰富的二十八宿文化,为此我们建议中国有关部门应该把二十八宿申报世界非物质文化遗产。

多少有一点令人感到奇怪的是,《山海经》里没有关于北斗七星的记载,或许是《山海经》在漫长的流传过程中丢失了相关的内容。如果我们能够在山海经佚文里发现记述北斗七星的文字,那么也就可以从一个侧面去了解《山海经》与二十八星宿的关系了。

### (三)二十八星宿与中草药

众所周知,行军作战需要掌握每天早晚的时间(其实质是确定地球自转的速度和位置),古人没有手表、闹钟等便携式时间测量器具,他们又是如何掌握每天里的时间呢? 主要的方法就是,白天的时间看太阳在天空的位置,夜里的时间看恒星在天空的位置。此外,古代东方人还使用燃香、西方人还使用沙漏来计算时间,或者根据某些动物的行为来估计时间。

事实上,在中国古代兵书里就记载着,哨兵在夜间要观测二十八星宿的位置,以判断夜间的时间。为什么古人不用月亮、五大行星来确定夜里的时辰呢？这是因为，月亮和行星在天空中的相对位置经常变化，而它们的变化规律一般人又难以掌握。对比之下，恒星在天空中的相对位置几乎是不变的，它们的视位置主要与地球的自转运动和公转运动有关。当然并不是所有的恒星都适宜用来在夜间确定时间。中国古人使用的夜间"星星钟"一是北斗七星，二是二十八星宿，而两者往往结合在一起用。

事实上，中国古代科学家在天文学上的一项重要发现，就是从满天星斗中划分出二十八星宿，即东方青龙七宿：角、亢、氐、房、心、尾、箕；北方玄武七宿：斗、牛、女、虚、危、室、壁；西方白虎七宿：奎、娄、胃、昴、毕、觜、参；南方朱雀七宿：井、鬼、柳、星、张、翼、轸。随着地球自转一周，二十八星宿也旋转一周（尽管白天看不见，夜间却很清楚），因此它们可以很方便而且比较准确地用来辨别时间（特别是夜间的时辰）。

正是由于二十八星宿具有上述用途，因此它在古代军事上也有着重要价值。有趣的是，在古人的军事著作《武备志略》中，还记有军医在配制出草药后，要斋戒沐浴，祈祷二十八星宿神的情节，似乎二十八星宿有增加草药起死回生的神效，估计这种观念可能源于二十八星宿与月亮的关系，因为月亮的圆缺被古人视为生死轮回。

更为有趣的是，古代军医还将二十八星宿与二十八种中草药一一对应起来，《武备志略》记述的二十八星宿与草药的关系如下：角宿，（已无）；亢宿，良姜草；氐宿，半夏草；房宿，商陆草；心宿，藜芦草；尾宿，钩吻草；箕宿，（已无）。斗宿，（已无）；牛宿，（已无）；女宿，（已无）；虚宿，芫花草；危宿，神仙草（蓖麻草）；室宿，皂角；壁宿，鬼箭草。奎宿，宣姜草；娄宿，断肠草；胃宿，鬼臼草；昴宿，胡荽草；毕宿，川乌草；觜宿，将军草；参宿，川红细辛草。井宿，雷公藤草；鬼宿，踯躅草（柴大黄花）；柳宿，大戟红牙草；星宿，雷丸草；张宿，紫玉金丝草;翼宿,蟠不食草(蛇梦草);轸宿,鱼(以下缺字)。

遗憾的是,北京图书馆普通古籍室的《武备志略》一书,其中涉及二十八星宿与中草药关系的内容,不知何年月被何人割去数页,以致上面介绍的内容多有缺字。而在《武备志》等古代兵书里,尚未见到相关的记载。有精通中医的人认为,东方青龙为木,木主肝;南方朱雀为火,火主心;西方白虎为金,金主肺;北方玄武为水,水主肾;因此,二十八星宿与二十八种中草药也应分为四大类,其中木科含七种,火科含七种,金科含七种,水科含七种。如果在《山海经》里能够找到二十八星宿对应的二十八种中草药,或许也能够从一个侧面表明《山海经》里隐藏着二十八星宿的信息。

## 五、众多的天文台、天文仪器和天文学家

人类最初观测天象,完全是用肉眼观测,看到太阳从东方升起就知道白天开始了,看到太阳从西方落下就知道天要黑了。再以后,人们会根据太阳从东方哪一座山头升起,或者太阳从西方哪一座山落下,来判断一年里的季节,这些被选中的自然标志物(例如山头)就成为非人造的观测天象的仪器。接下来,人们又发明了自己制造的标志物,例如垂直标杆(圭表),去测量正午阳光照射下的标杆影长,以此判断夏至或冬至的时间,这些人造器具就成为最早的人造天文仪器。此后,人们又发明了有助于提高肉眼视力的器具或场地,例如窥管就具有望远镜功能,有人推测三星堆青铜面具那长长的凸目就可能是象征着特殊本领和特殊权力的窥管;坐井观天可以避免地面光线干扰,也可能具有类似天文望远镜的聚光功能。当人们在固定地点上设置可长期使用的天文仪器,并持续进行天象观测时,天文台就诞生了。值得注意的

是,《山海经》里就记录有许多天文台和天文仪器,例如十二座日月出入山,方山的柜格之松,等等。

《山海经·大荒东经》和《大荒西经》记有十二座日月出入山。其中,《大荒东经》记有六座日月所出之山,它们依次是(自东南向东北)大言山、合虚山、明星山、鞠陵于天山、猗天苏门山、壑明俊疾山。与之对应的是,《大荒西经》记述有六座日月所入之山,它们依次是(自西北向西南)丰沮玉门山、龙山、日月山、鏖鏊钜山、常阳山、大荒山。此外,《大荒西经》还记述有一座日月所出入之山,即方山,它们共同构成了蔚为壮观的天文观测台阵。

上述六座日出之山和六座日落之山,彼此两两成对,表明在《大荒四经》撰稿时期的古人,曾以一年内太阳出入于不同的方位来判断季节。时至今日,偏远地区的人们,例如大小凉山的彝族,每年到一定时候,总要由一位经验丰富的老人,到寨子附近一定地方,或是一处山口,或是一块大石头旁,以一定的姿势,或则直立,或则一脚踏在石头上,观测太阳落山的位置,来确定播种季节,用这种"土办法"能精确到误差不超过五天。

其实,居住在城市里的细心读者也会发现,过了春分之后早晨太阳光会照射到面向北方的窗户,过了秋分之后早晨的太阳光才会照射到面向南方的窗户。

《山海经·大荒西经》:"西海之外,大荒之中,有方山者,上有青树,名曰柜格之松,日月所出入也。"

经文"柜格之松",古人没有解释。其实,根据"日月所出入"可知,柜格之松当与天文观测活动有关,而"方山"很可能是一座四方台形的天文观测站。所谓松木上有柜格,大约是在一笔直竖立的松木上,横向平行插有或绑有若干横木,这些横木彼此相隔一定的尺寸;观测者每天都在距离柜格之松的一个固定位置上,观测日月升起的高度在第几格的横木上,并据此判断一年的季节变化(最高的横木表示夏至,最低的横木表示冬至)。也就是说,柜格之松可能是最早的天文仪器之一,亦即后世圭表的前身。事实上,中国象形文字的圭字和表字,正是源自柜格之松的象形。不过,由于这种观测方法眼睛容易被灼伤,以后人们才逐渐改为观测圭表影子的方向和长短,不再需要"柜格"了。《拾遗记》亦记有:"帝子(少昊)与皇娥泛于海上,以桂枝为表,结薰茅为旌,刻玉为鸠,置于表端,言鸠知四时之候,故《春秋传》曰司至是也,今之相风此之遗象也。"

《山海经·大荒西经》:"大荒之中,有山名日月山,天枢也。吴姬天门,日月所入。"

所谓日月山"天枢也",表明这里是一座观测北极星及其周边星空的天文台。所谓"吴姬天门",顾名思义,应该是一种类似门状的天文观测仪器。在《山海经》里与其类似的还有猗天苏门山、丰沮玉门山,它们都属于门状天文观测仪器。凡此种种,很容易让人联想到英国著名的门状环形巨石阵,据说它们也是用于天文观测的。

《山海经》不仅记录了大量天文台和天文仪器,同时也记述了众多天文学家的天文观测活动。除了帝俊部落里给太阳洗澡的羲和、给月亮洗澡的常羲,以及日月山的噎鸣,《山海经·大荒四经》还有如下一组天文学家活动的记载。

《大荒东经》:"大荒之中,有山名曰鞠陵于天、东极、离瞀,日月所出。有神名曰折丹,东方曰折,来风曰俊,处东极以出入风。"

《大荒东经》:"有女和月母之国。有人名曰鹓,北方曰鹓,来之风曰狻,是处东极隅以止日月,使无相间出没,司其短长。"

《大荒南经》:"有神名曰因因乎,南方曰因乎,夸风曰乎民,处南极以出入风。"

《大荒西经》:"有人名曰石夷,(西方曰夷),来风曰韦,处西北隅以司日月之长短。"

从上述记载可知,现存版本《大荒四经》里有若干错简和缺简。其一,《大荒东经》两条内容之一应该属于《大荒北经》,即女和月母之国的内容原本应在《大荒北经》,经文"是处东极隅"应为"是处北极隅"。其二,《大荒南经》脱落有关天文观测的内容。其三,《大荒西经》丢失"西方曰夷"字句,经文"处西北隅"应为"处西极隅"。

《大荒四经》记述的这一组分别位于东南西北四方的天文学家,他们不仅负责观测日月升落,而且还要观测预报来自东南西北四个方向的季风,有人认为他们还可能在观测二十八星宿。如果上述记载是真实的,那么北方天文台的馆长鹓,就有可能观测到北极区域的特殊天文景观,例如太阳半年升起、半年落下,或许这正是"使无相间出没"的内涵。南方天文台的馆长因因乎,也有可能观察到只有在南北回归线区域里才能够发生的阳光垂直照射现象。

有趣的是,《山海经·大荒西经》记有:"有寿麻之国。南岳娶州山女,名曰女虔。女虔生季格,季格生寿麻。寿麻正立无景,疾呼无响。爰有大暑,不可以往。"所谓"寿麻正立无景"云云,乃是我国古籍关于赤道地区(南北回归线之间)自然环境的最早记述。寿麻正立在阳光下而没有身影,即正午阳光垂直照射现象;大声喊叫而没有回声,或与炎热环境对空气传播声音的影响有关;"爰有大暑,不可以往"。则是对赤道地区炎热气候的直接描述。

# 六、从开天辟地到宇宙起源

　　仰望星空,人们在惊叹大自然的瑰丽雄奇神秘的同时,会不由自主地追问宇宙及其万物是从哪里来的,继而又会进一步追问,提出这个问题的"我"又是从哪里来的,人类的智慧就在这样的一次次追问中不断向前发展。

　　《山海经·大荒西经》:"大荒之中,有山名日月山,天枢也。吴姬天门,日月所入。有神,人面无臂,两足反属于头上,名曰嘘。颛顼生老童,老童生重及黎;帝令重献上天,令黎邛下地;下地是生噎,处于西极,以行日月星辰之行次。"

　　日月山是《大荒西经》记述的第四座观测日月西落的场地,它与其他日月出入山有所不同,因为这里是天枢所在。枢,原指门户的转轴,天枢即地球自转轴及其所指向的太空北极点;由于地球自转,宇宙所有的星辰看起来都在围绕着看不见的天枢和看得见的北极星在旋转,其中最明显的是北斗星的旋转。北斗七星的第一颗星(位于勺端)名天枢,第二颗星名天璇,天枢与天璇的延伸线正好指向北极星。

　　嘘即噎,《海内经》又作噎鸣,其职务用今天的话来说即日月山天文台的台长;所谓"两足反属于头上",当是一种天文巫术动作,意在模拟日月群星的旋转。事实上,嘘与重、黎与老童与颛顼,乃天文世家,他们的出生和名称多有旋转之意。

　　此处经文"重献上天"、"黎邛下地",在古史中又称作"颛顼绝地天通"。《国语·楚语下》记有:昭王问于观射父曰:"《周书》所谓重、黎实使天地不通者,何也? 若无然,民将能登天乎?"对曰:"非此之谓也。古者民神不杂……

及少昊之衰也,九黎乱德,民神杂糅,不可方物……颛顼受之,乃命南正重司天以属神,命火正黎司地以属民,使复旧常,无相侵渎,是谓绝地天通。"

绝地天通的内涵,观射父解释为重新划分社会等级,这是错误的。事实上,根据《大荒西经》的记载,"重献上天"和"黎邛下地"的举动完全是天文学意义上的行为,与社会地位无关。其实,绝地天通与开天辟地神话和女娲补天、后羿射日、共工撞到不周山、夸父逐日等神话传说的含义大体相同,在我国少数民族至今流传的近百个民间故事里,都记述有远古发生的天地大冲撞事件曾经导致天地不分、日月长期消失(类似核冬天现象),于是有英雄射日射月并重新找回藏起来的日月,天地才得以恢复正常,此即重与黎将天地重新分开之本义。

进一步说,重与黎将天地重新分开的故事,实际上体现着古人对宇宙起源于天地不分、浑沌一团的认识。这是因为,人类的历史意识很可能就萌发于这场天地大冲撞事件,因此他们自然会把这一"很久很久以前的事件"当成宇宙的起源。

## 七、华夏先民记忆的天地大冲撞事件

中国先民很早就注意到,天空中不仅有太阳、月亮和恒星、行星,还时常有"不速之客"流星和彗星。《山海经·大荒西经》记有:"有赤犬,名曰天犬,其所下者有兵。"所谓"天犬"就是体积比较大的发出赤红色光芒的流星。《山海经·海外南经》记有:"三株树在厌火北,生赤水上,其为树如柏,叶皆为珠。一曰其为树若彗。"古人用"彗"形容树的形状,显然是曾经观测到彗星,而且对彗星相当的熟悉。

　　当发生体积巨大的流星或彗星撞击地球时,则称之为天地大冲撞事件,在中国远古神话传说和《山海经》等典籍里都记载有相关的信息,例如女娲补天、后羿射日、夸父逐日、嫦娥奔月、十日炙杀女丑、共工撞倒不周山等,而在各地区少数民族流传的相关民间故事(射日、射月、寻找失踪的日月等)也有近百个之多。

　　在中国少数民族水族流传的女娲补天故事里,女娲不仅补天,而且也曾射落多出的太阳。宋代学者罗泌(1131—?)在《路史·发挥一》注引《尹子·盘古篇》云:"女娲补天,射十日。"遗憾的是,今本《山海经》有关女娲补天的记载已缺失了,而且有关后羿射日的记载也缺失了。所幸的是,《庄子·秋水》成玄英(唐贞观年间人)疏引古本《山海经》尚记有:"羿射九日,落为沃焦。"

　　沃焦是什么?《古小说钩沉》辑《玄中记》称:"天下之强者,东海之沃焦焉,水灌之而不已。沃焦者,山名也,在东海南,方三万里,海水灌之而即消,故水东南流而不盈也。"由此观之,后羿射落的九个"太阳",实际上乃是天外来客陨星或彗星进入地球大气层剧烈摩擦发热发光的景象,它们落入东海后其余热仍然能够把海水蒸发,就好像是太平洋里那些活火山岛屿一样。

　　《山海经·海外西经》:女丑之尸,生而十日炙杀之。在丈夫北。以右手鄣其面。十日居上,女丑居山之上。

　　此处经文所描述的女丑与十日画面,属于巫术禳灾活动,女丑应该也是观测日月的天文学家,其事件发生时间当即郝懿行注谓:"十日并出,炙杀女丑,于是尧乃命羿射杀九日也。"在古代,巫师既有权力,又有责任;当灾祸、灾异事件发生后,如果巫师不能通过巫术活动消除灾祸,那么他(她)便要以身殉职。

《山海经·海外北经》：夸父与日逐走，入日。渴欲得饮，饮于河渭，河渭不足，北饮大泽。未至，道渴而死。弃其杖，化为邓林。

夸父逐日是远古的一种驱逐"妖日"（包括太阳异常发光、新星爆发、大型陨星等）的巫术活动或表演，届时巫师要表演追逐太阳、干渴而死的一系列场景，结束时众人要象征性地展现妖日被驱逐、万木复生的景象。

我们知道，比较大的小行星、彗星在撞击地球后，会造成相应规模的陨石坑。因此，在先夏时期（时间段在 4000 年前到数万年前）发生的天地大冲撞事件，也应该在地球表面留下陨石坑——除非它落在海洋里——我们今天就有可能找到它。目前科学家已经找到的先夏时期陨石坑，比较著名的是美国亚利桑那州的陨石坑，直径 1200 米，深 180 米，撞击时间在 5 万年前。2009 年中国科学家发现辽宁省岫岩满族自治县古龙村有一处名叫罗圈里的地方，就坐落在陨石坑上，该陨石坑直径 1800 米，周围一圈山脉（由陨石撞击出的地壳岩石构成）高出地平线 150 米，撞击时间在 5 万年前。罗圈里陨石坑是中国境内第一个被证明的陨石坑（找到由撞击高温高压形成的变质岩、柯石英、熔融态玻璃微粒等），这里曾经长期是陨石坑湖，后来湖水从缺口流走，留下沉积的湖相淤泥有 108 米厚。此外，中国还有学者认为华北平原的白洋淀就是先夏时期的陨石坑，太湖也是陨石坑；国外有学者认为，公元前 11000 年至公元前 10000 年间，地球曾遭到天外星体的撞击，导致猛犸象等众多动物灭绝。上述天地大冲撞事件，完全有可能被人类记忆下来，而中华先民的相关记忆可能是最丰富的。

是日，友人与纮野山人聊到此时，向窗外望去，依稀可见三两颗星星。友人叹曰：多么迷人的星空啊！

望着友人远去的身影，纮野山人忽然若有所思：中国辽宁省陨石坑与美国亚利桑那州陨石坑都发生在 5 万年前,如果它们是同一次天地大冲撞事件,或许还会在两者地理位置的连线上找到这一事件造成的其他陨石坑,而闹得沸沸扬扬的 2012 年玛雅大预言,有可能就是类似灾难事件投射给远古人类的反应。

# 第十八章 《山海经》解密

## 一、帝皇秘史

### 有巢氏建树屋

名称:有巢氏

别号:大巢氏

部族:不详

图腾:不详

姓:不详

父系:不详

母系:不详

地域:西北

时间:距今两万多年

大事件:发明树屋

两万年前的世界,空气是纯净的,甚至带着雪山的气息,白云被风撕扯开了,在蓝天上任意游荡。暗夜里,星星缀满了天空,仿佛伸手可摘,纵然有虫鸣和野兽偶尔梦醒的嚎叫,衬托出的夜却更加寂静。对于旧石器时代的人而言,天和地是让人敬畏的,无比遥远,却又如此亲近。

在中华大地西北域,雪山林立,无数细流消融而下,又汇成江河蜿蜒远去,使大地充满了绿色和活力。其中一座雪山的山腰上,有一个巨大的湖泊,倒映着一座呈四方形的雪山,湖的边上是莽莽苍苍的丛林,旧石器时代某部落首领有巢氏正坐在湖边,忧郁地看着这座后来被称为中华文明起源的昆仑山。

两万年前的雪山高原上,阳光和雪水比任何地方都显得慷慨,部落显现出长途迁徙后安定的活力。女人在林中采集浆果,剥下树皮纤维进行编织;男人外出渔猎;有远古艺术意识的人在制造圆形的陶器,甚至深入到巨大的岩洞之中进行绘画,以供祭祀之用。

只有当自然能为生活提供稳定的食物来源时,这些辛劳的人们才能有思索的空间。衣食住行之中,树皮纤维和兽皮成为服装的主要来源,雪山高原的气候也十分适宜,丛林和湖泊提供了同样充沛的浆果、野兽和鱼类。那些远古部落,无不为文明之光苦苦思索。只有文明才能为部落提供强大的生存动力,在以后更冷更漫长的岁月中生存下来。至于远行的计划,有巢氏暂时还没有。原来历经多少代的迁徙,经过多少黑暗中其他部落的围追堵截,才到达这片乐土。在没有更强大的文明和武器装备前,有巢氏是没有计划再进行远征的。

因而在丛林中最大的考验,是居住问题。对于远古人类而言,在身体中的野性本能被文明的理性压制之前,只能追随其他动物进行最自然的居住方式。穴居也就成为了当时最无奈也是最理想的选择。高原雪山之中,有大量隐藏在山川莽林之中的洞穴,但空旷而干爽,洞口朝阳,适合居住的并不多。随着部落的繁衍扩大,原有的洞穴已经不能再满足部落的需要。

作为部落的首领,有巢氏比其他人更为忙碌,但因无需亲自从事劳作,他独自思考的时间也就更多。他明白穴居并非最好的方式,不能飞翔的动物,例如虎豹狼蛇,同样把洞穴作为躲藏的第一选择,这也难免和部落的居民产生血腥的冲突。洞穴内部潮湿阴暗,在此生活时间长的人都会关节疼痛。最炎热的季节可宿居洞外,但如遇上天阴雨雪,则只能在洞中熬过这无奈的时光。

当有巢氏在湖边对着雪山发呆的时候,一只苍鹰从高空滑翔而来,影子在湖水中一掠而过,向丛林那边去了。有巢氏看着这只苍鹰,若有所思,当他看见丛林边缘一个巨大的鸟巢时,一个灵感促发了他。有巢氏欢呼雀跃,向他的部落奔走而去。故事的结果恰如想象的那样,有巢氏发明了树屋。这些人类的巢穴建立在茂密的树林之中,和鸟巢一样高,但却有屋顶,因而更加结实而暖和。这些更贴近自然的树屋,比洞穴提供了更高的透气性和阳光,并避免了很多走兽的侵扰。

最初的树屋也许不过是木材、兽皮、树皮、茅草的简单堆积,但随着想象力和创造力的发展,树屋的形式有了极大的变化。在空旷的地面上,甚至在湖泊边缘,已经不需要天然的树林。他们把树木或竹子伐倒,削成木桩打入地下,再铺以平板,建筑出样式更为美观的树屋来。这也就成为后来所谓的干栏式建筑。南方潮湿的气候产生了干栏式建筑,而北方干燥的气候则产生了半穴居式建筑。今日依然存在于很多少数民族之中的吊脚楼,则是有巢氏发明的树屋穿越时光的最好例证。

### 后来的故事

有巢氏是中华文明象征意义上的始祖,其后人分布于中华大地的各个角落。有巢氏后人依然保留了巢居的传统,这在西南夷中也比较常见。居巢国作为殷周时期的重要方国,在青铜器《班簋》、《鄂君启节》的铭文中都有记载。历史上,周人对一个叫"巢"的小国并不友好,不远千里派兵征讨,似乎有什么深仇大恨,蜀人与周人也有过节,因而在周王朝的青铜器上,巢、蜀连在了一起。居巢国与巴国、蜀国可能相距不远。

晋代左思在《魏都赋》中写到了一个"魏国先生",这位先生说:"榷惟庸蜀与鸲鹊同巢……一自以为禽鸟,一自以为鱼鳖。"在古代中原人看来,巴蜀的巢居习俗如同鸟鹊一般,吴越人的水居则和鱼鳖差不多。宋人罗泌的《路史》有过这样一条记载:"有巢氏居于□。"清人张澍在《蜀典》一书中认为,这个"□",可能指一个叫弥牟镇的地方,而弥牟镇就在今天的成都市新都县。

唐代杜甫由剑阁入蜀,映入他眼帘的,首先是当地奇怪的房屋,这令杜甫惊异不已,他在诗中写道,"殊俗状巢居,层台俯江渚,峡人鸟兽居,其室附层巅"。这些巢居,有的建在草丛之中,有的又在山岭之上,后来杜甫离开蜀地,只身前往湖南潭州,对巴蜀地区的巢居还是念念不忘,"可怜处处巢居室,何异飘飘诧此身"。另一位诗人李白对巢居倒是乐此不疲,他与东严子一起学道,"巢居数年,不迹城市,养奇禽千计,呼皆就掌取食,广汉太守闻而异之。"深山之中,与奇禽为伴,这样的巢居生活着实令人神往。今安徽省巢湖市有居巢区,似与有巢氏后人也有一定联系。

## 燧人氏钻木取火

名称:燧人氏

别号:燧人、燧皇

部族:不详

图腾:鸟、蛇、虫类、虎等丛林猛兽类、山、火

姓:风

父系:不详

母系:不详

地域:中部山林

时间:距今一万五千多年

大事件:钻燧取火

距有巢氏发明巢居后,时间又过去了五千多年。白云和光阴在昆仑山的顶上随风逝去,但人类文明的足迹却沿着雪山上流淌下来的河流,遍布到草原、平原、山川、湖泊,乃至中华大地的每个角落。这些衍生出的部落或开拓了数百万年来从未有人类到达的地域,或者与当地原有的土著部落相冲突融合,但这都是文明的力量所致。当文明的种子飘荡到四面八方时,整个大地呈现出一片万物初荣的局面,孕育出一片繁荣前的寂静来。

在这个时期,虽然部落间的冲突难以避免,但部落间的主体生活还是以繁衍为主。那么多土地需要人的驻足,母性的力量占据了部落中的主导地位。母系在部落的决策中具有决策权。因为战争的需要,有些部落的领导则有可能是男性。但这个男性首领只是在一定程度上反映了母系的执行力而已。这种母系占据社会主导地位的情况,到夏启建立国家,最终实行父系的世袭制前,还要延续一万多年。每个部落的规模有大有小,具有血缘关系、数量不等的部落可能组成大的部族,而部族间可能建立稳固的联盟。这都是为了生存的需要。

在这种情况下,因为要确定部族领导的能力是否合适,产生出了部族长老制度。组成部族的每个部落视实力不同拥有不同数目的长老。一般而言,

实力最强的部落往往会获得部族的领导权。但每个部落的实力起起落落，当某个新兴部落因握有新的发明或发现进而占据经济、科技的优势，或新兴部落出现某个特别优秀的人物时，部族的领导权通过长老制来实现更迭。这种更迭可以说是一种长老们决定的"禅让"，有些情况下也会触发战争。但总体的原则是优胜劣汰，使部族能适应弱肉强食的自然法则。

每个部落开始确立自己的图腾，这些图腾鲜明地表示了部落的特征。图腾的来源可以是令人敬畏的猛兽、赖以生存的动物或植物，甚至是山、水等自然物，风、雷这些自然现象。为了增加部落间的凝集力，凸显部族的整个形象，使外来者望而生畏。部族的图腾可能是领导者所属部落的图腾，或者综合了多个部落图腾特点的新图腾。对于山林部落而言，鸟、蛇、虫类、虎等丛林猛兽类、山、火是比较常见的图腾。对于草原部落而言，狗、狼、牛、羊、马是比较常见的图腾。对于一些在水边居住的部落而言，鱼类、水兽图腾很常见。

在丛林部落之中，实力比较强劲的是燧人氏。燧人氏通过钻燧取火成为了继有巢氏之后最伟大的发明者。在远古社会，茹毛饮血是部落不曾开化的标志。而火则成为饮食最为重要的组成部分。原有的火种一般是由雷电带来的，雷击引起的树林起火为远古人类提供了熟食的可能。但小心翼翼地保持火种，在野外，在阴雨天气都是一件十分困难的事情。火种的保管是否妥当，关系到部落的生死存亡。从另一个角度而言，火种的不便也极大地限制了人类探索自然的步伐。

然而对于燧人钻燧取火的工具还有疑问。关于燧，一说是燧木，也有人说是燧石。第一个传说是说燧人氏看见鸟用嘴钻燧木而产生了火，于是发明了钻木取火的方法。第二个传说是说燧人氏居住的地方有不少燧石裸露在外。部落成员用石块追打野兽时，石块和燧石相撞发出火光，燃着了枯木。

燧人氏从中得到启发,发明了敲打燧石取火的方法。第二种传说更为可靠一些。无论如何,从此燧人氏部落把人类带入了熟食的新纪元。有更多的探险者携带钻燧取火的工具,走入荒野之中,把火种和文明传播到了更远的角落。

燧人氏的伟大之处,除了发明取火的新方法之外,还发明了姓氏,自此开创了图腾加姓氏的部落标志,有效地与其他部落区分出来。燧人氏站在山岗之上,看着白云来回漂浮,看见树林野草低头,仿佛在向一个看不见的神明致敬。这种神秘的力量,被远古的人类称之为"风",与雨、雷电一样强悍。燧人氏以其作为部落的"姓"。但风本身是无形的,只能以其他动物来表述。那些御风飞行的鸟类无疑是风的最好代表。而蛇行过草丛或水面,猛兽狂暴的突袭和咆哮,蜿蜒的远山,也都具有风的形状。燧人氏的部落以文明的力量凝聚了其他部落时,这些部落通过联姻的方式,或通过模仿,衍生出姓氏加图腾的标准文明模式来。

### 后来的故事

《太平御览》称远古时代以燧木取火的氏族为"燧明国"。今日河南商丘流传着燧人氏"击石取火"的传说。从钻木取火、钻燧取火,发展到后来的金燧。金燧取火于日,木燧取火于木。击燧石取火的方法在铁被发现以后,改成了以铁击燧石,名曰"火镰子"。古时常用的"夫燧"、"阳燧"实际上是一种凹面镜,因用金属制成,所以统称为"金燧"。古时人们在行军或打猎时,总是随身带有取火器,《礼记》中就有"左佩金燧"、"右佩木燧"的记载,表明晴天时用金燧取火,阴天时用木燧取火。

在周代,钻木取火之法已经大行。古代所钻之木,一年之中,根据不同季节,还要随时改变。古人认为只有根据木的颜色,与四时相配,才能得火,反之则不能得火。也就是说，每逢换季之时，就要改新火。到了南朝，仍行钻木取火，但取消了"更火"这一风俗，不实行改木。到了唐代，钻木取火之法更加广泛流行。唐代杜甫《清明诗》中说："旅雁上云归此塞，家人钻火用青枫。"青枫是枫木，用于春日取火。唐代皇帝在每年清明日要举行隆重的赐火仪式，把新的火种赐给群臣，以表示对大臣的宠爱。

## 弇兹氏结绳记事

名称：弇兹氏

别号：玄女、玄帝、王素、素女、须女、帝弇兹

部族：不详

图腾：狗、狼、马、牛、羊、草原鸟类

姓：允、婼

父系：不详

母系：不详

地域：西北草原

时间：距今一万五千多年

大事件：编织、结绳记字、驯服犬类

在燧人氏部落向山林和平原发展的时候，另一支部落也下了雪山，但方向则与燧人氏相反，沿河流向草原和大漠进发。这一支部落的首领弇兹氏发明了用树皮搓绳的技术。她发明的绳有三种：单股的绳称作"玄"，两股合成的称作"兹"，三股合成的称作"索"，又作"素"。弇兹氏带领她的部落将"绳文化"发展到了极致。

绳子发明后，远不是悬挂东西那么简单。"弇"有"盖"之意，而"兹"有草

席之意,这应该都是编织技术的延续。当绳子进行更为复杂的编织后,可以成为盛蔬果、杂物的筐子,随身携带而进行长途的采摘。绳子可以编织成毯子,进而成为垫子、覆盖物,甚至成为衣服。如果说有巢氏改变了远古人类居住的条件,燧人氏改变了饮食的条件,那么弇兹氏则改变了穿衣的条件。这三个条件的改善,又为"行"创立了重要的前提,使得远古人类可以迁居他处,开发未曾到达过的土地,把文明的种子传向四面八方。

当一部分绳子上的东西被取走,好似全无用处时,弇兹氏又发现了绳子的另一个伟大用途。编织成的绳子是各种颜色的,有不同的长短,在不同的部位有不同的结,而这些结又有着不同的形式。如果用这些绳子和结来记录人数、收成,真是再好不过。进一步而言,绳子和结有了编码,不但能记录数字,自然也能记录事情。在象形文字没有正式发明应用之前,"结绳记事"成为文化发展史上的一件大事。

对于弇兹氏部落而言,最早的生活是游猎式的,也是山林生活的延续,男人负责狩猎,女人负责采摘蔬果,照顾家庭。在这个时期,马匹或许还未被驯服,但那些在草原上肆意奔跑的形象,势必给弇兹氏的部落以强大的震撼力,最终会想到要驯服这些狂暴的风的使者,作为坐骑之用。对于猎人而言,最重要的是驯服了原来的部分狼类,使之为狗。狗也成为远古人类最好的朋友。在驯服狼的过程中,绳子无疑起到了重要的作用。当那些捕获的狼被绳子拴在木桩上无可奈何时,温暖的篝火和轻易得到的食物最终磨去了它们的野性,与人类签下了屈服的条约。

当原有部落的图腾已经不再够用,容易同其他部落重复时,弇兹氏也毫不犹豫地采用了姓氏加图腾的识别标志。她采用了绳子打结的形象,即"允"姓,这也是草原部落的第一姓,同华夏民族的第一姓"风"并立。对于草原部落而言,犬成为了生活中最必不可少的朋友,因而第一位的图腾即是犬。随着历史的发展,部分游猎部落淡化了杀戮的色彩,转向了相对温和的游牧生活。这时期,马、牛、羊等也开始成为草原部落的图腾。当然,狗的祖先为狼,依然有些强悍的草原部落采用了狼图腾。而在丛林与草原的接壤地带,虎、豹、熊、罴类也会成为草原部落的图腾。

夐兹氏以"允"为姓。以绳子驯服獒犬后,变为"犹"字。夐兹氏的直系后代中,保持以犬为图腾的是"狄"人,狄原指皮毛带有红色的犬。另一支为"犷狁"、"猃允"、"猃狁",猃原指一种长嘴巴的犬。因为夐兹氏精通编织技术,在后期则不再采用树皮为原料,而采用羊毛等为原料,编织出轻盈温柔的毛衣、毛毯,即"绒"。自"猃狁"分出的一支"绒人",因为本身的彪悍,给后来的中原部落带来了极大的麻烦,也就成为了全副武装的"戎人"形象。"戎狄"也成为中原部落最为忌惮的因素之一。

"允"姓后来还分出"婼"姓。"若"原意为用手择菜,后来演化为牧羊的部落,即羌人的祖先。婼姓的图腾为羊等游牧族图腾。婼地在中国新疆维吾尔自治区,今作"若羌"。"羌"上面是一个"羊",下面是一个侧面"人",是显著的"人饰羊首"的图腾标识。羌人以畜牧为主,也有些地方有了农业。他们部族繁多,或以动物图腾为名,如白马羌、牦牛羌等。"羌"与姜姓音同,华夏族后来的首领炎帝的姜姓就来源于华胥族与羌人的联姻。

**后来的故事**

夐兹氏是《山海经》中有记载的最古老的远古神明,在大禹时期,以"夐兹氏"为名称的部落依然存在。书中记载:"在西海的岛屿上,有一个神人,长着人的面孔鸟的身子,耳朵上穿挂着两条青色蛇,脚底下踩踏着两条红色蛇,名为弇兹。"这里的弇兹氏，通过与燧人氏的联姻，而获得了鸟、蛇的图腾，严格来说已经不是远古弇兹氏的真正直系。这里的西海应指古代的居延泽。

《山海经》中提及的弇兹，《列子·黄帝篇》中说："华胥氏之国在弇州之西，台州之北。"弇州，即今山东兖州，"弇"古文中通"兖"。今兖州市西30里有山名嵫山，因为"弇兹"的关系，所以嵫山又名崦嵫山、奄山，为神话中日之所入之地，这大概是弇兹氏后人的一支迁徙到了此处。

弇兹中"弇"有"盖"之意，而盖在古文中通"盍"。氏族自称"盍稚"，意同"弇兹"。"氏"为它族对其之称，氏人是由弇兹氏的另一个分支变为游牧族的。氏人的一部分与羌族合流，成为氏羌。另一部分进入巴地，与其他少数民族合流，以马、蛇，甚至鱼为图腾。

春秋时期戎人相当活跃，以允姓之戎、姜氏之戎、犬戎最为著名。学者认为允姓之戎即西周的猃狁；姜氏之戎即殷周汉晋之羌；犬戎即殷周之畎夷，《山海经》中又名犬封国。羌与戎原是两个部族，西周春秋之际，它们已渐渐混合为一，不加区别了。狄本指皮毛呈红色的犬，后又分赤狄、白狄、长狄诸部，各有支系。因其主要居住在北方，故通称为北狄。在秦汉以后，狄或北狄曾是中国中原人对北方各民族的泛称。

弇兹氏被后世人追尊为女帝，又称玄女、玄帝、王素、素女、须女、帝弇兹等，也就是后来道教中的"九天玄女"形象的原型。牛郎与织女传说中的织女形象，也是起源于弇兹氏的部落。

## 玉帝建都昆仑山

名称：天帝

别号：帝、玉帝、玉皇、玉皇大帝

部族:合雄氏

图腾:玉树

姓:风

父系:燧人氏

母系:弇兹氏

地域:西北

时间:距今一万五千多年

大事件:燧人氏与弇兹氏联姻,推举出天帝,建都昆仑山

　　一万五千年前的某个初秋,鹰飞过的天空显得比其他季节都要高要蓝。秋风穿过草原,压低了齐人高的牧草,现出了牛和羊。秋风吹过山林,使山林呈现丰富色彩。一股蓬勃的活力浸透了秋天的大地,使得人们好似比往常要忙碌许多。山林中的燧人氏和草原上的弇兹氏,都收到了草原与山林接壤处的虎族部落传来的消息。双方终于约定于这个月的某天在昆仑山上缔结下永恒的盟约,为各自的部落谋求和平与发展。

　　据《山海经》记载,昆仑山方圆八百里,高达八千丈,八个方向的山势都是悬岩陡峭。东南流出来的水,名赤水,它向东北流去,转向东南流入汜天水。南海有汜天山,山上流出汜天水,折向西南流入南海。原来昆仑山中流出来的赤水,与南海汜天山流出来的汜天水相接。昆仑山的东北流出来的水,名大河,它向北流去,南流于无达;折向西南,流入渤海。从渤海里有一条水流出,向西流去,折而向北,流入积石山。昆仑山西北流出一条洋水,一条黑水。它们向东流去。黑水转向西流入大杅,折向东北,向北流入西海。昆仑山西南流出一条弱水,一条青水,向东流去,折而向北,转向西南,流入大河。昆仑山南还有个大渊,深有二百四十丈。

站在昆仑山上向东望，那儿是草原部落的领地。站在昆仑山上向南望，那儿有茂密的树木，那是山林部落的领地。燧人氏与弇兹氏结盟的那一天到来之时，也是亘古不变的昆仑山在历史上最为热闹的时候。草原部落与山林部落的人都带着珍贵的礼物，来到了山间的某个平台上。在这里，有巢氏看见鸟巢而发明了巢居，也是在这里，燧人氏与弇兹氏的先祖分别沿着昆仑山上的河流进入了草原、大漠、山林与平原之中，成就了上古文明的繁荣气象。

每个部落的旗帜、服饰，携带的武器、装备无不显示了部落的图腾特征。草原上的部落计有犬族、狼族、牛族、羊族、马族、牦牛族、野猪族、貘族、虎族、豹族、熊族、鹰族、天鹅族等。头上戴着以角和畜牧动物皮为装饰的帽子，跟随的各式猎犬是草原部落最大的特征。山林中的部落计有火族、山神族、青鸟族、凤凰族、其他各式鸟族、蛇族、虫族、虎族、龙族、鱼族等。担当起燧人氏与弇兹氏中间人的是虎族，这一族在山林与草原上都有活动，也以其勇敢和诚实获得了双方的信任。

经过热烈而严肃的祭祀活动后，燧人氏与弇兹氏盟约的结果如下：

双方部落从此进行频繁的文化与技术交流，部落间不再冲突，以和平为第一前提。燧人氏部落不再向草原上扩展，弇兹氏部落不再向山林中扩展。鼓励双方的部落进行联姻，由此产生的新部落有选择在草原或山林中生活的权利。

燧人氏与弇兹氏作为双方部族的领导部落，双方保持密切的友好关系，部落间可进行联姻。双方依然保持燧人氏与弇兹氏的称号。双方确定盟约之日由部落中的精英合族，产生新的部落"合雄氏"，合雄氏的历代首领为山林与草原唯一的领导者，称为天帝。天帝有号召双方部落，调停双方矛盾的权利。双方的部落每年要向天帝进贡各种礼物。

在昆仑山上险峻之处建立一座天帝的宫殿,宫殿有九面,九面有九口井,井周都用玉石做栏杆。宫殿九面有九扇门。因为虎族在这次盟约中的重要作用,且骁勇善战令人敬畏,具有诚实可信的品质,由虎族选出该族的精英作为天帝的卫戍部队。最终虎族以该族中的白虎族为最佳选择。在宫殿附近建立一座大的囿苑,里面有各个部落献上的珍奇异兽,各式植物,以各种少见的玉树为装饰。囿苑也由白虎族管理。

其中比较珍惜的植物是木禾、沙棠、薲草。木禾应该指野生的薏仁。沙棠木材可造船,果如红杏,味如李而无核。薲草其状如葵,其味如葱,吃下去可去除烦恼。另有一种服常树,树皮可以做衣服,应该指今日的桦树。山中还有鹑鸟族,主管天帝日常生活中各种器用服饰。另有草原上的土蝼族和山林中钦原族担任守卫工作。土蝼是一种四角的羊。而钦原形状像一般的蜜蜂,大小与鸳鸯差不多。山的西南面还有山林中的凤凰族与鸾鸟族守卫这个方向。

燧人氏与弇兹氏建立的草原与山林的盟约影响非常之深远,草原与山林部落间的交流与联姻带来了双方的信任和理解。这种相对和平直到一万多年之后才被彻底打破。

### 后来的故事

随着时间的流逝,戎狄进入了草原深处,氐羌部分与山林部落合流,部分依然活跃在草原与山林的交界处。弇兹氏对草原部落的掌控力渐渐失去,甚至氏族本身也进入了西海之中。弇兹氏对草原部落的统治被西王母取而代之。原有的天帝渐渐成为一个象征,但与山林部族更为亲近。

一万多年后,草原部落与山林部落的和平被一个大事件彻底打破。周王朝定朝于酆、镐时,与戎人相近。周幽王与诸侯约定:筑碉堡在官道上,远近都可以听见,如果戎人入侵,就击鼓相互传报消息,诸侯的兵都来到都城救天子。戎人曾经入侵,周幽王击鼓,诸侯的兵都来了,褒姒就十分开心地大笑。周幽王想看到褒姒的笑,于是数次击鼓,诸侯的兵也数次来到却没看见戎人。等到后来戎人真的入侵,周幽王击鼓,诸侯的兵却不来了,周幽王就死在骊山脚下,被天下笑话。

黄帝姬姓后人建立的周朝,实行礼治,为历代所推崇,成为华夏民族最美好的回忆。周朝既然被戎人所灭,华夏族也就与草原部落有了难以泯灭的仇恨。原有的频繁交流与联姻被掩盖了,有了华夏族,有了被"戎狄蛮夷"这四海包围的危机感,就有了华夷之辩的民族争锋。其实无论以血统还是文化本身来划分华夷,都不是太确切的。两者在漫长的历史中早已不可分了。文化的隔阂会带来更深的误解。于是在周朝过后,华夏族与草原部落以一种更血腥的征服被征服的方式,进行痛苦的融合,最终形成今日中华之大局面。

这位燧人氏与弇兹氏盟约后产生的天帝,是玉皇大帝的最早原型。在《山海经》中,有一位隐隐约约的天帝,只称为"帝",一般指的就是这位玉皇大帝。玉皇大帝作为道教中最高级的神明之一,地位仅在三清尊神之下。但在世俗的心目中,玉皇大帝却是中国最大的神祇,是众神之王。玉帝源于上古的天帝崇拜,因为昆仑山盛产玉石,天帝就又有"玉皇大帝"的称谓了。殷商或更早的时期,人们称最高神为帝,或天帝、上帝,这是一位支配天上、地下、文武众仙的大帝。

而"帝俊"一系是燧人氏的东方风姓后人,统领的是山林部落。至于"炎帝"、"黄帝"一系,是后来崛起的中原部落的领导。从权力上看,东夷的领导人"帝俊"长时间处于山林部落的领导地位,一直到代表中风势力的炎帝崛起后为止。

# 西王母掌管刑罚

名称：西王母

别号：西媒、金母、瑶池金母

部族：西羌

图腾：貘、虎、豹

姓：不详

父系：燧人氏

母系：弇兹氏

地域：西北草原

时间：距今一万三千多年

大事件：掌管灾疫和刑罚、驱使三青鸟

自燧人氏与弇兹氏结盟，推举出天帝居住在昆仑山上，又过去了三千年。在这期间，因为相对和平，文明的种子传播到了更远的地方。有的草原部落向北冰洋，甚至越过沙漠向欧洲大陆而去。也有一些陌生的部落和面孔从远处来到了中华大地上。一些草原部落沿着今日的蒙古草原东上，进入了东北的丛林之中。燧人氏的风姓后人沿着黄河、长江一直到入海口为止，中间的山川平原也就分布了他们繁衍出的新部落。一万三千年前的这段时期，是文明发展的一个高峰，但那场令整个世界几乎毁灭的大洪水也即将席卷而来。

镇守昆仑山的白虎族有了响亮的新族名"开明"，昆仑山上的天帝也是以部落的形式存在的，这两者与草原和山林部落间的强者都有着频繁的联姻，以维系其岌岌可危的统治地位。随着草原部落西媒的兴起，弇兹氏对草原的控制力几乎完全失去了，干脆退入了西海地域内。因为与天帝族联姻的关系,西媺的血缘也进入了天帝家族,西媺也就有了西王母的尊称。

据《山海经》记载,在昆仑山的北面被弱水环绕着,对面有一座玉山,玉山上就住着西王母。玉山是一座部分苏醒的活火山,又叫炎山,在一些火山口如果把东西投进去,就能迅速燃烧起来。西王母拥有对草原部落的领导权。西王母同样拥有燧人氏、弇兹氏联姻后"合雄氏"的血统。当初山林部落中的大鸷部、小鸷部、青鸟部归顺了西王母,称为"三青鸟"。山上还有狡族部落,这是来自草原上的部落。狡原指草原上的一种大型犬,口很大,身子是黑色的。

当初作为燧人氏与弇兹氏结盟中间人的虎族也与西王母交好。出于对西王母隔河相望的忌惮,天帝族与开明族同山林部落更为亲密。也因为这个原因,白虎族独立于一般的虎族而发展。在西南的夷族部落中,因为山林与草原接壤的原因,大致分为西王母与燧人氏风姓两大阵营。西王母掌管着天下的刑罚,这在一定程度上削弱了天帝的权力。西王母虎齿豹尾的形象出自虎族,虎、豹都是该族的图腾。这种形象实际来自西王母作为掌管灾疫和刑罚的祭司所穿的服饰。

### 后来的故事

西王母族在周代还一直存在。《穆天子传》里,当周穆王乘坐由造父驾驭的八骏周游天下时,西巡到昆仑山,他拿出白圭、玄壁等玉器去拜见西王母。第二天,穆王在瑶池宴请西王母,两人都作了一些诗句相互祝福。《汉武帝内传》称她是容貌绝世的女神,并赐汉武帝三千年结一次果的蟠桃。道教在每年的三月初三庆祝王母娘娘的诞辰,此日举行的隆重盛会,俗称为蟠桃盛会。西王母族是一个强势的母系部落,而且身份尊贵,有实力与天帝抗衡。因而在神话中,西王母与玉皇大帝一起出现时,西王母总表现出压玉帝一头的气势来。

草原上母系社会的传承,后来则演变为隋唐时期的苏毗、东女国,乃至今日泸沽湖畔的摩梭族人。苏毗是藏族历史上一个文明程度较高的国家。《新唐书》中说苏毗是"西羌种"。可知苏毗原属羌系民族。法国汉学家伯希和认为,苏毗是一个藏种的国家,苏毗系羌系民族的名称。《隋书·西域传》之"女国"条记载,"其国代以女为王,王姓苏毗,字末羯","复有小女王,共知国政"。女王每五天听朝政一次,小女王则协助管理。王位由女王终身把持,女王死后,国中则厚敛金钱,求死者族中贤女二人,一人为女王,一人为小女王,共主国政。若女王死,则由小女王继任。

史籍记载,在南北朝至唐朝,青藏高原上有两个以女性为中心的女权国家,西部的称西女国,东部的称东女国。东女国是公元六七世纪出现的部落群体及地方政权,是昌都地区及整个藏族历史上重要的文明古国。《旧唐书》卷 197《南蛮西南蛮传》记载:"东女国,西羌之别种,以西海中复有女国,故称东女焉。俗以女为王。东与茂州、党项接,东南与雅州接,界隔罗女蛮及白狼夷。其境东西九日行,南北二十日行。在大小八十余城,其王所居名康延川,中有弱水南流,用牛皮为船为渡。"当初"弇兹氏"为西海海神。东女国与西女国可能都秉承了其母系传统。

《西游记》第 54 回曾描写过一个大名鼎鼎的"西梁女国"。玄奘亲撰的《大唐西域记》卷四记录了一个"大雪山中"的"东女国",也称为"苏伐刺拿瞿呾罗国"。玄奘称此国"世以女为王,因以女称国"。

彝族素来有崇拜老虎的习俗,老虎在彝家人的心目中,有着举足轻重的地位。彝语称虎为"罗",用汉字"罗"字标记彝音表虎意为"罗","罗罗"为

"罗"的叠音,也即是"虎人"的意思。彝族人都自称是"老虎之后"。大部分的彝族支系,都把老虎视为是生命的图腾。相传远古时候,彝族人的祖先被推为五姓部落的首领,逝世之后,灵魂化为老虎升天。从此,彝家人便以老虎为祖神,时时处处不忘敬奉。

彝族的一支罗罗人至今仍保留着十分原始而又完整的虎图腾崇拜仪式和传统舞蹈。罗罗颇、罗武、纳苏、聂苏等支系均认为自己是虎的氏族或传人。《山海经》中提及的"罗罗",即指青色的老虎,是彝族祖先的图腾。西王母为彝族的祭祀神之一。从西王母的形象可以看出,彝族兼有草原和山林部族的双重特征。

彝族还有崇拜黑虎的宗教信仰,并把黑虎视为本族的图腾和祖先。彝民对黑虎的崇拜观念还扩大为对黑色的崇尚之俗。但滇中彝族地区的"送白虎"巫术,似乎表明了黑虎和白虎的矛盾,这也许是当初白虎开明族从虎族祖先中分离出去而逐渐远离的缘故。

## 帝俊建立汤谷

名称:帝俊

别号:东风之神、俊、太阳神

部族:东夷

图腾:金乌、三足乌、俊鸟、太阳鸟

姓:风

父系:燧人氏

母系:弇兹氏

地域:东南沿海

时间:距今一万三千多年

大事件:建立扶桑国、汤谷

在草原上的西王母族崛起之时,山林部落也发生了翻天覆地的变化。燧人氏风姓的后人因为科技和文明的优势,占据了中华大地山林与平原的东部、西北部、东北部、南部与中部。对于当时部落而言,季节的轮回变化是首先要考虑的问题,其中又以观测风向、掌握日月运行的规律最为重要。燧人氏的后人以领先的天文水平,指导狩猎和原始农业活动,从而获得了其他部落的尊敬和归顺。

统领这五大部族的燧人氏后人皆以风为姓,分为南风、西风、北风、东风、中风。其中南方之风是燧人氏与雷泽氏联姻的后代,有着巨人血统,其部族因而称之为夸民。南风之神称为因乎,在大地的南极主管风起风停。西方之风是燧人氏与草原部落的后代,因善于鞣制兽皮,其部族称之为韦。西风之神为石夷,在大地的西北角掌管太阳和月亮升起落下时间的长短。北方之风是燧人氏和西王母部族的后代,北风的一支迁入中华大地的西南域,另一支迁徙到了东北部。北风之神称为鹓,处在大地的东北角以便控制太阳和月亮,使之不要交相错乱地出没,掌握它们升起落下时间的长短。这支以水鸟为主要图腾的部族,后来建立了女和月母国。中部之风的部族即为华族,他们在华山建立天扶木以测日,自称为"华",后来与弇兹氏的后人胥族合族,成为了华胥族。其中的无怀氏为中风的后人,后来诞生了伏羲、炎帝、黄帝等后人。

但当时风之五部中实力强劲的是东风、北风、中风,其中东风最强。南方之风统领的地域靠近东南沿海,因为东风部落统领的东夷部落实力十分强大,南风的部落基本就没有影响力了。尽管西风衍生出后来的部分西南夷族,但因为西风靠近西王母族,以凤凰为图腾镇守昆仑圣地,后来实际受西王母族的统领,因而西风的影响力十分微小。东风为燧人氏与弇兹氏的嫡系后人,其部族称为俊。"俊"有弇兹氏"允"姓之形,后来变成太阳中的金乌形象,也即测试风向的三足乌。东风之神称为折丹,处在大地的东极主管风起风停。但东风之神后人俊称帝,成为帝俊,则要等到史前大洪山到来,五大风姓部族建立盟约过后。

因为在中华大地的北部是开阔的草原,为戎狄等草原部落所占据。北风族统领的地域就变为西北部与东北部两部分。北风留在西北部的一支演变成后来的"女常"、"女和"一族,女和族衍生出女娲氏,后来成为苗蛮的先民。女常族后来成为蜀国的先民。

东风部族因为测日的需要,沿着黄河一路向东,逐日而去,最终在东海边上定居下来。九州岛之海外最东边与东海接壤的地方称为日照,日照的天台山主峰面临大海,环绕在群山之中,山清水秀,自然天成,冬暖夏凉,适宜人居。东风部落在天台山中建立了汤谷,汤谷之上有太阳神石、太阳神庙。选择汤谷为测日场所的原因是汤谷恰好被群山环绕。在太阳升起到落日之时,刚好可以用环绕的不同山峰来观察太阳的位置,并且确定时间。经过长时间的观察,上古人类也就有了时辰与农历的概念。

### 后来的故事

东风部族是燧人氏与弇兹氏风姓后人,以金乌为图腾。在史前大洪水过后,东南西北中五大风姓后人为了维持部族的繁衍和稳定而结盟,推举中风之后伏羲为帝,伏羲居于东方统治五姓部族。伏羲又传帝位于华胥族的柏皇。最终由东风之后俊继承伏羲的帝位,成为《山海经》中最早的"帝俊",这大概又要到伏羲称太昊后一千多年。《帝王世纪》中说:"帝出于震,未有所因,故位在东方。主春,象日之明,是称太昊。"说的就是伏羲称帝的这段历史。

帝俊族的后代有很多,其主管天文的为十日族、十二月族,这是其嫡系。北风之后有两大族,"女常"与"女和",与伏羲族联姻产生了常羲族、羲和族。这两族后随伏羲迁居东方。帝俊族与常羲族生了十二月族,与羲和族生了十日族。有了十日族与十二月族的帮助,帝俊族就能方便地进行历法的制定了。帝俊族与东南沿海的部落联姻,产生了东夷部落。参照帝俊族的金乌图腾,这些部落多以各种鸟为图腾。炎帝族后来崛起,削弱了帝俊的地位。帝俊族中的羲和族实力成为最强,并产生了钜燕族。黄帝族与钜燕族结盟,让其子玄嚣入赘,成为少昊,并树立了五大风姓的新共主帝颛顼。接替颛顼帝位的"帝俊"不同于最早的东风之帝,是少昊之孙姬俊为得到东夷的支持而恢复的上古帝号。

西周金文才正式出现了"东夷"的称谓。《后汉书·东夷传》记载"夷有九种。曰:畎夷、于夷、方夷、黄夷、白夷、赤夷、玄夷、风夷、阳夷。"九夷中的畎夷,为崇拜盘瓠龙犬图腾的湘西苗族的一支。在整个西周时期,东方诸夷都是周王朝的劲敌。文献记载周朝对东方的战争,不同时期出现了东夷、淮夷、南淮夷、南夷等不同称谓。学术界对西周时期东夷、淮夷、南淮夷到底指哪些地区的部落与方国,有着不同的看法。秦汉以后的东夷,主要是指先秦的东北夷,又将倭人列于其中,泛指东方的民族和国家,与先秦东夷在地区与民族等方面,都有明显的区别。

# 女娲补天

名称：女娲

别号：女阴、女娲娘娘、风里希、凤里牺

部族：北风族

图腾：鹈等水鸟类、蛇、蜜蜂、蚕蛾、蜗牛等虫类、青蛙、娃娃鱼

姓：风

父系：燧人氏

母系：灵山巫氏

地域：西部

时间：距今一万二千多年

大事件：造人、补天

　　自旧石器时代的有巢氏发明树屋到启建立夏朝为止，部落间母系的力量一直占统治地位。虽然有些部落从推举男性部落首领发展到父系姓氏、权力的沿袭，但往往在与其他强力部落联姻而获得新的姓氏时，还是以母系为尊的。炎帝之"姜姓"，是通过与草原部落的羌族联姻而得到的。黄帝之"姬"姓，来自轩辕氏发明的车上的牵引部件。大禹之"姒"姓，也是来自于其母系图腾薏苡，即《山海经》中的木禾。

　　在统治草原、山林、平原的各部落中，西王母族与女和月母国的母系色彩最为强烈，这点从部族的名称上也可以看出。西王母族以西王母为最尊，女和月母国作为燧人氏后人，母系一样具有至高无上的权力。建立女和月母国的风姓后人，最早的图腾为鹈一类水鸟，即风姓之北风神。但女和月母名称的由来则要等伏羲迁居东方，从而诞生日月族的一千多年之后。北风的后人

分为两大部族。占据领导地位的是"和"族，称为"女和"，其主要图腾为蛇类、娃娃鱼、青蛙等。另一大部族为"常"族，是弇兹氏"允"姓织女部的后人，善于编织与制衣，其主要图腾为蚕蛾、蜜蜂、蜗牛等虫类。《山海经》中出现的蜜蜂与大蛾，即指该常族后代中比较出名的有蟜氏与西陵氏，即黄帝的母亲与正妃螺祖所在部落。

北风后人的一支后来随伏羲氏迁居到了东方，但主体则留在了西部。远古部落联姻时，往往以合族的形式诞生出新的部落乃至姓氏。其部落往往会启用与父系、母系部族相似或相关联的图腾与姓氏。因为与西王母族联姻的原因，在女和月母国中还保留着部分氐羌的牛、羊、犬等游牧族图腾等。但女和月母国最为自豪的则是该国的国名，在史前大洪水过后，最早的北风族的后人"女常族"、"女和族"与华胥族中的伏羲部落联姻，产生了"常羲"族与"羲和"族。这两支合族后来随伏羲迁居东方。羲和族与东风俊的金乌族生了十日族。《山海经》中所说的"女娲之肠化为十神"，指的就是十日族。

"常羲"族与东风金乌族生了十二月族。因为这个原因，"常羲"族也就有了"月母"的称号。"常羲"族与"羲和"族合称为"女和月母国"。但"羲和族"作为十日族的父系，后来逐渐从"女和月母国"中独立出来，并执掌第六日"己"姓。女和月母国位于中华大地的东部，其历代首领称为"娥皇"，其实就是善于编织的"女常"族首领的称呼。"娥"是从蚕蛾的"蛾"演化而来。

女娲氏即北风留在西部的主要后人。"女娲"通"女和"。《淮南子·说山》中说："呙氏之璧，夏后之璜，揖让而进之以合欢。"高诱注解说："呙，古和字。""呙氏之璧"即古代非常著名的"和氏璧"。"呙"有"娲"、"和"两种读音，这三个字在古代是相通的。

这一族的图腾包括了蜗牛、蛇、娃娃鱼、青蛙等。因而女娲有了人首蛇身的形象,娲从"蜗"转换而来,娲其音又通"蛙",也是源于该族此类图腾的缘故。这类母系部族的王位继承采取了女王终身制与家族垄断制相结合的方式,男子无权参与。日常的生活和国家的事务管理,也由母系决定。

伏羲氏与女娲氏同为风姓之后,通过结盟有了"兄妹"之称,但又相互联姻而产生"羲和"族,因而有了"兄妹结婚"的附会。伏羲在《山海经》中只以"太皞"的身份被提及。也许是因为伏羲是以"入赘"的形式加入这个母系社会的,因而有"包牺、牺皇"之称,后来出现的父系社会就忌讳提及这段历史了。

### 后来的故事

北风之后的女和族后来与盘瓠氏联姻,产生了苗蛮,以蛇为图腾。羲和族后人与昆仑山上的开明族联姻,产生了巴人,以蛇与白虎为图腾。苗族与巴人都以女娲为该族的神明。黄帝母系有蟜氏图腾为蜜蜂,来自与华胥氏少典部落与燧人氏北风部族中女常族的联姻。黄帝的正妃为西陵之女嫘祖,善于编织,也是来自女常族。在殷商时期,有穷氏后人后羿为帝时期,"女和月母国"中的常羲族更是出了该族历史上最有名的一位美女嫦娥,她与后羿的故事令人颇为伤感。她的"嫦娥"称号是从"常蛾"变化而来的。

女娲与伏羲为兄妹,乃至造人的传说,应该源于史前大洪水过后,伏羲氏与女娲氏联姻,重新开创了华夏文明的新局面,拯救了差点泯灭的文明。《太平御览》记载了女娲造人的故事。在造人之前,于正月初一创造出鸡,初二创造狗,初三创造羊,初四创造猪,初六创造马,初七这一天,女娲用黄土和水,仿照自己的样子造出了一个个小泥人,她造了一批又一批,觉得太慢,于是用一根藤条,沾满泥浆,挥舞起来,一点一点的泥浆洒在地上,都变成了人。为了让人类永远的流传下去,她创造了嫁娶之礼,自己充当媒人,让人们懂得"造人"的方法,凭自己的力量传宗接代。

记载女娲补天传说的是《淮南子》和《览冥训》。远古时候,"四极废,九州岛裂,天不兼复,地不周载;火炼炎而不灭,水浩洋而不息。"也就是说,天塌地裂,大火延烧,洪水泛滥,飞禽作孽,走兽横行。在百姓哀号、冤魂遍野之际,一位叫女娲的女神挺身而出,她"炼五色石以补苍天,断鳌足以立四极,杀黑龙以济冀州,积芦灰以止淫水",从而克服了这一重大自然灾害。

关于史前大洪水的记载,一共有两次。先有伏羲女娲救人的传说,而后则是在黄帝后人颛顼统治时期,代表炎帝族的共工与他争夺中原的领导权,而由"共工触倒不周山"造成了河流改道的人为大洪水。由河流改道造成的后果非常严重,后来继承帝位的尧帝也毫无办法。舜以治水不力杀了鲧。但鲧的儿子大禹最终治水成功,又夺回了帝位。后来的传说往往将两者混为一谈。但女娲补天的传说记载的是一万两千年前的大洪水,远早于五千多年前的共工与颛顼之战引发的洪水。

## 伏羲画八卦

名称:伏羲

别号:宓羲、庖牺、包牺、伏戏、牺皇、皇羲、太昊、包犠、伏牺、太皞、大皞、皞

部族:华胥氏

图腾:龙、蛇、牛

姓:风

父系:雷泽氏

母系:华胥氏

地域：中部

时间：距今一万二千多年

大事件：画卦、成为华夏大地的共主太昊

在一万二千多年前，最神秘最吸引未婚少女的地方非雷泽莫属。这是一个被茂密的森林包围的大湖，树木因无人砍伐而长得极高，藤蔓从丛林中垂下来，地上长满了各种杂草与野花，阳光透过树林投下斑斓的影子，林中弥漫着一种原始的野性的味道。不知是否是靠近湖面的原因，丛林总给人感觉雾蒙蒙的，即使能避过各种野兽，穿越丛林到达湖边，看见的也只是一片非常广阔的湖面，倒映着蓝天，几乎看不见边际。湖面上偶尔会传来"咚咚"的吼叫声，不时会有明显的水线在游行，露出湖面的是一个牛首，但露出水面的背脊又如蛇一样细长。

各部落的美丽少女在结婚之前，往往会为了去雷泽而放弃许多勇士的追求。穿越密林到达雷泽边，并不是一件简单的事情，特别是对于单身女子而言，需要非常大的勇气。支持她们信念的当然不是传说中的雷泽水怪，她们只是希望在雷泽的边上看到那只大脚印，然后沿着神秘脚印而去，接下来就是一场期待中的邂逅了。至于结果如何，也许还要视缘分而定。

当日华胥族有一位非常美丽的女子，也是风姓无怀氏的一位后人，就怀着莫大的雄心穿越了密林，到达了湖边，并如其所愿地发现了许多巨大的脚印。她把自己的脚放在这些新踏出来的脚印上，发现自己的脚如此小巧而秀气。她沿着脚印向密林中追去，然后就消失了。数月之后，姑娘又孤独地回到了华胥族中，并生下了一位对中华民族影响极为深远的伟大人物。

这位伟大人物就是伏羲，他后来与女娲氏联手拯救了史前大洪水中的人类，并带领幸存者重新开创了灿烂的文明。他画八卦，发现了自然与天地运行的规律,把文明推向了一个能为人类所把握的高度,而不再是单纯地对自然的敬畏。为纪念伏羲的诞生,他的诞生地被改名为成纪。伏羲由母亲抚养长大,这种情况在母系社会并不罕见。就血统而言,雷泽氏的男子是最神秘而最有魅力的,高大英俊而冷漠,尊重邂逅的爱情,却不会为了婚姻离开自己的部落。他们的图腾是夔,一种牛首蛇身的水兽,与龙相似,但只有一足,类似鱼类的尾巴。

伏羲在《山海经》中被称为大皞或皞,这也是他在东方称帝过后获得的称号。伏羲氏部落是与草原牧族联姻产生的,因而伏羲的名字具有犬、羊之形。史前大洪水过后,伏羲先与燧人氏北风部族中的女娲氏联姻,产生了羲和族,并最终迁居东方做了燧人氏五大风姓部族的共主。但伏羲的最大功绩是创立了八卦。伏羲对日月星辰,季节气候,草木兴衰等,有一番深入的观察。不过,这些观察并未为他理出所以然来。

直到有一天,当伏羲在河边散步时,突然出现的一匹龙马身上的花纹给了他启发。也就是这一刻,他深切地感到了自身与所膜拜的自然之间,出现了一种莫名其妙的和谐。他发现马身上的图案,与自己一直观察万物自然的"意象"暗合,这样,伏羲通过龙马身上的图案,画出了"八卦",而龙马身上的图案就叫做"河图"。伏羲根据河图所推出的《连山易》,与后来黄帝的《归藏易》、周文王的《周易》并称为"三易",共为中华文明的源头。

《山海经》中记载的龙的形象,如同考古发掘与历史记载的那样,呈现出多样化的形象。身形、声音特别巨大的其他兽类都可以称为龙,如雷泽氏的图腾为夔,也可称为夔龙。后世则称扬子鳄为猪婆龙。马中体型大者也称之为龙马,《周礼·夏官·廋人》中说:"马八尺以上为龙"。伏羲见到龙马的传说,其实是从五花马演化而来的。

### 后来的故事

在《山海经》中明确记载有女娲,关于伏羲氏,只有"㶒"、"大㶒"的说法,"㶒"的后人为巴人。"西南有巴国。㶒生咸鸟,咸鸟生乘厘,乘厘生后照,后照是始为巴国。"这当是羲和族先与巫氏联姻,其后人又与开明白虎族后人廪君联姻产生了巴人。

伏羲氏与北风部族联姻后,产生了"羲和"、"常羲"两族。这两族随伏羲一起迁居东方,又与东风金乌族联姻,产生了十日族、十二月族,分管测日与礼法,统领其他部落。羲和族在发展的过程中,又与东夷部落中善射的有穷氏联姻,产生了钜燕族。钜燕族与黄帝族的联盟对后来的历史产生了极其深远的影响。

雷泽氏是《山海经》中比较神秘的部族,相对独立。雷泽氏与草原犬族联姻而产生了盘瓠氏,图腾为龙犬。雷泽氏又与南风联姻产生了夸民。其后的炎帝族与东海雷泽氏联姻产生了夸父族。这些部族乃至今日东北、山东两地高大的人种,都是源于雷泽氏的巨人血统。

尧舜时期的后稷也是其母亲与雷泽氏的私生子。后稷是周的始祖,名弃,曾经被尧举为"农师",被舜命为后稷。传说有邰氏之女踏巨人脚迹,怀孕而生,因一度被弃,故又名弃。后稷善于种植各种粮食作物,教民耕种,被认为是开始种稷和麦的人。

## 风之五大部族结盟

一万二千多年前的洪水,在世界各地的史诗与神话中都有流传。华胥族中的伏羲自诞生之日起,由母亲独自抚养长大。这位青年在外貌上保留了雷泽氏的大部分特征,高大英俊,还带有一种沉思的冷漠。因与草原上的游牧族联姻的原因,部落首领为他取了"伏羲"这个名字,其中的"犬、羊"之形反映了草原的特征。

但恰如伏羲的血统与族人不同一样,伏羲的性格也是如此,沉默不语,喜欢在自然中遐想,试图找出自然背后的运行规律。他深信自己的族人如果能成为华胥族的领导,甚至领导其他风姓部族,靠的是科技和文明的力量,而不是弓箭盔甲所炫耀的武力。这位青年很快显示了他不同寻常的头脑,他的部落比其他部落更容易捕获猎物,采摘果实,更善于熟悉自然,利用工具,甚至建立了一种独特的语言记录体系。这样的成就使得伏羲取得了部落的领导权,伏羲氏也成为了华胥族的领导部落。

困惑伏羲很久的是各种自然现象,他试图找出一种统一的符号来描述这种自然规律。直到有一天,伏羲从龙马的花纹上获得了灵感,画出了八卦。但这颗从"河图"中而来的"种子"成长为系统的《连山易》理论,则要等他迁居东方之后了。这种思考即将被史前大洪水打断,而他也将担负起重振中华文明的使命。

伏羲在这一年中感受到了自然与以往完全不同的躁动。前一年的冬天特别漫长而寒冷,大雪积累的厚度好像要把世界彻底覆盖。昆仑山上的天帝需要更多的兽皮与柴火来取暖,镇守昆仑山的最勇敢的白虎族也在这场大雪中瑟瑟发抖。草原上的西王母族的牛羊因为牧草的缺乏而大量死亡,使部落几乎陷于困境。即使是华胥族本身,虽然在入冬之前储备了大量的衣服、食物,也艰难地在这场冬天中煎熬。

对于远古部落而言,对抗自然最好的办法,是以坚强的毅力熬过冬天,迎来万物复苏的春天。但这个春天却比往年来得要晚,在各部族利用春天难得的好时光补充了给养,还没缓过气来时,持续数月的大旱又开始了。在山林中的部落不时会感受到大地的震撼。西南夷族所居住的丛林中,鸟兽虫蚁也呈现出慌乱的状态。西王母族居住的炎山,有一个山口火光冲天,烟雾缭绕,岩浆竟然有冲破山口的趋势。

而在东海边上测日的金乌族也带来消息,这年太阳中的金乌要比往年大许多,而且形状一直在变化。南风部族也传来消息,海边的风越来越大,但也是一直不下雨。很多泉眼也突然出现,喷出热水,冒泡而发浑。伏羲的忧虑一天重似一天,直到他派去观测黄河的人回来报告他才下定了决心。这些日子,黄河水时常涨起涨落,即使没有风,也会平空隆起一溜溜水排,远远望去,似海中翻浪,涛声震天,响声雷动,蔚为壮观。

伏羲派人给东南西北方的燧人氏四大风姓部族和草原上的西王母族都捎去了信息。消息的大意是,据伏羲的观察,有一场人类文明从未记录过的大洪水即将到来,到时候会天降暴雨,暴雨持续的时间也会出人意料地长,几乎所有低地都将被洪水淹没,山谷会崩裂、塌陷,来不及逃生的生灵会被洪水席卷而光。各部落应尽快迁居到高山之上,带上足够的粮食、衣服,找寻坚固、干爽的大山洞。蓄养的各种动物,尽可能一对对地赶上山。注意采集各种植物的种子,以作未来的耕种之用。有可能的话,再建造大的竹筏或木筏,以供逃生或救人之用。在使者把消息带走之后,伏羲舒了一口气,却又极为担心,这信息发布得是不是太晚了一点。他来不及多想,华胥族中事务本身就够他烦恼的了。各部落开始连续不断地向近处的山顶进发。

大雨到来的前一天,南风不断吹着,飞沙走石,似乎要把树连根拔起。天空被一层黄色的雾笼罩着,又透出一种奇怪的光芒,白色的,黯淡的,使世界显得朦胧而诡异。当夜晚来临时,周围变得一片漆黑,开始下起了黑色的雨,倾盆大雨昼夜不停,巨大的雨滴迅速汇成河流,冲刷着逃离洪水的人们的步伐。人们爬上房顶,但房子塌毁了;爬到树顶,树也被拔起卷走了。

在稍低的高地上聚集的人们,身边挤满了同样惊慌的各种蛇类、猛兽、鸟类,无助地看水势迅速涨起来,直到吞没最后的落脚点。有些人在洞穴里找到避难点,却因洞穴塌毁而被夺去生命。山川大地开裂了,红色的岩浆喷涌而出,再狂暴的大雨也不能使之熄灭。这种水火交融的场面蔓延在中华大地上,空气中弥漫着呛人而绝望的味道,即使最高的山峰,也被这暴力而漫长的大雨覆盖了,成了海洋中的孤岛。华胥族的主要成员躲在附近的洞穴中,以不多的衣服和食物消熬着漫长的雨夜。除了向天祈祷,他们什么也做不了。伏羲脸色沉重,在一块竖起的木板上刻下一天又一天的记号。

四十多天后,大雨才基本停止。虽然山洪依然咆哮着向下游涌去,但高大的山峰重新焕发了活力,在逐渐退去的汪洋中显现出来。那些为数不多的幸存者走出各自的山洞,迷茫无助地看着灰色的天空。当有巢氏发明树屋以来,人类的文明一直呈现出一片欣欣向荣的景象,还从未被自然如此残忍地清洗过。大暴雨之时,人类聚居的地方也挤满了各种逃生的鸟类、蛇类,甚至是猛兽,它们一样萎靡不振。暴雨停息后,鸟飞走了,蛇类与野兽也重新进入了丛林之中。伏羲派使者划着竹筏,找寻那些大洪水过后的幸存者,特别是西王母族与风之五部的部族。

在最近一次有记载的文明之前,人类在漫长的岁月中煎熬的时间达数百万年之久,文明被推倒重建的也不在少数,但每次人类与文明的种子都得以幸存下来,一直延续至今。伏羲时期的史前大洪水虽然十分可怕,成为世界性的灾难,但每个部落都有人幸存下来,并衍生出了各种各样的关于洪水的传说。自燧人氏与弇兹氏结盟以来,已经过去了近三千年,风姓之后也迅速成为中华大地的主导力量,但却一直没有再重新结盟。只有等到这次毁灭性的洪水过去之后,风姓五大部族才再次认识到结盟的重要性,他们有义务与责任把文明的种子延续下去,这同样也是保证部族本身生存的需要。

在结盟的风之五部中,北风部族实力最强,东风族的科技最为发达,但最具有领导能力、最有潜力的却是中风华胥族中的伏羲氏,南风、西风族的实力相对落后。结盟的结果是,由北风、东风、华胥族中的精英构成燧人氏五大风姓部族同盟的领导层,由伏羲担任首领。部族间相互联姻,其后的领导权逐步过渡到三大部落的共同后人。结盟之后,伏羲氏先与北风部族中的两大部落联姻,产生了"羲和"、"常羲"两族,这两族随伏羲一起迁居东方,后与东风族联姻,产生了十日族、十二月族。伏羲成为华夏大地上接替玉皇大帝的新共主,其后权力传递给同样来自于华胥族中的柏皇氏,最终由东风俊的后人接过帝位。这位流淌着华胥、北风、东风三大风姓血脉的人最终成为了东风之帝,即第一代帝俊。"帝俊"的称号后来由十日族的成员轮流执政使用。

### 后来的故事

在上古帝位的继承过程中,同一个称号可能延续几代甚至更长时期,比如东方的太昊、华胥族中的炎帝,会被同一部族使用多次,但在某个特定历史时期,与大事件相关的帝皇又特指某个具体的人物,比如太昊伏羲与炎帝神农。轩辕氏比较特别,从少典族中繁衍出数百年之后,其首领与炎帝争夺天下成功并启用"姬"姓后才出现在历史中,即"黄帝"。其后领导权由帝颛顼接任。黄帝的称号也就延续了一代,也就是我们熟知的那个黄帝。

在世界上任何一个有足够时间跨度的民族,历史和传说中都有"大洪水"传说,而且传说中的时间、地点、人物、内容都有着惊人的相似之处。大洪水确实发生过,大致时间是公元前8000年到14000年之间,并造成了一个史前文化断层。但这场洪水发生的具体时间也可能不在某一天,而是在一段地壳、气候剧烈变动的时期内,世界各地分别发生的。这一点类似近年的"厄尔尼诺"现象造成的全球灾害。但洪水过后,幸存的人类文明依然重新快速发展起来。

《淮南子·览冥训》中说:"往古之时,四极废,九州岛岛裂,天不兼覆,地不周载,火爁焱而不灭,水浩洋而不息。"洪兴注解说:"凡洪水渊薮自三百仞(一仞=周尺八尺或七尺。周尺一尺约合二十三厘米,三百仞约为五百米)以上。"因连续暴雨造成水位竟高达五百米之巨,可见这场洪水的杀伤力。

《圣经·创世纪》记载:这一天,巨大的深渊之源全部冲决,天窗大开,大雨40天40夜浇注到大地上。诺亚和他的妻子乘坐方舟,在大洪水中漂流了40天以后,搁浅在高山上。为了探知大洪水是否退去,诺亚连续放了三次鸽子,等第三次鸽子衔回橄榄枝后,说明洪水已经退去。

玛雅圣书说,这是毁灭性的大破坏……一场大洪灾……人们都淹死在从天而降的黏糊糊的大雨中。

在出土的公元前3500年前的苏美尔泥版文书中,对大洪水作了如下记载:早晨,雨越下越大。我亲眼看见,夜里大粒的雨点就密集起来。我抬头凝视天空,其恐怖程度简直无法形容……第一天南风以可怕的速度刮着。人们都以为战争开始了,争先恐后地逃到山里,什么人都不顾,拼命逃跑。

现居住在危地马拉地区的印第安基奇埃族,有一种名叫《波波尔乌夫》的古文书,书中对灾变作了如下描写:发生了大洪水……周围变得一片漆黑,开始下起了黑色的雨。倾盆大雨昼夜不停地下……人们拼命地逃跑……他们爬上了房顶,但房子塌毁了,将他们摔在地上。于是,他们又爬到了树顶,但树又把他们摇落下来。人们在洞穴里找到了避难的地点,但因洞窟塌毁而夺去了人们的生命。人类就这样彻底灭绝了。

　　在中国,无论是西南地区的少数民族神话,还是东北地区的少数民族神话,从西到东,几乎都同样出现了关于大洪水的故事,并且几乎所有的大洪水故事,都同样具有善人获救成为人类始祖的故事基本构成,因而形成了一种关于大洪水故事的叙述模式。关于兄妹在逃过洪水,被迫结婚重新繁衍人类的传说也广为流传。伏羲、女娲的版本则是最为人熟知的。

## 炎帝烧山开垦

名称:炎帝

别号:赤帝、烈山氏、厉山氏、神农氏、连山氏、伊耆氏、大庭氏、魁傀氏

部族:华胥氏

图腾:龙、牛

姓:姜

父系:少典族

母系:西羌

地域:中部

时间:距今七千多年

大事件:发明农耕、采药

大洪水过去五千年之后,草原、山林又恢复了生机,风姓后人依然占据了统治地位。在伏羲迁居东方为共主后,中风无怀氏的后裔少典氏获得了华胥族的统治地位。少典氏获得了胥族驯服兽类的本领,以熊为部落图腾。少典氏的后裔连山氏利用农耕技术为自己的部落获得了更强的实力,取代父系少

典族而成为华胥族的领导,称为神农氏。其部族领导人后来则称为炎帝或赤帝,成为自昆仑山天帝、东风帝俊外第三位有帝号的人。

远古部落中,祭师具有举足轻重的地位,不但要通过仪式使部落产生对自然的敬畏而团结在一起,同时还必须担负起医生、专家的多重身份。作为自然力量的代言人,祭师往往成为一个部落的首领,以生火、测风为使命的燧人氏也是如此获得了部落的领导权。其后则衍生出四大祭师系统,即"风雷水火"这四大祭师职位,其中的风部最强,测风发展成测日,并制定农时。中部的华胥族保留了测风的传统,有"风伯"一职。雷部祭师即雷泽氏,擅长击鼓,在南方影响很大,南风为其后代。

水神称为玄冥、冬神、北方之神,以鱼、蛇、龟等水族为图腾。炎帝后人共工后来继承了水神的权力。黄帝族与水神联姻,有禺虢、禺京一族,分管东海与北海。在黄帝族与蚩尤之战中,出现的雨师是水神的一个分支,具有蛇与龟的图腾。燧人氏崇拜火的一支传至居于炎山的西王母族,西羌继而又与华胥族中的少典氏联姻产生烈山氏,最终接过了火神的权利。炎帝后人祝融后来成为新的火神,而帝颛顼时期则设立火正,成为火神的新称号。

据《史记补》记载:"炎帝母曰女登,有娲氏之女,为少典妃,感神龙而生炎帝"。也有说炎帝之母是有蟜氏的。所谓的感神龙而生炎帝,指神农氏接过了火神的职位。有娲氏为女和族的一个部落,应为女和族与西羌联姻所生。炎帝之父系为少典族,母亲为任姒。昆仑山上看管木禾的为开明白虎的一支,其后和北风族联姻,产生流黄辛氏,后以淘取金沙为主业。流黄辛氏产生有莘氏姒姓,姒姓产生任姒部落,这些都是西羌下属的部落。有莘氏姒姓后来也为大禹的母系,以薏苡为图腾。炎帝母系保留了部分草原游牧族的成员,有羌人的牧羊传统,因而炎帝以"姜"为姓。

上古人类对于火是十分敬畏的,火不但带来了温暖,也带来了熟食,使人类能更好地生活下去。最初的人类只是采摘果实、蔬菜,后来又发现如果每次采摘能保留一部分果实,则来年这儿还有果实可以持续利用。另一方面雷击会引起山火,这些过火的地面能长出新的植物来,而且比不过火自然生产的还要好。于是远古人类开始有意识地在过火的地面上播种,以期未来的收成。连山氏作为掌管火的祭司,对火的习性十分了解,最终发明了人为以山火烧林,并进行翻土、施肥、浇灌的原始农耕技术,从而把文明带入了新的高度。

**后来的故事**

炎帝的称号,最早是由神农氏获得的,其后则由其后人沿袭,轮流掌管火神的权力,成为华胥族的领导,并能与东方帝俊族的实力相抗衡。神农氏最早的居住地,应为当年伏羲迁居东方后留下的地盘,即伏羲当年获得龙马的灵感而画八卦的地方,因而神农氏也成为连山氏的代称。代表华胥族的炎帝族通过与其他部族的联姻,由部落长老联盟来控制,实现了权力在各部族之间的轮流交替。

烈山氏又叫厉山氏,其首领为烈山或柱。《国语·鲁语上》中说:"昔烈山氏之有天下也,其子曰柱,能植百谷百蔬。"《左传·昭公二十九年》记载:"有烈山氏之子曰柱,为稷。"《礼记·祭法》则称:"厉山氏之有天下也,其子曰农,能植百谷。"一般认为烈山氏为炎帝后裔,仍为农神、谷神。烈山,本是烧山垦田之意。

据史籍《路史》中记载:"魁傀,熊国君少典长子,又名石年,姜姓,号烈山氏、厉山氏,身长八尺有七寸,生而牛首人身,怪异之相,乃曰魁傀氏。"从这个形象可以看出,魁傀氏可能是炎帝族与草原上鬼族一支联姻的后代,这一族喜欢在脸上画上可怕的色彩,形象恐怖。东汉王符《潜夫论·五德志》中说:"有神农首出常羊,感任姒,生赤帝魁隗,身号炎帝,世号神农也,代伏羲氏。"魁隗氏作为炎帝后人,获得的是赤帝的称号。

伊耆氏也为神农氏的一支。后来的尧帝也是伊耆氏的后人,他自小寄于伊长孺家,从母所居,故姓伊耆。《中国古地名辞典》的解释是:"耆,即黎国也。"帝颛顼时始设火正,掌管民事,名叫黎。伊耆后人所居住的即为重黎的部落。舜的妻子有三位,除了尧的两位女儿娥皇、女英外,还有登比氏。舜与登比氏生了宵明、烛光,而这个登比氏应为炎帝之母"女登"的后人。《周礼》中说:"秋官司寇所属有伊耆氏,设下士一人及徒二人。遇大祭祀,供给老臣杖函,使行礼时去杖,以敬鬼神。遇兵事,授受杖给有爵者。军吏执受,意在与士卒区别。"北周亦于秋官府设伊耆氏中士、下士。

司马贞在《史记索隐·三皇本纪》中说:"神农纳奔水氏之女曰听𧽾为妃。生帝魁,魁生帝承,承生帝明,明生帝直,直生帝牦,牦生帝哀,哀生帝克,克生帝榆罔。凡八代,五百三十年。而轩辕氏兴焉。"所以跟黄帝大战的那个炎帝并非最早的神农氏,而是为末代炎帝姜榆罔。

《山海经》中还有胡不与国、列人之国,南海之神不廷胡余为其先人。胡不与国可能为烈山氏炎帝与草原民族联姻所生。列姓一支,是姜姓炎帝神农氏的嫡传子嗣。第二个源头出自春秋时期楚国公族列宗氏,而楚国的先祖高阳氏颛顼来自黄帝族与苗族的联姻,该列姓应该也来自炎帝谱系。第三个源于鲜卑族,出自南北朝时期鲜卑族拔列氏部落。第四个源于女真族,出自宋、辽、金国时期的女真族女奚列氏部落。

# 黄帝治天下

名称:黄帝

别号:有熊氏、轩辕氏、公孙

部族:华胥氏

图腾:龙

姓:姬

父系:少典族

母系:北风族

地域:中部

时间:距今五千多年

大事件:发明水利农业、指南车、衣服

在神农氏称炎帝,统领华胥族的一千年之后,即距今六千多年,西北部的部族统治格局发生了比较大的变化。北风部族与其他部族联姻,产生了新的部落,在由此形成的松散联盟中,炎帝族的实际控制力下降了。女和族与盘瓠氏联姻,产生了苗蛮族,这一族以蛇为主要图腾,敬奉伏羲与女娲,实力最强。同时羲和族先与灵山巫氏联姻,其分支又与开明白虎族后人廪君联姻产生了巴人。女常族则衍生出西陵氏、蜀山氏等,女常族这些后代都擅长编织技术。

在烟雾缭绕的巫山地带则繁衍出"灵山十巫"。灵山巫氏原本为昆仑山上的玉帝掌管医药,后来归西王母管辖,却一直受到猜忌。灵山十巫的后人后来进入巴蜀地带,但其首领则依然被扣押在西王母族附近做人质。后来首领被谋杀,灵山十巫就独立出来,并与华胥族交好。灵山十巫中的朝云国与华胥族中的少典族联姻,产生了轩辕氏。这一族后来出现一个罕见的长寿者,即颛顼的玄孙彭祖,活了约八百岁。但在《山海经》记载的轩辕氏族人中,一般的人都要活到这个年龄,这自然与他们掌握"不死药"的秘密有关。"不死药"也意味着高超的医术和养生术。

轩辕氏擅长造车,其后人黄帝也精通此道,并发明了指南车,在与蚩尤之战中发挥了重要作用。轩辕氏最初发明的是比较简单的人力车,在大禹时期才发展成为成熟的规范化的马车。《山海经》中记载:"帝俊生禺号,禺号生淫梁,淫梁生番禺,是始为舟。番禺生奚仲,奚仲生吉光,吉光是始以木为车。"奚仲是大禹时的"车正",负责造车事宜,他与轩辕氏后人联姻,生了吉光,吉光的名字即有"辕"之形。"黄帝作车,少昊加牛,奚仲加马。"这里指轩辕氏发明了车,少昊发明了牛车,而奚仲与后代吉光一起发明了马车。"吉光"也成为古代神马的一种称呼。

在轩辕氏从朝云国衍生出来七百多年后,即距今五千多年前,轩辕氏再与北风族中的有蟜氏联姻,生了黄帝。黄帝母亲为有蟜氏附宝,"蟜"指蜜蜂,有蟜氏图腾为蜜蜂和蛾子,这也是"女常族"的部落成员,善于编织、采蜜以及种植等。轩辕氏继承了有熊氏少典族的权力,因而也称为有熊氏。至于又有黄帝的母亲为"吴枢"之说,表明黄帝可能也有着有虞氏的血统。古代"虞"与"吴"通假。

黄帝有四妃,正妃为西陵氏,名嫘祖,"缧"是丝束的形状,变母系社会的特征为"嫘"。西陵氏也是北风族中善于编织的"女常族"的后人。她教人们养蚕缫丝,织出丝绸做衣裳,故有"先蚕"的称号。相传一位少女在桑园养蚕时,碰到黄帝,黄帝看到她身上的金色彩衣,闪着轻柔、温和的黄光,地上堆着一堆蚕茧,就问少女身上穿的是什么,少女就说了植桑养蚕、抽丝织绸的道理。黄帝听后，联想到人们还过着夏披树叶、冬穿兽皮，一年四季衣不蔽体的生活，感觉这是一项大的发明，能让人民穿衣御寒，就与这位少女结为夫妻，让她向百官和百姓传授育桑养蚕的技术。这位少女就是黄帝的正妃嫘祖。

黄帝有三个次妃，分别为方雷氏女、彤鱼氏女、嫫母。《后汉书·东夷传序》记载，"夷有九种，曰畎夷、于夷、方夷、黄夷、白夷、赤夷、玄夷、风夷、阳夷。"方雷氏为东方方夷氏与雷泽氏联姻产生的后代。据说彤鱼氏教会黄帝族人用石板炒肉吃。方雷氏创造了梳子，教会了人们梳妆打扮。嫫母是西王母族的人，并不一定指外貌的丑陋。

与朝云国相邻的司彘国，以猪为图腾，司彘国与女常族联姻，产生了蜀山氏，保留了猪的图腾。黄帝正妃嫘祖生了玄嚣、昌意二子。玄嚣之子为蟜极，之孙为五帝之一的帝喾。昌意娶蜀山氏女为妻，生了韩流。《山海经》中记载，韩流长着长长的脑袋、小小的耳、人的面孔、猪的长嘴、麒麟的身子、猪的蹄子，罗圈着双腿。这是因为蜀山氏中有猪图腾的缘故。韩流又生了高阳氏，继承天下，就是帝颛顼。黄帝次妃方雷氏女，称为女节，生了儿子青阳。次妃彤鱼氏女生了夷鼓。

轩辕氏进入中原以后，使用了更先进的农耕技术，不再以烧伐山林为主，而是开垦了平原上的荒地，并建立了成熟的灌溉系统。轩辕氏通过技术的发展，迅速积累了强大的实力，只等待有一位英明领导人的崛起，获得华胥族的领导权。但华胥族中只能有唯一的领导，炎帝退位之后才能有黄帝。华胥族一直期待以文明来获得独立，但之前的炎帝族则必须依靠苗蛮的力量。黄帝族代表的新兴力量是大部分华胥族长老乐意看到的，因而获得了长老联盟的支持，并接过了少典族的"有熊氏"封号。

黄帝拥有足够的实力，并有父系有熊氏少典族的全力支持。通过联姻策略,轩辕氏迅速获得了具有强大影响力的北风后人有蟜氏、西陵氏、蜀山氏,西王母族后人嫫母,以及雷泽氏后人方雷氏等的支持。另一方面,在北风后代中实力最强的苗蛮族部分成员虽然与轩辕氏也有联姻,但其部落在整个部族中没有充分的话语权。这也是因为炎帝族与苗蛮族一直保持良好的联姻关系,而且炎帝与苗蛮的后代蚩尤族在炎帝手下掌管杀伐与兵器的制造。这就为蚩尤与黄帝的战争埋下了伏笔。

### 后来的故事

灵山巫氏后来分出轩辕氏、巫咸国。与朝云国相邻的司彘国,以猪为图腾,后与北风族联姻,产生蜀山氏。《山海经》中的猪的形象来自于此部族图腾。司彘国与其他部落联姻产生的后代包括封豨等,并封为双头黑猪的形象,即封豨族的图腾。尧为帝时,帝俊后人十日族联合猰貐、凿齿、九婴、大风、封豨、修蛇等部落叛乱,都为后羿所灭。颛顼后人彭祖后来建立了大彭国,彭祖的后人受封于司彘国故地,为豕韦国。大彭国、豕韦国为夏商两朝中坚强国。后商朝武丁率王师灭大彭、豕韦。豕韦失国,大部被迫迁往东北,辽东、朝鲜半岛一带,后或称"室韦",又作"失韦",或"失围"。中唐以后,文献上又把室韦称作"达怛"。室韦－达怛人是东胡后裔,也是蒙古族的先民。

## 少昊执掌东夷

名　称:少昊

别　号:少皞、金天氏、青阳氏、朱帝、白帝、西皇、穷桑氏、空桑氏

部　族:华胥氏、帝俊族

图　腾:龙、燕子

姓：姬、己

父系：黄帝族

母系：嫘祖

地域：中部

时间：距今五千多年

大事件：入赘帝俊族、成为共主、抚养颛顼、帮助黄帝击败蚩尤、镇守西方

在中华大地中部的黄帝族崛起，取代炎帝族成为华胥族首领时，东方的帝俊族也发生了剧烈变动。在一个由新兴的文明与科技占主导地位的年代，统治的格局也会发生相应的变化。黄帝族以新兴的水利农耕取代了炎帝族火烧山林的原始农耕模式。东方帝俊族一直引以为傲的测日、农时技术，也因为与其他部落的联姻而为更多的部落所掌握，失去了文明上的优势地位。中华共主的帝位也就由"帝俊"变成了"炎帝"。而东方的帝位则由帝俊的子系十日族轮流执政。

在东夷部落中，当年伏羲与燧人氏北风部族联姻所形成的羲和族、常羲族渐渐合二为一，称为"女和月母国"。其后羲和族作为十日族的父系，渐渐独立出来。羲和族衍生出的十日族，因文明模式的没落，渐渐失去了在部落中的优势。常羲族则依附于羲和族，羲和族因掌握了编织与养蚕的技术，而称为"空桑氏"。在东夷的其他部落中实力最强的是善射的"有穷氏"，后来的后羿即来自此部落。在更早的时期，有一个"羿"，也是天下闻名的人物。羲和族与有穷氏联姻，产生了更强的后代，即"穷桑氏"。羲和族本身掌管的是第六日"己"姓部落。

"空桑氏"的崛起严重威胁到了其他九日的统治地位。在东夷部落中，羲和族与金乌族生了十日族。天干之名传说源于古代天有十日，天干即十日之

名,《广雅·释天》中说"甲乙为干。干者,日之神"。甲乙丙丁戊己庚辛壬癸,谓之天干,或谓十天干。早在羲和族迁居东方之前,伏羲氏与燧人氏北风部族联姻生了羲和族。其后羲和族与开明族木禾支联姻生了流黄辛氏,而流黄辛氏之"辛"代表十日之中的第八日。流黄辛氏作为羲和族的一员,有着第八日父系的身份。

迁居东方的羲和族主体为钜燕族,以燕子为图腾,实力最为强劲。流黄辛氏族因掌握了从流沙中提取黄金的秘密而富可敌国。流黄辛氏为昆仑山天帝、东方帝俊族,乃至其他的部族提供祭祀用品的黄金原料。这一族与羲和族其后又有频繁的联姻。因而羲和族西与燧人氏北风部族、流黄辛氏交好,东与有穷氏联姻,加上伏羲氏本身具有雷泽氏血统,羲和族与东部的雷泽氏、雷泽氏后人南风部族、中部的炎黄部族都有密切的交往,其地位难以撼动。

黄帝取代炎帝成为华胥族领导后,地位并不稳固,炎帝的后人自然对此不服,并暗中积蓄力量准备东山再起。黄帝的联姻策略,并未充分笼络到苗蛮一系。苗蛮是女娲氏与盘瓠氏联姻的后人,炎帝族一直与苗蛮交好,其后更诞生了蚩尤一族。蚩尤本身是炎帝的子系,姜姓,也是炎帝的重臣,从血统而言,蚩尤是能继承炎帝的帝位的,但这种希望被黄帝彻底打破了,一场大战一触即发。羲和族与其他九日都有独立为帝之心,故相互之间也十分猜忌,各方都为东方的帝位而积蓄力量。

在漫长的历史岁月中,东夷族及其周边的部落,也因为联姻的缘故,被炎帝族逐渐渗透。与草原游牧民族不同的是,东夷各部落已基本放弃了游牧生活。在生活被定居点束缚的情况下,东夷面临着与炎帝族最终一战还是放弃战争而完全融入华胥族的选择。黄帝族崛起,削弱了炎帝族的力量,并想取而代之。东夷族突然又有了第三种选择,能以更和平的方式与黄帝族合作,助其击败炎帝一族,并最大程度地保存东夷族的实力,以图日后的延续。在这样的背景下,黄帝显示了其擅长的联合策略,与羲和族订立了中风与东风部族的新盟约。

这也是继史前大洪水过后,风之五部部族订立盟约,推伏羲为太昊,成为天下共主后的第二个大盟约,并改变了其后的历史。但这时的天下,也早已不是风之五部的天下。与其他部落联姻,并给予先进文明的帮助,可以加强部族间的友好关系,另一方面也会使更多部族变得强大,并逐渐脱离当初盟约的束缚。纵然新的盟约诞生了,也只是促成了中部与东部的融合,与其他部落的融合,还需要经过更久更漫长的历史进程。

黄帝的正妃嫘祖生二子,长子为玄嚣,次子为昌意。玄嚣为姬姓,名挚,号青阳氏。这位优秀的人物,最终成为黄帝族与羲和族订立盟约的关键人物。当年伏羲氏坐镇东方,实际是一种入赘的身份,以太昊之名而统治天下,但并未称帝。其后传柏皇氏,并最终由东风部族称帝,为帝俊。玄嚣同样以入赘的身份居东方为"少昊",其后有孙子喾,继承了钜燕族的图腾与实力。玄嚣与伏羲都有中风无怀氏的血统,并都以入赘的身份居东方统治,因而有了"少昊"之称,也即《山海经》中的少暭。

玄嚣因为迁居东方的关系,放弃了黄帝族嫡系的身份,改姬姓为第六日的己姓。居东方统治后,他启用了与金乌相似的燕子图腾。在蚩尤族向黄帝族发动涿鹿之战时,少昊发挥了举足轻重的作用,并最终帮助黄帝击败了蚩尤。少昊与当初伏羲为太昊时不同,而今中风的力量要比东风强,而且更有发展前景。少昊入赘以后代表的是羲和族的利益,其领导地位是一种过渡。少昊的兄弟昌意生韩流,韩流又生了颛顼。颛顼由少昊抚养,但以姬为姓,代表黄帝的嫡系,他最终继承了少昊的位置,为帝颛顼。在涿鹿之战结束,并由颛顼接替帝位后,少昊族因与流黄辛氏的密切关系,镇守西方,因而又有了"金天氏"、"白帝"、"西皇"之称。

**后来的故事**

少昊与昆仑山开明白虎族的后人联姻,生了儿子蓐收。在《山海经》中蓐收为秋神,左耳有蛇,乘两条龙,为白帝少昊的辅佐神。郭璞说:"金神也;人面、虎爪、白毛,执钺。见外传。"少昊与草原上的鬼氏联姻,后代威姓,吃黄米。少暤生了般,这位般最初发明了弓和箭。少昊后传帝位于黄帝的曾孙颛顼,即高阳氏帝颛顼。

少昊生了儿子蟜极。蟜极娶了陈丰氏衰,生了儿子喾。伏羲为太昊后,镇守伏羲圣地的为陈氏。流黄辛氏衍生出流黄丰氏。流黄丰氏与陈氏联姻后,产生出陈丰氏。蟜极的儿子喾继承了流黄辛氏的传统,而又继位于"高阳氏"之后,因而为"高辛氏"。喾恢复了姬姓,名为俊。帝喾也即《山海经》的第二位"帝俊",他恢复了当初的东方帝号。除了生日月传说的那位早期帝俊,《山海经》中的其他帝俊基本都指这位姬俊。

传说少昊的母亲在天上织布,在筋疲力尽的时候,常常到西海之滨的一颗大桑树下休憩玩耍。也正是在这棵树下面,她认识了太白金星,并生子少昊。这位少昊当不是第一代少昊,而是白帝的后人。传说中,太白金星为白帝之子。东方羲和族、常羲族来自于女和月母国,都擅长织布,并与第一代少昊关系密切。白帝之子与羲和族织女联姻所生的少昊,应为第一代少昊的孙子,可能后来继承了"少昊"的称号。

少昊传帝位于颛顼,但后来颛顼又把帝位传给了少昊的孙子喾,成为帝喾。帝喾先传帝位于儿子挚,也称为帝挚。这实际上是黄帝族当初与羲和族的盟约,由流着两族血液,代表中风和东风不同利益的后代轮流执政,最终实现统一。这位挚即为"帝鸿"。但挚因为坚持羲和族的燕子图腾,并违背了黄帝族与羲和族的约定,这是对部落长老联盟的最大挑战。最后这位帝挚被剥夺了帝位,迁居中部,勉强传帝位于子"浑沌",称为"帝江"。挚最后的命运是被废还是被杀,成为了一宗疑案。

帝喾时发生炎帝族的共工之乱,战乱平息后,华胥族的长老选择了具有炎帝族血统的尧,由尧取得了继承权。尧复姓伊祈,是炎帝族一个古老的姓。尧继承帝位后,因"十日之乱"又被帝俊族联盟成员有虞氏舜取得帝位。高辛氏帝喾另外一个儿子契,因为保留了少昊的燕子图腾,就有了殷商先祖关于玄鸟的传说。契成为尧帝旧臣,舜帝留用,位居三公之列,官居司徒,主管民政事务。《诗经·商颂·玄鸟》中说:"春分玄鸟降,简狄配高辛氏,帝与之祈于郊禖而生契,故本为天所命,以玄鸟至而生焉。"司徒契也就成为殷商的先祖。

以燕子为图腾的少昊的后人,除了殷商外,后来还建立了强大的秦朝。《史记·秦本纪》记载:"秦之先,帝颛顼之苗裔孙曰女修。女修织,玄鸟陨卵,女修吞之,生子大业。"《路史》记载大业娶黄帝父亲所属的少典氏族之女女华为妻,生子名叫繇,即伯益。大业即皋陶。《毛诗正义》记载:"昔皋陶之子伯翳,佐禹治水有功,舜命作虞,赐姓曰嬴。"《史记·秦本纪》因而记载伯翳是五帝中颛顼的后代,嬴姓的始祖。但女修吞玄鸟卵的传说,则意味着与少昊族的联姻,因而少昊也是伯翳的先祖。《春秋左传正义》隐公二年下注解说:"《谱》云:'莒嬴姓,少昊之后。周武王封兹于期于莒,初都计,后徙莒,今城阳莒县是也。'"但《山海经》中则有早有"嬴民国",从字形"嬴"可看出为女和月母国后人。女和月母国与司彘国联姻,产生了嬴民国,嬴民国后代包括封豨,即以并封为图腾的部落。嬴民国后与少昊族联姻，获得了玄鸟图腾。

少昊的后人还包括后来诸多以"燕"为名的国家。黄帝的后代中有个叫伯儵的，商朝时被封于燕（今河南省延津县东北），建立燕国，历史上为与蓟地燕国相区别，称作南燕。中国历史上有许多个燕国（如北燕、南燕、前燕、后燕、西燕、大燕、五代燕等），其中较早的燕国是商代的南燕。少昊在坎坷的一生中，足迹遍布中部、东部、西部，因而他的后人中，以燕子为图腾立国的国家很多，而且在地域上分布很广。

后南燕灭国，伯儵的后世子孙遂以其国名称燕姓。据《唐书·宰相世系表》所载，伯儵，受封于南燕国，赐姓姞。后来他的子孙省去女旁，遂成吉氏，世代相传姓吉。《山海经》中记载帝俊的后人中有奚仲，是大禹时的"车正"，他与轩辕氏后人联姻，生了吉光。吉光的后人当以"姞"或"吉"为姓。此燕国一直延续到春秋时期。

北燕，始封于前11世纪，都城在"蓟"（位于今北京房山区琉璃河），其国土相当于今北京及河北中部与北部一带，北燕国的始祖是周召公，这最早可追溯到《山海经》中的鉅燕国。周召公，姬姓，又叫邵公、召康公、太保召公，周文王的儿子，武王的弟弟。北燕存在于西周到春秋战国时期，是当时中国北方的一个诸侯强国，战国时为七雄之一。燕王喜三十三年（前222年），秦灭韩、魏、楚后，再遣王贲攻燕辽东，燕军败，燕王喜被俘，燕亡。秦军回师攻代，代王嘉被俘。之后，燕辽东故地、代地，被秦朝分设为辽东郡、代郡。但根据少昊族当年的统治地域，北燕故地最初当为少昊后人统治，毕竟少昊作为黄帝之子，起初也是姓姬的。

# 蚩尤争天下

名称:蚩尤

别号:兵主、战神

部族:炎帝族

图腾:蛇

姓:姜

父系:炎帝族

母系:苗蛮

地域:西北部

时间:距今五千多年

大事件:涿鹿之战

蚩尤为上古时代九黎族部落酋长,神话中的武战神。传说他曾与炎帝大战,并打败炎帝,于是炎帝与黄帝联合起来战蚩尤。蚩尤率八十一个兄弟举兵与黄帝争天,在涿鹿展开激战。传说蚩尤有八只脚,三头六臂,铜头铁额,刀枪不入,善于使用刀、斧、戈作战,不死不休,勇猛无比。黄帝不能力敌,请天神助其破之,双方杀得天昏地暗,血流成河。蚩尤被黄帝所杀,斩其首葬之,首级化为血枫林。后黄帝尊蚩尤为"兵主",即战争之神。他勇猛的形象仍然让人畏惧,黄帝把他的形象画在军旗上,用来鼓励自己的军队勇敢作战,诸侯见蚩尤像,不战而降。传说中蚩尤性情豪爽、打仗勇往直前,充满武将阳刚之美,不愧为一代盖世豪杰。但后来人们为了歌颂黄帝,便丑化蚩尤,往往把他降格为妖魔、邪神的形象。

《易·系辞》引《帝王世纪》说,"炎帝"之号,由姜石年为首任炎帝,其后传七世：帝临魁、帝承、帝明、帝直、帝釐、帝哀、帝榆罔。这实际是由炎帝衍生出的几大家族分别统治的年号，其中的时间远达一千多年之久。在炎帝家族统治中原近数百年后，从炎帝的父系少典氏中又分出轩辕氏，并在七百多年后出了著名的黄帝。末代炎帝姜榆罔不擅长治理国家，为华胥族长老所不喜，在长老制的选举中被迫退位，由轩辕氏成为新的领导，称为黄帝。末代炎帝发动阪泉之战，但被黄帝击败。

蚩尤

冷眼旁观姜榆罔与黄帝族争夺帝位的是炎帝的臣子姜蚩尤。蚩尤族为苗蛮部与炎帝族联姻所生。苗蛮族是北风族后人中的女娲氏与盘瓠氏联姻的后人。蚩尤族作为女娲氏后人的主体，成了新的刑罚之神，在华胥族联盟中占有重要地位。当初燧人氏与弇兹氏结盟，确立昆仑山天帝的时候，指定开明白虎族为刑罚之神，负责讨伐不归顺的部落。其后这个角色由西王母族接替，又传女娲氏至蚩尤族。这个角色负责部族中的兵器和杀伐，一般由实力最强劲的部落担当。

九黎当是九个部落的联盟，每个部落又包含九个兄弟氏族，共八十一个兄弟氏族。蚩尤是九黎族的首领，这八十一个氏族联盟叫做"九黎"。蚩尤为九黎之君，在炎帝系中举足轻重。因为华胥族主体少典氏对苗蛮的实力十分忌惮的原因，蚩尤虽然有姜姓，却没有获得华胥族长老的认可而继承帝位，因而一直只能作为炎帝的臣子。在早期炎帝与黄帝的阪泉之战中，蚩尤没有参加炎帝的一方。在末代炎帝被击败以后，蚩尤才联合了炎帝族中不愿意臣服黄帝的力量，试图发动决定性的一战来夺取中原。一旦蚩尤获胜，蚩尤继承的可能只是炎帝的称号，但华胥族统治的主体就成为了苗蛮，这是华胥族各部族长老不愿看到的。

《初学记》卷九引《归藏·启筮》中说："蚩尤出自羊水，八肱八趾疏首，登九淖以伐空桑，黄帝杀之于青丘。"传说中蚩尤兄弟八十一人，兽身人语，铜头铁额，食沙石子。蚩尤人身牛蹄，四目六手，耳鬓如剑戟，头有角，造立兵仗刀戟大弩，威振天下。蚩尤牛身的形象也说明其炎帝族的身份。炎帝族本身是以牛为图腾的。而蚩尤本身即是刑罚之神，因而在制造兵器、行军打仗方面非常有优势。黄帝在进行与部落的联姻策略中也考虑到了这点，其正妃为北风族后人，生子昌意，昌意娶了蜀山氏，生了儿子韩流，而韩流又娶了九黎一部的后人，即淖子女，生子颛顼。日后颛顼继位，有了苗蛮的血统，自然就能获得其支持了。这是黄帝的深谋远虑，在颛顼为帝并把帝位传给黄帝族后人时发挥了重要作用。

蚩尤统领的九黎，并不是一个坚定的同盟，其中还包括不少灵山十巫的成员。而灵山十巫中的朝云国是轩辕氏的母系，蜀山氏则与黄帝有联姻。在蚩尤联络炎帝族中的旧势力准备决战的时候，黄帝也布下了更大的局。他出人意料地以子青阳氏入赘东风家族，表面上尊少昊为风之五部的共主，实际上是由黄帝嫡系控制了中部和东部。在这种情况下，蚩尤要面对的不单是黄帝族，还包括东方的"空桑氏"，获胜的几率就少了很多。在涿鹿之战中，蚩尤族与黄帝族杀得天昏地暗，血流成河。蚩尤最终被黄帝所杀。

蚩尤为战争做了充分的准备，联合了九黎部落的力量，以其为首领。并利用刑罚之神的身份，铸造了大量的兵器，这些锋利的兵器，不是一般的勇士所能抵挡的。蚩尤的联盟中包括炎帝的后人风伯、雨师、夸父族等。风伯以飞廉为图腾,有时也称作蜚廉,其形象非常古怪。传说中的飞廉神禽,能致风气,鹿身,头如雀,有角而蛇尾豹文,但在《山海经》中则是"状如牛而白首,一目而蛇尾,其名曰蜚,行水则竭,行草则死"。从其形态而言,风伯当为炎帝族与苗蛮联姻产生的后人。

在东夷领域内的东海,雷泽氏一支迁居到这里,并与水神共工的后人联姻产生了夸父族。《山海经》中说夸父国在聂耳国的东面,那里的人身体高大,右手握着青色蛇,左手握着黄色蛇。但夸父被描述为:"大荒之中,有山名曰成都载天。有人珥两黄蛇,把两黄蛇,名曰夸父。"夸父因为具有雷泽氏的血统而长的特别高大。但黄帝也又通过与东海内的部落联姻生了禺䝞,禺䝞又生了禺京。禺京掌管北海,禺䝞掌管东海,都是海神。雨师妾国则是炎帝族共工氏水神系的后人。《山海经》中说:"其为人黑,两手各操一蛇,左耳有青蛇,右耳有赤蛇。一曰在十日北,为人黑身人面,各操一龟。"雨师的形象,即水神玄武的"蛇龟"之形。

相对于蚩尤的武力而言,黄帝依靠更多的是科技与谋略。风伯、雨师、夸父都是公开的力量,黄帝依靠的则是与少昊族的秘密联盟,还准备了一支最为隐秘的力量。在东方钜燕国中,有一支神秘的鹰族,少昊选择其与黄帝族的海神系联姻,即"应龙"一族。应龙族住在"凶犁土丘山"的最南端,通过与各部落间的贸易,获得了其他任何部落没有的装备与实力。

蚩尤发动战争的初期,因采用了突然袭击的战术,黄帝联盟不及防备,被杀了个手忙脚乱,节节溃败。但黄帝在战争开始时,就派人去东海猎取了雷泽氏的图腾夔龙,并将之制成鼓。这极大地震撼了雷泽氏,使其不敢轻举妄动。随后黄帝利用先进的技术与之周旋,特别是在大雾之中,利用指南车技术进行反攻，对蚩尤族造成了一定的伤亡，双方就此在涿鹿进入了战争的相持阶段。同时双方的援兵都抓紧时间赶来，进行最后的决战。

应龙族赶到中原，进攻冀州之野。应龙畜水，准备对蚩尤族发动水攻。但蚩尤的两支后援部队，风伯族与雨师族也赶到了。风伯雨师通过对自然力量的掌握与控制，引导着下了一场大风雨。应龙族来不及防备，自身反而陷入困境。但黄帝族还有最后一支力量。为与风伯雨师抗衡，黄帝族也和草原上的鬼氏联姻，生下了女儿魃。魃掌握着使天变晴的自然力量，刚好可以克制风伯雨师。女魃止住了雨，并和应龙以及黄帝族中的其它部落对蚩尤族发动了大反攻。蚩尤族抵抗不住，被击败，蚩尤本人也被应龙杀死。

与此同时，夸父族也进入了战争状态，准备向西行进到禺谷这个地方增援蚩尤族。但他们行军速度太慢且十分大意，也可能受到了其他部族的牵制。应龙族杀死了蚩尤，士气正旺。当夸父族行进到邓林时，遭遇到了应龙族的猛烈伏击。在很短的时间之内，夸父族就全军覆没了，夸父本人也在这场突袭战中被应龙杀死了。

涿鹿之战后，黄帝族获得了对中原的统治权，但这种统治权尚不稳定，即使黄帝通过帝颛顼稳定了苗蛮的情绪。在颛顼、喾两代为帝时期，炎帝族新的统领共工又积蓄了足够的力量反抗黄帝族，战争延续的时间更为长久。帝颛顼时的共工之乱，舜帝时的三苗之乱，都可以看成是炎帝族与黄帝族战争的延续。

## 涿鹿之战主要势力参战情况表

| 人物 | 代表部族 | 图腾 | 父系 | 母系 | 状态 |
| --- | --- | --- | --- | --- | --- |
| 黄帝 | 黄帝族 | 龙 | 轩辕氏 | 有蟜氏 | 参战 |
| 应龙 | 黄帝族 | 飞龙 | 东夷鹰族 | 黄帝族 | 参战 |

| 人物 | 代表部族 | 图腾 | 父系 | 母系 | 状态 |
|---|---|---|---|---|---|
| 女魃 | 黄帝族 | 不详 | 黄帝族 | 鬼氏 | 参战 |
| 蚩尤 | 炎帝族 | 牛 | 炎帝族 | 苗蛮 | 参战 |
| 风伯 | 炎帝族 | 飞廉 | 炎帝族 | 苗蛮 | 参战 |
| 雨师 | 炎帝族 | 蛇龟 | 炎帝族 | 流黄辛氏 | 参战 |
| 夸父 | 炎帝族 | 蛇 | 炎帝族后土氏 | 苗蛮 | 参战 |
| 末代炎帝 | 炎帝族 | 牛 | 炎帝族 | 不详 | 参战 |
| 少昊 | 东夷 | 燕子 | 黄帝族 | 嫘祖 | 中立 |
| 雷泽氏 | 雷泽氏 | 夔龙 | 雷泽氏 | 不详 | 中立 |
| 有虞氏 | 有虞氏 | 白虎 | 有虞氏 | 不详 | 中立 |

### 后来的故事

蚩尤见之正史，载于《史记·五帝本纪》黄帝纪。因其有与黄帝争战失败的经历而闻名。因为蚩尤本身为华胥族中刑罚之神的关系，蚩尤即使战败，勇猛的形象仍然让人畏惧。涿鹿之战后，黄帝依然尊蚩尤为"兵主"，即战争之神。黄帝把他的形象画在军旗上，用来鼓励自己的军队勇敢作战，诸侯见蚩尤像不战而降。

应龙族在涿鹿之战中，对黄帝族的胜利起了决定性的作用。但南部的夸民国、大人国因与夸父一样拥有雷泽氏的巨人血统，有重新反叛的隐患。因此，在战争胜利后，应龙镇守南部。应龙族后来在大禹治水遇到困难时，再度出手帮助。少昊族则去了西方，同昆仑白虎族与鬼氏交好。东海、北海也在黄帝后人的统治内。与西王母族的联姻，则稳定了北方的草原部落。这样黄帝族联盟就从东南西北四方包围了中原，纵然炎帝后人再度反抗，也很难取得胜利。

女魃本身是鬼氏的后人，虽然有黄帝族的血统，但华胥族对其外形与掌握自然的力量十分忌惮。从这点来说，炎黄一族内战导致的后果，对于增援的夸父与女魃一族都是悲剧。夸父一族被灭亡了,演变成了"夸父逐日"的神话,这至少减淡了夸父的悲剧色彩。而女魃则不能再回到草原上,留在华胥族地盘上,艰难地在误会中生存着。

九黎战败以后,其势大衰,但他们还据有黄河下游和长江中下游一带的广阔地区。到尧、舜时期,他们又形成了新的部落联盟,这就是史书上说的"三苗"。少昊之子穷奇入赘于炎帝族,成为新一代的共工氏首领。这位共工氏后与颛顼争帝位,而发动不周山之战。帝喾传位于帝挚,帝挚之子帝江驩兜,即浑沌,也是三苗的首领。另有炎帝的苗族后裔缙云氏之子饕餮,也称"三苗",饕餮统领的是蚩尤失败后苗蛮的主体。但从"三苗"的结构来说,是由共工氏、驩兜、饕餮这三大部族构成了所谓的"三苗"。尧、舜时期,这三者的首领,都有资格获得帝位,因而组成"三苗"进行叛乱。

黄帝族尊青阳氏少昊为共主,少昊传帝位于颛顼。颛顼因为有苗蛮的血统,而得到苗蛮的爱戴。《山海经》记载,颛顼生了驩头,驩头生了苗民,苗民人姓厘,吃的是肉类食物。苗民国是颛顼族与苗蛮的后代。驩头、驩兜是不同时期对苗蛮某部族首领的称谓。

颛顼传帝位于帝喾,这时期炎帝族共工挑起的"不周山之战"还未完全平息。尽管共工失败了,但炎帝族取得了一个妥协的胜利结果,由帝喾的次子尧继承了帝位。帝喾的次妃庆都属于伊耆氏,也为神农氏的一支。《六韬》说"尧伐有苗于丹水之浦",《吕氏春秋·召类》则说"尧战丹水以服南蛮"。尧征服三苗后,娶了三苗族的散宜氏,生子丹朱,丹朱的封地在"三苗"的地盘,即黎国。

尧为帝时又发生了帝俊后人争夺天下的"十日之乱",九日败亡,完全由第六日羲和族控制了东部。但妥协的结果是代表金乌族利益的有虞氏舜继承了帝位。虽然舜是尧的女婿,而且有着颛顼的血统,但对尧之子丹朱是十分顾忌的。这种情况下,丹朱联合三苗又发动了叛乱,极大地动摇了舜的统治。

舜虽然击败了三苗,把三苗的一部分迁到了三危山,即伺候西王母的三青鸟族居住的地方,以对抗西戎,但"三苗"的主体还在中原,而且一直与黄帝族后人抗争不休。《淮南子·修务训》卷一九说,舜"南征三苗,道死苍梧",甚至舜帝本人,也在后来征伐三苗的过程中去世。"三苗之乱"最终的结果是华胥族部落长老选择了黄帝的后人大禹为华胥族领导。大禹也有流黄辛氏的血统,代表西羌与华胥族的双重利益。其后大禹再次征伐三苗,大败苗师,三苗从此衰微。

商、周时期,"三苗"又被称为"荆楚",有时也被称为"南蛮"。荆楚的社会经济日益发展,其中较先进的楚人,又被称为"荆蛮"。荆蛮日渐强盛,发展成为春秋战国的"五霸"、"七雄"之一的楚国的主体居民和主体民族。

## 夸父逐日

名称:夸父

另口号:博父

部族:炎帝族

图腾:蛇

姓:姜

父系:炎帝族后土氏

母系:雷泽氏

地域:东北部

时间：距今五千多年

大事件：涿鹿之战

上古传说中，中华大地北部有一座巍峨雄伟的高山，山上住着一个巨人族叫夸父族。夸父族的首领叫夸父，他身高无比，力大无穷，意志坚强，气概非凡。那时候，世界荒凉落后，毒蛇猛兽横行，人们生活凄苦。有一年，天大旱，火一样的太阳烤焦了地上的庄稼，晒干了河里的流水，人们热得难受，实在无法生活。夸父见到这种情景，就立下雄心壮志，发誓要把太阳捉住，让它听从人们的吩咐，更好地为大家服务。

夸父就从东海边迈开大步开始了他逐日的征程。夸父不停地追呀追，饿了，摘个野果充饥；渴了，捧口河水解渴；累了，就打个盹儿。他心里一直在鼓励自己："快了，就要追上太阳了，人们的生活就会幸福了。"他追了九天九夜，离太阳越来越近，红彤彤、热辣辣的太阳就在他头上啦。可就在他伸手要捉住太阳的时候，由于过度激动，身心憔悴，夸父突然头昏眼花，竟晕过去了，等他醒来时，太阳已不见了。

夸父依然不气馁，鼓足全身力气，又出发了。可是离太阳越近，阳光就越强烈，夸父就越感到焦躁难耐，他觉得浑身的水分都被蒸干了。当务之急，他需要喝大量的水。于是，夸父站起来走到东南方的黄河边，伏下身子，猛喝黄河里的水，黄河水被他喝干了，他又去喝渭河里的水，谁知喝干了渭河水，还是不解渴，他就打算向北走，去喝一个大湖的水。可是，夸父实在太累太渴了，当他走到中途时，身体就再也支持不住了，慢慢地倒下去死了。夸父死时扔下的手杖，也变成了一片五彩云霞一样的桃林。

《山海经》中记载关于夸父的最终下落有两种，一为应龙所杀，二为逐日而死。前者更符合涿鹿之战的残酷事实，而夸父逐日而死的传说应该出于对夸父的同情而致,这也从一定程度上掩盖了夸父的悲剧。夸父持的手杖,是一种权力的象征,他响应炎帝旧臣蚩尤的号召,沿太阳西去的方向赶去涿鹿,但未赶到战场,蚩尤就失败了,而夸父族也遭到了黄帝的秘密部队应龙氏的伏击,并最终死在一片桃林之中。

夸父相貌堂堂,身材十分高大,是因为有雷泽氏的血统。伏羲本身为华胥族的姑娘踩巨人脚印而生,即具有雷泽氏的血统。在伏羲迁居东方为太昊后,雷泽氏的一支就迁居东海,掌管东海。东海雷泽氏后来与炎帝族联姻,生了夸父。《山海经》中,海神的后裔都具有戴着蛇形耳环,拿着蛇,踏着蛇的形象,夸父也是如此。夸父与盘瓠氏,以及传说中的盘古都是巨人,从本源来说都来自雷泽氏的血统。

炎帝这一族,世袭的是火神称号。祝融实际上是火神的封号之一,担负着上古时保留火种、钻木取火到开荒种地再到祭祀的使命。烈山氏炎帝继承了火神的封号,又名神农氏。《山海经》中说:"炎帝之妻,赤水之子听訞生炎居,炎居生节并,节并生戏器,戏器生祝融。"这是炎帝系新的火神。"共工生后土。后土生信,信生夸父。"这是涿鹿之战中的夸父。

夸父的父系后土也是一位传说中的人物。《左传·昭公二十九年》记载:"故有五行之官,是谓五官,木正曰句芒,火正曰祝融,金正曰蓐收,水正曰玄冥,土正曰后土。颛顼氏有子曰黎,为祝融。共工氏有子曰句龙,为后土。后土为社。"原来炎帝族的后土在黄帝称帝后,辅助黄帝进行土地管理,为"土正"。《淮南子·天文》中说:"中央土也,其帝黄帝,其佐后土,执绳而治四方。"《吕氏春秋》、《淮南子》、《礼记》等书记录五方天帝及其佐神。中央为土,代表黄帝,后土为佐神。后土的"土"字与黄帝的"土"德一致,因而被联系在了一起。

后土信仰源于中国古代对土地的崇拜。《礼记·都特牲》中说："地载万物，天垂象，取材于地，取法于天，是以尊天而亲地也。故教民美报焉。"古代人们生活有赖于地，故"亲于地"，并加以"美报、献祭"，遂有"后土"崇拜。后土被奉为社神，当在上古时代。与黄帝同列中央之神，时代当在周代后期。汉建"后土祠"，祠黄帝之佐神，与社神的地位不同。皇天后土对称，就是这一观念的体现。公元443年，北魏遗官去今内蒙古鄂伦春自治旗嘎仙洞告祭祖先旧墟，刻下祝文，其中有"皇皇帝天，皇皇后土"之句。

天为阳，地为阴，帝又与后相对，于是后土变成了女神，成了现在非常有名的后土娘娘。她掌阴阳，育万物，被称为大地之母。承天效法后土皇地祇是道教尊神"四御"中的第四位天神，简称"后土"，即"后土娘娘"。她与主持天界的玉皇大帝相配合，成为主宰大地山川的女性神。

## 颛顼掌九黎

名称：颛顼

别号：高阳氏

部族：黄帝族、羲和族

图腾：蛇

姓：姬

父系：黄帝族韩流

母系：苗蛮九黎部落阿女

地域：东北部

时间：距今五千多年

大事件：共工触倒不周山之战

涿鹿之战过后,黄帝族基本确定了风之五部中的统治地位,他的权力实际传给了少昊。在少昊迁居西方,禺虢、禺京镇守东北海,应龙镇守南部以后,黄帝谋求的战略布局已经完成。少昊在东方依靠的是羲和族中的钜燕部落,启用的是燕子图腾,从这一点来说,少昊代表的是羲和族的利益。黄帝族与羲和族当初订立盟约,通过联姻产生的后代把两者的血统融合在一起,其帝位则由两者的后代轮流执政。因而黄帝传少昊,少昊又把帝位传给了昌意的孙子颛顼。

黄帝正妃嫘祖生了玄嚣、昌意二子。玄嚣继位东方后为少昊,少昊之子为蟜极,之孙为五帝之一的帝喾。当初面临蚩尤、九黎部落的强烈反抗,黄帝采取了战与和的两种策略。因而其子昌意娶蜀山氏女为妻,生了韩流。《山海经》记载,韩流长着长长的脑袋、小小的耳、人的面孔、猪的长嘴、麒麟的身子、罗圈着双腿、猪的蹄子。这是因为蜀山氏中有猪图腾的缘故。在尧帝当政时期,以猪为图腾的封豨参与了十日之乱。这也是黄帝后人对猪族比较忌讳的原因,甚至在一些历史记载中抹去了韩流的影子。

当时与蚩尤一起反抗黄帝的九黎部落,由九个部族组成,以九个湖泊为中心,也称为"九淖"。韩流娶了九黎部落中某位部落首领的女儿阿女为妻,生了颛顼。颛顼出生后,被安排由东方的少昊进行抚养,为将来接过少昊的权力作准备。在蚩尤被黄帝击败以后,长大的颛顼因为具有九黎的血统而顺理成章地成为了九黎的新首领,统领苗地。这也是后来的苗族把颛顼作为先祖的原因。少昊退位后,颛顼继承天下,就是帝颛顼,号称高阳氏。

《山海经》中记载颛顼的条目很多,这也是他同时具有东风与中风背景成为天下共主的原因所致。

东海以外有一深得不知底的沟壑,是少昊建国的地方。少昊就在这里抚养帝颛顼成长,帝颛顼幼年玩耍过的琴瑟还丢在沟壑里。

有个国家叫伯服国,颛顼的后代组成伯服国,这里的人吃黄米饭。

有个叔歜国,这里的人都是颛顼的子孙后代,吃黄米,能驯化驱使四种野兽:老虎、豹子、熊和罴。

又有一座成山,甘水最终流到这座山。有个国家叫季禺国,他们是帝颛顼的子孙后代,吃黄米饭。

有个国家叫淑士国,这里的人是帝颛顼的子孙后代。

颛顼生了老童,老童生了祝融,也就是重黎。炎帝族作为火神的后代,其后代继承了祝融的称号,并由祝融氏衍生出共工氏与夸父氏。蚩尤失败后,颛顼族接替了炎帝族祝融的火神位置。炎帝族共工之乱一直延续到接替颛顼帝位的帝喾才告一段落。重黎因对共工讨伐不力被帝喾所杀,由重黎的弟弟吴回接替了火神的位置。

祝融生了太子长琴,于是太子长琴住在榣山上,开始创作音乐而风行世间。

在西北方的海外,流沙的东面,有个国家叫中輶国,这里的人是颛顼的子孙后代,吃黄米。

在西北方的海外,黑水的北岸,有一种人长着翅膀,名叫苗民。颛顼生了驩头,驩头生了苗民,苗民人姓厘,吃的是肉类食物。颛顼的苗裔孙女修即是苗民的一员,她的后代皋陶被赐予嬴姓,也就是秦朝的先祖。

一直为昆仑山天帝家族掌管不死药的是巫氏,后来衍生出不死民,阿姓,以甘木为食物。颛顼的后代与不死民联姻,生了三面人。这应是包括三个部族的联盟。

帝颛顼死后埋葬在务隅山的南面,九嫔埋葬在它的北面,务隅即扶余。

东北的东胡、貊人、肃慎三大部族最为强悍,东风家族与这三大部族有频繁的联姻,因而颛顼死后葬在东北部。西汉初期,古老的秽貊人在这里建立了我国东北地区第一个地方民族政权部落国家——夫余国,开创了北疆历史文化的先河。

关于颛顼还有死而复生的传说。《山海经》中说:"有鱼偏枯,名曰鱼妇,颛顼死即复苏。风道北来,天乃大水泉,蛇乃化为鱼,是为鱼妇。颛顼死即复苏。"这是说,有一种鱼的身子半边干枯,名叫鱼妇,是帝颛顼死了又立即苏醒而变化的。风从北方吹来,天于是涌出大水如泉,蛇于是变化成为鱼,这便是所谓的鱼妇。而死去的颛顼就是趁蛇鱼变化未定之机托体鱼躯并重新复苏的。

《淮南子·禹貌·天文训》中说:"北方,水也,其帝颛顼,其佐玄冥,执权而治冬。"颛顼居住的地方靠近东北海,由黄帝的后代禹貌与禹京来辅佐。颛顼统领水神,而具有蛇与鱼的形象。《山海经》帝皇谱系中的某些人物,因为某种不得已的悲剧或苦衷而去世,为了减轻这种悲剧色彩,往往化为部落图腾或死后成神。

据《晋水·地理志》记载:"颛顼自穷桑(今山东曲阜北)而徙邑商丘。"颛顼为帝后,一度把帝都迁到了中原,但因为共工氏的叛乱太过激烈,战争的结果其实是两败俱伤。少昊之子共工人赘炎帝族,代表的是炎帝族的利益,而炎帝族一直与苗蛮交好,颛顼调动的力量是比较有限的。东方则是少昊的孙子姬喾在等待颛顼死后继位。颛顼无疑是比较无奈的,也不能回到东方。共工之乱持续时间非常长,以致颛顼死时都未能平息。颛顼与黄帝家族的其他帝皇不同,未能回归中原安葬,这对他而言,是十分悲哀的。

颛顼化鱼的传说,后来在后稷身上又发生了一次。郭璞注为:"《淮南子》

曰,后稷垄在建木西,其人死复苏,其半为鱼。"这种半鱼半人的形象,实际是《山海经》中的氏人。"氏人国在建木西,其为人人面而鱼身,无足。"该部落以鱼为图腾,因守护建木,有着把逝去的帝皇引导到天界成神的巫师身份。氏人族的巫师号称能利用建木自由地在天上来去。《山海经·大荒西经》记载:"有互人之国,炎帝之孙,名曰灵,灵生互人,是能上下于天。"据郝懿行的观点,"互人"之国,就是氏人之国。但互人应是炎帝族与氏人联姻产生的新部落。

氏族自称"盉稚",意同"弇兹",应该来源于最早的母系弇兹氏部落。氏人最早以畜牧业为生,比如牛、羊等,后来则发展为养马,成为游牧民族,这一点与羌人很相像。由于氏与羌相邻,一般把两者合称"氏羌"。氏人大约活跃在今甘肃、青海、四川交界地带。氏人部落并没有完全从事游牧生活,一些分支进入了今四川境内,建立了氏人国。氏人部落与其他部落融合的过程中,图腾也开始多样化,有鸟、蛇、鱼、马等。因地而异,有白马氏、清水氏、略阳氏、临渭氏、沮水氏、氏、隃麋(糜)氏等,又以服色而名之为青氏、白氏、蚺氏(一说即赤氏)等。

《山海经》中说,有一种树木,青色的叶子紫色的茎干,黑色的花朵黄色的果实,叫做建木,高达一百仞的树干上不生长枝条,而树顶上有九根弯蜒曲折的桠枝,树底下有九条盘旋交错的根节,它的果实像麻,叶子像芒树叶。大皞凭借建木登上天,黄帝栽培了建木。依据这个说法,当初伏羲氏死后是通过建木登天的。黄帝栽培了建木,而守护建木的则是炎帝的后裔互人。这些氏族巫师以建木为工具举行仪式,让人装扮成半人半鱼的形象代替死去的灵魂,跟随巫师沿建木向上攀登,从而完成了升天的仪式。颛顼蛇化为鱼妇的传说,实际反映了氏族巫师为他举行的这种成神的仪式。

伯夷父相传是帝颛顼的师傅,他的后代与氐羌族的一支联姻,生了乞姓的氐羌。而颛顼的后代与不死民联姻,生了三面人。颛顼与氐族及不死药的掌握者都有密切的关系。《山海经》中掌握不死药的是巫氏家族,掌管建木成神意味着达到死而复生的目的,进行这个仪式的氐人是巫氏的一个分支,即巫氏家族的"巫抵"。

## 帝喾复辟

名称:帝喾

别号:高辛氏、帝俊、姬俊

部族:少昊族

图腾:燕子

姓:姬

父系:黄帝族蟜极

母系:金乌族陈丰氏握裒

地域:东北部

时间:距今五千多年

大事件:恢复"帝俊"称号

在颛顼退位以后,代替颛顼坐镇东方的是少昊的孙子帝喾。帝喾的名字是姬俊。以日照汤谷为帝都,由黄帝族与羲和族轮流执政,是当初黄帝族与羲和族的约定。少昊虽然也是黄帝的儿子,但实际是以入赘的身份去羲和族,代表的是羲和族的利益。颛顼作为昌意的子孙,代表的才是黄帝族的利益。因而帝位从黄帝传至少昊,少昊传至颛顼。少昊的儿子穷奇入赘于炎帝族,掌管共工氏,他与颛顼争帝位,发动不周山之战,但未成功。颛顼又传帝位于少昊的孙子帝喾,都是这种轮流执政的模式。帝喾之后,接替帝位的应是颛顼的儿子鲧。只是在帝喾以后,因其本身的意愿是传给儿子帝挚,加上共工之乱未平息,就打破了这种轮流执政的次序。结果导致尧继位,杀了鲧。其后又传帝位于舜,舜虽然有颛顼的血统,但相隔非常远。直到大禹,才算把帝位重新回归到了黄帝族的手中。

少昊生了儿子蟜极。蟜极娶了陈丰氏哀,生了儿子喾。镇守伏羲圣地的为陈氏。流黄丰氏衍生出流黄辛氏。陈氏与流黄丰氏联姻后,衍生出陈丰氏。蟜极的儿子喾继承了流黄辛氏的传统,而又继位于"高阳氏"之后,因而为"高辛氏"。少昊获得了羲和族的实力,但在颛顼继位后,则按当初的约定镇守西方,为"白帝"。在颛顼即位东方的时候,少昊之孙喾在东方长大,由羲和族抚养成人。帝喾对羲和族感情深厚,在面临共工之乱时,也需要东夷整个部族的支持,甚至包括大权旁落的十日族在内。在颛顼未能完全平息共工氏之乱的情况下,帝喾再次进攻共工氏,将其一举击败。此战给共工氏以沉重打击,巩固了帝喾及其部族的领导地位。但共工氏在舜摄政期间又作乱,并最终被平息。

在这种情况下,帝喾恢复名号为俊,也称帝俊,帝喾也成为《山海经》的第二位"帝俊"。在东风之神帝俊生"十日"与"十二月"的神话之后,金乌族的主体为十日族,由十日轮流执政,沿袭"帝俊"称号。但在炎帝族与黄帝族崛起后,"帝俊"的称号渐渐被遗忘,只在帝喾时期,才又恢复了当初的东方之风的帝号,这对十日族无疑是示好的表示。除了生日月传说的那位帝俊,《山海经》中的其他帝俊一般都指这位姬俊。十日族中羲和族代表第六日"己",实力明显强劲于其他九日。东夷的领导权实际掌握在第六日手中。帝喾作为少昊之孙,其姓应为"己"姓,他恢复"姬"姓,也是对黄帝族的示好。

传说帝喾有四妃,长妃叫姜原,是有邰国君的女儿。相传姜原在娘家时,一次外出踏上巨人脚印而怀孕,因无夫生子,所以把生下的孩子先后弃于深巷、荒林与寒冰上,三次均得牛羊虎豹百鸟保护不死,所以起名叫"弃"。长大后喜欢农艺,教人种五谷,被尊为后稷,成为周民族的祖先。所谓巨人脚印的传说,与当初华胥族的姑娘踏巨人脚印生伏羲一样,都意味着其隐形的父系血缘来自雷泽氏。这也是姜原为帝喾元妃,而后稷被抛弃的原因。姜原的"姜"姓来自与黄帝族交好的炎帝族成员。后稷努力学习农耕技术,最终又被追认为帝喾的儿子,恢复了姬姓。帝喾之后,虽然尧、舜、大禹都有黄帝族的血统,但都不是姬姓。反而是这位没有黄帝族血统的后稷,后来成为周朝的先祖,开创了一个姬姓立国的时代。

帝喾次妃简狄,是有娀国君的女儿。相传简狄在娘家与其妹在春分时到玄池温泉洗浴,有燕子飞过,留下一卵,被简狄吞吃,后怀孕生契,便是商族的祖先。帝喾三妃庆都,相传她是大帝的女儿,生于斗维之野,被陈锋氏妇人收养,陈锋氏死后又被尹长孺收养。陈锋氏也就是陈丰氏。后庆都随养父尹长孺到今濮阳来。因庆都头上始终覆盖一朵黄云,被认为奇女,帝喾母闻之,劝帝喾纳为妃,后生尧。从姓而言,尧姓"伊耆"实际来自于炎帝族一个古老的姓氏。在共工之乱被平息后,尧代表炎帝族而继帝位。

帝喾四妃常仪,聪明美丽,发长垂足,先生一女叫帝女,后生一子叫挚。这位挚继位后为"帝鸿",他非常不幸,九年后,被部族长老以管理不力,行为不当为由,剥夺了帝位。其中的原因,一是父传子的做法打破了部落长老控制的"禅让"制,帝喾传帝挚,尧传丹朱的尝试都以失败而告终。二是以当初黄帝族与羲和族的约定,接替帝喾的应该是颛顼的儿子鲧。三是共工之乱虽然暂时平息,但共工氏的实力依然存在,需要考虑共工氏的情绪。不然战争导致的结果会使双方两败俱伤。帝喾的女儿帝女后由帝喾许配给杀了戎宣王的盘瓠，即远古盘瓠氏一支后人的首领。因为该部落不服管教的原因，帝喾为他们圈定了一个海中之岛，最终建立了犬封国。

帝喾的四妃娵訾氏常仪来自娵与訾的合婚族。娵訾即邹屠，黄帝时迁蚩尤善者于邹屠之地。四妃常梦吞日，经八梦，生子八人，皆精通日月星辰观测，被誉为"八才子"、"八翌"、"八神"、"八元"。从常仪之"常"来说，来自羲和族的部落，即当初生"十二月"的常羲族，因而四妃的这八个儿子都学到了观测日月的技术。

### 后来的故事

《山海经》中关于帝俊的记载有很多。

"有中容之国。帝俊生中容，中容人食兽、木实，使四鸟：豹、虎、熊、罴。"能驱使"豹、虎、熊、罴"这四种猛兽类的技能，最早可追溯到炎帝族与黄帝族共同的父系少典氏。

"有司幽之国。帝俊生晏龙，晏龙生司幽，司幽生思土，不妻；思女，不夫。食黍，食兽，是使四鸟。"思土掌管的是男人国，因而有不妻之说。思女掌管的是女人国，因而有不夫之说。

"有白民之国。帝俊生帝鸿，帝鸿生白民，白民销姓，黍食，使四鸟：虎、豹、熊、罴。"帝鸿是帝喾的儿子帝挚，在位九年，后被剥夺帝位。白民是东北部貘人的一个分支。

"有黑齿之国。帝俊生黑齿，姜姓，黍食，使四鸟。"黑齿是指某个以把牙齿染黑为美的部落。我国的傣族、基诺族和布朗族有用植物脂烟自制"颜料"染齿的习惯，因植物脂烟所制颜料有光泽，似漆，所以也就叫"漆齿"。

"帝俊生季厘,故曰季厘之国。"

"帝俊妻娥皇,生此三身之国。姚姓,黍食,使四鸟。"这里的"帝俊"应为"帝舜"之误。舜是姚姓的开创者,并且娶了尧的女儿娥皇。

"帝俊生后稷,稷降以百谷。稷之弟曰台玺,生叔均。叔均是代其父及稷播百谷,始作耕。"后稷并非帝喾的亲生子,是其母与雷泽氏所生。在尧、舜执政期间,后稷因为出色的农耕技术,被封为"农神",重新赐予"姬"姓,恢复了皇族身份。

"帝俊生三身,三身生义均,义均是始为巧倕,是始作下民百巧。后稷是播百谷。稷之孙曰叔均,始作牛耕。"这里的后稷之孙与后稷之侄重名。

"帝俊生禺号,禺号生淫梁,淫梁生番禺,是始为舟。番禺生奚仲,奚仲生吉光,吉光是始以木为车。"黄帝族与水神联姻,儿子禺虢与孙子禺京分管东海与北海。而帝喾的儿子禺号接替禺虢掌管了东海。禺号的儿子禺强,接替禺京掌管北海。禺京作为北海海神的称号,原来是被颛顼之子鲧继承的。但帝喾通过这种替换剥夺了鲧的北海海神称号,继而回到中原治水,从一定程度上而言,是接替了炎帝族共工氏的位置。但共工氏造成的水患,显然不是那么容易治理的。

"帝俊赐羿彤弓素矰,以扶下国,羿是始去恤,下地之百艰。"在东夷之中,善射的有穷氏一族掌管的是"射正",即射箭的礼仪。这一族实力强大,与羲和族联姻成"穷桑氏"。有穷氏中善射的首领都冠以"羿"之名。嫦娥奔月传说中的后羿,是在夏朝建立之后的有穷氏的首领。

## 共工触倒不周山

名称:共工

别号:穷奇

部族:少昊族、炎帝族

图腾:蛇

姓:姜

父系:少昊族

母系:草原部落

地域:中部

时间:距今五千多年

大事件:不周山之战

少昊在东方统治天下期间,颛顼在少昊的抚养下也渐渐长大。黄帝族与东夷族结盟后,延续了部族长老制,双方联盟推荐的候选人只有获得双方长老的同意,才能接任帝位而统治风之五部。这种情况与以前单一部族不同,只能采取一个双方都折中的结果。当然还有一个简单的办法,由代表东夷的少昊氏与代表黄帝族的颛顼氏轮流执政。因而黄帝传少昊,少昊传颛顼,是顺理成章的结果。

但违背部落长老制的也大有人在。当初炎帝旧臣蚩尤发动涿鹿之战,其原因在于帮助自己部族获得统治地位。少昊虽然传位于颛顼,自己去镇守西方,但这个过程也不是一帆风顺的。在少昊成为共主期间,为了执政的需要,少昊与炎帝族联姻,以子穷奇入赘,产生了新一代共工氏首领。在颛顼掌管九黎期间,共工氏没有太多话语权。但在颛顼又回到东方为帝后,共工氏因其具有炎帝族、黄帝族双重身份,并且统领炎帝旧部,迅速取代颛顼掌管了蚩尤失败后留下的九黎的力量。

共工氏发动叛乱的原因与蚩尤当日相同,也是为了获得炎帝族失去的帝位。但与蚩尤相比,共工氏更名正言顺一些,因为他本身也是黄帝族的成员。自黄帝族崛起之后,在整个部族领导的选择上面,传统的部族长老制与黄帝族及羲和族的盟约起了冲突。部族长老由黄帝族与东夷族两部分构成,倾向于选择部族中最合适的部落领导,即双重"禅让"制。黄帝族与羲和族约定了一种轮流执政的改良部落长老制。少昊虽然也有直接传位于自己儿子的意愿,但没有违背部族长老的意愿,依然把帝位传给了代表黄帝族的颛顼。而共工氏在这种情形下,就发动了叛乱,试图夺过颛顼的帝位。

传说中,共工人面蛇身,有红色的头发,性情十分暴躁。共工手下有个恶名昭彰的神,就是长着九个脑袋的相柳,它也是人面蛇身,全身青色,性情残酷贪婪,专以杀戮为乐。这实际意味着两者的苗蛮血统,苗蛮的主体图腾是蛇。颛顼生了孙子重黎,任命他们为"火正"祝融,实际剥夺了炎帝族世袭的火神权力。颛顼之子鲧,也在一定程度上取代了共工氏水神的地位。在这种情况下,共工氏发动叛乱,也有迫不得已为炎帝族而战的意味。

共工氏对颛顼的战争十分惨烈,有当时涿鹿之战的光景。但与此不同的是,面对都有黄帝族血统的共工氏与颛顼,很多部落选择了旁观的策略。共工氏虽然集聚了苗蛮的部分力量,但颛顼同样统领过九黎。实际上共工氏依靠的是一个松散而残缺的联盟。共工辗转杀到西北方的不周山下。传说中不周山是一根撑天的巨柱,是颛顼帝维持宇宙秩序的主要凭藉之一。这时颛顼帝率军从四面八方冲来,喊杀声、劝降声惊天动地,天罗地网已经布成。共工不顾一切后果向不周山撞去,发泄怨恨。在轰隆隆的巨响声中,那撑天挂地的不周山竟被拦腰撞断，横塌下来。

天柱折断后，整个宇宙随之发生了大变动，西北的天穹失去撑持而向下倾斜，使拴系在北方天顶的太阳、月亮和星星在原来位置上再也站不住脚，身不由己地挣脱束缚，朝低斜的西天滑去，成就了我们今天所看到的日月星辰的运行路线。另一方面，悬吊大地东南角的巨绳被剧烈的震动崩断了，东南大地塌陷下去，成就了我们今天所看见的西北高、东南低的地势，以及江河东流，淡水与海水混合的情景。

实际的原因则是共工氏虽然未能击败颛顼，但炎帝族的力量依然十分强大，共工氏作为水神，其权力也不是那么容易被剥夺，他对河流的力量十分熟悉。在面对颛顼的军队不能再战的情况下，共工氏扒开了不周山，对下游的颛顼发动水攻，但河流也因此改道，并造成了对几乎整个中华地区的恶劣影响。这场人为的洪水是继伏羲女娲时期的史前大洪水后，对整个文明冲击非常大的另一场洪水。共工氏虽然被颛顼击败了，但叛乱依然在延续，一直到帝喾时方告一段落。尧为帝而舜摄政期间，又发生了"三苗之战"，晚年的共工氏牵连其中，战败后被舜放逐了。

依据约定，颛顼应该传位于少昊的子系。在共工氏强烈反对的情况下，颛顼即使有心传位于自己的儿子，也是不敢尝试的。共工氏最终没有获得帝位，而是由少昊的一个孙子喾继承了颛顼的位置。从这一点来说，共工氏代表的是炎帝族和苗蛮的力量，这是当初支持黄帝上台的各部族长老十分忌惮的。而由代表东夷力量的帝喾来继承帝位，则符合当初的约定。帝喾继位后，共工氏毕竟与帝喾都是少昊的子系，这种反抗就不那么强烈了。帝喾发动对共工氏的战争，暂时平息了共工的不周山之乱。但由此造成的洪水肆虐的恶果，则要到大禹时期方能平息。从这一点来说，大禹通过治理洪水，才恢复了颛顼家族的帝位,这恐怕是共工氏当初始料未及的。

## 盘古杀混沌

名称:帝江

别号:混沌、浑沌、驩兜、欢兜

部族:少昊族

图腾:燕子

姓:不详

父系:少昊族帝挚

母系:苗蛮

地域:西北部

时间:距今五千多年

大事件:三苗之乱

共工之乱过后,颛顼迫于当时的形势,把帝位传给了帝喾。帝喾与共工氏既为侄子与叔叔的关系,共工氏也不太好反对帝喾即位。帝喾对共工氏又讨伐了一次,共工之乱基本平息下来。帝喾在位期间,同样有把帝位传给自己儿子的打算,在这种情况下,首当其冲的是未来能接替帝位的颛顼的儿子鲧。帝喾利用自己的后代控制了东海和北海,把本是北海海神的鲧调至中原。在尧为帝时期,鲧实际上收拾的是共工之乱后的乱局,河流改道造成的洪水泛滥本不是一件容易对付的事。最合适做这件事的是共工氏本身,但共工氏既然是这场洪水的发动者,也不再适合来收拾这个烂摊子。鲧小心翼翼地用"堵"的办法来对付洪水,这种并不太可行的办法为尧日后杀他埋下了借口。

帝喾最终传位于帝挚,即帝鸿。他是帝喾次妃常仪的儿子,帝喾这种传位于子的举动触动了华胥族与东夷族长老的利益,显然得不到他们的支持。按照当初的约定,继承皇位的应该是颛顼的儿子鲧。长老们的反抗简单而有效,作为辅助帝挚的重臣,他们抱着出工不出力的想法,很快就动摇了帝挚的权威。帝挚在位九年,博得了"荒淫无度"的骂名,被长老联盟所废,而改帝喾的另一子尧为即位。《山海经》中帝挚与其他部族联姻的后代非常少,"帝俊生帝鸿,帝鸿生白民,白民销姓,黍食,使四鸟:虎、豹、熊、罴。"帝鸿与貊人联姻,生了白民部落。

尧虽为帝喾的儿子,却不是姬姓,而继承了母系的"伊耆"之姓,这是炎帝族一个古老的分支,从这一点来说,尧实际代表了炎帝族的利益。部族长老采取这种做法也是迫不得已,帝喾传帝位于子已成事实,共工氏依然在旁边虎视眈眈,由有炎帝族、少昊族两者血统的尧为帝,最合适不过。

帝挚接替帝喾后,采用的是"帝鸿"的称呼,也意味着以鸟为图腾。在西部继承昔日女和族实力的主体是苗蛮,每个在位的帝皇,炎帝、黄帝、少昊、颛顼、帝喾都与之有联姻,其子系往往在苗蛮部落中占有一席之地。帝挚也不例外,与苗蛮联姻,以驩兜入赘,也是三苗的一位首领。帝挚被废之前,还勉强把帝位传给了自己的儿子驩兜,号"帝江",但这是十分无奈的举动。《山海经》中说:"又西三百五十里曰天山,多金玉,有青雄黄,英水出焉,而西南流注于汤谷。有神鸟,其状如黄囊,赤如丹火,六足四翼,浑敦无面目,是识歌舞,实惟帝江也。"这位帝江就是浑敦,也称混沌或浑沌。在尧为帝后,他的帝位就已经被彻底剥夺了。

尧继位后,把帝都从东部又迁回了中原,这一举动让几乎被遗忘的金乌十日族又看到了希望,并最终发动了"十日之乱"。羲和族代表第六日置身事外,并目睹了其他九日的灭亡。虽然尧由有穷氏羿帮助平息了这场叛乱,但尧同样未能传帝位于子丹朱,而部族长老联盟采取的还是平衡的策略,由尧的女婿舜接替了帝位。舜是颛顼的后代,虽然相隔十分远。有虞氏也是东夷族中非常重要的一员,历代海神家族都有有虞氏的血统。

十日之乱后,有虞氏崛起,尧被迫由舜摄政后,驩兜联合共工氏、饕餮发动了三苗之乱。饕餮统领的是蚩尤失败后苗蛮的主体。颛顼的儿子有名叫驩头的,统领的是苗民,是"驩兜"之前的该部落首领,应该也参加了这场叛乱。舜把"驩兜、三苗、共工、鲧"定义为危害天下的四凶,迫使尧对其进行讨伐。尧发兵征讨,战于丹水之浦。最终结果是流放共工于幽州,放驩兜于崇山,审三苗于三危,杀鲧于羽山。丹朱是驩兜失败后由尧封在苗地。后来尧禅让给舜,丹朱才与驩兜部联合起来,于是太子丹成为与舜大战时驩兜部落联盟的新领袖。舜再次击败了三苗,这期间浑沌应该被杀身亡。但三苗之乱一直在延续,并使舜死于讨伐的途中,最终大禹即位才平息了这场叛乱。

这位浑沌的最终下落,后来的传说中隐晦提到了一些。《庄子》中提到了浑沌之死,"南海的大帝名叫儵,北海的大帝名叫忽,中央的大帝名叫浑沌。儵与忽常常相会于浑沌之处,浑沌对待他们十分殷切。儵和忽在一起商量报答浑沌厚重的恩情,说:'人人都有眼、耳、口、鼻七个窍孔,用来看、听、吃及呼吸,惟独浑沌没有,我们试着为他凿开七窍。'他们每天凿出一个孔窍,凿了七天浑沌死了。"在帝喾统领东方期间,北海的海神是帝喾的孙子禺强,而南海的海神是不廷胡余,有炎帝族的血统。

还有盘古打破浑沌的传说。有关盘古神话的渊源,学界众说纷纭,莫衷一是,尤其值得注意的是,有的学者认为,盘古之名最早见于三国吴人徐整的《三五历纪》、《五运历年记》中,先秦著作中无盘古名号。传说盘古是开天辟地的神。在天地还没有开辟以前,宇宙就像是一个大鸡蛋一样混沌一团,有个叫盘古的巨人在这个"大鸡蛋"中,他凭借自己的神力把天地开辟出来了。他的左眼变成了太阳,右眼变成了月亮;头发和胡须变成了夜空的星星;身体变成了东、西、南、北四极和雄伟的三山五岳;血液变成了江河;牙齿、骨骼和骨髓变成了地下矿藏;皮肤和汗毛变成了大地上的草木;汗水变成了雨露。盘古也是远古盘瓠氏的一位后裔。盘瓠氏部分后人与苗蛮融合在一起,该族勇敢善战,帝喾为帝期间,就把女儿嫁给杀了戎宣王的盘瓠。这个传说加上《庄子》中的故事,似乎从另一个方面说明了浑沌的下场。

## 尧帝迁都

名称:尧

别号:伊耆氏、放勋、唐尧、陶唐氏

部族:炎帝族

图腾:赤龙

姓:伊耆、伊祈

父系:少昊族帝喾

母系:炎帝族伊耆氏

地域:西北部

时间:距今五千多年

大事件:迁都中部

在黄帝的帝皇后代中,帝喾的儿子尧一生的遭遇可能比其他人都坎坷。帝喾退位后,先把帝位传给了儿子挚,即帝鸿。但这种父传子"家天下"的做法,还未得到认同,部族长老制是强烈抵制这种做法的。而帝挚在位九年,也未有出色的执政记录,最终被剥夺了帝位。当时帝喾的叔叔共工在帝喾接替颛顼成为共主后,一定程度上放弃了叛乱。但共工氏代表炎帝族的利益,依然对帝位虎视眈眈。在这种情况下,华胥族与东夷的长老联盟必须选择帝喾的另一个儿子继承帝位。有一定实力能与尧相较量的是后稷,但后稷有一个劣势,他是母亲与雷泽氏的私生子,本身都不具有黄帝族的血统,而尧的母亲是炎帝族的成员。在这种情况下,尧就顺理成章的接替了帝位。

尧父为帝喾,母为陈锋氏女庆都。传说庆都是伊耆侯的闺女,伊耆也是炎帝族一个古老的姓氏。关于尧是赤龙后代的传说,当在尧为帝后才出现。赤代表红色,这是炎帝家族的代表色,代表火与祝融。而龙是黄帝族的图腾。赤龙实际说明了尧有炎帝、黄帝的双重血统。尧与帝挚不同,帝挚自小是在东方长大的,而尧是在中部炎帝族中长大的。帝挚代表的是东夷的权利,而尧代表的是炎帝族的权利,尧为侯时的封地名称为"唐",他成为共主后,就不在东方执政,而在此建都,因而称为陶唐氏或唐尧。尧的时代,又是传说中的洪水时期,即共工触倒不周山造成的大洪水。"汤汤洪水方割,荡荡怀山襄陵,浩浩滔天",水势浩大,奔腾呼啸,淹没山丘,冲向高冈,民不安居。尧对此非常关切,征询四岳的意见,问谁可以治理水患,四岳推荐了鲧。从另一方面来说,鲧作为颛顼之子,在帝喾后接替帝位的应该是他。而鲧治水九年,功绩并不显著,毕竟最适合治水的反而是这场洪水的始作俑者共工氏。

尧为帝时遇到最大的挑战是东夷中的金乌族。尧迁居中部后,在东夷部落中留下了权力真空。几乎被遗忘的古老神族十日族在有虞氏的支持下迅速崛起,连羲和族也一时反应不及。十日族联合猰貐、凿齿、九婴、大风、封豨、修蛇等部落叛乱,给尧帝造成了很大的麻烦。好在东夷部落中的有穷氏是羲和族的坚定同盟,尧帝在其首领后羿的支持下最终平息了这场叛乱。后羿射日的传说即出于此。后羿射杀了九日，留下一个负责天文与测日的需要，实际就是羲和族掌控的第六日。从此以后，十日族就基本没有声息了。而尧则任命羲和族人为新的"日御"，取代了"十日"的位置。

《尧典》上说，尧命令羲氏、和氏根据日月星辰的运行情况制定历法，然后颁布天下，使农业生产有所依循，叫"敬授民时"，他派羲仲住在东方海滨叫旸谷的地方，观察日出的情况，以昼夜平分的那天作为春分，并参考鸟星的位置来校正；派羲叔住在叫明都的地方，观察太阳由北向南移动的情况，以白昼时间最长的那天为夏至，并参考火星的位置来校正；派和仲住在西方叫昧谷的地方，观察日落的情况，以昼夜平分的那天作为秋分，并参考虚星的位置来校正；派和叔住在北方叫幽都的地方，观察太阳由南向北移动的情况，以白昼最短的那天作为冬至，并参考昴星的位置来校正。

"十日之乱"的另一个结果，是尧重新意识到了金乌族的力量，能采取的唯一的安抚策略还是联姻。这一点同当年少昊与炎帝族联姻，颛顼同苗蛮联姻一样。尧采取的是与代表金乌族的有虞氏联姻的策略。四岳推荐了舜，说这个人很有孝行，家庭关系处理得十分妥善，并且能感化家人，使他们改恶从善。但从血统来说，舜的远祖是颛顼，同样具有黄帝族的血统。尧把自己的两个女儿娥皇、女英嫁给舜，从两个女儿那里考察他的德行，看他是否能理好家政。舜和娥皇、女英住在沩水河边，依礼而行事，二女都对舜十分倾心，恪守妇道。

但舜崛起后，利用强大的实力把迫使尧退到幕后，实际由他摄政。在这种情形下，对共工、颛顼家族、三苗而言，舜代表的是东夷十日族的利益，代表的是苗蛮、黄帝族、炎帝族、羲和族以外的利益。在此情形下，几方联合发动了"三苗之乱"。驩兜失败后由尧封其子丹朱于苗地。鲧被杀后，由颛顼之子接替帝喾帝位的协定实际落空了,去了舜乃至尧一个最大的隐患。

尧在晚年时,先传帝位于子丹朱,因而丹朱也有帝号,称作帝丹朱。但尧传帝位于子的做法同样不会得到部族长老的认同,而丹朱的势力比当年的共工要小得多,何况还有强大的舜在。《竹书纪年》记载:"舜囚尧,复偃塞丹朱,不与父相见"。可见尧不传子而让位于舜似乎并非尧之本意,而是迫于舜的威力。这说明当尧之时,位传子还是传贤,家天下还是公天下,正处于激烈斗争当中。帝尧把天下让给帝舜后,丹朱联合三苗联合起兵反对,帝舜便派兵打败了他们。传说丹朱感到羞愧,就自投南海而死。

## 后稷播百谷

名称:后稷

别号:弃

部族:帝喾族

图腾:龙

姓:姬

父系:雷泽氏、少昊族帝喾

母系:炎帝族有邰氏

地域:西北部

时间:距今五千多年

大事件:种植五谷

在帝喾的后代中,后稷是比较特别的一个。严格来说,帝喾在位时从未承认过后稷的皇族血统。有邰氏之女姜原是帝喾的元妃,她的儿子后稷是她未嫁给帝喾之前的私生子。传说有一天,姜原到外面玩耍,在回家的路上,她偶然发现，在一片湿地上有一个巨大的脚印。姜原既感惊异，又觉得好玩，便用自己的脚踏进巨人的足迹里。谁知她刚刚踏进巨人足迹大拇趾的地方，就感到身体里有种震动。回家不久，姜原就怀孕了。

时间很快过去了，到分娩的时候，姜原生下一个小男孩。因为他是一个没有父亲的孩子，周围的人们都觉得不吉利。姜原把男孩丢在巷子里，但马和牛回避而不踩踏他。姜原又准备把他丢弃在森林里，恰巧这时候有人来砍树，没有抛弃成功。姜原索性把他抛弃在沟渠的寒冰上，可是天上的鸟都飞下来，用翅膀给男孩挡风寒。姜原终于认识到这是神灵在保佑这个孩子，最终养了他。因为他曾经被多次抛弃过，姜原就给他取了个名字叫"弃"。

但实际情况是，姜原与雷泽氏的后人产生了感情，但后来又嫁给了帝喾为元妃，不得已而放弃了对后稷的养育。当年太昊伏羲的出生，也是华胥族的姑娘踏巨人足印而生。时间过去几千年之后，雷泽氏的男子依然对各部族的少女保持了神秘的吸引力。雷泽氏的后代高大英俊，并且聪明，典型的代表有伏羲，这位画八卦的人自然是十分优秀的。还有炎帝族的后人夸父，这位高大而坚毅的人虽然很不幸，依然值得大家同情。而雷泽氏分出的盘瓠氏一支更是以勇猛而著称，其后人盘瓠曾经杀了戎宣王，而被高辛氏帝喾招为女婿。

弃自小是在炎帝族中长大的，学到了炎帝族一直传承的农耕技术。当弃为小孩子的时候，他就喜欢植树木，种麻菽，种植的树木都很茂盛，而麻菽都很丰美。弃成人后，非常爱好农耕，有相地的天分，他能在合适的土壤中种植合适的谷物。弃种植五谷，成果丰硕，农人纷纷效法，影响很大。帝尧知道后，即封他为农师。尧作为帝喾的儿子，自小也是在炎帝族中长大的，从这一点来说，尧与弃有同族情谊，因而帝尧对弃是十分同情的。

因为弃"教民稼穑",天下尽得其利,弃对于老百姓而言,有莫大的功劳。弃的母亲虽然是帝喾的元妃,但弃本身没有帝喾的血统,不会得到帝喾的承认。弃是没有争帝位的可能的,这对弃来说,未尝不是一件幸事。在帝尧之后,帝舜封弃于邰,赐号"后稷"。作为对弃的鼓励,帝舜恢复了后稷的姬姓,承认了他作为帝喾的子系。舜是姚姓,代表十日族的利益。但舜本身也有黄帝族颛顼的血统,对后稷表示友好,能有效获得炎帝族与黄帝族长老的支持。

《山海经》中传说,后稷出生以后,就很灵慧而且先知,到他死时,便化形而遁于大泽成为神。后稷的葬地,有青山绿水环绕。后稷葬地在氐人国的西面。死后被奉祀为农神。

因为后稷对部落的杰出贡献,后稷死后,掌管登天仪式的氐人的一个分支,为后稷举行了隆重的"死而复生"的仪式。后稷享受的这种待遇,与太昊伏羲、帝颛顼相同,也是对他的一种肯定。

### 后来的故事

后稷的子孙繁衍,逐渐强大,是为周。《山海经》记载,有个西周国,这里的人姓姬,吃谷米。帝俊生了后稷,后稷把各种谷物的种子从天上带到下界。后稷的弟弟叫台玺,台玺生了叔均。叔均于是代替父亲和后稷播种各种谷物,开始创造耕田的方法。

商朝初年,后稷的后代公刘率族人从邰迁到磁。古公亶父时,又迁到岐山南边的周原,自称为周。周武王牧野一战打败商纣,建立周朝。在灭商之前,周部落生活在渭河流域,其始祖姬弃就是被称为农神的"后稷"。周朝行分封制,周王为"天下共主"。周部落兴盛于周文王昌作首领的时候,他的统治使周部落势力强盛,死后他的儿子武王发才有条件伐纣灭商而建立周朝。

# 后羿射日

名称：后羿

别号：大羿

部族：有穷氏

图腾：鸟类

姓：不详

父系：有穷氏

母系：不详

地域：东部

时间：距今五千多年

大事件：十日之乱

传说尧的时候，天上有十个太阳同时出现在天空，把土地烤焦了，庄稼都枯干了，人们热得喘不过气来，倒在地上昏迷不醒。因为天气酷热的缘故，一些怪禽猛兽，也都从干涸的江湖和火焰似的森林里跑出来，在各地残害人民。人间的灾难惊动了天上的神，天帝命令善于射箭的后羿下到人间，协助尧除去人间苦难。后羿立即开始了射日的战斗。他从肩上取下红色的弓，拔出白色的箭，一支一支地向骄横的太阳射去，顷刻间十个太阳被射去了九个，只因为尧认为留下一个太阳对人民有用处，才阻拦了后羿的继续射击。这就是后羿射日的故事。

尧为帝时遇到的最大麻烦是东夷十日族发动的叛乱。尧作为炎帝族的代表，经过少昊、颛顼、帝喾、帝挚的统治后，又回到中原为帝。这就给东夷部落留下了权力真空，金乌族的嫡系十日族联合猰貐、凿齿、九婴、大风、封豨、修蛇各部落发动了对尧帝的战争。这其中的大部分成员都是苗蛮部落的。其时中华大地上,除了中原的炎帝族、黄帝族,东部的十日族、羲和族,其他实力最强的则属在从西南到东南广大地域上分布的苗蛮了。苗蛮的分支很多,很多与皇族联姻,立场各不相同。炎帝与黄帝之战后,发动叛乱的主体基本都是苗蛮的不同部落。

东夷族中的有穷氏以善射著名,曾经被帝喾赐予弓箭,而且一直是羲和族的坚定盟友。在十日之乱中,尧动用了有穷氏的力量平息了这场叛乱。最终的结果是,有穷氏首领后羿诛杀凿齿于畴华之野,杀九婴于凶水之上,抓获大风于青邱之泽,上射十日而下杀猰貐,断修蛇于洞庭。唯一没有被杀的就是"大风"与十日中的第六日"己姓"了。十日中的"己"姓本身是羲和族所掌控的。

猰貐在《山海经》中又名窫窳,形象有很多,为某部落图腾。其本是灵山十巫的首领,蛇身人面,即以蛇为图腾,名义上统领巫山地带。以前某一代窫窳族统领被手下贰负与危杀害,灵山十巫就脱离了西王母族的控制,但窫窳族本身则离开了西王母族四处流浪。到黄帝时期,金乌族后人十日族叛乱,窫窳族与之相应,被后羿所杀。《山海经》中记载窫窳长着龙一样的头,住在弱水中,处在能知道人姓名的猩猩的西面,它的形状像犰,长着龙头,能吃人。

"凿齿"其实是中国越、僚、濮等古民族以及今仡佬、高山族的先民。"凿齿"指青春期男女,以敲折、拔除上颌两侧对称牙齿为美观。中国越、僚、濮等古民族以及今仡佬、高山族均有此俗。古夜郎国族群包含僚人和濮人,僚人先入,濮人后来。《史记》、《汉书》把他们记载为古代夜郎国的主体,其经济特点是水稻农业。夜郎作为汉代西南夷中较大的一个部族,或称南夷。

九婴为传说中的水火之怪,能喷水吐火,其叫声如婴儿啼哭,故称九婴。

尧时出来作害人间，被羿射杀于凶水之中。其说始见于汉，为传说中的水火怪，也用来比喻邪恶凶残的人。九头蛇身，自号九婴。从九婴的形象来说，应该属于共工之臣相柳的同一部族，相柳有九头蛇的形象，也是苗蛮的一支。

大风是风伯的后人。风伯以飞廉为图腾，有时也称作蜚廉，其形象非常古怪。传说中的飞廉神禽，能致风气，鹿身，头如雀，有角而蛇尾豹文。但在《山海经》中则是“其状如牛而白首，一目而蛇尾，其名曰蜚，行水则竭，行草则死”。从其形态而言，风伯为炎帝族与苗蛮联姻产生的后人。青丘之国源自《山海经》，其上有如下记载：“青丘之国，其阳多玉，其阴多青雘。有兽焉，其状如狐而九尾，其音如婴儿，能食人，食者不蛊。”大风跑到青邱（即青丘）被杀，意味着九尾狐与大风系出同源，也是苗蛮的一员。

封豨是《山海经》中司彘国的后代。巫山旁的朝云国后来分出轩辕氏。与朝云国相邻的司彘国，以猪为图腾，后与女和族联姻，产生蜀山氏。《山海经》中猪的形象来自此部族的图腾。司彘国与其他部落联姻产生的后代包括封豨等，并封为双头黑猪的形象，即封豨族的图腾。而修蛇在洞庭被杀，意味着它也是居住在洞庭湖边的苗蛮一支。

后羿是民间传说“后羿射日”的主人公。历史上共有两位著名的“后羿”——生活于帝尧时代的羿；生活于夏朝的后羿，都属于有穷部落。古籍记载的“大羿射日”是尧帝时期人。“后羿篡权”中的后羿是夏朝人，这位后羿曾经夺了夏的天下。民间传说羿是嫦娥的丈夫，指的是后来夏朝的后羿。嫦娥实际是东方“女和月母国”的首领，善于编织衣裳，以蚕蛾为图腾，因而称为“常蛾”，即“嫦娥”。

射杀十日的后羿是帝喾封的“射正”，掌管射箭的礼仪，实力非常强。相传射日的后羿从黄河河伯的手中救出了落难的宓妃，并惩罚了河伯，然后两人在洛阳居住了下来,过上了美满幸福的生活。为表彰他们惩治河伯有功,天帝还封后羿为宗布神,宓妃为洛神。在《山海经》中除了镇守东海、南海、西海、北海的海神外,还有两个重要的水神。

一个是水伯天吴,他是有虞氏的后人,是长江的水神。《海外东经》记载:"朝阳之谷,神曰天吴,是为水伯。在蚩蚩北两水间。其为兽也,八首人面,八足八尾,背青黄。"《大荒北经》记载:"有夏州之国。有盖余之国。有神人,八首人面,虎身十尾,名曰天吴。"水伯天吴继承了奢龙的位置,掌管盖余国,地址在今日赣揄县。水伯天吴应为颛顼的孙子重。《大荒西经》记载:"有人反臂,名曰天虞。"又有"帝令重献上天"之句。天虞即天吴,反臂为双手举天之形,因而天吴就是重。重先为水伯,后来又和兄弟黎接替了"祝融"的火神位置。

另一个是黄河的水神河伯,最早指的是黄帝的儿子冯夷,后入赘于开明白虎族分支流黄辛氏,以水族中的鳖为图腾。传说宓妃起先是河伯的妃子,后来改嫁后羿为妻。这里的河伯当是冯夷的后人。当初宓妃拿起七弦琴,在黄河边奏起优美动听的乐曲。不料这悠扬的琴声被黄河里的河伯听到,便潜入洛河,看到宓妃,一下子就被宓妃的美貌所吸引。于是河伯化成一条白龙,在洛河里掀起轩然大波,吞没了宓妃。宓妃被河伯押入水府深宫,终日郁郁寡欢,只好用七弦琴排遣愁苦。这时,后羿来到宓妃身边。后羿听说了宓妃的遭遇,非常气愤,将宓妃解救出深宫,回到有洛氏中间,并与宓妃产生了爱情。那河伯本来就窝了一肚子火,听说了后羿宓妃之间的恋情,更是恼羞成怒。他化作一条白龙潜入洛河,吞噬了许多田地、村庄和牲畜。后羿怒火填膺,射中了河伯的左眼,河伯仓皇而逃。河伯自知不是后羿的对手,只好跑到天帝那儿去告状。天帝早就知道了发生的一切,并不向着河伯说话,河伯这下只能灰溜溜地回到水府,再也不敢管后羿与宓妃的事了。从此,后羿与宓妃这对情侣便在洛阳居住下来,过上了美满幸福的生活。

河伯本名冯夷或冰夷,《山海经》中记载,从极渊有三百仞深,只有冰夷神常常住在这里。冰夷神长着人的面孔,乘着两条龙。《抱朴子·释鬼篇》里说他过河时淹死了,就被天帝任命为河伯管理河川。据《九歌·河伯》描写,河伯是位风流潇洒的花花公子:"鱼鳞屋兮龙堂,紫贝阙兮朱宫,灵何为兮水红。"河伯喜欢乘坐荷叶做蓬的水车,驾着螭龙一类的动物。有时他又乘着白色的灵物大鳖,边上跟随着有斑纹的鲤鱼在河上畅游,浩荡的黄河之水缓缓而来。大禹治水时期,河伯又具有了正面形象。冯夷把河图给大禹看,并和他一起治水,泛滥的洪水很快就得到了平息。冯夷从此就成为了中华大地的水神。

### 后来的故事

后羿的后人保留了强大的实力,一直在东夷部落中占据重要的地位。大禹的儿子建立夏朝时,有穷氏的力量更加强大。又一代的后羿娶了嫦娥为妻,并夺过了夏朝的帝位。虽然后羿为帝的日子不多,后来被自己的臣子所杀,却成为"嫦娥奔月"神话中的重要角色。

与射日的后羿有关的河伯后来还有一个历史故事,更好地印证了这位河伯的好色之名。

战同时期,西门豹被派到邺城当县官。他看到这一带人烟稀少,满目荒凉,就问老百姓是怎么回事。一位白胡子老大爷说:"都是河伯娶媳妇给闹的。河伯是漳河的神,年年都要娶一个漂亮的姑娘,要不给送去,漳河就要发大水,把田地、村庄全淹了。"西门豹仔细一打听,知道是地方上的贪官跟巫婆串通起来搞的鬼,心里很气愤。等第二年"河伯娶妇"这天,西门豹到了现场。他看大大小小的官儿和装神弄鬼的老巫婆全来了,就提出要亲自看看河伯的新媳妇。当他看见那个要嫁给河伯的不幸女子时,就对巫婆说:"怎么找了这么一个丑丫头?太不像话,麻烦你去告诉河伯一声,等找到漂亮姑娘再给他娶媳妇!"说完一挥手,他的随从立即上来,把巫婆一下子推到漳河里去了。接着,以派人催问为借口,把巫婆的大徒弟和一个民愤极大的贪官相继扔进河里。这样一来,那些干坏事的家伙都吓呆了,一个个跪在地上磕头,求西门豹饶命。打那儿以后,谁也不敢再提给河伯娶媳妇的事了。西门豹带领全城老百姓挖河修坝,根除水害。漳河两岸年年丰收,人们都非常感激西门豹。

## 丹朱学围棋

名称:丹朱

别号:帝阳氏、朱、衡山皇、丹朱皇、口神

部族:炎帝族

图腾:朱鹮

姓:不详

父系:炎帝族帝尧

母系:苗蛮散宜氏

地域:西部

时间:距今五千多年

大事件:学围棋、丹朱之乱

尧为帝以后,考虑的依旧是把帝位传给自己的儿子丹朱的问题。尧娶散宜氏女,生了丹朱。帝尧生十子,丹朱为其嫡长子,出生时全身红彤彤,因而取名"朱"。丹朱是中国围棋始祖。尧曾以桑木制作棋盘,以象牙、犀角制作棋子,创立了一种模仿古代围猎技巧的游戏,以锻炼丹朱的才智。围棋反映的其实是《易经》的哲学思想,从天地自然到军事人文,都有可对照参悟的地方。昔日伏羲画八卦创立了《连山易》,成为了风之五部的共主。到黄帝创立《归藏易》,这是以洛书的五行思想为根本的,黄帝实际成了伏羲之后的共主。后来则要到周文王创立《周易》,开创周朝八百年的局面。尧以围棋为工具,教授丹朱的实际是一种战略游戏。

"十日之乱"后,有虞氏代表东方十日族的利益迅速崛起。在这种情况下,尧选择了最古老的联姻策略,把自己的两个女儿娥皇、女英嫁给舜为妻子。舜本身则具有颛顼族的血统,从这点来说,尧与舜都是黄帝的后裔。当初帝喾的帝位按照少昊族与颛顼族的约定,是应该传给颛顼之子鲧的。帝喾传子帝挚未能延续多久,后由另一个儿子尧继承帝位。尧对颛顼族有愧疚之心,因此尧重用舜,也是与"十日之乱"后的十日族余部交好。十日族作为金乌族的主体,在风之五部中原来实力最强,后来炎帝、黄帝族崛起,金乌族在东夷中也被羲和族夺过了领导权。舜成为了尧的摄政重臣,在他的苦心经营下,尧几乎成为了一种摆设。

作为少昊之子入赘于炎帝族的共工氏,在尧为帝时还比较安稳。但舜摄政后,帝挚之子驩兜联合共工氏、饕餮发动了三苗之乱。颛顼有一个儿子驩头,与驩兜属于同一部族,是该部落的早期首领,也应该参加了叛乱。鲧在这场叛乱中也受到了牵连。炎帝族缙云氏后人饕餮统领的是蚩尤失败后苗蛮的主体。舜在摄政时,把"驩兜、三苗、共工、鲧"定义为危害天下的四凶,迫使尧对其进行讨伐。尧发兵征讨,战于丹水之浦。最终结果是流放共工于幽州,放驩兜于崇山,窜三苗于三危,杀鲧于羽山。丹朱是驩兜失败后由尧封在苗地的。

苗蛮之中，实力最强的部族经过涿鹿之战后，留下来的是三苗与驩兜。颛顼、帝喾、尧都与驩兜所在的部族有联姻，颛顼的儿子、帝喾的孙子、尧的儿子曾经为该部族首领。《山海经·大荒北经》记载："西北海外有黑水之北，有人有翼，名曰苗民。颛顼生驩头，驩头生苗民。苗民厘姓，食肉。"帝喾传位于帝挚，帝挚之子帝江驩兜，即浑沌，也是三苗的首领。《海外南经》记载："讙头国在其南，其为人面有翼，鸟喙，方捕鱼。一曰在毕方东。或曰讙朱国。"尧太子丹朱在驩兜失败后成为驩兜部落联盟的新领袖。"驩头、驩兜、讙朱"都是对该部落首领的不同称呼。丹朱部落的图腾应该是朱鹮。

尧先把帝位传给了丹朱，因而丹朱也有了帝号，称为"帝丹朱"。但少昊之子共工、帝挚之子帝江、尧之子丹朱，这些人的身份其实和当初炎帝族旧臣蚩尤极其相似。在蚩尤之乱后，华胥族中的长老十分忌讳苗蛮余部。而传帝位于子的做法，同时也是对部族长老制，即"禅让"制度的挑战。在这种情况下，丹朱显然不可能成为华胥族的领导。舜乘机因禁了尧，为了不让丹朱知道事情真相，阻止丹朱看望尧。舜在华胥族长老的支持下，获得帝位。丹朱联合三苗发动了叛乱。帝舜发动了对丹朱的战争，并取得了胜利。丹朱感到羞愧，就自投南海淹死而化作鴸鸟。传说最好不要听到鴸鸟的叫声，因为无论它在哪里出现，哪里有本事的人就将被放逐。丹朱的子孙在南海建立了一个国家，叫丹朱国。

三苗之乱一直延续了很久，帝舜死于讨伐三苗的途中。其后继承帝位的大禹打败了三苗，才平息了这场叛乱。《山海经》中记载，有一种人，长着鸟的嘴，生有翅膀，正在海上捕鱼。在大荒当中，有个人名叫驩头。鲧的妻子是士敬，士敬生个儿子叫炎融，炎融生了驩头。驩头长着人的面孔而鸟一样的嘴，生有翅膀,吃海中的鱼,凭借着翅膀行走。于是有了驩头国。这意味着大禹为帝后,他的兄弟继承了"火正"的位置。而他的侄子又成了驩头国的新首领。

### 后来的故事

因丹朱为三苗首领并且曾称帝三年,故在南方的少数民族聚居地区地位崇高,被湖南、广东等奉为衡山皇、丹朱皇。舜则把丹朱后代封到房地为诸侯。丹朱死后,其子陵袭封,并以封地为姓,后世称"尧帝世孙,得邑为姓"。公元前529年,楚灭房国,迁房国贵族于湖北房县,周时房县称"防渚",这就是房侯"封支子于房竹(防渚)"、"曰房竹公"的来源。

丹朱还有一个奇怪的"口神"称呼。《黄庭内景经·至道》中说:"发神苍华字太元,脑神精根字泥丸,眼神明上字英玄,鼻神玉垄字灵坚,耳神空闲字幽田,舌神通命字正纶,齿神嵋锋字罗千。"这是后代道教所封的面部七神。按《抱朴子·内篇》中说:"明吐纳之道者,则曰惟行炁可以延年矣。"《太平御览》又说:"真人、道士常以吐纳以和六液"、"舌神正伦"舌神名讳为正伦,往往与"口神"联系在一起。

净口神咒是道教科仪活动中常用的"八大神咒"之一。主要用于早晚功课、道场法事、学习修炼符咒道法中。念诵此咒,可以使人口部诸神归还本位,消除口业,荡除浊炁,以清洁之口念诵经典。同时,有助于修炼功法的人作为入静功夫。口诀如下:"丹朱口神,吐秽除氛。舌神正伦,通命养神。罗千齿神,却邪卫真。喉神虎贲,炁神引津。心神丹元,令我通真。思神链液,道炁常存。""丹朱口神",口神名讳为丹朱。"吐秽除氛",为吐故纳新,外引清炁之意。吐纳之法则有嘘、吹、呵、呬、呼、嘻六字诀。

# 舜平三苗之乱

名称：舜

别号：虞舜、姚重华

部族：金乌族

图腾：驺虞

姓：姚

父系：黄帝族瞽叟

母系：有虞氏握登

地域：西部

时间：距今五千多年

大事件：三苗之乱、丹朱之乱

尧为帝时，东夷中十日族发动的叛乱虽然失败了，却使得有虞氏从幕后走到了台前。有虞氏的起源可追溯到镇守昆仑圣地的开明白虎族，白虎族与草原上的游牧民族联姻，进入中原的一支启用了综合马与白虎两种特征的新图腾，即"驺虞"。开明白虎族后人建立的国家包括《山海经》中记载的林氏国，林氏国有一种十分珍贵的神兽，个体如老虎一般，身上有五彩斑斓的花纹，尾巴比身子要长，像白毛黑纹的虎，但不吃活的禽兽，很能走，骑上能日行千里。这种神兽称为"驺吾"，也即"驺虞"。

有虞氏的后人统治的地方在"虞谷"，也称"禺谷"，指太阳下山的地方。在炎帝族崛起后，有虞氏的一支在今日陕西地域内建立了新的日落之所"禺谷"。但有虞氏的"姚"姓起源于西王母的"瑶池"，这实际代表着有虞氏原本是西王母族的成员，十日族中包括有虞氏的血统。有虞氏的后人去了东海、北海为海神，即以"禺"为称号的成员。黄帝族与有虞氏后人联姻，生了禺虢。帝喾族与之联姻，生了禺号。当日羲和族与黄帝族订立盟约，击败了蚩尤族。夸父族沿日落的方向行进去的就是"禺谷"，但被应龙氏在此伏击而亡。

相传舜生在姚墟，他的后裔子孙便以地为氏，称为姚氏，南宋郑樵的《通志·氏族略》记载："姚姓，虞之姓也，虞帝生于姚墟，故因生以为姓。"另外，据郑樵说舜"因妫水之居而姓妫"可推断舜还姓妫，因此姚姓也出自妫姓。"为"在古文字中为"母猴"之形，这应该也是代表与林氏国联姻部族的另一个图腾，即"猴"，妫氏以猴为图腾。有虞氏与颛顼的后人联姻生了舜，舜启用了"桃"的形状，即以"姚"为姓，也因这些原因，"禺"字有了猴、鱼类等多种含义。

自舜帝之子姚商均开始，舜帝的嫡传子孙就以虞、吴为氏族之称。这在史籍《元和姓纂》中有记载："舜有天下号曰虞，子商均因以为氏。"在上古时期金文中，"虞"、"吴"二字相通，字义读音皆相同。到战国时期，"虞"、"吴"二字才开始有别。

《大荒南经》中说："帝俊妻娥皇，生此三身之国，姚姓，黍食，使四鸟。"一般来说，《山海经》中的"帝俊"除了神话体系中生了"十日"的早期东夷帝王外，就指少昊之孙帝喾了。娥皇是女和月母国中对"女常"族历代首领的称谓。而帝舜的妻子有尧的女儿娥皇，因而这里的"帝俊"指帝舜比较合理。帝舜作为金乌族的成员，启用"帝俊"的称呼也有可能。以字形而论，姚字的甲骨文字形类似三个人并立在一起，可能是"三身"国的来由。"姚"姓图腾可能发展为后来的"一首三身"的形象。

传说舜母握登氏遇大虹意感而生舜。舜体形异于常人，两眼均为双瞳子，掌心有花纹，如"褒"字，前额突，眉骨隆，头大而圆，面黑而方，龙颜大口，圆天日角。父母十分疼爱,因见当地一种美丽的花卉名舜,故为子命名。"重华"之名则来自于舜有双瞳的异象。"母曰握登,见大虹,意感而生舜于姚圩。"古代比喻虹为龙,这也显示了舜为黄帝族后裔的身份。但虹本身则与太阳、雨联系在一起,这大概也因为有虞氏代表了金乌族的力量。相传舜家世寒微,虽是黄帝后裔,但五世为庶人。《史记》记载,"虞舜者,名曰重华。重华父曰瞽叟,瞽叟父曰桥牛,桥牛父曰句望,句望父曰敬康,敬康父曰穷蝉,穷蝉父曰帝颛顼。"但《路史》中则说有虞氏"五帝之中独不出于黄帝,自敬康而下其祖也。敬康生于穷系,系出虞幕"。这是说舜帝并不出自黄帝的血统,而是出自虞幕。虞幕是颛顼的臣子。但有虞氏最早来自于昆仑圣地的开明白虎族,传说黄帝之母为吴枢,古代"虞"通"吴",表明黄帝本身也有虞氏的血统,颛顼完全有可能与虞幕进行联姻。而舜后为尧帝的女婿,对于舜的后人而言,是能够追认黄帝为其祖的。

传说舜父瞽叟,懂乐理善观天象,后双目失明。舜两岁时,母亲去世,父亲续娶壬女,又生了弟弟象和妹妹首。史书称,舜"父顽、母嚚、象傲",常欲置舜于死地。舜生活这样的家庭中,父亲心术不正,继母两面三刀,弟弟桀骜不驯,他们串通一气,必欲置舜于死地而后快。然而舜对父母不失子道,十分孝顺,与弟弟十分友善,多年如一日,没有丝毫懈怠。舜在家里人要加害于他的时候,及时逃避;稍有好转,马上回到他们身边,尽可能给予帮助,所以是"欲杀,不可得;即求,常在侧"。身世如此不幸,环境如此恶劣,舜却能表现出非凡的品德,处理好家庭关系,这是他在传说中独具特色的一面。

尧派有穷氏后羿平息十日之乱后,为了安抚金乌族,选用了具有黄帝族与金乌族双重血统的舜为大臣。开始时,帝尧觉得舜非常孝顺,有处理政事的才干,就把两个女儿娥皇和女英嫁给他。但舜经过苦心经营,实际获得了天下的统治权，成为摄政大臣。这时，三苗为了苗蛮的利益，再次发动了针对舜的叛乱。舜把"驩兜、三苗、共工、鲧"定义为危害天下的四凶，迫使尧对其进行讨伐。

其后尧先传帝位于丹朱，但未能得到华胥族长老的支持。舜利用颛顼后人的有利身份，获得了长老们的承认，成为帝舜。丹朱联合三苗再次发动叛乱。据史书记载，舜为了使三苗臣服，一面发展生产，巩固联盟内部团结，采取文教感化和武力征服相结合的政策，一面进一步采用分化、瓦解的策略，即"分北三苗"。《尚书·舜典》中说："三载考绩，三考黜陟幽明，庶绩咸熙，分北三苗。"《史记·五帝本纪》也有同样记载。王肃说："三苗之民有赦宥者，复不从化，不令相从，分北流之。"郑玄说："流四凶者卿为伯子，大夫为男，降其位耳。犹为国君，故为三苗为西裔诸侯。犹为恶，乃复分北流之，谓分北之西裔三苗也。"最终结果是三苗被击败，丹朱投南海而死，但三苗之乱依然在延续。舜的晚年在讨伐三苗的途中度过，死于苍梧山。

舜的执政管理能力是比较强的，他摄政时，用高辛氏帝喾的八个儿子"八元"管土地，用高阳氏颛顼的八个儿子"八恺"管教化；并平息了所谓"四凶族"，即帝鸿氏的不才子浑敦、少昊氏的不才子穷奇、颛顼氏的不才子梼杌、缙云氏的不才子饕餮的动乱。舜将"四凶族"流放到边远荒蛮之地。舜执政后，有一系列的重大政治行动，一派励精图治的气象。他重新修订历法，又举行祭祀上帝、天地四时及山川群神的大典；还把诸侯的信圭收集起来，再择定吉日，召见各地诸侯君长，举行隆重的典礼，重新颁发信圭。

舜即位当年，就到各地巡守，祭祀名山，召见诸侯，考察民情；还规定以后五年巡守一次，考察诸侯的政绩，明定赏罚，可见舜很注意与地方的联系，加强了对地方的统治。尧死后，舜在政治上又有一番大的改革。原已举用的禹、皋陶、契、弃、伯夷、夔、龙、垂、益等人,职责都不明确,舜命禹担任司空,治理水土;命弃担任后稷,掌管农业;命契担任司徒,推行教化;命皋陶担任"士",执掌刑法;命垂担任"共工",掌管百工;命益担任"虞",掌管山林;命伯夷担任"秩宗",主持礼仪;命夔为乐官,掌管音乐和教育;命龙担任"纳言",负责发布命令,收集意见。还规定三年考察一次政绩,由考察三次的结果决定提升或罢免。通过这样的整顿,"庶绩咸熙",各项工作都出现了新面貌。

上述这些人都有辉煌的业绩,而其中禹的成就最大,他尽心治理水患,身为表率,凿山通泽,疏导河流,终于治服了洪水。舜在晚年未来得及指定自己的儿子商均为继承人就死了。而禹的父亲鲧本是帝喾之后的帝位继承人,但被舜迫使尧下手杀害了鲧,华胥族的长老就比较同情颛顼的后代禹,加上禹治水成功,禹也就当仁不让地成为新的共主。但华胥族长老最终没有料到的是,禹最终以更严酷的手段除掉了反对者,并传帝位于子启。启干脆废弃了"长老制",开创了"家天下"的君主世袭制。

### 后来的故事

传说帝舜死后,他的两个妃子娥皇、女英携手投入洞庭湖中。君山古称洞庭山、湘山、有缘山,在八百里洞庭湖中的一个小岛。岛上那丛丛翠竹都浸染上斑斑点点的泪迹,成了二妃对舜帝一片至情的象征。半个月之后,娥皇、女英的尸体浮出水面,当地人怀着敬畏的心情将她们葬在君山,并立湘夫人庙来纪念她们。至今君山上还有二妃墓,墓旁斑竹丛生,青翠欲滴,令人遐想不已。

据晋张华《博物志》记载:"尧之女,舜之二妃,曰:湘夫人。帝崩,二妃啼,以涕挥竹,竹尽斑。"《述异记》中说:"舜南巡,葬于苍梧,尧二女娥皇、女英泪下沾竹,久悉为之斑,亦名湘妃竹。"李淑曾的《斑竹怨》诗中说:"二妃昔追帝,南奔湘水间;有泪洒湘竹,至今湘竹斑。云深九疑庙,日落苍梧山;余恨在湘水,滔滔去不还。"这些都是对舜之二妃的纪念。

## 鲧化黄龙

名称:鲧

别号:梼杌

部族:黄帝颛顼族

图腾:龙、鳖

姓:姬

父系:黄帝族颛顼

母系:骆明氏

地域:西部

时间:距今五千多年

大事件:治水失败被杀

黄帝的后代中,鲧是十分不幸的一个。作为颛顼之子,帝喾的帝位应该是传给他的,但帝喾却把帝位传给自己的儿子挚,而后经华胥族长老的反对,再传给代表炎帝族的尧。尧时摄政的大臣是代表金乌族的舜。鲧的存在对尧和舜都是一个威胁。《大荒东经》记载:"黄帝生禺猇,禺猇生禺京。禺京处北海,禺猇处东海,都是海神。"《海内经》记载:"黄帝生骆明,骆明生白马,白马是为鲧。"《海内经》这段应该有遗漏的文字。白马氏的首领为鲧。而鲧的父亲是颛顼,颛顼做过骆明氏的首领。但颛顼是黄帝的曾孙。"鲧"本指海中的大鱼,也就是"鲸"。鲧继承的是黄帝族海神系"禺京"的北海海神称号,他辅助颛顼，即为"玄冥"。

帝喾从颛顼手中接过帝位后，安排自己的后代禺号、禺强夺过了东海、北海海神的位置。鲧实际上成了一个没有身份的人。但未料到的是，尧在中原建立帝都后，东夷部落中的十日族发生了叛乱，后被有穷氏后羿平息。为了安抚金乌族，尧任命了兼有金乌族与颛顼族血统的舜为大臣，并把两个女儿嫁给他。舜后来成了幕后的摄政大臣，有成为未来帝皇的趋势。在这种情形下，共工氏与三苗联合再次叛乱，舜迫使尧去镇压了这场叛乱。这段时间里，鲧治理洪水也到了关键时刻，甚至有成功的可能。但鲧有接任帝位资格的微妙身份，加上颛顼的另一个儿子也曾为三苗的首领，这场叛乱牵连到了鲧。尧最终命令祝融杀了鲧。

《山海经》说："帝令祝融杀鲧于羽郊。"祝融本是炎帝族世袭的"火正"称号，从祝融氏衍生出共工氏与夸父氏。但在颛顼为帝后，剥夺了炎帝族的祝融称号。颛琐生了老童，老童生了重黎。重黎接替了炎帝族祝融的火神位置。后来重黎因对共工讨伐不力被帝喾所杀，由重黎的弟弟吴回接替了火神的位置。重黎与共工都为黄帝族后裔，加上重黎为新的"火正"时，依然会保留原有炎帝族的人马，在这种双重的同室操戈中，自然讨伐不力。鲧和杀鲧的祝融，即吴回而言，两者其实都是颛顼的子孙，这才是最大的悲哀。

神话中，尧杀鲧的借口是鲧偷了息石、息壤来治水。《山海经》记载："鲧窃帝之息壤以堙洪水，不待帝命，帝令祝融杀于羽郊"，"息壤者，言土自长，故可堙水也"。与此说相近的还有《尚书》，这应该是最早记载鲧、禹治水的文献。箕子说："我闻，在昔，鲧堙洪水，汩陈其五行。帝乃震怒，不畀其洪范玖畴，彝伦攸斁。鲧则殛死，禹乃嗣兴。"息壤是传说中一种能自动生长的土壤，可能指类似现代水泥的一种自然物质，遇水膨胀，从而有效地堵住出水口或加固堤防。

传说中,鲧死后尸体三年不腐烂,后来不知道是谁,有说就是祝融,用吴刀剖开了他的尸体,这时禹就出来了,而鲧的尸体则化为黄熊,一说为黄能,飞走了。鲧化为黄熊入于羽渊为各种文献所记载。《国语·晋语八》中说:"昔者鲧违帝命,殛之于羽山,化为黄熊以入于羽渊。"《左传》昭公七年也说:"昔尧殛鲧于羽山,其神化为黄熊以入于羽渊。"而共工也有入渊之传说。《淮南子·原道》篇记载:"昔共工之力,触不周之山,使地东南倾,与高辛争为帝,遂潜于渊,宗族残灭,继嗣绝祀。"

鲧化为黄熊还是黄能,一直存有争议。鲧是黄帝族后人,黄帝以"黄"色为尊,沿用了少典"有熊氏"的称号,黄熊也就代表了黄帝族的血统。而黄能则指三足鳖。郭璞说:"三足鳖曰能。"三足鳖实际是鲧的妻子有莘氏的图腾。昆仑山上的开明族衍生出保留白虎图腾的巴人、林氏国、有虞氏,以及流黄辛氏。流黄辛氏是开明族"木禾"部的分支,其后以从流沙中淘金而致富。有莘氏作为流黄辛氏的一员,除了以薏米为图腾外,还包括鳖。河伯也可看成流黄辛氏的后人。

鲧的儿子大禹姓"姒",实际表明了鲧的这种"入赘"身份,这也是母系社会的特征。鲧与大禹虽是黄帝族之后,代表的权力还包括了流黄辛氏,也就是西羌系的利益。这一点与少昊、帝喾代表羲和族利益,共工氏与尧代表炎帝族利益,舜代表西十日族利益是一样的。只有颛顼、后稷才真正代表黄帝族嫡系的利益。南朝梁任昉《述异记》综合了鲧化黄熊或黄能的说法:"尧使鲧治洪水,不胜其任,遂诛鲧於羽山,化为黄能,入於羽泉,今会稽祭禹庙不用熊,曰黄能,即黄熊也。陆居曰熊,水居曰能。"

关于鲧是一种大鱼的说法,可从鲧的字形说起。鲧显然代表一种鱼图腾,这应该是鲧作为北海海神的一种象征。鲧接过了"禹京"的称号。"鲧"应该指海中的鲸鱼。"鲸鱼者,海鱼也。大者长千里,小者数十丈。其雌曰鲵,大者亦长千里,眼如明月珠。"但后来鲧被剥夺了海神的称号,其代表的图腾就成为"鲵",而容易被误认为娃娃鱼了。据《辞海》的解释,鲵有二种:一种是两栖类动物,四足、长尾,能上树,亦称娃娃鱼;另一种是雌性的鲸。

鲧不但善于治水,而且是城郭的创始人。《吕氏春秋》和《淮南子》都说:"鲧作城",而《吴越春秋》更具体地说:"鲧筑城以卫君,造郭以居人,此城郭之始也。"据一些学者考证,"城"实际上起源于古人防治洪水的活动。相传在尧、舜、禹的时代,先民聚居的黄河流域连续出现特大洪水,人们千方百计与洪水抗争,而最初的办法,就是"堙高坠庳,壅防百川",即用泥土石块将氏族成员居住地筑起一道道堤埂式的土围子,以拦阻洪水,保护氏族成员的居所和耕地、财产不受洪水的侵袭。这种用以防水的土围子就是"城"的雏形。正因为如此,史书上才有鲧"作八仞之城"、"鲧作城"的记载。当然,文明初期的"城",除了具有防范洪水的功能外,还具有防御野兽侵袭和敌人攻击的作用。

## 大禹治水

名称:大禹

别号:禹

部族:黄帝颛顼族

图腾:龙、鳖

姓:姒

父系:黄帝族鲧

母系:有莘氏修己

地域:西部

时间:距今五千多年

大事件:治水成功

大禹之父鲧受命治理水患,用了九年时间,洪水未平。舜巡视天下,发现鲧用堵截的办法治水,一点成绩也没有。但最主要的原因是三苗之乱连累了鲧,祝融最后在羽山将鲧处死。华胥族的长老对鲧是比较同情的,推荐鲧的儿子禹继续治水。鲧最初作为颛顼的子系,接替的是北海海神的位置,但被帝俊的子系取而代之。他做得最正确的一件事是娶了有莘氏的修己为妻子。

上古的帝位来回轮转,后面起着很大决定性作用的是流黄辛氏。炎帝之母任姒、高辛氏帝喾之母陈丰氏衰,乃至羲和一族都有流黄辛氏的血统。流黄辛氏本是昆仑山白虎"木禾"支,更以淘金而致富,从而掌控天下。鲧死后,留下了遗腹子禹。史书上关于大禹的记载,都说他出生于西羌。《后汉书》说:"大禹出西羌",《帝王世纪》说"伯禹,西羌夷人也",这反映了大禹在其母系有莘氏中生活并且以此为基础崛起的情形。但大禹又有着颛顼的血统,他为帝后,主要凭借的是流黄辛氏和黄帝族的力量。

禹接受舜的任命以后,立即与益和后稷一起,召集百姓前来协助。他视察河道,并检讨鲧失败的原因,决定改革治水方法,变堵截为疏导,亲自翻山越岭,淌河过川,拿着工具,从西向东,一路测度地形的高低,树立标杆,规划水道。他带领治水的民工,走遍各地,根据标杆,逢山开山,遇洼筑堤,以疏通水道,引洪水入海。禹为了治水,费尽脑筋,不怕劳苦,从来不敢休息,他与涂山氏女"女娇"新婚不久,就离开她,重又踏上治水的道路。后来,他路过家门口,听到妻子生产,儿子呱呱坠地的声音,都咬着牙没有进家门。第三次经过的时候,他的儿子启正在母亲怀里,已经会叫爸爸,并且挥动小手和禹打招呼,禹只是向妻儿挥了挥手,表示自己看到他们了,还是没有停下来。禹三过家门不入,正是他劳心劳力治水的最好证明。

传说大禹治水时,"河伯献河图,宓妃献洛书"。洛神就是宓妃,宓妃原是某代伏羲氏部落首领的女儿,她先嫁给河伯为妻子。其后大概是家庭暴力的原因,又改嫁给有穷氏首领后羿为妻子,即射十日的那位。最早的河伯即冯夷,是黄帝的儿子,后入赘于流黄辛氏。大禹治水时的河伯应为冯夷的后人,继承了"河伯"的封号。河伯以鳖为图腾,与大禹之母有莘氏是同族的。以前伏羲通过龙马身上的图案,结合自己的观察,画出了"八卦",而龙马身上的图案就叫做"河图"。"洛书"古称龟书,传说黄帝时期有神龟出于洛水,其甲壳上有此图象。罗苹注《河图玉版》中说:"仓颉为帝南巡,登阳虚之山,临于玄沪洛之水,灵龟负书,丹甲青文以授之。"生活在黄河流域的伏羲氏、黄帝族与流黄辛氏本身就有着千丝万缕的联系。

河图与洛书实际代表了两种高度发展的文明,当然也包括了治水之道。河伯把河图给大禹看,并和他一起治水,泛滥的洪水很快就得到了平息,河伯从此成为中华的水神。另外相传禹治洪水时,当日在涿鹿之战中讨伐蚩尤立下大功的应龙氏也来帮忙。应龙以尾画地,于是成了江河,使水流入大海。应龙氏懂得行云布雨之法,他取代的实际是雨师的位置。《大荒东经》记载:"黄帝生禺猇,禺猇生禺京。禺京处北海,禺猇处东海,都是海神。"应龙可能是黄帝族中海神家族与东夷中的鹰族联姻所生。而鲧也曾为北海的海神,因而应龙氏后人要帮助大禹。

禹也很关心百姓的疾苦。有一次,看见一个人穷得把孩子卖了,禹就把孩子赎了回来。见有的百姓没有吃的,他就让后稷把仅有的粮食分给百姓。禹穿着破烂的衣服,吃粗劣的食物,住简陋的席篷,每天亲自手持耒锸,带头干最苦最脏的活。几年下来，他的腿上和胳膊上的汗毛都脱光了，手掌和脚掌结了厚厚的老茧，躯体干枯，脸庞黧黑。经过十三年的努力，大禹带领人开辟了无数的山，疏浚了无数的河，修筑了无数的堤坝，使天下的河川都流向大海，终于治水成功，根治了水患。刚退去洪水的土地过于潮湿，禹让益发给民众种子，教他们种水稻。在治水的过程中，禹走遍天下，对各地的地形、习俗、物产都了如指掌。禹重新将天下规划为九个州，并制定了各州的贡物品种。大禹的见闻，成为日后《山海经》的重要组成部分；而对山川河流、物产部落信息的掌握，为他日后传帝位于启，建立夏朝奠定了坚实的基础。

传说帝舜在位第三十三年时，正式将禹推荐给上天，把天子位禅让给禹。十七年以后，舜在南巡中逝世。三年治丧结束，禹避居阳城，将帝位让给舜的儿子商均，但天下的诸侯都离开商均去朝见禹。其实舜即使原本有把帝位传给儿子商均的打算，一样会遭到华胥族长老的反对。再加上大禹治水成功，他的父亲鲧当初本是应该接替帝喾之位的，却不幸惨死，获得了长老们的广泛同情。因而大禹最终通过长老们控制的"禅让"而成为舜之后的新共主。

禹接位后，中原各部落逐步形成以夏族为中心的领导集团。禹在这个集团中的地位已初具王权性质，他让治水时专司刑罚的皋陶制定了一些规定，各氏族部落如有不听号令者，就要以刑罚来惩办。有一次禹在茅山召集各部落首领，想借商议大事之名再显示一下威风，巩固他对各部落的控制。这次大会刚开始，就给了禹一个树立权威的机会。原来离茅山不远的地方有一个部落，叫防风氏，这防风氏对禹的权力并不尊重，因此开会时故意很晚才来，禹大怒，下令处死防风氏，各部落的首领见禹这样威严，个个俯首贴耳，唯禹之命是从。

防风氏又名"汪芒氏"，或曰"汪罔氏"，为夏禹时防风国王。《孔子家语

·辩物》说："汪芒氏之君，守封嵎山者，为漆姓。在虞、夏、商为汪芒氏，于周为长翟氏，今曰大人。"《海内北经》记载："蓬莱山在海中。大人之市在海中。"《大荒东经》记载："有波谷山者，有大人之国，有大人之市，名曰大人之堂。"《大荒北经》记载："有人名曰大人。有大人之国，厘姓，黍食。"大人国是防风国的先民，是以"厘"为姓的。《师古往》中说："厘，本作釐"。釐又与僖通假。《国语·晋语四》中司空季子则说黄帝之子十二姓中有僖姓。《索隐》中说："漆音僖。"漆也指僖，僖姓是黄帝与妃子彤鱼氏所生的后人，而防风氏的漆姓同厘姓，是黄帝族僖姓的后人。

《国语》中记载，吴国进攻越国，攻克会稽，得到了一节很大的骨骼，要用一辆车专门装它。吴王派使者到鲁国访问，顺便让使者请教孔子这节骨头是什么骨头。孔子回答："当年大禹召集众多部落首领在会稽山开会的时候，有位号称防风的部落首领迟到被杀，尸体被肢解，他的一节骨头要装一辆车。"使者问："那些神都是谁？"孔子回答："大山河流是天下最主要的组成部分，这些首领就是统御山川河流的主宰，社稷的主宰是公侯，他们都受到王的管制。"使者又问："那个号称防风的神主宰的是哪里？"孔子回答："就在当年汪罔氏之君守的封、禺之山，为漆姓。在虞、夏、商为汪罔，在周时为长翟，那里的人长得特别高。"

由此看来，防风氏具有雷泽氏的巨人血统，后来成为"长狄"的一支。而从"长翟"到"长狄"的演变，表明防风氏本是东夷部落中以鸟为图腾的，因为与华夏族交恶的关系，其后人后来与草原上的"狄"联姻，而成为"长狄"了。

禹还有组织地对不听教化多次叛乱的苗蛮进行征伐，打败了苗军，势力范围达到江淮流域。之后，"四方归之，辟土以王"。三苗在舜去世后，已经没有了共同的反对目标，而大禹则具有名正言顺的继承资格，加上鲧的兄弟也曾为三苗的首领,这次对三苗之战就比较容易地结束了。禹开始在部落联盟中拥有无上的权力,九鼎的铸成,使他有机会把这权力强化和神圣化,使它更加巩固,以便把各部落统一在一起。

当了天子的禹更加勤奋地为万民谋利,诚恳地招揽士人,广泛地听取民众的意见。有一次,他出门看见一个罪人,竟下车问候并哭了起来。随从说:"罪人干了坏事,你何必可怜他!"帝禹说:"尧舜的时候,人们都和尧舜同心同德。现在我当天子,人心却各不相同,我怎能不痛心?"仪狄造了些酒,帝禹喝了以后感到味道很醇美,就给仪狄下命令,要他停止造酒,说:"后代一定会有因为酒而亡国的。"

帝禹在位第十年南巡,过江时,一条黄龙游来,拱起大船,船上的人很害怕。帝禹仰天叹息道:"我受命于天,活着靠上天的佐助,死了要回到天上去,你们何必为这一条龙担忧?"龙听到这一席话,摇摇尾巴,低下头就不见了。禹去世前几年,为自己的儿子启继承帝位作了充分的打算。原来符合华胥族长老的想法并满足少昊与颛顼族轮流执政利益的,是有着颛顼族与少昊族双重血统但代表东夷部落的皋陶,但没等接任,皋陶就病死了,后来经过商议,又一致推举皋陶之子伯益做他的继承人。但启的实力比历任帝王之子要强大得多,天下也不再有可以与其抗衡的力量,他击败了伯益,最终顺利地继承了帝位,结束了"长老选举制",而开始了"家天下"的君主世袭制。

### 后来的故事

禹巡视期间,看到多数部落首领对他毕恭毕敬,可是也有的部落首领并不把他这个领袖放在眼里,他便下令各部落把所有的铜贡献出来,用这些铜铸成了九个大鼎,象征九州,每个鼎上铸着各州的地理出产、珍禽异兽,然后将九鼎运至宫中,号称是镇国之宝。各部落首领定期向禹王进贡时,都要向九鼎致礼,拥有九鼎的禹王,当然也就成了九州大地的主人。九个鼎流传下来也就成了封建国家政权的象征。同时,铸鼎的故事则表明,禹时手工业和冶炼技术已得到了发展。传说《山海经》中的图文,就来自九鼎上的内容。

商代时,对表示王室贵族身份的鼎,曾有严格的规定:士用一鼎或三鼎,大夫用五鼎,而皇储皇室天子才能用九鼎,祭祀天地祖先时行九鼎大礼。因此,鼎很自然地成为国家拥有政权的象征,进而成为国家传国宝器。据说,秦灭周后第二年即把周王室的九鼎西迁咸阳。但到秦始皇灭六国,统一天下时,九鼎已不知下落。有人说九鼎沉没在泗水彭城,秦始皇出巡泗水彭城地方,曾派人潜水打捞,结果徒劳无功。

## 夏启立国

名称:启

别号:夏启

部族:黄帝族、流黄辛氏

图腾:龙、鳌

姓:姒

父系:大禹

母系:涂山氏女娇

地域:中部

时间:距今五千多年

大事件:建立夏朝

据东汉赵晔《吴越春秋·越王无馀外传》和《艺文类聚》所引《吕氏春秋》

佚文记载,大禹来到涂山,遇见一只九尾白狐,并听见涂山人唱歌,说"绥绥白狐,庞庞九尾",如果你在这里"成家成室",就会子孙昌盛,于是大禹便娶了涂山氏的女娇。人兽婚配神话背后所隐藏的文化意义,表明涂山氏是一个以九尾狐为图腾物的部族,九尾白狐被涂山氏当作自己的祖先。由于九尾狐有这么一件很风光的事情,所以传说中的狐狸精总喜欢骄傲地说自己是涂山后裔,炫耀其血统的高贵。

大禹作为黄帝族的后人,虽然以流黄辛氏的姒为姓,却依旧代表着黄帝嫡系颛顼族,他自主选择的婚姻其实是为华胥族长老所不容的。大禹选择与涂山氏联姻的意义,不但在于他向传统的部落联姻制发动了挑战,还因此取消了母系传统与"禅让"制。因而涂山氏在后来的传说中被刻画成比较邪恶的形象。在传说中,九尾狐乃四脚怪兽,通体上下长有火红色的绒毛。它善变化、蛊惑,性喜吃人,常用婴儿哭泣声引人来察看。

在国家未建立之前,"长老选举制"反映的也是母系社会的一个缩影。部族联盟内的各部落间进行频繁的联姻,担负和亲使命的基本是首领的子系。首领的儿子以"入赘"的方式与另一个部落联姻,其后代随母姓。而这位女婿与其儿子其后都担负起母系部落的责任。这种方式能最大程度地扩大部族的联盟,实行一种轮流执政的效果,从而达到一种权利的平衡。这也是部落联盟中的长老们乐意看到的。

在"长老选举制",即"禅让制"的背景下,一个男性首领的儿子虽然很多,却往往因为联姻而去了对方的部落,并且代表对方部落的利益。黄帝的儿子少昊是一个最典型的例子,他代表的是东夷羲和族的利益。延续黄帝姬姓的嫡系其实是非常少的,以致后来建立西周的甚至是没有黄帝族血缘的后稷。少昊之子共工、帝喾之子帝挚、帝尧之子丹朱、帝舜之子商均都未能顺利即位,都是对抗"禅让制"与母系社会双重压力失败的结果。大禹能传帝位启成功,就在于打破了长老们的控制。启建立的"家天下"的君主世袭制,允许自己的儿子都能继承父亲的姓氏,并分封到各地为诸侯,这也实际上终结了母系社会的传统。

随着王位的巩固,夏禹和前任帝喾、帝尧、帝舜一样,越来越觉得自己好不容易得来的王权应该由自己的儿子接管,而不能让别人来继承。但是华胥族的长老依据当初羲和族与黄帝族的约定,推荐的是代表东夷族的少昊后人皋陶。舜为帝时命皋陶担任"士",执掌刑法;命皋陶之子伯益担任"秩宗",掌管礼仪。《史记·秦本纪》记载:"秦之先,帝颛顼之苗裔孙曰女修。女修织,玄鸟陨卵,女修吞之,生子大业。"大业即皋陶。女修吞玄鸟卵的传说表明皋陶的父亲是少昊族人。

《史记·秦本纪》记载:"大业取少典之子,曰女华,女华生大费。"这是说大业娶黄帝父系所属的少典氏族之女女华为妻,生子名叫繇,称为大费,也就是伯益。伯益,亦名伯翳、柏翳、柏益、伯鹥。伯益佐禹治水有功,舜命作虞,赐姓为"嬴"。《史记·秦本纪》因而记载伯翳是五帝中颛顼的后代,嬴姓的始祖。伯益父系具有东夷族少昊与黄帝族颛顼血统,母系一方则来自少典氏,它是我国上古时期中原地区非常著名的氏族,黄帝和炎帝都是由这个氏族诞生的。

但皋陶那时候因病去世了,按照接替的顺位,应该由代表少昊族的伯益接任帝位。伯益功劳卓著,威望极高,传说他也是《山海经》的作者之一。东汉王充《论衡·别通篇》中说:"禹主行水,益主记异物,海外山表,无所不至,以所记闻作《山海经》。"东汉赵晔《越王无余外传》中说:"(禹)与益、夔共谋,行到名山大泽,召其神而问之,山川脉理、金玉所有、鸟兽昆虫之类,及八方之民俗、殊国异域、土地里数，使益疏而记之，故名之曰《山海经》。"

在长老会议上，伯益被推举为大禹的继承人。大禹感到众怒难犯，只好顺水推舟，答应下来。为了这件事，大禹寝食难安。大禹考虑到另外一个办法，让启参与治理国事。过了几年，他的儿子启由于把国事处理得很好，在人们心目中的地位也高了起来，而伯益做为继承人，却没有新的政绩，他过去办的好事，人们也渐渐淡忘了。禹王死后，他的儿子启就真的行使起王权来了，而多数部族的首领也都表示效忠于启。

大禹能顺利把帝位传给自己儿子启的另一个原因，还在于专职化军队的出现。大禹依靠的力量是流黄辛氏，即西羌以及黄帝族的力量。流黄辛氏有取之不尽的财富，黄帝族则有苦心经营多年的部落关系。在早期松散的部落联盟中，并没有专职化的军队。"全民皆兵"固然可以随意征调兵员，却也限制了军队的战斗力，用财富与贸易武装起来的军队才最富有战斗力，当初黄帝征服天下时，一战扬名的应龙氏就是如此。应龙氏的装备与战斗力之强，竟然连以"战神"为号的蚩尤部落都不能与之匹敌。大禹划九州，让天下进贡的财富不但有利于自己的统治，也能豢养职业化的军队，从而为建立"家天下"的国家制奠定稳固的政治与军事基础。

虽然长老们支持伯益，但大禹坚持把帝位传给启，这样就只能通过战争来解决了。伯益召集东夷部族率军向启杀来，而启早有防备，经过一场大战，打败了伯益的军队。夏启为了庆祝胜利，在钧台举行了大规模宴会，公开宣布自己是夏朝第二代国君，从此，父亡子继的家天下制度便取代了任人唯贤的公天下制度。

尽管启打败了伯益，但许多部族对他改变禅让传统的做法表示强烈的反对。有一个部族首领叫有扈氏，站出来反对夏启的做法，要求他按照部落会议的决定,还位于伯益。于是,夏启和有扈氏在甘泽发生了战斗。大战开始前,夏启激励将士们说:"我要告诉大家,这个有扈氏对天帝不敬,王命不遵,是上天借我的手来消灭他!因此你们要服从我的命令,奋力出击,不可懈怠!"夏启训话完毕,六军兵士就挥舞刀枪,呐喊着冲向有扈氏的队伍。经过一场激烈的厮杀,有扈氏被打败了,有扈部落的成员被罚做奴隶。从此,夏启的王位终于坐稳了,父死子继的家天下制度正式开始了。

大禹时期的战争显示了职业化军队的力量。此后,更多的部落模仿这种模式,建立了权力更为集中的国家,每个国家中部落之间的语言与文化分歧渐渐趋向统一,从而增强了凝聚力。国家之间的战争也更为激烈和惨烈。夏朝建立后,与其他部落之间的联姻基本不存在了,分歧也因此增加了,不同部族间的文化融合以"国破家亡"的形式进行,而不再是相对温和的联姻方式。但国家内部落的统一化,也加剧了文化融合的容易程度,一旦一个国家在形式上灭亡了,各部族更容易被另一种相对先进的文明整体接纳。夏朝以后的中华大地上进行的就是这种国家形态之间的战争与文化融合,直到最终形成今日之局面。

"家天下"君主世袭制的问题在于一代帝王去世后,当初帝王分封的子系诸侯难免会自相残杀。最后获得帝位的不一定是合适的人选,这样就削弱了国家的实力,并最终导致一个朝代的灭亡。长老选举的"禅让"制让帝位的过渡相对平和,并保证了帝王的品德与素质。但随着经济的发展与权力的集中,国家的出现也是一种必然,这种模式不一定完善,但也是在疾风中不断前行的变革。

从有巢氏发明树屋,到燧人氏以风为姓,继而与草原上的弇兹氏建立同盟。燧人氏的后人发展为风之五部,占有中原大地的东南西北和中部。中部的风姓以华胥族为依靠，华胥族中的伏羲凭借史前大洪水的契机成为天下的共主，这是"华"的称谓。最终中风的后人夏启建立夏朝，这就是"华夏"的由来。在夏朝建立伊始，夏启拥有的是中华中部与东部的部分，与西部、东部的民族较为友好，与北部草原与南部山林中的民族则渐行渐远。其后国家的独立在一定程度阻隔了原来联姻的交流模式。中原的黄帝族后人统治的地域也就成为被"戎狄蛮夷"这四海包围的国家了。

从《山海经》的角度而言，最初版本记载的历史图像就到此为止了。后来的则是历代史官加上的注释，也是对《山海经》中出现的氏族演变的记载。

### 后来的故事

当初为了打败伯益，启便严于律己，过着粗茶淡饭的俭朴生活；还尊老爱幼，任用贤能，然后在人民的支持下，再次出兵攻灭了有扈氏，巩固了王位。这以后，他又一反以往的作风，生活变得腐化起来，整日饮酒作乐，歌舞游猎。传说他曾创作了名为《九韶》的大型乐舞。启的年纪大了，他的五个儿子激烈地争夺着继承权。小儿子武观，一说为幼弟，因为争得最凶，启就将他放逐到黄河西岸。武观聚众反叛，大将彭伯寿带兵打败了武观并押武观回来见启，武观只好认罪服输。

夏启死后，五子争权斗争的结果是太康胜。太康即位后，终日不理政事，宴饮游乐，东夷有穷氏的首领后羿乘机把太康赶下台。不久，后羿又被他的亲信寒浞杀掉，寒浞取得王位。太康死后，他的弟弟中康得立，中康的儿子相，投靠同姓斟灌氏和斟寻氏，但仍然被寒浞所杀。相的妻子无以为计，只好逃到有仍氏娘家，生下了儿子少康。少康成人后又被寒浞打败，投奔有虞氏。有虞氏国君见少康年轻有为，就把自己的两个女儿嫁给他，为他修建了纶邑让他居住。

纶邑西有嵩山,北有具茨,南临颍水,土地肥沃,气候宜人。少康有了田一成,即方圆十里,有众一旅即五百人,从此有了安身之地。少康便以纶邑为根据地,抚恤招纳散亡的夏遗民旧部,发展生产,积蓄力量,又纠集自己的亲信氏族及对寒浞不满的部族,合力消灭了寒浞及其余党,"整威仪东南行,求阳翟夏王之故都",葺宫室,修钧台,视九鼎,天下诸侯纷纷拥戴。夏帝太康失国数十年后,少康终于"坐钧台而朝诸侯",重登天子之位,历史上称之为"少康中兴"。

少康以后的统治者都善于控制东夷,或是同东夷搞好关系。可是到了桀统治的时候,却一味地讨伐边国,耗费了大量财力。而且桀是贪图享受的暴君。在夏王朝陷入内外交困时,商汤对它进行了讨伐。桀被商汤战败,被放逐以后就死了,夏王朝被商朝所取代。

汉景帝时期,勒令太常书目中所有非关于他本人的文章典籍中的"启"字全部改成"开"字,开辟了避讳的先例。《五藏山经》、《海经》中的"夏启"就成了"夏开"。

## 嫦娥奔月

名称:嫦娥

别号:姮娥

部族:女和月母国

图腾:蚕蛾、蟾蜍、兔子

姓:不详

父系:不详

母系：女常族

地域：东北部

时间：距今四千多年

大事件：偷不死药、奔月

黄帝后人自尧帝以后，统治的中心又从东部转移到了中部。尧帝时期发生十日族的叛乱过后，东夷部落中实力强劲的是羲和族以及曾为羲和族父系的有穷氏，有穷氏利用对十日族的胜利，在东部的力量迅速扩大。大禹传帝位给儿子启，是建立在击败东夷部落首领伯益的基础上的。按照最初黄帝族与羲和族的约定，大禹之后的帝位本是传给东夷首领的，但大禹凭借强劲的实力统一了天下，并最终创立了"家天下"的君主世袭制。

东夷族虽然失败了，却一直暗中积蓄力量，并随时准备夺取帝位。有穷氏以善射著名，历代首领都有"羿"的封号，为了与前者相区别，则又有"后羿"的称号。尧时射日的是一位"后羿"，在夏启儿子太康当政期间并与嫦娥结婚的是另一位"后羿"。

太康即位后不理政事，有穷氏首领后羿想夺取夏王的权力。后羿看到太康出去打猎，觉得是个机会，就亲自带兵守住洛水北岸，等到兴高采烈的太康带着一大批猎得的野兽路过洛水边时，发现对岸后羿的军队拦住他的归路。太康没法，只好在洛水南面过着流亡生活。此时的后羿还不敢自立为王，另立太康的兄弟仲康当夏王，但把实权抓在自己手里。后羿在仲康在位期间，广罗党羽，仲康死后立仲康之子相为帝。两年后时机成熟，他罢黜相，并将相放逐到斟灌，夺了夏朝的王位，为夏王朝第六任君王。

后羿仗着射箭的本领，也作威作福起来。和太康一样，他四出打猎，把国家政事交给亲信寒浞。寒浞瞒着后羿，收买人心。有一次，后羿打猎回来，寒浞派人把他杀了。寒浞杀了后羿，夺了王位，怕夏族再跟他争夺，一定要杀死被后羿撵走的相。相逃到哪儿，寒浞就追到哪儿。后来，相终于被寒浞杀了。那时候，相的妻子正怀着孕，被寒浞逼得没法，从墙洞里爬了出去，逃到娘家有仍氏部落，生下儿子少康。少康长大后，给姥姥家看牲口，后来听到寒浞正在派人追捕他，又逃到有虞氏那儿。有虞氏是东方金乌族联盟中的另一支实力派，曾经扶持舜登帝位。

少康从小在艰难的环境中长大，练了一身本领。他在有虞氏那里招兵买马，有了自己的队伍，后来又得到忠于夏朝的大臣、部落帮助，反攻寒浞，终于把王位夺了回来。夏朝从太康到少康，中间经过了大约一百年的混战才恢复过来，历史上称作"少康中兴"。少康灭了寒浞，可是夷族和夏朝之间的斗争还没有完。夷族人有很多出名的射手，他们的弓箭很厉害。后来少康的儿子帝杼即位，发明了一种可以避箭的护身衣，叫做"甲"，战胜了夷族，夏的势力又向东发展了。关于夏朝后羿之死，战国时孟子所著《孟子》和西汉初年刘安编成的《淮南子》都说他是被恩将仇报的徒弟逢蒙暗害的。暗害的手段记载不一样，有的说是用桃木大棒打死的，有的说是用暗箭射死的，总之这位英雄是死在阴谋家的手里。

后羿得到了夏王朝的宝座，可谓是个传奇的人物，不过他的妻子更传奇，是民间传说中大名鼎鼎的嫦娥。古书上有很多不同的说法，据《淮南子》的记载，后羿觉得对不起受他连累而谪居下凡的妻子，便到西王母那里求来了长生不死之药，好让他们夫妻二人在世间永远和谐地生活下去。嫦娥却过不惯清苦的生活，乘后羿不在家偷吃了全部的长生不死药，奔逃到月宫里去了。嫦娥奔月以后，很快就后悔了，她想起了丈夫平日对她的好处和人世间的温情，对比月宫里的孤独倍觉凄凉。

嫦娥也叫姮娥。嫦娥窃服不死药而奔月的故事，在战国晚期的占卜书《归藏》中已经显山露水，到了汉代则广为人知，西汉淮南王刘安的《淮南子》、东汉天文学家张衡的《灵宪》中已经颇具首尾。《灵宪》还提到，嫦娥在偷服了后羿的不死药后，临行前还特意请一位叫有黄的算命大师打卦问吉凶，占卜师打了一卦，告诉她是吉卦，但行无妨，并且预言到，此去西天迢遥，或许刚上路时会遇到昏天黑地的阴霾天气，不必害怕，到了后来，嫦娥的后代肯定会繁荣昌盛。

实际的情形则是，西边草原实力比较强劲的是西王母族与流黄辛氏。北风族曾经与中风伏羲氏联姻，并产生"常羲"、"羲和"两族，这两族随伏羲迁居东方，后与东风帝俊族联姻，生了"十二月"与"十日"。迁居到东北部的北风一族演变成女和月母国，其中"女常"族善于编织，以蚕蛾为图腾，因而部落中的首领称为"常蛾"，演变成"嫦娥"。尧帝的女儿娥皇应该也属于"女常"一族的首领，但嫁给舜后，就自动失去了部落首领的权力。

大禹的"姒"姓来自流黄辛氏，他不仅代表着黄帝族的后代，更有着母系流黄辛氏的强大支持。因为这个原因，西方部族为了夏朝的统治，必须对东夷部落中的实力派表示友好。所以西王母赠给后羿以"不死药"，这是当初昆仑山上的"玉帝"才能享有的神药，实际是一种能延年益寿的保健药品。而女和月母国也把部落中最美丽最优秀的女子嫦娥嫁给后羿为妻子，嫦娥也就顺理成章地替后羿保管了"不死药"。

后羿与嫦娥本是英雄美女的天作之合，两人最后的不幸获得了人们的同情。在后羿夺取夏朝的帝位后，这种政治联姻就破裂了。嫦娥也就带着"不死药"回到了女和月母国，即传说中的月亮之国。传说中的月亮上有玉兔与蟾蜍，还有一个因为触犯了天条，被惩罚不停砍伐桂树的吴刚。蟾蜍的图腾来自女和月母国中的"女和"一族。因为生殖崇拜的关系,以蟾蜍、蛙、蛇为图腾,而玉兔可能与月亮的白色与形状有关。月亮中永远砍伐不断的桂树隐喻了"不死药"的含义。而吴刚的"吴"姓,则表明他是有虞氏的一员。有虞氏也是昆仑开明白虎家族的一个分支。

### 后来的故事

汉代嫦娥奔月故事的结局十分怪异,都说嫦娥后来变成了蟾蜍,也就是癞蛤蟆。汉代人相信月亮中有玉兔和蟾蜍,也许是因为美人变成癞蛤蟆的结局太悖逆常理,也太不合乎人情,于是这个嫦娥奔月的故事流传到后来,蟾蜍就丢掉了那个丑陋的让人起癞疙瘩的尾巴,变成了一个纯三足金蟾。三腿的蛤蟆被称为"蟾"。传说它能口吐金钱,是旺财之物。古代有刘海修道,用计收服金蟾以成仙,后来民间便流传"刘海戏金蟾,步步钓金钱"的传说。

传说吕洞宾弟子刘海功力高深,喜欢周游四海,降魔伏妖,布施造福人世。一日,他降服了长年危害百姓的金蟾妖精,在过程中金蟾受伤断其一脚,所以日后只余三脚。自此金蟾臣服于刘海门下,为将功赎罪,金蟾使出绝活咬进金银财宝,助刘海造福世人,帮助穷人,发散钱财,人们奇之,称其为招财蟾。早期的金蟾图像是以意象为主的蟾蜍形象,一般为蛙形,四足、圆腹。蟾蜍作为图案装饰,现存最早的恐怕是仰韶文化初期陕西临潼姜寨遗址出土彩陶盆上的蛙纹了。汉代的蟾蜍形象还多为四足,到了南朝《述异记》出现了三足金蟾之说,而现存三足金蟾的图像多为明清时期的文物。

因为传说蟾蜍是嫦娥的化身,是月精,又是王母娘娘的不死神药,系药神。历史上是先有蟾蜍后有刘海蟾的,由于这个道教全真教派北五祖刘海蟾的加盟,才使得金蟾摇身一变最终成为了财神。成语"蟾宫折桂"又把蟾蜍与仕途联系起来,使得金蟾成为了官运福神的天使。不仅如此,"辟五兵"之说又使得蟾蜍成了辟兵镇邪的标志,所以,金蟾被古人视为"祛病毒、助长寿、主富贵、呈祥瑞、辟五兵、镇凶邪"的吉祥符号是有理有据的。其实,百姓只是借用了金蟾这个符号,以寄托他们的美好愿望而已。这是因为人人都渴望生活富贵、长生不老、逢凶化吉,因此在艺术创作中,人们便不自觉地把这种需要寄托到蟾蜍这个特定的艺术符号中去了。

## 有易杀王亥

名称:王亥

别号:振、高祖亥

部族:东夷羲和族

图腾:燕子

姓:子

父系:少昊族因民国

母系:不详

地域:东部

时间:距今四千多年

大事件:早期商业活动

在《山海经》中并未记载嫦娥奔月的故事,但对有易杀王亥之事则有记载。王亥,又名振,是阕伯六世孙,冥之长子,继任为商族首领,殷人先公之一。王亥在甲骨卜辞中被称为"高祖亥"或"高祖王亥"。王亥是一位很有作为的人,他帮助父亲冥在治水中立了大功。《管子·轻重戊》中有王亥"立皂牢,服牛马,以为民利"的记载。"皂"是喂牛马的槽,"牢"是养牛羊用的圈,说明王亥族很早开始蓄养牛马，从事商业贸易了。王亥也成为了中国最早的商人，为中国商业之鼻祖。王亥谥号"商高祖"，在商朝人的心目中具有极大的神威，商人有时甚至用祭天的礼节来祭祀王亥。人们在祈祷风调雨顺时，也往往祭祀王亥，希望得到王亥的保佑。在商先公中，只有亥称王。王亥的"亥"字，可能来自母系以猪为图腾的部落。

黄帝族当初与东夷羲和族约定，以儿子玄嚣入赘羲和族成为少昊，其后天下由代表中部利益的黄帝之后颛顼族与代表东夷利益的少昊族轮流执政。黄帝正妻西陵氏雷祖，生玄嚣，玄嚣本为青阳氏，后来迁居东方为少昊，生子蟜极，蟜极生帝喾。帝喾的帝位由尧继承，他的一个儿子契成为尧帝旧臣，被舜帝留用，位居三公之列，官居司徒，主管民政事务。尧因"十日之乱"被金乌族联盟有虞氏舜取得帝位。契因保留了少昊的燕子图腾，就有了殷商先祖关于玄鸟的传说。

《大荒东经》记载："有因民国，勾姓，黍食。"《大荒南经》记载："有神名曰因乎，南方曰因，来风曰民，处南极以出入风。""因乎"是南方的风神。少昊族与炎帝族联姻，以子穷奇入赘，即"触倒不周山"与颛顼争帝位的那位共工氏。少昊与南风部族联姻，又生了句芒，句芒在东夷族中掌管羲和族，他死后成为木神，主管树木的发芽生长。太阳每天早上从扶桑上升起，神树扶桑归句芒管，太阳升起的那片地方也归句芒管。句芒在古代非常重要，每年春祭都有份。他的本来面目是鸟，鸟身人面，乘两龙。句姓同勾姓，句芒创立的国家就是"因民国"，商祖契也属于因民国的一员。

王亥的父亲冥是契六世孙，担任夏少康的司空。夏少康十一年，冥受朝廷的命令，被派去处理黄河的问题，那时的王亥开始协助父亲。夏杼十三年，冥在黄河身亡，商民族的人后来固定在冬至时，为歌颂冥的功德而祭祀他，王亥正式成为商民族的第七任首领。即位之后，王亥驯养牛马，发展商业贸易，因此让部落的农业和畜牧业快速发展。另一方面也导致物品生产过剩。王亥后来带领族人迁居于殷。为了解决牛、羊过剩的问题，王亥跟他的弟弟恒讨论如何跟其他部落以物换物，决定好之后，王亥与恒选一些有活力的牧人，一起亲自把这些动物送至有易国。

《大荒东经》记载："有人曰王亥，两手操鸟，方食其头。王亥托于有易、河伯仆牛。有易杀王亥，取仆牛。"这是说有易氏的部落首领绵臣见财起歹意，杀害了王亥，赶走了王亥的随行人员，夺走了货和牛羊，王亥的弟弟恒兼程逃回商丘。王亥之子上甲微非常悲愤，欲为王亥报仇。但由于诸多原因，当时未能立即出兵，四年以后，他才借助河伯之师，灭了有易氏，杀了绵臣，为父王亥报了仇。夏朝立国之时，依靠的是流黄辛氏的力量。河伯是流黄辛氏的后人，世代掌管黄河。当初大禹治水也依靠了河伯的帮助。王亥的父亲既然帮助夏朝治理黄河，河伯与因民国王亥的关系是比较密切的。

王亥之子为父报仇后，有易国面临着灭族的危险。《大荒东经》记载："河伯念有易，有易潜出，为国于兽，方食之，名曰摇民。帝舜生戏，戏生摇民。"从这个记载可以看出，有易国实际是有虞氏的后代。在东夷的联盟中，东部的羲和族与有穷氏最强，而有虞氏的后人虞幕在颛顼为帝时，迁入"吴"地，成为十日族的利益同盟。

有虞氏的后人利用"十日之乱"，促发了十日族与羲和族的战争，最终扶持了舜为帝皇。从这点来说，有虞氏的后人有易国与羲和族的后人因民国以前就有一定的矛盾。

### 后来的故事

冥子王亥"作服牛"，向河北发展，到契第十四代孙汤时，商已成为东方一个比较强大的方国。《国语·周语下》说："云王勤商，十有四世而兴。"汤即天乙，姓氏为"子"，甲骨文称大乙，后世习惯上称之为成汤。成汤是一位很有修养的商族首领，相传曾被囚于水牢。成汤在当选为首领后，看到夏王朝日益腐朽，夏的暴政已引起众叛亲离，便着手建立新的王朝。首先，以德立威，历兵秣马，使临近部落纷纷归附。其次，翦除夏王朝方国葛、韦、顾、昆吾，"十一征而无敌于天下"。最后，向夏王朝首都发起进攻，双方战于鸣条，夏师败绩。灭夏后，汤回师亳邑，大会诸侯，正式建立了商王朝，定都于亳。

少昊族与黄帝族轮流执政的传统，在秦朝以前依然可以遵循，不知是历史的巧合还是各部族的内在支持。黄帝传少昊，少昊传颛顼。颛顼居东方，但代表的是黄帝族。颛顼传帝喾，帝喾代表东部少昊族。帝喾传帝尧，尧代表的是炎帝族，也可以代表中部的炎黄一系。帝尧传帝舜，舜代表的是东方金乌族的利益，虽然他也有颛顼的血统。帝舜传夏禹，大禹代表的是黄帝族，其后的夏朝也是如此。夏朝为成汤所灭，成汤建立殷商，代表的是东部羲和一族。殷商又为周所灭，周的始祖为后稷，后稷名义上为帝喾之子，但实际是炎帝族"姜"姓的私生子，后恢复黄帝族嫡系的姓氏"姬"。周代以后统一天下的是秦朝，秦的始祖是伯益，代表着东夷羲和族，伯益本身兼有少昊族与颛顼族的双重血统。大禹的帝位本是传给伯益的，在两千多年后，伯益的子孙终于重新夺得了帝位。

汉代的刘姓出自炎帝族或黄帝族。祁姓陶唐氏，为帝尧之后，受封于刘，建立祁姓刘国，后裔因以为氏。裔孙刘累，能驯化龙，侍奉夏后，被夏朝第十三帝孔甲赐为御龙氏，此为祁姓之刘，史称刘氏正宗。而出自姬姓者，其源头有二：一说是周太王的后裔，西周初年，周成王封王季之子于刘邑，即今河南偃师西南刘聚，相传为刘累故居，因得名。其后裔以邑名为氏，形成姬姓之刘。另一说是东周时期，周匡王姬班封其小儿子到刘邑建立刘国，号称刘康公，其后代亦以国为氏，是为姬姓刘的又一来源。这两支姬姓刘氏后代均无显族。

　　唐朝李姓源于嬴姓和姚姓，出自皋陶之后颛顼帝高阳氏的后裔理氏，或出自道家创始人老子李耳，属于以官职名为氏。尧时，皋陶曾担任大理的职务，其子伯益被舜帝赐为嬴姓，后子孙历三代世袭大理职务，其子孙按照当时的习惯，以官为氏，称理氏。理氏改为李氏的说法有两种，一种说法是：商纣时，皋陶后裔理徵，在朝为官，因直谏得罪了商纣王而被处死，其妻契和氏带着儿子利贞逃难时，因食李子充饥才得以活命，故不敢称理，便改姓李氏。另一种说法是，据史籍记载，周朝以前未见有李氏，自从有老子姓李，名耳，为利贞的后裔，因祖上世代为理官，理与李两字古音相通，便也以李为氏。显然，李氏是始于李耳称姓的。

　　宋朝赵姓出自嬴姓，形成于西周，祖先是伯益，具体始祖是造父。造父为伯益的九世孙。由于造父驾车日驰千里，为周穆王平定了叛乱，立了大功，周穆王便把赵城赐给他，自此以后，造父族就称为赵氏。周孝王传至周幽王时，因幽王无道，造父的七世孙赵叔带离周仕晋，从此赵氏子孙世代为晋大夫，掌握晋国大权。晋景公为了夺取赵氏家族控制的政权，默许智、韩、魏三卿联合诛赵氏，灭其族。到战国初年，叔带的十二世孙赵敬侯赵襄自联合魏武侯、韩哀侯三家分晋，建立赵国，至他的孙子赵籍时，正式获得了周烈王的承认，与韩、魏两家并列为诸侯。公元前222年，赵国为秦国所灭，赵国王室纷纷散落民间。秦始皇灭赵后，把代王嘉之后迁往甘肃天水，赵王迁被流放到今湖北房县。赵嘉的后代中有赵广汉，为宋代赵匡胤的远祖。赵广汉在汉宣帝时被任命为京都行政最高长官京兆尹，执法不避权贵，后被杀。

明朝朱姓始成于西周,是古帝颛顼高阳氏之后。古帝颛顼的玄孙陆终有六个儿子,第五子名安,大禹赐曹姓。周武王灭商建立周朝后,封安的后裔曹挟在邾,建立邾国,附庸于鲁国。邾国又作邹国,亦称邾娄,在今山东费县、邹城、滕州、济宁金乡等县地市,建都于邾,公元前614年邾文公迁都于绎,到了战国中叶为楚所灭。邾国贵族以国为氏,就是邾氏,后邾国君主支庶子孙又去邑为朱姓。

## 二、诸神传说

### 海神

在《山海经》中,大地、山川、河流、海洋有着自己的部落与神灵。草原的主人是戎狄,山林的主人是蛮夷,而平原的主人是炎黄族。黄河的主人是河伯,他是流黄辛氏的后人。洛水的主人是洛神,她是伏羲氏的后人。汉水的主人是水伯,他是有虞氏的后人。山神家族中各族都有分布,以中部华山为首的山神家族则是华胥族后人。至于处于山林、平原、草原相交地带的则是氐羌,这些部落进行着不间断的复杂的联姻与文化融合。

除此之外,还有环绕着华夏的所谓"四海"。"四海"在后来的语意演化中,成为包围华夏族的"戎狄蛮夷"四大部族。但在《山海经》的最早描述中,也指四大具体的水域。《海内经》记载,在西海以外,大荒当中。有座山叫方山,山上有棵青色大树,名叫柜格松,是太阳和月亮出入的地方。在西海的南面,流沙的边沿,赤水的后面,黑水的前面,屹立着一座大山,就是昆仑山。在西海以内,流沙的西边,有个国家名叫氾叶。在西海以内,流沙的中央,有个国家名叫壑市。

靠近昆仑山的西海,应指古代的居延泽。先秦时,有一支叫居延的匈奴部落在此游牧,故而此地被称之为居延泽。居延故址在今内蒙古自治区额济纳旗东南。关于昆仑山的地望,下文另有详细阐述。西海被黑水与赤水包围,赤水不是指今日贵州省的赤水,而是在甘肃境内的古赤水。赤水县指古索西城,后魏置赤水县,后废,故治在今甘肃岷县东北九十里。《水经注》中说:"黑水出张掖鸡山,南流至墩煌,过三危山,南流入于南海,然张掖墩煌并在河北,所以黑水得越河人南海者,河自积石以西皆多伏流,故黑水得越而南也。"《太平御览》卷六五引用《张掖记》的资料说:"黑水出县界鸡山,昔有娥女简狄,浴于玄止之水,即黑水也。"

《山海经》中以颜色来命名的河流很多,比如"赤水"、"黑水"等,并非专指某条河流,而是某条河流流经某地时因为各种原因恰巧呈现出一种颜色。

西海的海神为"弇兹"。《大荒西经》记载:"西海陼中,有神,人面鸟身,珥两青蛇,践两赤蛇,名曰弇兹。"弇兹氏是一个非常古老的草原部族,当初与燧人氏在昆仑山订立盟约,划分了山林、草原的统治地界,并立玉帝为中华大地的共主。但西王母国崛起后,弇兹氏退居幕后,并定居在西海中,成为西海的海神,其形象以鸟、蛇为图腾。

《海内经》有关于南海的记载,南海以内,黑水青水之间,有树木名叫若木,若水从那里发源。南海之内,有衡山、菌山、桂山以及三天子之都山。南海的当中,有一座氾天山,赤水最终流到这座山。在赤水的东岸,有个地方叫苍梧野,帝舜与叔均葬在那里。衡山又名南岳,是我国五岳之一,位于今湖南省衡阳市南岳区。苍梧指零陵,即现在的湖南永州,传说舜南巡驾崩于苍梧。尧的儿子丹朱当初与舜争帝位失败,因感羞愧自投南海而死。《吕氏春秋》中说："尧战于丹水之浦,以服南蛮"。此中提及的"丹水",当在湖南境内的湘江之畔。尧帝战胜南蛮后,将其子丹朱封在苗地。

从上面可以看出,《山海经》中的南海在湖南境内,当为一片巨大的水域,并非指现在广东、广西周边的南海海域。此中的"南海"应该指历史记载中的"云梦泽",是横跨湖北、湖南两省的一片巨大水域。关于"云梦泽"的记载可见《尔雅·释地》提及的十大湖泊、《吕氏春秋·有始览》及《淮南子·地形训》记载的九大湖泊中的"楚之云梦"。但只说云梦泽在荆州,在楚地,而并未言明其具体方位。《水经·夏水注》中说:"自州陵东界,迳于云杜、沌阳,为云梦之薮。"西汉所置的云杜县指现在的京山县,辖境兼有今应城、天门二县,可见先秦时期云梦泽的北限曾远及汉水以北。

战国中期以后,应城、天门一带的云梦泽,为汉水所挟带的泥沙所湮没,云梦泽已略缩小。西汉时期,因江、汉两水泥沙的淤积,荆江和汉江两内陆三角洲联为一体。至魏晋南朝时期,随着云梦泽主体向东南部的推移,形成"首尾七百里"的夏州,整个云梦泽被分割为大浐湖、马骨湖、太白湖和若干大小不一的陂池,其范围也仅余近二百公里,不及先秦之半了。

唐、宋时,随着江汉内陆三角洲的进一步扩展,日渐浅平的云梦泽主体,已大多填淤成陆。唐宋志书已不见大浐湖的记载,太白湖周围也沼泽化,陆游、范成大舟行经此,已是一片"葭苇弥望"的"巨盗所出没"的地区,因而有"百里荒"之称。北宋初期,在今监利县东北六十里设置玉沙县,管理和开垦新生成的三角洲平原,历史上著名的云梦泽基本上消失,大面积的湖泊水体已为星罗棋布的湖沼所代替。

南海的海神是"不廷胡余"。《大荒南经》记载,在南海的渚中,有一个神,是人的面孔,耳朵上挂着两条青蛇,脚底下踩踏着两条红蛇,这个神叫不廷胡余。《大荒北经》记载，有个胡不与国，这里的人姓烈，吃黄米。"渚"为水中小块陆地，指的就是被湖水包围的沼泽形态。不廷胡余应来自胡不与国，后被封为南海海神，其本人应为炎帝烈山氏与游牧民族联姻的后人。烈山氏又叫厉山氏，其首领为烈山或柱。一般认为烈山氏为炎帝后裔。烈山，本是烧山垦田之意。

《山海经》对于东海的描述很多，这与东夷占据东部，以汤谷扶桑为中心发展出发达的文明有莫大的关系。《南山经》记载："东五百里，曰漆吴之山，无草木，多博石，无玉。处于东海，望丘山，其光载出载入，是惟日次。"《北山经》记载："又北二百里，曰发鸠之山，其上多柘木。有鸟焉，其状如乌，文首、白喙、赤足，名曰精卫，其鸣自詨。是炎帝之少女，名曰女娃。女娃游于东海，溺而不返，故为精卫，常衔西山之木石，以堙于东海。漳水出焉，东流注于河。"

《大荒东经》记载："东海之外有大壑，少昊之国。少昊孺帝颛顼于此，弃其琴瑟。"《大荒东经》记载："东海中有流波山，入海七千里。其上有兽，状如牛，苍身而无角，一足，出入水则必风雨，其光如日月，其声如雷，其名曰夔。黄帝得之，以其皮为鼓，橛以雷兽之骨，声闻五百里，以威天下。"《大荒南经》记载："东海之外，甘水之间，有羲和之国。有女子名曰羲和，方浴日于甘渊。羲和者，帝俊之妻，生十日。"《海内经》记载："东海之内，北海之隅，有国名曰朝鲜。"

依据《山海经》的描述，"东海"包括今日东海、黄海以及渤海的部分海面。东海中的"夔"，实际是雷泽氏的图腾。雷泽氏的一支从雷泽，即今日山东菏泽迁出，掌管了东海。《大荒北经》记载："大荒之中，有山名曰成都载天。有人珥两黄蛇，把两黄蛇，名曰夸父。"《海外北经》记载："夸父国在聂耳东，其为人大,右手操青蛇,左手操黄蛇。邓林在其东,二树木。一曰博父。"夸父是炎帝族与雷泽氏联姻的后人,在涿鹿之战中帮助蚩尤,但被应龙氏伏击所灭。《海外东经》记载:"雨师妾在其北。其为人黑,两手各操一蛇,左耳有青蛇,右耳有赤蛇。一曰在十日北,为人黑身人面,各操一龟。"雨师妾为炎帝族与流黄辛氏联姻的后人,也是水神的一个分支,其"蛇龟"形象,演变为后来的"玄武"图腾。

黄帝战胜炎帝后,东海的海神也成为黄帝的后人。《大荒东经》记载:"东海之渚中,有神,人面鸟身,珥两黄蛇,践两黄蛇,名曰禺虢。黄帝生禺虢,禺虢生禺京。禺京处北海,禺虢处东海,都是海神。"禺虢是黄帝族与有虞氏联姻的后人。应龙氏是黄帝族中海神家族与东夷中的鹰族联姻所生,应龙氏承担的角色是为了替代炎帝族中雨师的。但后来在黄帝族与东夷羲和族的权力交替中,少昊之子帝喾的后人又重新接替了东海、北海海神的角色。《大荒北经》记载:"有儋耳之国,任姓,禺号子,食谷。北海之渚中,有神,人面鸟身,珥两青蛇,践两赤蛇,名曰禺强。"《海内经》记载:"帝俊生禺号,禺号生淫梁"。此处帝俊指帝喾,他生了禺号,禺号接替了东海海神,而禺号的儿子禺强则成为北海新的海神。这个安排的另外一个结果是,颛顼儿子鲧的北海海神的位置被取代,只能去中原流浪了。

北海的情况极为复杂。《海内经》记载:"东海之内,北海之隅,有国名曰朝鲜。"《海内经》记载:"北海之内,有蛇山者,蛇水出焉,东入于海。有五采之鸟,飞蔽一乡,名曰翳鸟。又有不距之山,巧倕葬其西。"《海内经》记载:"北海之内,有山,名曰幽都之山,黑水出焉。其上有玄鸟、玄蛇、玄豹、玄虎、玄狐蓬尾。有大玄之山。有玄丘之民。有大幽之国。有赤胫之民。"《东山经》记载:"东次四山之首,曰北号之山,临于北海。"《海外北经》记载:"北海内有兽,其状如马，名曰騊駼。有兽焉，其名曰駮，状如白马，锯牙，食虎豹。有素兽焉，状如马，名曰蛩蛩。有青兽焉，状如虎，名曰罗罗。"北海应指今日渤海以及朝鲜、韩国北部的日本海海面。在中华大地的东北部，实力能与东夷抗衡的是草原上的东胡、秽貊、肃慎三大部族。今日辽宁省属于东夷羲和族的地盘。东夷与肃慎间隔着秽貊，秽貊大约在今日朝鲜与吉林境内。北海内的势力与其他三海不一样，是错综复杂的。

駮形状像普通的马却长着白身子和黑尾巴，一只角，老虎的牙齿和爪子，发出的声音如同击鼓的响声。駮兼具"马虎"之形。彝族习惯称虎为"罗罗"，西王母与彝族虎族有着极为密切的关系。"騊駼、駮、蛩蛩、罗罗"都代表着貊人的势力。

北海的翳鸟，即五彩的凤鸟，代表东夷的势力。《大荒北经》记载："大荒之中，有山名曰北极天柜，海水北注焉。有神，九首人面鸟身，名曰九凤。又有神，衔蛇操蛇，其状虎首人身，四蹄长肘，名曰强良。"九凤是东夷部落中以凤鸟为图腾的部落首领，是大禹时期鸟官的一个统领。强良应是大禹时期禺强的后人，兼有虎蛇之形。《大荒东经》记载："黄帝生禺虢，禺虢生禺京。禺京处北海，禺虢处东海，都是海神。"禺虢是黄帝族与有虞氏联姻的后人，以压制貊人的势力。

## 山神

《山海经》中记载的历史属于从山林文化到平原农耕文化过渡的时期。早期的山林文化中，部落的集聚地主要在物产相对富饶，不太需要人为耕作的山林之中。对山神的崇拜反映在部落图腾中，主要是以兽类为图腾的崇拜形式。早期的山林之神以绵延的山系为参考，每个山系的山神形状各不相同,具有融合多种动物形象的外貌。各个山系的主神与祭祀方式也都是不同的。因此可以看出,部族对于山林的统治已经有了明确的地域概念,每个山系有统一的领导者与主神。只是在黄帝族以水利农耕为主的平原文明发展起来后,水系图腾崛起,山神的角色就渐渐淡化了。原来以山系划分统治地域的方式,逐渐转变为以水系来划分地域了。

关于山神的形象有多种记载。比如鹊山山系山神的形状都是鸟的身子龙的头。南方第二列山系诸山山神的形状都是龙的身子鸟的头。南方第三列山系诸山山神都是龙的身子人的面孔。西方第二列山系其中十座山的山神,都是人的面孔、马的身子。还有七座山的山神都是人的面孔、牛的身子,四只脚和一条臂,扶着拐杖行走,这就是所谓的飞兽之神。北方第三列山系其中有二十座山山神的形状都是马一样的身子,人一样的面孔。

大致来说,山神中的图腾包括龙、鸟、羊、马等动物的独立个体或合体形象。龙是强力的水系图腾,鸟是山林中的夷族图腾,羊与马往往是游牧族的图腾,这也和各个山系所处的地理位置密切相关。在轩辕氏称黄帝后,代表水系的龙图腾占据了上风。华胥族的水利农耕文化把整个中华的文明带离了原来比较依靠自然的山林文化。各个山系的山神也就重新进行了整合。

到了尧为帝后,辅助的四大领主也就成为了"四岳",这是以四方的神山为坐标的四个领主。这四个人分别统领首都周边的三个州,一共是十二个州,即"十二牧",实际就是四方诸侯之长,是帝皇手下实力最强的四方统领。尧在用人时,都要征询这四个人的意见。但在夏朝建立之后,部落长老制让位于君主世袭制,四方的诸侯人选不再是各部落的联盟首领,而成为君主的嫡系子孙。后来的发展历史中,依然保留了这种皇帝祭祀山神的传统。这四岳的位置如果加上中部的神山,则为"五岳"。五岳的地理位置逐渐演变为北岳恒山(位于山西)、西岳华山(位于陕西)、中岳嵩山(位于河南)、东岳泰山(位于山东)和南岳衡山(位于湖南)。后来祭祀山神昭告天下的传统,实际是对原来部落长老制一种名义上的纪念。

《山海经》中有记载的是南岳、西岳,但对尧为帝时期的四岳究竟是谁,则没有明确所指。《大荒西经》记载,有个国家叫寿麻国。南岳娶了州山的女子为妻,她的名字叫女虔。女虔生了季格,季格生了寿麻。寿麻端端正正站在太阳下不见任何影子,高声疾呼而四面八方没有一点回响。这里异常炎热,人不可以前往。《海内经》记载,伯夷父生了西岳,西岳生了先龙,先龙的后代子孙便是氐羌。氐羌人姓乞。伯夷父是帝颛顼的老师。"父"这里指对男性长辈的尊称。

《山海经》对北岳山与太华山有所提及,但北岳山未指向某个山名。《北山经》记载,再往北二百里,是座北岳山,山上到处是枳树酸枣树和檀、柘一类的树木。山中有一种野兽,形状像一般的牛,却长着四只角、人的眼睛、猪的耳朵,名称是诸怀,发出的声音如同大雁鸣叫,是能吃人的。《西山经》记载,再往西六十里,是座太华山,山崖陡峭像刀削而呈现四方形,高五千仞,宽十里,禽鸟野兽无法栖身。山中有一种蛇,名叫肥遗,长着六只脚和四只翅膀,一出现就会天下大旱。太华山就是现在陕西省境内的西岳华山。

相传伯夷为姜姓,是炎帝神农氏之裔共工的侄孙。当初少昊之子穷奇应是与一位兄弟一起入赘于炎帝族的。穷奇成为共工氏的新首领,而其兄弟则成为伯夷的先祖。伯夷曾担任帝颛顼的大祭司,后为第一代太岳。炎帝故里在陕西,临近华山。华胥族之"华"指的就是华山,这是华胥族文明的发源地,是中风无怀氏与炎帝族得以崛起的根据地。因而以华山为太岳。但后来黄帝族崛起,取代炎帝,河南的嵩山就成为中岳,地位超越了其他四岳。

共工触倒不周山，引起天下大乱，也使得黄帝族与少昊族的轮流执政的次序被打乱。伯夷在帝尧时辅政，掌管礼仪，帝舜时正式任命伯夷为秩宗。大禹治水及代行天子之政时，伯夷也尽心辅弼，成为禹的心腹之臣。为嘉奖伯夷，帝舜晚年赐伯夷恢复姜姓，封为吕侯，掌管四岳，其子孙因此亦以吕为氏。伯夷所在部落发展出四支胞族，以申、吕、齐、许的四个地方为名，后来演变成四姓，掌管四岳。在尧、舜、夏禹时代，四岳是部落联盟的山岳祭司。伯夷后被尊为吕姓始祖。从这一点来说，伯夷是四岳之长，分管的"四岳"又指申、吕、齐、许这四人。

《山海经》中还有一个非常神秘而重要的山神，即钟山之神。钟山的山神，名叫烛阴，他睁开眼睛便是白昼，闭上眼睛便是黑夜，一吹气便是寒冬，一呼气便是炎夏，不喝水，不吃食物，不呼吸，一呼吸就生成风，身子有一千里长。这位烛阴神有着人一样的面孔，蛇一样的身子，全身赤红色，住在钟山脚下。钟山靠近西王母所居住的炎山，钟山之神是炎帝族与西羌联姻而崛起的代表人物，他接过了"祝融"的火神称号。虽然祝融氏后来迁居到中部，但钟山之神这个象征性的火神依然被保留下来。钟山之神因为与草原上的鬼氏联姻，而有了"一目"的形象。烛阴即《山海经》中的烛龙。

"烛阴"、"祝融"、"晏龙"是不同时期对钟山之神的称谓。烛阴究竟为炎帝族的何人，在鼓与钦䲹对葆江的谋杀案中可以见其端倪。《西山经》记载，钟山山神的儿子叫做鼓，鼓的形貌是人面龙身，他曾和钦䲹神联手在昆仑山南面杀死天神葆江。

鼓与钦䲹其后被黄帝下令诛杀。《大荒南经》记载："有人方齿虎尾，名曰祖状之尸。"葆江指祖江，也就是祖状，是有虞氏的部落成员，也是开明白虎支的某位首领。《海内经》记载，炎帝的孙子叫伯陵，伯陵与吴权的妻子阿女缘妇私通，阿女缘妇怀孕三年，这才生下鼓、延、殳三个儿子。这里的炎帝当指末代炎帝，即让位于黄帝的那位炎帝。因而伯陵即为钟山之神烛阴，他生了儿子鼓。

"吴"姓是从有虞氏的"虞"演化而来。而"吴权"即葆江，吴权的妻子阿女极可能为黄帝族成员，因而把龙的形象延续给了鼓，"鼓"即龙的鸣叫之声。伯陵因私情被吴权发现，其子联合了西王母手下的某个首领钦䲹杀了葆江。这个谋杀案对黄帝族的崛起是非常有促动作用的。自此后，开明白虎支与炎帝成员渐行渐远，并间接导致了蚩尤对黄帝战争的失败。

少昊之孙帝喾曾恢复东方的"帝俊"称号，其后与钟山之神家族联姻，生了晏龙。《海内经》记载，帝俊生了晏龙，这位晏龙最初发明了琴和瑟两种乐器。这也是黄帝系成员逐渐取代炎帝系的权力替换所致。

## 天地祭司

在原始社会中，祭司是人与自然沟通的代表，掌握着令人敬畏的自然力量，许多部族首领本身是祭司。随着时间的推移，部落间对地域与资源的竞争日趋激烈，关系到部族生死存亡的不仅仅是自然力量，更可怕的是其他部族的虎视眈眈。在这种情况下，祭司渐渐分化成一种职业，一种官职，退居到部族首领的地位之后，但依然占据着重要的地位。

燧人氏以风为姓，观测风向乃至测日，这大概是最早的祭司了。燧人氏与弇兹氏结盟后，确立了双方联姻的后人玉帝为中华的共主，他居住在昆仑圣地。辅佐在玉帝身边的祭司是西王母族，掌握天下的刑罚，其实力之强，使得后来的玉帝成为一种象征的符号，乃至渐渐被遗忘。这也是母系社会的传统延续所致。

在史前大洪水到来之前,其他著名的祭司还有雷泽氏。雷泽氏身材异常高大,声音洪亮,如同打雷一般。他们信奉水生的夔龙,其鸣叫也有雷鸣之声。夔龙的腹部之皮可用来作鼓,也可以模仿令人敬畏的雷电之力。风的力量几乎是无处不在的,雷电则基本要在下雨的时候才有,雷神的角色就没有那么重要了。雷部祭师擅长击鼓,在南方影响很大,南风为其后代。

西王母族发展时期,燧人氏的后人也衍生为东风、西风、南风、北风、中风五大系。史前大洪水过后,五大风姓结盟,中风伏羲迁居东方为太昊,成为新的共主。其中东风成为测日的祭司,接替伏羲成为帝俊一系。帝俊家族生了十日族与十二月族,是掌管日月的祭司。该族统治的时间非常之久。

西王母居住在一座活火山旁,也就是炎山。其后西王母族与开明白虎族联姻,衍生出流黄辛氏与流黄丰氏,这都属于西羌的体系。流黄辛氏后人与中风的少典族联姻,衍生出神农氏一族。神农是掌管火的祭司,开创了以火开荒的农业体系,也就成为新的帝皇,即炎帝。炎帝后人之中,火神的体系分化出来,也就是烛龙或祝融氏。随着原始农业的发展,逐水而居,以水灌溉成为非常重要的工作,也就有了水神,即共工氏。祝融氏与共工氏的首领一般由炎帝的后人担任。

当初为玉帝与西王母服务的祭司还有灵山十巫,这是掌握不死药的家族,也就是医学世家。中风的少典族与之联姻,生了轩辕氏一族,其后利用发达的农业技术成为新的帝皇,即黄帝族。炎帝族依附苗蛮而存在,而黄帝族则要独立出来,两者代表着中风的保守与改革力量。炎帝族联盟中的蚩尤取代的是西王母的地位,也就是新的杀伐之神。但改革的力量最终占据了上风,黄帝族取得了胜利。

在黄帝族与蚩尤的涿鹿之战中,双方的祭司纷纷出场。蚩尤的联盟中包括炎帝的后人风伯、雨师、夸父等。风伯以飞廉为图腾,有时也称作蜚廉,其形象非常古怪。传说中的飞廉神禽能致风气,鹿身,头如雀,有角而蛇尾豹文。但在《山海经》中则是"其状如牛而白首,一目而蛇尾,其名曰蜚,行水则竭,行草则死"。从其形态而言,风伯为炎帝族与苗蛮联姻产生的后人。雨师是炎帝族北海海神系与流黄辛氏联姻的后人。

黄帝族中两个重要的祭司则是应龙与女魃。应龙是黄帝族海神系与羲和族联姻的后人,有行云布雨的能力。而女魃是黄帝与草原上的鬼氏联姻的后人,掌握着使天变晴的自然力量,刚好可以克制风伯雨师。这两者实则是黄帝族重新竖立的,以取代风伯雨师这两个祭司。涿鹿之战胜利后,应龙氏定居南方,后来在大禹治水的时候还出手相助过。

古时有种说法,旱魃是天将大旱的征兆,因此就有焚烧旱魃祀雨的求雨祭典。至今四川汶川绵池的羌族地区还有"赶旱魃"的仪式,即由一人装扮成旱魃躲在树林中,以巫师为首带领寨民鸣锣执棍,遍山搜寻,直至寻获"旱魃",将其驱赶下山,来达到祈雨的目的。因而扮演"旱魃"的祭司是个不受欢迎的角色。清代志怪小说《子不语》就有"旱魃"这一条,其形为"一女僵尸,貌如生,遍体生白毛"。

灵山十巫虽然没有称帝,但在巴蜀地段依然举足轻重,因为一直受西王母族监视,最终从西羌体系中分离出来。灵山十巫中的巫即是掌管食物的祭司,其后人包括以猪为图腾的蜀山氏。黄帝正妃嫘祖生了玄嚣、昌意二子,昌意娶蜀山氏女为妻,生了韩流,韩流有猪的形象,娶了九黎某部首领的女儿阿女,生了帝颛顼。

《大荒西经》记载,有个寒荒国。这里有两个神人分别叫女祭、女薎。《海外西经》记载,叫做祭的女巫、叫做薎的女巫住在刑天与天帝发生争斗之地的北面,正好处于两条水流的中间,女巫薇手里拿着兕角小酒杯,女巫祭手里捧着俎器。这个寒荒国即蜀山氏统领的国家,韩流后来掌管此地。

尧时十日族叛乱,提及的还有一个叫女丑的祭司。《海外西经》记载,有一具女丑的尸体,她生前是被十个太阳的热气烤死的。她横卧在丈夫国的北面,死时用右手遮住她的脸,十个太阳高高挂在天上,女丑的尸体横卧在山顶上。《大荒东经》记载,海内有两个神人,其中一个名叫女丑。女丑有一只听使唤的大螃蟹。在天干地支中,十天干代表十日族,而十二地支代表十二月族。"丑"从鬼,古人以为鬼的面貌最丑,故从鬼。丑是地支的第二位,在十二生肖中属牛。

"女丑有大蟹",而此大蟹位于海中一个称为姑射国的海岛上。姑射国又称"列姑射",列姓是炎帝之后,从"烈山氏"演变而来。南海海神是不廷胡余。《大荒南经》中说,南海渚中,有神,人的面孔,耳朵上戴着两条青蛇,脚踏两条赤蛇,称为不廷胡余。《大荒北经》则记载,有胡不与之国,烈姓,以黍为食。牛是炎帝族的图腾。可见女丑是炎帝族南海海神系的后人,因帮助尧而被十日族所杀。

除了这些大祭司之外,另外还有海神、山神的体系,已经叙述如前。

## 十日族

史前大洪水到来之前,燧人氏与弇兹氏联姻的后人玉帝还是天下的共主。但随着西王母族的崛起,玉帝渐渐成了一种象征,由西王母掌握实际的权力。风之五部中的东风部族因为测日的需要,沿着黄河一路向东,逐日而去,最终在东海边上定居下来,并在天台山中建立了汤谷。北风的后人与灵山巫氏联姻,生了女和与女常一族。史前大洪水过后,女常族与女和族与伏羲族联姻产生了常羲族、羲和族,后迁居到东北,组成女和月母国,伏羲成为新的共主。羲和族后来与东夷中善射的有穷氏联姻,成为穷桑氏而独立出来,以燕子为图腾。

接替伏羲的是东风之后帝俊族,其与羲和族生了十日族,与常羲族生了十二月族。《大荒东经》记载:"东海之外,甘水之间,有羲和之国。有女子名曰羲和,方浴日于甘渊。羲和者,帝俊之妻,生十日。"有了十日族与十二月族的帮助,帝俊族就能方便地制定历法了。帝俊族与东南沿海的部落联姻,产生了东夷部落。参照帝俊族的金乌图腾,这些部落多以各种鸟为图腾。帝俊族传帝位于十日族,十日族的执政模式与其他部族有所不同,是由十个部落轮流执政的,起初并没有一个统一的领导人。

学者郑文光在其所著《中国天文学源流》一书中认为,十天干起源于我国古代羲和"生十日"的神话传说,是十进位法概念在计时中的反映,应当产生于渔猎时代的原始社会。"十二地支"则由常羲"生月十有二"的神话传说演变而来,产生于殷商之前,后逐渐演变为十二辰。所以,郑文光推断:"十二支宜乎是夏人的创作。"杜石然等在《中国科学技术史稿》一书中则主张夏代已有十天干纪日法,商代在夏代天干纪日的基础上,进一步使用干支纪法,从而把十天干和十二地支配合在一起形成六十循环的纪日法。

考古发现,在商朝后期帝王帝乙时的一块甲骨上,刻有完整的六十甲子,可能是当时的日历,这说明在商朝时已经开始使用干支纪日了。《世本》中说:"容成造历,大桡作甲子。"从文献记载来看,黄帝时代已有十二地支,代表着每年十二个不同的月令、节令,殷商时期出现了甲、乙、丙、丁等十个计算和记载数目的文字。但依据《山海经》的记载,十日与十二月,即天干地支的形成显然要推演到伏羲时期,只是在夏代才演变为一个成熟的系统。

天干地支,简称"干支"。在中国古代的历法中,甲、乙、丙、丁、戊、己、庚、辛、壬、癸被称为"十天干",子、丑、寅、卯、辰、巳、午、未、申、酉、戌、亥叫作"十二地支"。十干和十二支依次相配,组成六十个基本单位,两者按固定的顺序互相配合,组成了干支纪法。

天干之"干",好比是树的主干,象征着草木在不同季节的状态。甲:像草木破土而萌,阳在内而被阴包裹。乙:草木初生,枝叶柔软屈曲。丙:炳也,如赫赫太阳,炎炎火光,万物皆炳燃着,见而光明。丁:草木成长壮实,好比人的成丁。戊:茂盛也,象征大地草木茂盛繁荣。己:起也,纪也,万物抑屈而起,有形可纪。庚:更也,秋收而待来春。辛:金味辛,物成而后有味,辛者,新也,万物肃然更改,秀实新成。壬:妊也,阳气潜伏地中,万物怀妊。癸:揆也,万物闭藏,怀妊地下,揆然萌芽。

《海外东经》记载:"汤谷上有扶桑,十日所浴,在黑齿北。居水中,有大木,九日居下枝,一日居上枝。"说的就是十日族的十日轮流执政的情形。随着时间的推移,十日族不断与其他部族联姻,并向其他部族传播了先进的文化,也逐渐形成了"甲、乙、丙、丁、戊、己、庚、辛、壬、癸"这十个称谓,既指部落名,也可作为姓氏。比如己姓的羲和族与流黄辛氏,采用的就是十天干中的名称。

羲和族最初是十日族的父系,后来附属于该部族的则有十日中的第六日"己"姓,与十二月中的"巳"姓。羲和族与昆仑山白虎木禾支联姻,生了流黄辛氏,这是十日族中的第八日的父系。流黄辛氏的后人中有莘氏为"姒"姓,可看成"巳"姓的一个分支。刘师培《姒姓释》说,"姒"与"巳"同文,夏为姒姓即己姓,"巳"与"蛇"古同字,且"巳"古读通"已",这三个姓是相通的。

羲和族本身联盟的部族中包括了己姓的第六日、与姒姓相关的辛氏第八日、十二地支中的巳姓第六月，以及东夷部族原本实力最强的有穷氏，就渐渐成为了东夷中实际的领导。但无论如何，十日族这种轮流执政的模式依然存在，羲和族并没有获得部族长老的允许而单独执政。

十日族中实力较强的除了羲和族与流黄辛氏之外，还有第九日"壬"，后来则演变为"任"姓。炎帝之母父系为少典族，母亲为任姒。

黄帝战胜炎帝后，东海海神也成为黄帝的后人。《大荒东经》记载："黄帝生禺虢，禺虢生禺京。禺京处北海，禺虢处东海，都是海神。"禺虢是黄帝族与有虞氏联姻的后人。但后来在黄帝族与东夷羲和族的权力交替中，少昊之孙帝俊的后人又重新接替了东海、北海海神的角色。《大荒北经》记载："北海之渚中，有神，人面鸟身，珥两青蛇，践两赤蛇，名曰禺强。有儋耳之国，任姓，禺号子，食谷。"帝俊生了禺号，禺号接替了东海海神，而禺号的儿子禺强则成为北海新的海神。儋耳国人后代中有无继国与无肠国，也是任姓。

尧为帝时遇到的最大麻烦是东夷十日族发动的叛乱。尧虽然是帝喾的儿子，但代表的是炎帝族的利益，在经过少昊、颛顼、帝喾、帝挚的统治后，尧又回到了中原为帝，这就给东夷部落留下了权力真空。金乌族的嫡系十日族联合猰貐、凿齿、九婴、大风、封豨、修蛇各部落发动了对尧帝的战争，但在十日族之中，羲和族显然是冷眼旁观的，并支持有穷氏后羿参加对十日族的镇压。

东夷族中的有穷氏以善射著名，曾经被帝喾赐予弓箭，而且一直是羲和族的坚定盟友。在十日之乱中，尧动用了有穷氏的力量，平息了这场叛乱，最终的结果是，有穷氏首领后羿诛杀凿齿于畴华之野，杀九婴于凶水之上，抓获大风于青邱之泽，上射十日而下杀猰貐，断修蛇于洞庭，唯一没有被杀的就是大风与十日中的一日了。后羿射日的传说即出于此。后羿射杀了九日，留下

山海经诠解

《山海经》解密

一个负责天文与测日的需要,实际剩下的就是第六日"己姓"与羲和族本身了。从此以后,十日族就基本没有声息了。而尧则任命羲和族人为新的"日御",取代了"十日"的位置,东夷也就完全被羲和族所掌控,原有的部族长老制实际也成了虚设。

大禹为姒姓,其子启建立了夏朝,其实代表的还是西羌与黄帝族的利益。高辛氏帝喾另外一个儿子契,因为保留了少昊的燕子图腾,就有了殷商先祖关于玄鸟的传说。司徒契也就成为殷商的先祖。夏代末年,夏王室内政不修,外患不断,四方诸侯们纷纷投靠于殷商。公元前1600年左右,商部落首领汤联合其他部落消灭了夏王朝,从此殷商建立。

商朝的历代帝皇都延续了十日族的封号传统。高汤之汤代表汤谷,而其后的"仲丁、河亶甲、祖乙、南庚、盘庚"无不显示了天干的文化。

# 十二月

十二生肖,由十一种自然界的动物,即鼠、牛、虎、兔、蛇、马、羊、猴、鸡、狗、猪以及传说中的龙所组成,用于纪年,顺序排列为子鼠、丑牛、寅虎、卯兔、辰龙、巳蛇、午马、未羊、申猴、酉鸡、戌狗、亥猪。十二生肖应该起源于《山海经》中帝俊与常羲生的十二月族,这十二位后人掌管"十二地支",分别统领十二个部落并与之联姻,采用了十二个主要部落的动物图腾,按照这十二个部落在历史上的地位与实力做了排序,最终形成了十二生肖。

清代刘献《广阳杂记》引李长卿《松霞馆赘言》对十二生肖的来由做了说明:黑天苟地,混沌一片,鼠,时近夜半之际出来活动,将天地间的混沌状态咬出缝隙,"鼠咬天开",所以子属鼠。天开之后,接着要辟地,"地辟于丑",牛耕田,该是辟地之物,所以以丑属牛。寅时是人出生之时,有生必有死,置人于死地莫过于猛虎,寅,又有敬畏之义,所以寅属虎。卯时,为日出之象,太阳本应离卦,离卦象火,内中所含阴爻,为太阴即月亮之精玉兔,这样,卯便属兔了。辰,三月的卦象,此时正值群龙行雨的时节,辰自然就属了龙。巳,四月的卦象,值此之时,春草茂盛,正是蛇的好日子,如鱼儿得水一般;另外,巳时为上午,这时候蛇正归洞,因此,巳属蛇。午,下午之时,阳气达到极端,阴气正在萌生,马驰骋奔跑,四蹄腾空,但又不时踏地,腾空为阳,踏地为阴,马在阴阳之间跃进,所以成了午的属相。羊,午后吃草为最佳时辰,容易上膘,此时为未时,故未属羊。未之后申时,是日近西山猿猴啼的时辰,并且猴子喜欢在此时伸臂跳跃,故而猴配申。酉为月亮出现之时,月亮属水,应着坎卦,坎卦,其上下阴爻,而中间的阳爻代表太阳金乌之精,因此,酉属鸡。夜幕降临,是为戌时,狗正是守夜的家畜,也就与之结为戌狗。接着亥时到,天地间又浸入混沌一片的状态,如同果实包裹着果核那样,亥时夜里覆盖着世间万物,猪是只知道吃的混混沌沌的生物,故此猪成了亥的属相。

关于十二生肖的排列,还有各种传说,这类故事,或似开心解闷的笑谈,或似贬恶扬善的寓言,文学成分较浓。其中流传着这样一个神话传说:当年轩辕黄帝要选十二动物担任宫廷卫士,猫托老鼠报名,老鼠给忘了,结果猫没有选上,从此与鼠结下冤家。大象也来参赛,被老鼠钻进鼻子,给赶跑了。其余的动物,原本推牛为首,老鼠却窜到牛背上,猪也跟着起哄,于是老鼠排第一,猪排最后。虎和龙不服,被封为山中之王和海中之王,排在鼠和牛的后面。兔子又不服,和龙赛跑,结果排在了龙的前面。狗又不平,一气之下咬了兔子,为此被罚在了倒数第二。蛇、马、羊、猴、鸡也经过一番较量,一一排定了位置,最后形成了鼠、牛、虎、兔、龙、蛇、马、羊、猴、鸡、狗、猪的顺序。

实际上,生肖座次的排定绝非一朝一夕,也不是一代人所能完成的。十二生肖之说究竟产生于何时有争议。十二生肖最早见于世界上第一部诗歌总集《诗经》。《诗经·小雅·车攻》中说:"吉日庚午,既差我马。"1975年在湖北云梦县秦墓的出土文物中,发现了上千支竹简,其中《日书·盗者》清楚地记载着用生肖占卜盗贼相貌特征的文字。这一文物的出现,证明了在春秋战国时代就使用十二生肖了。

也有史料说它最晚应形成于汉代,其依据是东汉王充的《论衡·物势篇》,共提出十一种生肖名,其中没有龙。但在东汉赵晔《吴越春秋》中则有"吴在辰,其位龙"之句,恰好补上了"辰龙",这就是东汉的十二生肖。《北史·宇文护传》记载了北周权臣宇文护的母亲写给他的一封信,内容是:"昔在武川镇生汝兄弟,大者属鼠,次者属兔,汝身属蛇"。由此可见当时民间已普遍使用十二生肖记录人的生年了。

我国许多少数民族如蒙古、壮、部分彝族的十二生肖受汉族影响,与汉族基本一致。但有的民族在接收汉族生肖文化的同时又产生了一些变异,哀牢山彝族在十二生肖系列中,以穿山甲占据了龙的位置;新疆柯尔克孜族十二生肖中以鱼代龙、以狐狸代猴;海南黎族同胞以十二生肖纪日,以鸡起首,猴煞尾;生活在西双版纳地区的傣族以黄牛代替牛,以山羊代羊,亥的属相不是猪而是象。从以上变化中大致可以看出,各民族在选择十二生肖动物时,由于生存环境和物种的不同,选择了最亲近的动物作为生肖动物,其生肖文化就有了一定的差异。除了在生肖动物选择上的变异外,少数民族还形成各自不同的纪年、纪日方法,同时也产生了许多与生肖有关的民俗。

使用鼠图腾的为西南夷族。鼠性好聚敛,与寓言故事里不营巢的寒号鸟正好相反。鼠对洞穴的营造肯下功夫,鼠洞栖身,也藏粮。在过去,有些地方的农民甚至将开挖鼠洞收粮、收棉当作一种营生,可见鼠藏量之大。由此,人们以鼠——主要是古代难见的白鼠为藏神或仓神。人们又想象出鼠、钱的关系。清代方浚颐《梦园丛说》中说："粤东有钱鼠，其吻尖，其尾长，其声若数钱然，故名。俗云，见则主人家有吉庆事。"俞樾《茶香室丛抄》中说："常鼠亦能作数钱声，俗云朝闻之，主耗财；暮闻之，为数入，主聚财。"鼠叫吱吱，人们说那是老鼠在数钱。听见老鼠数钱之声，以晚上为佳，据说那是在数收入之钱，象征着聚财。

鼠偷来谷种的传说，在我国南方稻作文化地区多有流传。马昌仪《鼠咬天开》所举有 17 例之多，流传地包括云南、台湾、浙江、福建、广东、山东。流传于福建的故事中讲，盘古开天以后，鼠去为人找稻种，条件是人种了谷子，要给它吃一份。鼠在天上找到稻种，将谷粒粘满全身，偷到人间。浙江丽水一带的故事讲，古时候，人不爱惜谷种，天神命令布袋和尚把谷子收到天上，鼠到天上把谷种偷来，因此排十二生肖时，鼠坐上第一把交椅。

流传于云南的白族传说故事讲，鼠不仅为人偷仙米，还是氏族的祖先。故事说，洪水九十九天，只有躲在葫芦里的兄妹俩活下来，他们生了五个女儿，一个儿子也没有。大姑娘嫁给熊，二姑娘嫁给虎，三姑娘嫁给蛇，四姑娘嫁给鼠，五姑娘嫁给毛虫，由此，有了熊氏族、虎氏族、蛇氏族和鼠氏族，这四个氏族传下了人类。五姑娘被毛虫吓死了，所以没有毛虫氏族。如乌丙安《中国民间信仰》所归纳的，南方民族中流传着崇拜鼠的习俗。德昂族古老的信仰中，鼠王统管牛、马、虎、豹、象等动物，鼠王将谷种传给人类，人才得以种植粮食。傣族也流传着祖先向鼠王讨来谷种的神话。

牛图腾主要是炎帝族的图腾。因而《帝王世纪》中说炎帝"人身牛首，长于姜水。"以伏羲的父系雷泽氏来说，夔龙本是牛首龙身的形象，其后则演变成炎帝的牛图腾与黄帝族的龙图腾。牛在炎帝族开垦荒地的时候发挥了重要作用,也从游牧的角色变成了农耕的工具。把牛视为远古创世神兽的还有纳西族。在纳西族《东巴经·创世纪》中记述了一头在大海里用巨卵孵出的神牛,角顶破天,蹄踏破地,造成天摇地动。由纳西族人始祖开天七兄弟和开地七姊妹将它杀死,用牛头祭天,牛皮祭地,肉祭泥土,骨祭石头,肋祭山岳,血祭江河,肺祭太阳,肝祭月亮,肠祭道路,尾祭树木,毛祭花草,于是,便有了晴朗明亮的天空日月,有了万物生长的清静世界。从此,牛才被用来做祭圣物,用来做祭祀天地山川的牺牲供品。

虎是战斗力非常强劲的部落图腾。黑虎氏族是彝族的远古先民,其最大的特点就是崇黑尚虎,即以黑虎为图腾,并且一直保持到现在。彝族人称虎为罗,许多地方的彝族人至今自称罗罗,意为虎族。但对华夏族的形成起到重要作用的则是原来镇守昆仑圣地的开明白虎族,其后的一支成为狭义上以白虎为图腾的巴人。

有虞氏的起源可追溯到开明白虎族,白虎族与草原上的游牧民族联姻,其后人镇守的是西王母的"瑶池",有着茂密的桃林。"瑶"后来演变为"姚"姓,有"桃"的字形。有虞氏进人中原的一支启用了综合马与白虎两种特征的新图腾,即"驺虞"。有虞氏建立的国家包括《山海经》中记载的林氏国。有虞氏的后人居住在"虞谷",即管理太阳下山之所。有虞氏后人虞幕在颛顼为帝时,迁居吴地,与东风金乌族交好。白族虎氏族认为其始祖为雄性白虎,虎也不会伤害他们,当要出远门时,一定要选在属虎的那天,即寅日,认为只有这样,做事才会吉祥如意。有的人从远方回来,也一定要算准日期,只有虎日才进门坎。鄂渝土家族崇尚白虎。

白色是洁净的象征,古人多以白为正色。民间相传月中有兔,多以白兔、玉兔比喻月亮。主要使用兔图腾的是女和月母之国,即嫦娥所在的那个国家。北风的先民中有女和与女常两族,这两者的分支与伏羲氏联姻后迁居东方,成为了女和月母国。女和月母国中的常羲与帝俊生了十二月。在古人心目中,月亮和太阳同样重要,月中有兔的传说在西汉前就已存在,如湖南出土的马王堆一号墓的墓帛画中,右上方是太阳,太阳中有一金乌,左上方是月亮,里头有兔子和蟾蜍。

传说中月亮上有玉兔与蟾蜍,还有一个因为触犯了天条,被惩罚不停地砍伐桂树的吴刚。蟾蜍的图腾来自于女和月母国中的女和一族,因为生殖崇拜的关系,以蟾蜍、蛙、蛇为图腾。中国历代都有兔图腾崇拜的文化传统,尤其是白兔,看到白兔、获得白兔或者献上白兔,都有天现瑞征之意。

使用龙图腾的主要是黄帝族。但最早的龙图腾可追溯到雷泽氏的夔龙图腾。随着黄帝族的崛起,龙成为代表黄帝族的水系图腾。对于黄帝族而言,水对于农业灌溉非常重要,龙也就成为有代表性的图腾,此后则成为各民族共同崇奉的图腾神。《说文解字》中解释:"龙,鳞虫之长,能幽能明,能大能小,能长能短,春分而登天,秋分而入渊。"龙是虎须鱼尾,身长若蛇,有鳞似鱼,有角仿鹿,有爪似鹰,能走,亦能飞,能大能小,能隐能现,能翻江倒海,吞风吐雾,兴云降雨。这也是龙后来综合了其他少数民族的图腾形象所致。

蛇是非常古老的图腾。蛇在山林之中十分令人敬畏,而且有极强的繁殖能力。女和一族的后人女娲氏,后来的苗蛮部落以蛇为主要图腾。伏羲氏也有蛇的形象,因而其后人巴人有巴蛇的图腾。轩辕氏作为灵山十巫的后人,也是以蛇为图腾。炎帝族的主要盟友中,如风伯、相柳都有蛇的形象。蛇也是古越人的重要图腾之一,后来演化为神。清代吴震方《岭南杂记》说:"潮州有蛇神,其像冠冕南面,尊曰游天大帝,龛中皆蛇也。欲见之,庙祀必辞而后出,盘旋鼎俎间,或倒悬梁椽上,或以竹竿承之,蜿蜒纤结,不怖人亦不螫人,长三尺许,苍翠可爱……凡祀神者,蛇常游其家"。

主要使用马图腾的是氐人,对马的崇拜也流传于北方游牧民与游猎民中。马王爷即氐人,一般俗称马王爷,全名叫"水草马明王",也是道教的神明,全称"灵官马元帅",传说长有三只眼,又称"三眼灵光"、"三眼灵曜"。民间关于马王爷的传说很多。白马藏人坚信祖先是从大西北迁来的氐人,即古籍记载的"白马氐"。保安族中流传有雪白神马的神话。满族有供奉马神习俗,清代文献中多有祭马神仪和修建马神庙的记述。达斡尔族人称神马为"温古",这种神马不准女人骑,可随处吃、走,不准人驱赶,甚至可以在田中随意吃秧苗。神马多为全白色,全尾全鬃,从不修剪,并常在鬃尾拴五彩绸作为标志。

主要使用羊图腾的是羌人。"羌"即来源于羊之形象。弇兹氏的允姓后来分出媯姓。"若"原意为用手择菜,后来演化为牧羊的部落,即羌人的祖先。媯地在中国新疆维吾尔自治区,今作"若羌"。媯地以畜牧为主,或以动物图腾为名,如白马羌、牦牛羌等。"羌"与姜姓音同,华夏族后来的首领炎帝的姜姓就来源于华胥族与羌人的联姻。

羊图腾在许多民族中占有重要位置。哈萨克族崇拜山羊神,称做"谢克谢克阿塔",认为天下山羊都归它掌管,祭它是为了山羊的繁衍。崇拜的绵羊神称做"绍潘阿塔",统管天下绵羊,祭祀中求此神保佑绵羊多产。柯尔克孜族崇拜山羊,称山羊神为"七力潘阿塔",此神最早驯养野羊而成为家畜之神。

使用猴图腾的是有虞氏的一个分支。有虞氏镇守的是西王母的"瑶池",有着茂密的桃林,猴子喜欢食用桃子。据郑樵说舜"因妫水之居而姓妫",可推断舜还姓妫,因此姚姓也出自妫姓。"为"在古文字中为"母猴"之形,这应该也是代表林氏国的另一个图腾,即"猴"。妫氏以猴为图腾。

在藏文史书《西藏王统记》中有一段"猕猴变人"的传说。相传普陀山上的观世音菩萨命其猕猴徒弟由南海到雪域的西藏来修行。为了度化西藏，猕猴与当地的罗刹女结合，生下六只小猴，老猴将它们送到果树林间，任他们各自觅食生活。这些小猴长大后，互相交配又生下了五百只小猴，如此愈生愈多，眼看树林间的果子渐渐稀少，观世音菩萨便命老猴到须弥山中取来天生五谷种子，撒向西藏大地，于是长出了各种谷物，这些猴子改吃五谷，尾巴渐渐缩短，逐渐进化成人形，这便是藏族的祖先。

广西南丹县瑶族黄姓传说其始祖妣为母猴，母猴生下的后代力气都很大。后来，天上有十个太阳和十个月亮，白天太热，晚上太亮，人们就请黄家的子孙上天打下九个太阳和九个月亮，人们为此很感谢黄家兄弟，由于黄家兄弟是由猴妈生的，人们也就很感谢猴妈。为了纪念猴妈，大瑶寨的瑶族至今不仅黄家禁忌打猴吃猴肉，其他姓氏也同样禁忌。

使用鸡图腾的主要是东夷部落。鸡图腾的演变有一个过程。最早是燧人氏的金乌图腾，其后西风石夷则有凤凰图腾。东方帝俊族启用的太阳神鸟综合了金乌与凤凰的形象，实际上更似雄鸡，最终演变成"朱雀"图腾。白族鸡氏族则传说他们的祖先是从金花鸡的蛋里孵化出来的，认为公鸡知吉凶，会保佑他们。在迁徙时，将东西装在背箩里，上面放一只公鸡。到达新迁地区后，公鸡在什么地方叫，就在什么地方安家。在他们看来，公鸡叫的地方，就是最吉利的。

使用狗图腾的主要是草原上的戎狄。弇兹氏以"允"为姓，以绳子驯服獒犬后，变为"犾"字。弇兹氏的直系后代中，保持以犬为图腾的是"狄"人，狄指皮毛带有红色的犬。另一支为猃狁，猃指一种长嘴巴的犬。因为弇兹氏精通编织技术，在后期则不再采用树皮为原料，而采用羊毛等为原料，编织出轻盈温柔的毛衣、毛毯，即"绒"。自"猃狁"分出的一支"绒人"，因为本身的彪悍，给后来的中原部落带来了极大的麻烦，也就成为了全副武装的"戎人"形象。戎人的分支中有犬戎。东夷九夷中的畎夷，为崇拜盘瓠龙犬图腾的湘西苗族的一支。

使用猪图腾的主要是灵山十巫中的"巫即"。与朝云国相邻的司彘国，以猪为图腾，司彘国与女常族联姻，产生了蜀山氏，保留了猪的图腾。黄帝正妃嫘祖生了玄嚣、昌意二子，昌意娶蜀山氏女为妻，因而昌意之子韩流有猪的形象。司彘国与其他部落联姻产生的后代包括封豨等，并封为双头黑猪的形象，即封稀族的图腾。尧为帝时，帝俊后人十日族联合猰貐、凿齿、九婴、大风、封豨、修蛇等部落叛乱，都为后羿所灭。

## 独眼人与纵目人

在《山海经》中，以眼睛的怪异来区分的特殊部族，大致有独眼人与纵目人两大类。现代正常人的眼睛是两眼横生。相比较之下，独眼人只有一只眼睛，横或竖地立处于正常两只眼睛的中间位置。纵目人的形象可参考三星堆出土的青铜面具，主要分为三种：一种是两目向上挑的人，即平时形容美丽女人的"丹凤眼"。丹凤眼是眼睛类型的一种，眼角上翘并且狭长，类似丹凤之眼，其典型特征是内眼角朝下，外眼角朝上，极具美感。我们熟悉的关公就是这种眼睛。第二种是眼球向外突的形象，在眼睛之中有长长的柱状物，好似神话中的千里眼。还有一种便是三目人，除了正常的两目，在额头中间还有一个完全竖立的眼睛，比如古代神话传说中的二郎神杨戬与马王爷。

独眼人在《山海经》中被称为鬼族。据《大荒北经》记载："有人一目，当面中生。一曰威姓少昊之子，食黍。"另据《海内北经》："鬼国在贰负之尸北，为物人面一目。"一目国是少昊族与鬼氏联姻产生的新部落。在帝俊家族衰落后,少昊以黄帝之子的身份入赘羲和族,代表羲和族的利益,成为天下共主,其后则被代表黄帝族的颛顼接替。后来少昊被封为北方天帝,该族能镇守北方,也是与北方部落关系密切所致。所谓"人面而一目"。则可能是对尚武的鬼国人所戴头盔或面具在面部开孔的神秘说法。

而戴面具的原因,在于其形象狰狞可恶,用以驱逐邪鬼瘟疫,古代也用以冲锋陷阵,以惊退敌人。以后便演变为傩戏和傩文化,凡是祭祀、跳舞、驱邪都离不开面具。商代傩面实物也时有出土,陕西汉中地区曾发现一批青铜面具,为鬼面,脸呈椭圆,面目凶煞,眼中有通孔,可供舞者窥视。

鬼方作为古代中国北方游牧族之一,是商朝时期的外患,大约位于今陕西西北部、山西北部和内蒙古西部。鬼方应是《山海经》中鬼国、一目国、钉灵的后代。鬼方在周以后又以丁零的名字出现在史籍中。丁零在《山海经》中作"钉灵",《海内经》载"钉灵国",说"其民从膝以下有毛,马蹄善走"。剥去这些说法的神秘外衣,不过是说丁零人过的是同马有密切关系的游牧人的生活而已。丁零在《史记》中作"丁灵",在《汉书》中作"丁零",在《魏略》中作"丁令"。

《易卦·爻辞》上说:"高宗(武丁)伐鬼方,三年克之。"但殷商与鬼方也有联姻关系。鬼方常与昆戎、洛泉、昆夷、绲夷、串夷等混用。两汉时期,丁零族南迁蒙古高原,史称狄历、敕勒或铁勒。在后来史书记载的高车六部中,狄历为其一,且为六部之首。其他有袁纥部,这是历史上最早出现的回纥的汉文译名,另外四部分为斛律氏、解批氏、护骨氏、异奇斤氏。

炎帝族与鬼氏有联姻。烈山氏为炎帝时,其名为魁傀,"身长八尺有七寸,生而牛首人身,怪异之相,乃曰魁傀氏"。黄帝族也和草原上的鬼氏联姻,生下了女儿魃。少昊镇与鬼族联姻,生了"一目国",以"威"为姓。少昊之孙帝喾曾恢复东方的"帝俊"称号,其与鬼族联姻,生了烛龙。

烛龙也是人面蛇身的形象,当为鬼国的首领。《大荒北经》记载:"西北海之外,赤水之北,有章尾山。有神,人面蛇身而赤,直目正乘,其瞑乃晦,其视乃明,不食不寝不息,风雨是谒。是烛九阴,是谓烛龙。"这里烛龙竖立生长的眼睛居于面部中间,也是一目的形象。《山海经》中还记载着"袜",即魅,古人认为物老则成魅。但以形象而言,可能是鬼族在草原上的后代。

但关于独目人传说的发源地应在今新疆与蒙古交界的阿尔泰山脉附近。操突厥语民族、蒙古乃至整个阿尔泰语系民族中都有英雄勇斗独目巨人的神话母题。欧洲广为人知的独目人故事,在希腊荷马史诗《奥德赛》中有记载,"奥德赛在特洛伊城被攻破后乘船返乡,和伙伴驶到一个荒岛,为补充给养,他带领十二名水手进入了一个山洞,发现有羊羔、牛奶和奶酪。正在这时,一独目巨人突然外出归来,他在里面用巨石封堵了洞口,随后吃掉了几名水手。为了逃离,奥德赛用红酒灌醉了独目巨人,趁他酣睡之际,用火红的木笺将其仅有的一只眼睛戳瞎。为截住奥德赛一行人,独目巨人把守洞口,只准羊只出洞,奥德赛等人急中生智紧抱羊腹,一个个逃出了山洞。"

古文献记载阿尔泰山在很久以前存在过独目人。公元前 7 世纪,最早到中国探险的欧洲人,即古希腊人亚里斯底阿斯,从黑海的东北方出发,向东行至中国的阿尔泰山一带,前后花了两年时间,完成了有史记载以来西方人最初的中国之行,并将旅行见闻写成《独目人》一书。据所留残句称,阿里马斯普人人口众多,勇悍善战,畜牧发达,羊马成群,他们毛发髭髭,面貌奇特,只在前额当中长着一只眼,故名独目人。他们经常与看守黄金的格里芬人战斗,以争夺黄金。由于阿尔泰山盛产黄金,这一描绘似乎表明了独目的阿里马斯普人居住在阿尔泰山地区。

独眼的传说也传播到了活跃在今青海省的羌族部族中。作为古氏羌系统中的一支彝族先民则南下到云南,将一目神话、直目神话保存在自己的文字中。西南少数民族的神话中常出现一个主题:最初的人类在体质上与今天的人类有明显的差异,相传那些先人在洪水前后逐渐淘汰、繁衍,直至与现代人无异,成为我们的祖先。这个主题在彝语支等藏缅语系诸民族中最为明显。

流传于哀牢山双柏县新街一带的创世史诗《查姆》中写道:"天地开辟以后,天神造出叫'拉爹'的独眼人。独眼人这一代,猴子和人分不清。猴子生儿子,也是独眼睛。独眼睛这代人,用石头敲硬果,溅起火星,学会了用火,也学会了种庄稼。但是独眼人心不好,播种收割他不管,庄稼杂草遍地生;不分男和女,不分长幼尊卑;儿子不养爹妈,爹妈不管儿孙;饿了相互撕吃,怪事天天有,灾难月月生。群神当机立断,便制造了一场干旱,除了留下一个学会劳动的人之外,把独眼睛这代人都晒死了。"

"留下的人与神女相配,生下了一个皮口袋。把口袋剪成三节,袋里跳出一群小蚂蚱……蚂蚱跳三跳,变成一百二十个胖娃娃,他们名叫拉拖,有两只直眼睛,两只直眼朝上生。他们种桑麻、瓜谷,捞鱼虾,但是各吃各的饭,各烧各的汤,一不管亲友,二不管爹妈,看不见善良和纯朴。于是神又降了一场洪水,除留下好心的阿普笃幕两兄妹之外,把直眼人都淹死了。洪水过后,群神撮合阿普笃幕兄妹成亲,生下三十六个小娃娃,取名拉文。他们有两只横眼睛,两眼平平朝前生,从此各人成一族,三十六族分天下,三十六族常来往,和睦相处是一家。他们学会栽桑种麻,纺绸织缎,冶炼金银铜铁锡;他们创造了文字,发明了纸和笔,写成了书,找到了'长生不老药',开创了历史。"

楚雄彝族的洪水故事则说原先的独眼人人心不善,天神以九日八月将人类晒死,而后又出现无礼的竖眼人时代,才传到横眼人时代。天降洪水,善良的笃慕因为藏身葫芦幸存,后来与四个天女结婚而传下人类。江城彝族的洪水神话中也有独眼、直眼时代,情节稍有变化,写笃慕藏身帆船中幸存,天神以九日八月将洪水晒干,洪水后笃慕与六个天女婚合,一女生六子,六六三十六。

从生物学的遗传变异来看,独目人出现的概率是非常小的。独眼巨人的形象则以神话的形式流传下来。草原上的鬼族以此为依据,制作了独目的面具,以供祭祀与战争之用,因而有了"一目国"的由来。从"纵目人"的分类来看,眼角上翘的"丹凤眼"在生活中并非罕见。三星堆二号坑出土的一张宽1.38米的巨型青铜人面像夸张了斜目的形象,被人们称作"纵目人面像",眼珠呈圆形外突达16.5厘米。

《华阳国志·蜀志》记载:"周失纲纪,蜀先称王。有蜀侯蚕丛,其目纵,始称王……作石棺石椁,国人从之,故俗以石棺椁为纵目人冢。"古蜀国的第一代王蚕丛"其目纵"。一般认为三星堆纵目人面具就是蜀国先祖蚕丛的形象。其实就蜀人的起源而言,主体最早可追溯到《山海经》中的北风族,其中的女和族,即女娲氏诞生了苗蛮。但另一支女常族擅长编织技术,其后发展了养蚕技术,黄帝的妻子嫘祖与蜀国先祖蚕丛都是其后人。三星堆中一些青铜人面像的纵目与蚕蛾的眼睛是十分相似的,而一些眼睛中有凸出的柱形,应该代表蚕蛾的触须或蚕蛹的眼睛。

纵目人除了"丹凤眼"与"柱状眼"的形象外,还有"三只眼"的形象,即在额头正中有一只竖立的眼睛。直目神崇拜在川、甘地区的氐羌民族中十分盛行。蚕丛、川主、土伯、马王(凉山彝族神)、青衣神(青羌神)、斗姥(五斗夷神)、灵官(道教护法神)等都是直目三眼。乐山乌尤寺中的唐代铁铸乌尤神

（民间谓之鬼王），青城山隋代石雕张陵以及炳灵（炎帝），他们的额上也直立着第三只眼。甘肃文县、武都地区，到汉时发展为广汉羌、武都羌。《汉书·地理志》说："武都杂氐、羌……民俗略与巴蜀同。"他们也信仰三眼神。唐宋以来，巴蜀、甘南民间信仰势力最大的灌口二郎神杨戬，实则就是文县、武都白马氐族的狩猎神。时至今日，这一地区以白马氐称呼的少数民族仍然保存着这种宗教习俗，如在年终祀祖时，所祀大神即"直目三眼天王"。天王额上有一纵目，头顶着道教五梁冠。

学者黄永林在《三星堆青铜直目人面像的历史文化意义研究》中对一些纵目人的资料进行了整理，里面引用了学者邓廷良的调查。现代巴郎山麓的嘉绒人（古蜀人后裔）还较普遍地承袭了"纵目"的遗制，只不过以艾香灸疤痕代替了"雕题"，并且愈入深山辟野，居于交通不便地方的部落中，其俗愈浓。就是在州治马尔康，也随处可见额尖眉心处烧有大小不一，或长或圆的一个"眼疤"的人，尤以青少年男女为明显。深沟如草敦七部落等，大儿烧艾疤的仪式仍相当庄重，必须由原始巫教的巫师纳巴作法咒颂而后施行。据卫聚贤先生说："纵目人现在西藏及不丹尚有。在光绪三十年左右，成都有人看见有二十几个三眼人，从西藏到北京去朝贡，路过成都，被人围观。详察正中额上的一只眼，并非真的眼睛。系于幼时以刀划其额为一直孔，含以黑珠。长大了，珠合肉内，肉缝裂开，恰似纵立着一只眼睛。

关于"独脚人"的记载，似乎也与眼睛形态的特异互有联系，如《山海经·海外西经》记载："奇肱之国在其北，其人一臂三目，有阴有阳，乘文马。"根据张华《博物志》记载："奇肱民善为拭杠，以杀百禽。能为飞车，从风远行。汤时西风至，吹其车到豫州。汤破其车，不以视民。十年东风至，乃复作车遣返。其国去玉门关四万里。"奇肱或奇股国神话有两个主题：一是善为机巧，能作飞车;二是骑吉良神马,与双头奇鸟为伴。这也是崇拜三只眼的氐人分支,是氐人与"一臂国"联姻的后人。"一臂国"有着"半体人"的形象,是崇拜连体人或双胞胎的一个部族。

传说中的第三只眼,也称为"天目"。从某些佛教图像中,可以看到脸部出现第三只眼的情况,也就是在两眼之间的眉心处另开一眼。天目位于鼻根上印堂的位置,从印堂进去两寸,有一个像松果一样的东西,现代医学称之为松果体。有研究认为,松果体内有退化的视网膜,具有呈像能力。天眼功练成后,两眉中间的天目激活开通,闭上眼睛,额前就能出现屏幕状的东西而呈像。据说天目开通后,能看见一些原来用肉眼看不见的东西,其原理类似 X 射线透视。

## 双生子与连体人

在《山海经》中,比较特别的是对连体动物或神的崇拜。双生子又称双胞胎、孪生子,是指同父同母同卵或者异卵共生的两个婴儿,有一男一女、两男或两女三种情况。连体人是双生子的一种极端情况,出生后两个人的身体连在一起,一般很难分开。连体人或连体动物比较罕见,但在历史上也时有记载。

连体人共用一个身体,具有两个相互独立的思维意识。简单一点说,连体人是具有一个身体,两个脑袋的"人"。对连体人的关注始于 16 世纪末,在 16 世纪末 17 世纪初的文学、法律、医学和宗教问题中,连体兄弟成为一个常见的主题。那时候,连体人不具有"人"的资格,他们往往被尊为神或被贬为怪物。如连体兄弟昌和恩在出生时没有一个接生婆敢接触他们,因为害怕被诅咒。国王听到这个消息后,命令将他们处死,他们的母亲偷偷将他们藏起来,才得以生存。但是,他们长期以来被当成怪物,在马戏团里供人取乐。

《山海经》中记载的连体动物有鹠鸟、双头蛇、蛮蛮、跊踢、双双等。

《西山经》记载:"其鸟多鹠,其状如鹊,赤黑而两首、四足,可以御火。"鹠鸟是一种连体的鸟。

《大荒南经》记载:"南海之中,有氾天之山,赤水穷焉。赤水之东,有苍梧之野,舜与叔均之所葬也。爰有文贝、离俞、鸱久、鹰、贾、委维、熊、罴、象、虎、豹、狼、视肉。"委维指双头蛇。双头蛇可分两种,一种是双头并列的蛇,这源于基因的突变。另一种是看似头尾难分的蛇类,但它并非长了两个头,而是头尾长得极像,便于自我保护。该蛇常倒着爬行,以便受攻击时用头部反击。

《西山经》记载:"有鸟焉,其状如凫,而一翼一目,相得乃飞,名曰蛮蛮,见则天下大水。"这种蛮蛮的合体现象类似于比翼鸟,喜欢并排飞行,其给人连体的感觉更多是源于视觉上的误差。

《山海经》中《海经》部分记载的连体动物应都代表某部族的图腾。

《大荒南经》记载:"南海之外,赤水之西,流沙之东,有兽,左右有首,名曰跊踢。有三青兽相并,名曰双双。"跊踢是左右有头的连体兽,而双双则是三个兽的连体,应代表某部族的图腾。

《海外东经》记载:"虹在其北,各有两首。一曰在君子国北。"这里指的是虹霓,俗称美人虹。据古人说,颜色鲜艳的为雄,称作虹。颜色暗淡的为雌,称作霓。虹为自然界中的双首形象。

《海外西经》记载:"并封在巫咸东,其状如彘,前后皆有首,黑。"《山海经》中的猪的形象来自司彘国。司彘国与其他部落联姻产生的后代包括封稀等,并封为双头黑猪的形象,即封稀族的图腾。

《山海经》中《海经》部分还记载有连体的神。

《西山经》记载:"有天神焉,其状如牛,而八足二首马尾,其音如勃皇,见则其邑有兵。"这是一个以双头牛为图腾的部族首领。

《中山经》记载:"有神焉,其状如人而二首,名曰骄虫,是为螫虫,实惟蜂、蜜之庐。"黄帝母系有蟜氏图腾为蜜蜂,这位山神应为有蟜氏的后代。

在《山海经》中最有可能为双生子的是帝颛顼的后代重黎,这两者一般并称。《大荒西经》记载:"颛顼生老童,老童生重及黎,帝令重献上天,令黎下地。下地是生噎,处于西极,以行日月星辰之行次。"重黎接替了炎帝族祝融的火神位置。后来重黎因对共工讨伐不力被帝喾所杀,又由重黎的弟弟吴回接替了火神的位置。

如果以人的形象来描述双生子,最佳的描述并不是连体人。连体人作为双生子的极端情况,容易被人当成不详之物,而以照镜子的形象来描述双生子则更确切些。《山海经》中的"半体人"反映了双生子崇拜。

《海外西经》记载:"一臂国在其北,一臂、一目、一鼻孔。有黄马,虎文,一目而一手。"为了反映双生子的崇拜特征,连马都描述为"半体"的了。

《海外西经》记载:"奇肱之国在其北。其人一臂三目,有阴有阳,乘文马。有鸟焉,两头,赤黄色,在其旁。"奇肱国应为崇拜双生子的一臂国与崇拜三只眼的氐人联姻的后代。

如果双生子崇拜的部族有自己姓氏的话,无疑是"半"姓。半姓源于芈姓,出自春秋时期楚国君主熊氏之后。《东周列国志》记载,重黎死后,其弟吴回接替了祝融的位置,生子陆终,娶鬼方国君之女,第六子曰季连。芈姓,乃季连之苗裔。这说明"半"姓来自于重黎家族,而最早的起源可能追溯到苗蛮中的双生子崇拜。

双子座在古希腊神话中是宙斯的双生子,虽然有着不同的性格却希望能够一起共赴黄泉,最终成为天空中永恒闪烁的"双子星座"。天神宙斯变成一只白天鹅,引诱斯巴达国王的王妃莉妲生了双生子。列维·斯特劳斯在其著作《神话与意义》中所列举的美国落基山一带的库得奈印第安人的一则双生子神话有类似之处。印第安人的这则神话说,一个女人受骗只受孕一次,结果却生了一对孪生子,后来一个变成了太阳,一个变成了月亮。

学者张松在《黑龙江下游及库页岛诸民族中的孪生子崇拜》中讲述了少数民族的双生子崇拜。包括松花江下游和乌苏里江流域在内的整个黑龙江下游及库页岛广大地区,自古便是通古斯各族和古亚洲尼夫赫人的生息之地。这些民族的生存环境大体相同而又毗邻而居,在血缘和文化上有着种种密切的联系。黑龙江下游及库页岛诸民族中,孪生子崇拜曾是他们精神生活的一个重要方面,有着种种复杂的祭祀内容。这是一个非常奇特的文化现象。

较早注意到双生子崇拜现象的是苏联民族学巨擘施滕贝格,他在尼夫赫人中发现了孪生子祭祀现象。施滕贝格建立了孪生子祭祀起源的学说,研究成果发表于他去世后出版的《民族学中的原始宗教》一书中。施滕贝格的高足克赖诺维奇继承了老师的衣钵,他调查资料的一部分在1973年出版于莫斯科,书名为《尼夫赫人:萨哈林和阿穆尔的神秘居民》。我国民族学奠基人之一凌纯声先生则对赫哲族作了民族学调查,出版了《松花江下游的赫哲族》一书,书中对赫哲族的孪生子有虽简短却弥足珍贵的记述。

孪生子到底是山中人还是水中人,据克赖诺维奇的调查,尼夫赫人自己认为,"从山神那里生的孪生子比较常见。至于他们是从哪里来的,据说是根据捕猎中打到什么就可知道。如果孪生子出生后在森林里获得很多野兽,那么这就表明他们是山神派来的;而如果从海中得到许多东西,这就是说他们是水神派来的。"而施滕贝格在尼夫赫人中的调查结果则是,如果某位妇女生下孪生儿,人们就会相信,"她是被某位神灵看上了,在梦中与她交合;因此,孪生子出生后,要为神灵,即孪生子之一的父亲安排好祭祀仪式。另一个孪生子则被认为是吉利雅克人的儿子。"

在尼夫赫人中,孪生子死后不能火化。克赖诺维奇的书中描述为,"要为他们做一只熊笼子,然后人们刨刨花,用刨花裹上孪生子的尸体,放到笼子中。往笼子上插各种刨花做的公兽和母兽的塑像。在笼子的每个角上都拴上一条狗并把它们勒死。在尼夫赫人中,孪生子死后,人们要制作他们的木雕像。在氏族仓库里雕刻,那里存放着熊的头骨。在那里刨好一些刨花,用来制作类似双坡小窝棚的东西,这被称作是他们的住屋。在住屋里安放孪生子的雕像,并且经常喂他们。用刨花为孪生子的雕像做衣服和喂他们的碗。每月要在碗里放白芷和百合喂他们。孪生子死后要为他们刻木雕像。如果认为他们来自山神,就用赤杨;如果认为他们来自海神,就用桦木。为此要选用日出方向的树。"

刘锡诚在《神话与象征——以哈尼族为例》中提及了我国少数民族的一些双生子的神话。哈尼神话中的"双生子"题材至今还在口头上流传,而且有自己的特点。目前所见叙述最为完整的"双生子"神话,记录于墨江县的《青蛙造天造地》和元阳县的《太阳和月亮》,有所涉及但语焉不详的记录于元阳县的《神和人的家谱》。这三则神话都收录于云南省民间文学集成办公室编著的《哈尼族神话传说集成》一书中。关于苗族中双生子崇拜的习俗难以寻找资料,但从其他民族的习俗中,大致可以推断出重黎时期双生子崇拜的光景。

## 大耳族

《海内经》记载："帝俊生禺号，禺号生淫梁，淫梁生番禺，是始为舟。番禺生奚仲，奚仲生吉光，吉光是始以木为车。"黄帝族与水神联姻，有禺虢、禺京一族，分管东海与北海。帝喾的后人禺号接替禺虢掌管了东海。禺号有子禺强，接替禺京掌管北海。

《大荒北经》记载："有儋耳之国，任姓，禺号子，食谷。"儋耳国是帝喾家族与东夷部落中的少数民族联姻所生。任姓的起源，更早可追溯到炎帝之母任姒。在十天干中有"壬"，象形兼指事，像一个人挑担子。《诗·大雅·生民》中说，"壬：妊也，阳气潜伏地中，万物怀妊。"任姓应起源于东夷十日族中的一员。

海南儋州，古称儋耳。今日海南地域内，在把耳朵打孔，上挂比较重的装饰品，把耳朵拉长甚至到达肩部的少数民族部落中，这种习俗被称为"儋耳"或"离耳"。

关于"儋耳"习俗的做法，文献说法不一。一种指在脸部和耳匡周围镂刻花纹，使累耳下垂。另一种指在耳垂上穿孔，悬挂耳环或各种装饰品，使下垂至肩或下肩三寸。以《山海经》而论，后一种说法比较合理。因为如果是纹身习俗，则和"雕题国"相混淆了。西南有些少数民族，比如佤族或者布朗族的曼咪人，由于佩戴的银耳环过重，牵拉耳朵，使耳垂的长度达到十几厘米，有的甚至大耳垂肩。

在东南沿海地域内的离耳国应为高山族人的先民，其主体在台湾，在福建还有少量高山族人。高山族是古越人的一支，男女青年中还有穿耳的习惯，但只有女子穿耳，男子很少穿。穿耳的目的如同汉族一样，是戴耳环。但高山族人穿耳不仅在耳垂上穿孔，还要在耳轮上穿孔。悬挂的装饰物不是金、银而是竹管、贝壳和铝盘，竹管上有精细的雕刻，在竹管的一端用丝线穿一串琉璃珠，并结扎在头发上。有的耳饰是大木环，因为太重，常常把耳朵下部撕裂。台湾平埔人为了扩大耳孔，就不断加大竹节，以至于耳大垂肩，这却成了平埔人心目中的美男子。

《大荒北经》记载："有牛黎之国。有人无骨，儋耳之子。"牛黎音同柔利。这里说的是儋耳国与柔利国联姻的后代，即无骨民。《海外北经》记载："柔利国在一目东，为人一手一足，反膝，曲足居上。一云留利之国，人足反折。"

《大荒北经》记载："有无继民，无继民任姓，无骨子，食气、鱼。"《海外北经》记载："无启之国在长股东，为人无启。"无启国即无继国，传说无启国的人住在洞穴中，平常吃泥土，不分男女，一死就埋了，但他们的心不腐朽，死后一百二十年就又重新化成人。

以"无"为特征的部族，起源于"柔利国"，这大概是草原上"柔然"民族的先民。《大荒东经》记载："有柔仆民，是维嬴土之国。"柔仆民可能是柔利国与嬴民国联姻所生。《山海经》中有嬴民国，从字形"嬴"可看出为女和月母国后人。女和月母国与司彘国联姻，产生了嬴民国，嬴民国后代包括封豨，即以并封为图腾的部落。嬴民国后与少昊族联姻，获得了玄鸟图腾。少昊的后代伯翳后获得"嬴"姓，成为秦朝的始祖。《毛诗正义》记载："昔皋陶之子伯翳，佐禹治水有功，舜命作虞，赐姓曰嬴。"

《魏书·柔然传》中说，柔然来自东胡，其部落"自号柔然"。柔然，亦称蠕蠕、芮芮、茹茹、蝾蠕等等。北魏太武帝拓跋焘认为柔然智力低下，败多胜少，所以嘲讽他们是不会思考的虫子，下令全国军民对柔然侮辱性地改称"蠕蠕"。北魏后期，柔然又以"茹茹"作为自称或姓氏。但"柔然"之本意，极有可能是源自对某种软体动物的崇拜。

"柔然"一词，也有认为是"聪明、贤明"之意，或认为含有"礼义、法则"之意，或认为源于阿尔泰语的"异国人"或"艾草"等。

关于柔然人的来源，史籍记载各异，有东胡、鲜卑、匈奴、塞外杂胡诸说。如《魏书·蠕蠕传》提及蠕蠕为"东胡之苗裔"、"匈奴之裔"、"先世源由，出于大魏"《宋书·索虏传》、《梁书·芮芮传》均认为柔然是"匈奴别种"，而《南齐书·芮芮虏传》则以为是"塞外杂胡"。此外，欧洲历史著作中有称柔然为"阿哇尔人"，实为公元 8 世纪中叶由亚洲迁到欧洲的柔然人，并在今巴伐利亚东部建立了阿瓦尔汗国。

柔然最盛时（约 410 年—425 年），其势遍及大漠南北，北达贝加尔湖畔，南抵阴山北麓，东北到大兴安岭，与地豆于（北魏时期的一个民族）相接，东南与西拉木伦河的库莫奚及契丹为邻，西边远及准噶尔盆地和伊犁河流域，并曾进入塔里木盆地，使天山南路诸国服属。在柔然的发展过程中，逐渐融合了其他民族成分。根据《魏书》、《北史》及其他南北朝至隋唐有关史书记载，柔然所统辖的姓氏共有 60 余种，其中属于柔然的民族、部落有郁久闾氏、俟吕邻氏、尔绵氏、约突邻部、阿伏干氏、纥奚部等。

迁居内地的柔然人，通过杂居共处。互相通婚等各种途径，大多先融合于鲜卑，最终被同化于中原汉族之中。河南洛阳、山西雁门、代郡等地闾氏、郁久闾氏、茹茹氏、茹氏等一些姓氏，其先祖应为柔然人。

历史上的楼兰古国，音同"柔然"，虽然在地域上与柔然相隔较远，但柔然人沿着蒙古草原进行长距离迁徙是完全有可能的。楼兰为西域古国名，国都楼兰城，遗址在今中国新疆罗布泊西北岸。西南通且末、精绝、拘弥、于阗，北通车师，西北通焉耆，东当白龙堆，是通敦煌，扼丝绸之路的要冲。

楼兰国人属印欧人种,语言为印欧语系的吐火罗语。汉武帝初通西域,使者往来都经过楼兰。楼兰国的远古历史至今尚不清楚。楼兰名称最早见于《史记》。《汉书·匈奴列传》记载,"鄯善国,本名楼兰,王治扞泥城,去阳关千六百里,去长安六千一百里。户千五百七十,口四万四千一百。"大约在公元前 3 世纪时,楼兰人建立了国家,当时楼兰受月氏统治。公元前 177 年至公元前 176 年,匈奴打败了月氏,楼兰又为匈奴所辖。

## 黄金家族

史前大洪水过后,风之五部订立了盟约,首先由北风族与伏羲氏联姻,产生了"羲和"、"常羲"两大分支。羲和族是伏羲氏与北风族中的"女和"部,即女娲氏联姻的后人。昆仑山上看管木禾的为开明白虎的一支,其后与西羌联姻,产生流黄辛氏。后来,羲和与常羲两族又迁居东方,与东风金乌族联姻,生了"十日"与"十二月"。十日指十天干,"甲乙丙丁戊己庚辛壬癸"。而流黄辛氏代表十天干之中的"辛",即第八日的父系。

流黄辛氏的主业有三个,一为牧羊,因而"辛"有"羊"之形象;二为种植木禾,即薏米,这是昆仑山上的传统;三为淘取沙金,这也成为后来流黄辛氏最大的财富来源。流黄辛氏产生有莘氏姒姓,为大禹的母系,以薏苡为图腾,流黄辛氏后来分出流黄丰氏,这些都是西羌下属的部落。女和族的大部后来则进入巴蜀地带,成为苗蛮的主体。

颛顼的儿子鲧没有接替帝喾的帝位,后来流浪到流黄辛氏的地盘,以入赘的身份娶了有莘氏的女儿,因而鲧的儿子大禹姓"姒"。鲧与大禹虽然是黄帝族之后,一定程度上代表的却是流黄辛氏的利益。《后汉书》说"大禹出西羌",可见,流黄辛氏的后人在其后的历史中被称为"西羌",也说明了他们的游牧传统。

流黄辛氏在《山海经》记载的从伏羲到大禹的历史中,一直在幕后起着重要的作用。夏朝的开创,是流黄辛氏不断经营的结果,他们最终在纷繁复杂的部族争斗中取得了胜利,建立了第一个国家。流黄辛氏的富有,其重要的一个来源应来自于淘取的砂金,因而在五行文化中,"辛"一般与"金"联系在一起。

中华民族是发现、生产和使用黄金最早的民族之一。黄金以它的美丽、稀有、名贵、稳定和极好的延展性倍受人类喜爱。黄金由于闪闪发光,人们习惯将它和太阳相提并论。古人崇拜黄金像崇拜太阳一样,因此有关黄金与太阳的传说很多,流传也相当广。

沙金产于河流底层或低洼地带,与石沙混杂在一起,经过淘洗才能出来黄金。沙金起源于矿山,由于金矿石露出地面,经过长期风吹雨打,岩石被风化而崩裂,金便脱离矿脉伴随泥沙顺水而下,沉淀在石沙中,在河流底层或砂石下面沉积为含金层,从而形成沙金。沙金的特点是:颗粒大小不一,大的像蚕豆,小的似细沙,形状各异,颜色因成色高低而不同,九成以上为赤黄色,八成为淡黄色,七成为青黄色。

以沙金著名的是长江上游的金沙江。长江江源水系汇成通天河后,到青海玉树县境进入横断山区,开始称为金沙江。金沙江流经云南高原西北部、川西南山地,到四川盆地西南部的宜宾接纳入岷江。金沙江还有丽水、马湖江、神川等名称,沿河盛产沙金。明人程登吉编著的《幼学琼林》中说:"黄金生于丽水,白银出自朱提。"宋代因为河中出现大量淘金人而改称金沙江。明代地理学家徐霞客经过实地考察后提出"推江源者,必当以金沙为首",从而确认了金沙江作为长江上源而纠正了自《禹贡》以来"岷山导江"这个延续了两千年的谬误。

随着北风族的主体逐渐进入四川,淘金技术也开始传播出去,金沙江成为新的黄金来源,为古蜀国的黄金制品提供了大量来源。四川金沙遗址位于成都市西郊苏坡乡金沙村,是民工在开挖蜀风花园大街工地时首先发现的。从文物时代看,绝大部分约为商代晚期和西周早期,少部分为春秋时期。在出土的金器中,有金面具、金带、圆形金饰、喇叭形金饰等30多件,其中金面具与广汉三星堆的青铜面具在造型风格上基本一致,其他各类金饰则为金沙特有。三星堆遗址的黄金器是商文化遗址中最丰富的,有金杖、金面罩、金箔虎形饰、金箔鱼形饰、金箔璋形饰、金箔带饰、金料块等。这也从另一个方面说明了黄金在古人祭祀中的重要作用。

## 兄弟排行榜

"伯(孟)、仲、叔、季"一般用作兄弟或姐妹间的排行,以示长幼有序。"伯"是排行老大,"仲"是老二。《说文·人部》中说:"伯,长也。""仲,中也。"排行老大也有不用"伯"字而用"孟"字的。有一种解释说"嫡长为伯,庶长为孟",意思是说,古代贵族一夫多妻,长子是正妻所生用"伯"字,非正妻所生则用"孟"字。《说文·又部》中说:"叔,拾也。""叔"字的本义是拾取,字形以手拾豆会意,表示排行次序是假借用法,后来假借义通行,而本义反倒不用了。"叔"通常是排行老三,但也可以是兄弟中较小的,如周武王灭商后,孤竹君的两个儿子逃到首阳山,不食周粟而死,长子叫伯夷,次子叫叔齐,就是一例。

《说文·子部》说:"季,少称也。""季"是兄弟中最小的,可以是排行老四,但不一定是老四。汉高祖刘邦排行老三,因为他最小,所以又以刘季为字。兄弟讲排行,姊妹也讲排行,古代待嫁女子通常是在姓氏前加"伯(孟)、仲、叔、季"等字,如伯姬、叔姬之类。在实际应用排行时,并不完全拘泥于这种顺序,如果兄弟是三人,可能用"伯、仲、季",而不用"叔"。文王之父季历是老三,上有"太伯、仲雍",所以末子为老三也可称季。"春夏秋冬"就各自分"孟、仲、季"三个月(如孟春、仲春、季春),因而称为"四季"。从史实看,除以"季"为末子外,伯仲以外叫"叔"的为多。

周武王分封诸弟皆称叔某,因为排行第二。《史记·管蔡世家》中说:"武王同母兄弟十人……其长子曰伯邑考,次曰武王发,次曰管叔鲜,次曰周公旦,次曰蔡叔度,次曰曹叔振铎,次曰成叔武,次曰霍叔处,次曰康叔封,次曰冉季载。冉季载最少。"以上老三至老八皆为叔某,老十才叫"季载"。老四周公旦用了尊称,但文中又说"封叔旦于鲁而相周为周公",因为他只是老四而不是老小,所以并不叫"季旦"。此外,《春秋命历序》所记传说中还有"皇氏五龙"的"伯、仲、叔、季、少"的叫法,比如"皇伯、皇仲、皇叔、皇季、皇少,五姓同期,俱驾龙,号曰五龙"。只有五兄弟的,也可依此排行,把最幼小的叫"少"。

以《山海经》中的记载论,这种排行的用法早在实行"禅让制"的部落长老制时期就普遍应用。黄帝曾孙高辛氏帝喾手下有"八才子",称"八元"。《左传·文公十八年》中说:"高辛氏有才子八人,伯奋、仲堪、叔献、季仲、伯虎、仲熊、叔豹、季狸,忠肃共懿,宣慈惠和,天下之民谓之八元。"这是按"伯、仲、叔、季"的排行。

在《山海经》中,最早出现的是"伯"姓,而这个姓一直与"柏"混用。在伏羲为帝时期,随伏羲由中华大地中部迁居到东部的还有柏皇氏一脉,柏皇氏甚至接替伏羲的东方帝位统治了很长时间。柏皇氏的图腾是珍珠柏,这是一种结有珍珠一样果实的柏树。《海外南经》中记载,三珠树在厌火国的北面,生长在赤水岸边,那里的树与普通的柏树相似,叶子都是珍珠。另一种说法认为那里的树像彗星的样子。

柏姓在东方有很多后裔,柏其后被尊为"伯",代表皇帝身边第一位的辅佐之臣。《大荒南经》记载,有个国家叫伯服国,颛顼的后代组成伯服国,这里的人吃黄米饭。伯夷父生了西岳,西岳生了先龙,先龙的后代子孙便是氐羌,氐羌人姓乞。

因为从中西部迁居东部的原因,伏羲或柏皇氏的后人与西部的氐羌保持了良好的关系,利用建木的升天仪式,也是氐人的一个传统。伏羲、颛顼与后稷死后都曾经由氐人举行这种神圣的仪式。伯姓之中最有名的是伯益,亦名伯翳、柏翳、柏益、伯鹥、大费,是皋陶之子。伯益佐禹治水有功,舜命作虞,赐姓曰嬴。《史记·秦本纪》记载伯翳是五帝中颛顼的后代,嬴姓始祖。柏姓作为华夏民族在远古时期的贵族姓氏,加上柏姓人天资聪颖,所以曾有多人当过上古帝皇的老师。1987年出版的《中国姓氏寻根》记载:"黄帝时有地官柏常,帝颛顼有师傅柏亮文,帝喾有师傅柏昭,帝尧时有柏成子。"早在周朝的时候就有柏国,也叫柏子国,故址在今河南西平柏亭一带。相传柏国的开国君王是黄帝的臣子柏高。春秋时柏国为楚所灭。

关于孟姓,最早来自与柏姓实力相当的西部巴蜀部族。《山海经》中最早的记载是:"有池,名孟翼之攻颛顼之池"。少昊之子共工入赘于炎帝家族,在颛顼之后接替了失败身亡的蚩尤的权力,统领九黎,而巴蜀的先民也是九黎的重要成员。这位孟翼也参加了共工触倒不周山之战,与颛顼为敌。虽然孟翼失败了,但孟氏的实力依然保留了。夏启时期,孟氏再度崛起。《海内南经》记载,夏朝国王启的臣子叫孟涂,是主管巴地诉讼的神。巴地的人到孟涂那里去告状,而告状人中有谁的衣服沾上血迹的就被孟涂拘禁起来。这样就不出现冤案而有好生之德。孟涂住在一座山上，这座山在丹山的西面。丹山在丹阳的南面，而丹阳是巴的属地。可见孟姓是比较古老的巴蜀之姓。三国时期，诸葛亮平定巴蜀的过程中，也遇到过首领孟获的激烈抵抗。

仲姓最早可见于上古高阳氏颛顼时期的仲容。按照《大荒东经》记载，有一个国家叫中容国。帝俊生了中容，中容国的人吃野兽的肉、树木的果实，能驯化驱使四种野兽：豹子、老虎、熊、罴。这里的帝俊指的是接替颛顼为帝的帝喾。中容即仲容。高辛氏帝喾时期有"八才子"，号称"八元"，与颛顼之臣"八恺"齐名。帝喾的"八元"中，有仲堪、仲熊两兄弟后人，以祖上名字的"仲"字为姓，遂成仲氏。在东方部族中，有"羲仲"一族，可见仲氏也是来自东方的皇族。

叔的记载最早见于《山海经》中的颛顼后代叔歜国。《大荒北经》记载，有个叔歜国，这里的人都是颛顼的子孙后代，吃黄米，能驯化驱使四种野兽：老虎、豹子、熊和罴。有一种形状与熊相似的黑虫，名叫猎猎。其后则有叔均的记载。《大荒西经》记载，有个西周国，这里的人姓姬，吃谷米。有个人正在耕田，名叫叔均。帝俊生了后稷，后稷把各种谷物的种子从天上带到下界。后稷的弟弟叫台玺，台玺生了叔均。叔均于是代替父亲和后稷播种各种谷物，开始创造耕田的方法。有个赤国妻氏。有座双山。叔的本义采摘豆子之意，这一支叔姓，应是来自黄帝部族中保持农耕文明的一族。

季姓最早可见于《山海经》中颛顼的后代。《大荒南经》记载，又有一座成山，甘水最终流到这座山。有个国家叫季禺国，他们是帝颛顼的子孙后代，吃黄米饭。其后有帝喾的后代季厘。《大荒南经》记载，有人在吞食野兽肉，名叫季厘。帝俊生了季厘，所以称作季厘国。这位季厘也称为季狸，是帝喾手下"八元"中的一位。在尧为帝后，有关于季格的记载。《大荒西经》记载，有个国家叫寿麻国。南岳娶了州山的女子为妻,她的名字叫女虔。女虔生了季格,季格生了寿麻。寿麻在太阳下不见任何影子,高声疾呼而四面八方没有一点回响。这里异常炎热,人不可以前往。

颛顼帝的后代中还有季连,后人以季为姓。《史记·楚世家》中记载:"颛顼帝裔孙有陆终,陆终生子六人,六曰季连,芈姓,楚之后也。季连生附沮,附沮生穴熊。其后中微,或在中国,或在蛮夷,弗能记其氏。"

"伯(孟)、仲、叔、季"的兄弟排行榜发展到成为姓氏本身,经过了漫长的历史。但依据最早的姓氏来源而言,伯姓最早可追溯到由"柏"氏改称的姓。孟姓最早可追溯到与颛顼为敌的孟翼。仲姓最早可见于上古高阳氏颛顼时期的仲容。叔姓的记载最早见于颛顼后代叔歜。季姓最早可见于颛顼的后代季禺。

## 灵山十巫

《山海经》中对华胥族的独立有深远影响的部族是巫氏。巫是中国古代一种专门从事祈祷、占卜活动的职业,后人以职业为氏。巫人在古代被认为是上天的使者,受到王族显贵和一般百姓的尊崇。巫人还常常管理天文、医术、算术,在朝廷中的地位相当高。现在的巫姓来自其所从事的职业。巫氏为古时之名门贵族,是百家姓中最古老的姓氏之一。

从巫的职业而言,最大的巫师是西王母族,其本为昆仑山天帝的巫师,其后则获得了控制天下的实权。西王母国、流黄辛氏、流黄丰氏都属于西王母控制的西羌一系。其后西羌与华胥族联姻,炎帝家族以陕西为地盘而崛起。北风族的后人苗蛮、蜀山氏以及四川省境内的其他蛮族,也在西王母控制的地域内。

与天帝居住的昆仑山，以及西王母居住的玉山相邻的有一座蛇巫山。《海内北经》记载，蛇巫山上面有人拿着一根棍棒向东站着。这位向东面而站的是巫氏的首领，以蛇为图腾，受西王母的统治。巫氏承担的一个使命是制作不死药，这是一种具有起死回生神力的药。为了统治的需要，西王母派遣巫氏的成员到了后来的巴蜀大地，向当地的部落首领传授巫术，以利于自己的统治。

巫氏的首领称为窫窳，最初是蛇首人身的形象。统领巴山蜀水的巫氏成员在今日四川巫山附近找到了制作不死药的药材，他们定期去拜见蛇巫山上的首领及西王母，同时采摘药材。但西王母对巫氏成员并不放心，派了手下三青鸟族中的黄鸟部来监视巫氏成员。《大荒南经》记载，有一座山叫巫山，在巫山的西面有只黄鸟。天帝的神仙药藏在巫山的八个斋舍中。黄鸟在巫山上监视着那条大黑蛇。黑蛇就代表制作不死药的巫氏成员。巫氏成员因为远离西王母的统治中心，并且与华胥族靠近，渐渐有了脱离西王母统治的意图。

《大荒南经》记载，在大荒的当中，有座山名叫丰沮玉门山，是太阳和月亮降落的地方。有灵山，巫咸、巫即、巫盼、巫彭、巫姑、巫真、巫礼、巫抵、巫谢、巫罗十巫，从此升降，各种各样的药物就生长在这里。这说的是灵山十巫在西王母统治中心旁边的灵山上采摘药材的情形。随着时间的推移，蛇巫山上居住的窫窳越来越像西王母控制巫氏的一个人质，并受到西王母其他臣子的排挤。后来，窫窳的副手贰负派遣西王母手下三青鸟部落的"危"杀害了窫窳。

"危"指"三危"，是史书记载中最早的敦煌地名。《西山经》记载，再向西三百二十里的地方，叫做三危山，三青鸟居住在这座山中。《海内西经》记载，开明神兽的东面有巫师神医巫彭、巫抵、巫阳、巫履、巫凡、巫相,他们围在窫窳的尸体周围,手捧不死药来抵抗死气,要使他复活。窫窳死后,巫氏成员试图救活他。而西王母为了安抚巫氏,以昆仑天帝的名义杀了贰负与危。《海内西经》记载,天帝把贰负拘禁在疏属山中,并给他的右脚戴上刑具,还用他自己的头发反绑上他的双手,拴在山上的大树下。这说的就是对贰负的惩罚。

窫窳的部族在失去自己的首领后,离开了蛇巫山,但巴蜀大地的巫氏成员也没有收容他们。他们先与炎帝族成员联姻,从而窫窳有了类似牛的形象。《北山经》记载,山中有一种野兽,形状像普通的牛,却长着红色的身子、人的面孔、马的蹄子,名称是窫窳,发出的声音如同婴儿啼哭,是能吃人的。他们应该参加了蚩尤对黄帝的涿鹿之战。失败后,黄帝族后人与之联姻,窫窳又变为龙的形象。《海内南经》记载,窫窳长着龙一样的头,住在弱水中,处在能知道人姓名的猩猩的西面,它的形状像貙,长着龙头,能吃人。可惜在尧为帝时期,十日族联合苗蛮的遗民叛乱,窫窳被后羿射杀。窫窳也成为害人野兽的代名词之一。

巫氏在与其他部族联姻的过程中,逐渐形成了灵山十巫,实际代表着十个大部族的首领,其形成约在伏羲到黄帝时期的一段历史中。《海内经》记载:"西南有巴国。噍生咸鸟,咸鸟生乘厘,乘厘生后照,后照是始为巴国。"伏羲氏与北风族中的"女和族"联姻而为"羲和"族,其后该族与巫氏联姻,生了成鸟,也就成为最早的"巫咸",这也是一个世袭的部落首领称号。

古书中提到巫咸的地方很多,如《路史·后纪三》说神农命令巫咸主筮,此处巫咸为神农时人。《太平御览》卷七九引用《归藏》中的内容说:"昔黄帝与炎帝争斗于涿鹿之野,将战,筮于巫咸,曰果哉而有咎。"说巫咸是用筮占卜的创始人,即巫咸为黄帝时代人。《太平御览》卷七二一引《世本》宋衷的注解说："巫咸,尧臣也,以鸿术为帝尧医。"东晋郭璞在《巫咸山赋》中注解说："巫咸以鸿术为帝尧医。"此巫咸又成了唐尧时代人。

《中国历史大事年表》记载有："帝太戊,雍己弟。用伊陟、巫咸治国政,殷复兴。"而《太平御览》卷七九零引外国图说："昔殷帝大戊使巫咸祷于山河,巫咸居于此,是为巫咸民,去南海万千里。"巫咸作为一个部落首领的名称,在历史上占据着重要的地位,横跨神农到殷商的时代。

四川大巫山地区有丰富的盐泉,但从山内流出地表的仅有三处,这是原始先民最容易利用的,故也是最先利用的三处,这就是巫溪县宁厂镇宝源山盐泉、彭水县郁山镇伏牛山盐泉和湖北省长阳县西的盐水。巫咸作为灵山十巫之首,当在巫溪县附近。

巫朌、巫戴、巫诞,这是不同时期的同一部落首领的称谓。《晋书·郭璞传》中记载："点涅其面,画体为鳞采,即鲛人也。"鲛人,即古巫蜑人,简称蜑人,亦称蜒人、旦人、蛋人、龙人、龙户人等,他们"自云龙种"。后来把流放在海域,终生生活在海上,不能上岸的人也称为蜑人。郭璞说《山海经》的"雕题国"也是鲛人的后人。

近代学者任乃强有一个阐释,"戴字,以至为声,实即原始的铁字。铁、台、垤、绖都是以至为声的字,皆与黛字声近。"《后汉书·南蛮传》李贤注引《世本》把巫戴写作巫诞,可见戴字音与黛字相近。《大荒南经》记载,有个国家叫戴民国。帝舜生了无淫,无淫被贬在戴这个地方居住,他的子孙后代就是所谓的巫戴民。巫戴民姓朌,吃五谷粮食,不从事纺织,自然有衣服穿;不从事耕种,自然有粮食吃。这里有能歌善舞的鸟,鸾鸟自由自在地歌唱,凤鸟自由自在地舞蹈。这里又有各种各样的野兽,群居相处。还是各种农作物汇聚的地方。这一支巫氏成员处于被供养的高贵地位。

咸鸟后来生了乘厘。郝懿行在《山海经笺疏》中说"十巫"中的巫礼即"六巫"中的"巫履"。《说文解字》中说："礼，履也，所以祀神致福也。"乘厘之"厘"与"礼"音同，"巫礼"应为乘厘后人。

巫礼后来与开明白虎族的一支联姻，生了后照，也就有了巴人。这是指狭义上的以白虎为图腾的巴人，其后成为以"巴"为姓的廪君族。巴人的这支迁到武落钟离山，以廪君为首领，降服了其他部落成员，形成了巴、樊、瞫、相、郑五姓。灵山六巫中的"巫凡"即"巫樊"，为樊姓后人。

瞫姓后人后来成为巫诞或巫蜒。"瞫"即"蜒"之别称。邓少琴提出蜒为南方夷，而巴人五姓中的"瞫"，另一读音为谭，且与蜒音近，故巫蜒即蜒，从属于巴，常以巴蜒并称，习于水居，后以田为姓。

廪君统领五大姓，成为巴人中的"务相"，即"巫相"。《山海经笺疏》中说："谢、相，一声之转。"故"十巫"中的"巫谢"，即"六巫"中的"巫相"，也是巴人廪君部落中五姓之一的"相氏"。相有相视、选择、礼赞等意。

廪君统领的巴人五大姓中，成为灵山十巫的还有"巫真"，即郑姓后人。巫真即巫山神女，也称巫山之女，传说为天帝之女。一说为王母娘娘之女，本名瑶姬，在消灭十二恶龙之后又帮助大禹治水，因怜惜百姓而化作神女峰守护大地；二说为炎帝（赤帝）之女，本名瑶姬（也写作姚姬），未嫁而死，葬于巫山。《山海经》中的朝云国当为巫真统领的部族，因而后来对巫山神女有"朝云暮雨"的传说。巫阳也指巫真。

传说中，巫姑是巫溪咸水河的女神，是美与善的化身。宁厂古镇作为三峡库区唯一没被吞没的具有5000多年制盐史的古镇，还有着巫姑舞等民间歌舞。巫溪古名北井，属巫山县。廪君带领部落进入巫溪，与巫姑的部落发生冲突，最终射杀了巫姑。其后廪君征服了其他部落，巴人也就成为包含獽、夷、賨、蛮等族的广泛意义上的巴人。

巫彭出现的时间也很早。据《吕氏春秋通诠·审分览·勿躬》记载,巫彭为传说中的神医名。巫彭,有三种说法:黄帝时人、唐尧时人、殷中宗的贤臣。相传他发明鼓,是用筮占卜的创始者,又是个占星家,后世有假托他所测定的恒星图。

彭国是若干古蜀国中的一个。按现在的地理位置,应该是以彭州市为主体、以广汉市、郫县、都江堰市部分地区为疆土的隶属国。《元和郡县志》称:"彭州以岷山导江,江出山处,两山相对,古谓之天彭门,因取以名。"此为今彭州名称的由来。

巫即应指女祭。"即"甲骨文作坐人形,面对食器,本义指走近去吃东西。《大荒西经》记载,有个寒荒国。这里有两个神人分别叫女祭、女薎。《海外西经》记载,叫做祭的女巫和叫做薎的女巫住在刑天与天帝发生争斗之地的北面,正好处于两条水流的中间。女巫薎手里拿着兕角小酒杯,女巫祭手里捧着俎器。这个寒荒国即蜀山氏统领的国家,颛顼之父韩流后来掌管此地。因而女祭即巫即,女薎则是辅助巫即的另一个祭司。

巫即统领的可能是以猪为图腾的部落。与朝云国相邻的司彘国就以猪为图腾,后与北风族联姻,产生蜀山氏。《山海经》中猪的形象来自此部族图腾。司彘国与其它部落联姻产生的后代包括封豨等,并封为双头黑猪的形象,即封豨族的图腾。尧为帝时,十日族联合猰貐、凿齿、九婴、大风、封豨、修蛇等部落叛乱,都为后羿所灭。

巫抵即巫氏,是统领巴地氐人的首领,在大巴山西端。氐人周秦时分布在今甘肃、陕西、四川三省相邻地带,从事畜牧业和农业,部落支系繁多,有青氏、白氏、蚺氏和巴氏、白马氏、阴平氏等。巴氏人的祖先最早居住在四川西部宕渠,称为板楯蛮,后迁至天水、略阳一带。那里原为氐人的居住地,故称之为巴氐人。巴氐人保持着纯正的板楯蛮血统和风俗,他们和廪君蛮并非同宗同源。

巫罗也来自板楯蛮。板楯蛮以卢(或作罗)、朴(或作胡)、沓(或作昝)、鄂、度(或作杜)、夕、龚等七个姓氏组成酋帮,叫賨国。《世本·世族》说:"罗,熊姓,一云祝融之后。"学者徐中舒在《论巴蜀文化》中认为,罗姓为巴郡板楯蛮"七姓"之首,皆大姓,是后世巴族的酋长。

在古代被称为巴的一大片地域内,即北达陕南,南及黔涪之地,分布有"濮、賨、苴、共、奴、獽、夷、蜒之蛮",以及廪君蛮。濮人作为先秦时期的南方民族,又称"卜"、"百濮"。巴地之濮人可能为板楯蛮的朴姓部族。賨人又称寅人,早在春秋战国之前,便建立了自己的国家。国都就建在今达州市所辖渠县的土溪城坝。苴本指一种大麻类植物。苴人是巴族的一支,世居嘉陵江流域,广元昭化一带为苴人聚居区。苴人后来被蜀人征服,因此,九世蜀王开明尚把这块新征服的地方封给他的弟弟葭萌,称苴侯。

共音同龚,奴音同卢,都是板楯七姓之一。这也可见"共人"、"奴人"都是板楯蛮的分支。獽同"襄、相、向",也应是与廪君蛮"相"姓融合所致。相人西迁到湘江流域,又称襄人,春秋时为楚国臣民,后又迁到川黔一带,因与蜒族杂居,而被称为獽族、獽蜒。蜒族即上文说的鲛人。夷是西风石夷之后,包括以鸟图腾的一些部落。

## 战争与谋杀

华胥族以文明独立并发展的过程,伴随着诸多的战争与谋杀事件。从保守势力炎帝族被代表改革势力的黄帝族取代,到建立夏朝的这段时期,是战争的高发时期。炎帝与黄帝首先进行了阪泉之战,黄帝族取得了胜利。其后炎帝旧臣蚩尤又发动了涿鹿之战,向黄帝族挑战而失败。少昊时期相对比较平静。其后颛顼继位,入赘于炎帝家族的少昊之子共工发动了不周山之战,但也以失败告终。其后少昊之孙帝喾继位,恢复东方"帝俊"称号,进入了相对平静的时期。帝喾传帝位于子帝鸿失败,其后由代表炎帝家族的尧继位。尧迁居中部留下的权力真空被十日族利用,发动了十日之乱,被后羿所灭。其后有虞氏舜继位,虽然暂时扑灭了三苗之乱,但自己也死于讨伐途中。最终大禹平息了各方势力,建立了夏朝。

《山海经》中记载的各种"尸"的形象,其实是帝皇家族在历代战乱中不幸死去的成员。这些成员的死,对华胥族与其他民族的关系变化有着深远的意义。

最早的谋杀案是危与贰负合伙杀死窫窳事件。蛇巫山上居住的窫窳类似西王母控制巫氏的一个人质,并受到西王母其他臣子的排挤。《海内西经》记载,贰负神的臣子叫危,与贰负合伙杀死了窫窳神。天帝便把贰负拘禁在疏属山中,并给他的右脚戴上刑具,还用他自己的头发反绑上他的双手,拴在山上的大树下。危也有三青鸟的血统。《海内经》记载,在北海以内,有一个反绑着戴刑具、带着戈而图谋叛逆的臣子,名叫相顾尸。相顾应指危,是灵山十巫中的某代"巫相"家族成员,在北海以同样的手段被严厉惩罚。

西王母为了安抚巫氏,以昆仑天帝的名义杀了贰负与危。窫窳的部族在失去自己的首领后离开了蛇巫山,但巫氏成员也没有接纳这个名义上为巫氏首领的部族。这个谋杀事件使得灵山十巫脱离了西王母的控制而与华胥族交好,这为炎帝族与苗蛮的崛起奠定了基础。部分巫氏成员为炎帝族成员,蚩尤统领的"九淖"有不少是巫氏成员,而其中朝云国的"巫真"则与少典族联姻,生了轩辕氏一系。

《大荒西经》记载,有座叫做巫山的山,又有座叫做鳌山的山,还有座金门山,山上有个人名叫黄姬尸,有比翼鸟。《大荒南经》记载,在巫山的西面有只黄鸟。天帝的神仙药,就藏在巫山的八个斋舍中。黄鸟在巫山上,监视着那条大黑蛇。这位黄姬当指在巫山边上监视巫氏成员的西王母的特使。在窦窳死后,灵山十巫与西王母决裂,杀了黄鸟部落的首领黄姬。

第二大谋杀案是鼓与钦䲹谋杀天神葆江。《西山经》记载,再往西北四百二十里,是座钟山。钟山山神的儿子叫做鼓,鼓的形貌是人面龙身,他曾和钦䲹神联手在昆仑山南面杀死天神葆江,天帝因此将鼓与钦䲹诛杀在钟山东面一个叫瑶崖的地方。这里的天帝指黄帝。葆江或指祖江,也就是祖状,是有虞氏的部落成员,是开明白虎支的某位首领。《海内经》记载:"炎帝之孙伯陵,伯陵同吴权之妻阿女缘妇,缘妇孕三年,是生鼓、延、殳。"这里的炎帝当指末代炎帝,即让位于黄帝的那位炎帝,伯陵即为钟山山神烛阴。

"吴"姓是从有虞氏的"虞"演化而来,"吴权"即葆江。伯陵因私情被吴权发现,其子鼓联合了西王母手下的钦䲹杀了葆江。这个谋杀案对黄帝族的崛起有促动作用。自此后,开明白虎支与炎帝成员渐行渐远,并间接导致了蚩尤对黄帝战争的失败。而且在后来的历史发展中,共工氏的努力也因得不到开明白虎族的支持再度失败。

《管子·五行》记载:"昔者黄帝得蚩尤而明于天道,得大常而察于地利,得奢龙而辩於东方。"奢比即奢龙,相传为黄帝时六相之一。奢比有南风的巨人血统,而有蛇的图腾形象。《海外东经》记载,奢比尸神在大人国的北面,那里的人都长着野兽的身子、人的面孔、大大的耳朵,耳朵上穿挂着两条青蛇。另一种说法认为肝榆尸神在大人国的北面。因而奢比即肝榆,建立了"盖余国"。

《大荒东经》记载,有个国家叫夏州国。在夏州国附近又有一个盖余国。有神人,八首人面,虎身十尾,名曰天吴。《海外东经》记载,朝阳谷,有一个神人叫做天吴,就是所谓的水伯。水伯天吴继承了奢龙的位置,掌管盖余国,今日赣揄县乃盖余之音转。盖余国位置约在今日江苏赣榆县。水伯天吴应为颛顼的孙子重。《大荒西经》记载:"有人反臂,名曰天虞。"又有"帝令重献上天"之句。天虞即天吴,反臂为双手举天之形,因而天吴就是重。重先为水伯,后来又和兄弟黎接替了炎帝族祝融氏的火神位置。奢比统领吴地,因而他也即吴权。

刑天是蚩尤之后向黄帝挑战而失败的炎帝旧臣。《海外西经》记载,刑天与天帝争夺神位,天帝砍断了刑天的头,把他的头埋在常羊山。没了头的刑天便以乳头做眼睛,以肚脐做嘴巴,一手持盾牌一手操大斧而舞动。当蚩尤举兵反抗黄帝的时候,刑天曾想参加这场战争,只因炎帝的坚决阻止没有成行。蚩尤在涿鹿之战中被杀死。刑天径直奔向中央天廷去和黄帝争高低,最终因孤军奋战而被杀死,死后葬于常羊山。晋代皇甫谧《帝王世纪》中较详细地记述了炎帝的诞生神话:"炎帝,神农氏,姜姓也。母曰任姒,有娇氏之女,名女登,为少典妃。游于华阳,有神龙,首感女登于常羊,生炎帝。"由此可见刑天本为炎帝族成员,在蚩尤起兵时并不赞同。但蚩尤兵变后则代表炎帝族再次向黄帝发起了挑战。

梨魖是涿鹿之战早期被黄帝所杀的东海海神。《大荒东经》记载,有一个神人,长着人的面孔野兽的身子,叫做梨魖尸。魖通魖或灵,古同"隆隆",指雷声。《大荒东经》记载,东海当中有座流波山,这座山在进入东海七千里的地方。山上有一种野兽,形状像普通的牛,是青苍色的身子却没有犄角,仅有一只蹄子,出入海水时就一定有大风大雨相伴随,它发出的亮光如同太阳和月亮,它吼叫的声音如同雷响,名叫夔。黄帝得到它,便用它的皮蒙鼓,再拿雷兽的骨头敲打这鼓,响声传到五百里以外,威震天下。在伏羲迁居东方为太昊后,雷泽氏的一支就迁居东海,掌管东海。东海雷泽氏后来与炎帝族联姻,生了夸父族。梨魋因夸父的关系有意帮助蚩尤,而被黄帝突袭所杀。这个举动震慑了雷泽氏,使得他们在涿鹿之战中并未出手帮助蚩尤。

据比是颛顼为帝时,不周山之战中共工氏的臣子。《海内北经》记载,蟜长着人的身子却有着老虎一样的斑纹,腿上有强健的小腿肚子。蟜在穷奇的东面。另一种说法认为蟜的形状像人,是昆仑山北面所独有的。《海内北经》记载,据比的尸首,形象是折断了脖子而披散着头发,没了一只手。少昊之子与草原部落联姻,生了后来的的共工氏,即穷奇。这位共工氏后与颛顼争帝位而发动不周山之战。据比为草原部落支持穷奇的一方,死于不周山之战。草原部落与炎帝族交好,据比之死加速了草原部落与黄帝族的分离。

戎宣王是帝喾为帝时被盘瓠杀死的草原部落首领。《大荒北经》记载,大荒当中,有座山名叫融父山,顺水流入这座山。有一种人名叫犬戎。黄帝生了苗龙,苗龙生了融吾,融吾生了弄明,弄明生了白犬。白犬有一公一母,自相配偶,便生成犬戎族人,吃肉类食物。有一种红颜色的野兽,形状像普通的马却没有脑袋,名叫戎宣王尸。帝喾的女儿帝女后由帝喾许配给杀了戎宣王的盘瓠,即远古盘瓠氏的一支后人。因为该部落不服管教的原因,帝喾为他们圈定了一个海中之岛,最终建立了犬封国。戎宣王本为黄帝族与犬戎联姻的后人,但被盘瓠氏杀死。该谋杀事件使得草原部落基本与黄帝族决裂。

西周末年,周幽王烽火戏诸侯,最后导致战事来时,各国诸侯因害怕再次被戏弄都没有发兵前来勤王。镐京被攻下,幽王带褒姒逃到骊山山麓,被戎人杀死,褒姒被掳。从武王建立周王朝到幽王被杀,统治了约250年的西周王朝就这样灭亡了。这也是最初戎人与华胥族交恶所致,其后更是进入了难以和平相处的时代。

女丑是尧为帝时,死于十日之乱的炎帝族成员。《海外西经》记载,有一具女丑的尸体,她生前是被十个太阳的热气烤死的,死时用右手遮住她的脸。十个太阳高高挂在天上,女丑的尸体横卧在丈夫国北面的山顶上。丑是地支的第二位,在十二生肖中属牛。"女丑有大蟹",而此"大蟹"位于海中一个称姑射国的海岛上。姑射国又称"列姑射"。列姓是炎帝之后,从"烈山氏"演变而来。牛是炎帝族的图腾,而尧复姓伊耆,是炎帝族一个古老的姓氏,代表的是炎帝族的利益。可见女丑是炎帝族南海海神系的后人,因帮助尧而被十日族所杀。

王子夜是夏朝少康为帝时被有易国所杀的商民族首领。《海内北经》记载,王子夜的尸体,两只手、两条腿、胸脯、脑袋、牙齿,都斩断而分散在不同地方。王子夜即王亥。王亥的父亲冥是契六世孙,担任夏少康的司空。契是帝喾的儿子,也是尧帝的兄弟。夏少康十一年,冥受朝廷的命令,被派去处理黄河问题,那时的王亥开始协助父亲。不过到夏杼十三年,父亲在黄河身亡,商民族的人为了歌颂冥的功德固定在冬至时祭祀他。王亥正式成为商民族的第七任首领。王亥为了解决牛羊过剩问题,跟其弟恒讨论如何跟其他部落以物换物。决定好之后,与恒选一些有活力的牧人,一起把这些动物送至有易国。《大荒东经》记载,王亥用两手抓着一只鸟,正在吃鸟的头。王亥把一群肥牛寄养在有易族人、水神河伯那里。这是说有易氏的部落首领绵臣见财起歹意,杀害了王亥,赶走了王亥的随行人员,夺走了货和牛羊。

夏耕是夏朝末代国君夏桀的臣子。《大荒西经》记载,有个人没了脑袋,手拿一把戈和一面盾牌立着,名叫夏耕尸。从前成汤在章山讨伐夏桀,打败了夏桀,斩杀夏耕于夏桀面前。夏耕的尸体站立起来后,发觉没了脑袋,为逃避罪咎,窜到巫山去了。成汤是商王朝的建立者,原为商族部落领袖。据史书记载,商族从始祖契到汤,曾先后迁居八次,至汤定居于亳。夏末自孔甲始,荒淫无度,力量渐衰,至桀时更甚。成汤打败了夏桀,建立了商朝。

## 巴人白虎

在中华大地的西北域,占据统治地位的是西羌。西羌以及衍生出的流黄辛氏、流黄丰氏,实际在戎狄与华胥族之间起到了一种缓冲作用。西羌以及北风族与其他部族联姻,进入了巴山蜀水地带。史前大洪水过后,伏羲氏先与北风族联姻,产生了"羲和"、"常羲"二族。生活了一段时间后,这两族随伏羲迁居东方,后又与东风金乌族联姻。而伏羲也成为太昊,成为中华大地的共主。

北风族中的女和族主体即女娲氏。女和族后来与盘瓠氏联姻,产生了苗蛮,以蛇为图腾。而北风族中善于编织的女常族则演变为蜀山氏、西陵氏等。

这些生活在巴山、巫山、成都平原上的部族,包括巴人、朝云国、司彘国、蜀山氏、巫氏等,在黄帝时期成为一个统一的部族联盟,即由炎帝臣子蚩尤统领的九黎,成为能对抗华胥族的一个实力强劲的部族。华胥族与九黎部族相处时,既有联姻也有频繁的战争。在蚩尤领导九黎与黄帝作战失败后,九黎部族开始分裂,但其中苗蛮的主体三苗则依然有举足轻重的影响力。黄帝到大禹时期,三苗的后人为恢复自己的统治力,与华夏族进行了持续的战争。

随着华胥族实力的日益巩固,三苗的努力都以失败告终了。舜击败三苗之后,把三苗的一部分迁到了三危山,即伺候西王母的三青鸟族居住的地方,约在今日敦煌附近,以对抗西戎。但三苗的主体还在中原,而且一直抗争不休。最后大禹再次征伐三苗,大败苗师,三苗从此衰微。三苗被迫迁徙到今日的湖南。到商、周时期,"三苗"又被称为"荆楚",有时也被称为"南蛮"。到战国时期,三苗的后人终于以楚国的身份独立出来。

留在巴山蜀水地带的其他九黎部落,在苗蛮迁出后,最终建立了巴国与蜀国。《山海经》中明确记载有女娲,对于伏羲氏,只有"倕"、"大倕"的说法。《山海经》中记载的"倕"的后人为巴人。《海内经》记载:"西南有巴国。倕生咸鸟,咸鸟生乘厘,乘厘生后照,后照是始为巴国。"按《山海经》记载,巴国的历史要早于蜀国。

《辞源》记载:"巴者,古国名,位于今重庆市及四川省东部一带地方。"川东地区在夏朝称"巴方",在商朝称为"巴奠"。巴奠向商朝年年纳贡,岁岁服役。后来巴人不甘商朝的压迫,于公元前 11 世纪参与周武王伐纣。由于巴人英勇善战,迫使纣王军队阵前倒戈,终于打败纣王,西周建立。西周初期分封了 71 个诸侯国,巴氏被封为子国,首领为巴子,因而叫巴子国,通常简称巴国。巴国的地域大致在重庆全境,北到陕南的汉水上游,大巴山北缘,东至襄阳,春秋时有所扩展。

春秋时期,巴国竭力扩张其势力范围,东渡汉水,与邓国相争,又同楚国缔结军事联盟,扫荡江汉小国,北进中原。巴国的鼎盛时期为春秋末叶至战国晚期,在此期间,巴国青铜文化发展到高峰。青铜器种类多,数量大,分布广,制作水平也日臻成熟,地方特征鲜明突出。巴国文字和符号广泛流行,都城已发展成为地域性的经济增长中心和多种产业的生长点,具有组织地区商业贸易的经济功能。公元前 316 年,巴国为秦国所灭,巴王被虏。秦国在江州(今重庆)筑城,设置巴都。把巴地纳入了秦国的郡县体制。

今天的"下里巴人"一词，常用作素质低下的乡巴佬或粗人的代名词，将"下里"理解为下等陋巷（里弄），其实并非如此。"下里巴人"源于《文选·宋玉对楚王问》中的记载："客有歌手于郢中者，其始曰'下里巴人'，国中属而和者数千人。"这大概只是指他们淳朴的个性。春秋战国时，巴与楚为邻国，由于长期交往，相互间都受到深刻影响：他们之间王室尚存婚姻关系，楚师也曾驰援巴将军蔓子以救巴乱；而楚之援巴，又必须以巴献城池作为代价；后来巴楚又"数相攻伐"，巴人节节败退。《华阳国志·巴志》中说"江州以东其人半楚，姿态敦重"，说明巴人风俗文化接近楚人，受到楚文化熏染。

秦灭巴蜀后，巴国作为政权消亡了，但其族人依然存在，势力还相当强大，秦国一时难以全部控制。为稳定政权，对巴人贵族在赋税、刑法等方面给予极大优待，在巴国故地设郡，对归顺的巴族首领委任地方官职。在后来的历史演变中，巴人为挣脱北方和秦楚的压迫，又逐渐向湘西、鄂西、渝东南、黔东北交界的武陵山区一带推进，回到巴人起源的地方。在漫长的演变中"巴人"一词逐渐淡化，被称为"蛮人"，如板楯蛮、五溪蛮、武陵蛮、巴郡南蛮等。

到了唐代以后，从梁、唐、汉、周五代起，原来意义上的"巴人"不见了，取而代之的是以"土"字作称，如土司、土民、土人、土家等，亦或土、蛮混称或交替使用。"蛮"是侮称，土要客气一些，后来"土"就成了"蛮"的别称。从元代起，由于大量汉人和其他民族如苗族、侗族、仡佬族人的迁入，"土"逐渐转化成了土家族的专用名称，以用于"土"与"汉"以及"土"与其他民族的识别。

巴人作为古巴族人的简称，传说周朝以前居住在今甘肃南部，这当是羲和族与北风后人最初联姻繁衍之地。开明白虎族的一支后迁到武落钟离山（今湖北长阳西北），以廪君为首领，本有巴、樊、瞫、相、郑五姓，这一支保持着白虎崇拜的传统。廪君之系指狭义的巴人，即以白虎为图腾的巴人。廪君后击败巫山的盐水神女,成为"巫相",其后与板楯蛮融合,成为广义上的巴人。廪君统领巴地,巴人后来在巴山、巫山地带建立了巴国。

廪君的族属,《后汉书·巴郡南郡蛮传》注引《世本》说:"廪君之先,故出巫诞也。"巫诞,诞为族名,即是巫地之诞。诞,别本或作蜒、蜑、蛋。蜒人在秦汉以后屡见于史册,常与獽、夷、賨、蛮等族杂居,有自己的"邑侯君长",属于濮越民族系统。徐中舒在《巴蜀文化续论》中认为,廪君出自巫蜒,这是关于濮族的传说。这意味着廪君族是白虎族与濮族联姻所生。

秦灭巴以后,巴人的一支迁至今鄂东,东汉时称江夏蛮,西晋、南北朝时称五水蛮。据说"五水蛮"亦为"廪君蛮"之后。另一支迁至今湘西,构成武陵蛮的一部分。留在四川境内的,部分叫板楯蛮,南北朝时因大量迁移,大都先后与汉族同化。賨人作为板楯蛮的别称,是川东土著民族之一,其中心在今四川渠县一带,系古代巴人的一支。

板楯蛮名称来源于賨人善用的一种木质楯武器。賨的名称则由于板楯蛮"岁出賨钱"的缘故。賨是中国秦汉时期四川、湖南等地少数民族所缴的一种赋税,亦指这些少数民族。板楯蛮有七姓,卢(或作罗)、朴(或作胡)、沓(或作昝)、鄂、度(或作杜)、夕、龚,这七个姓氏组成的酋帮叫賨国。板楯蛮古时居住在嘉陵江和渠江两岸,北及汉中东部,东及长江三峡,遍及整个川东地区,是川东巴国各族中分布最广的民族之一。

当初镇守昆仑圣地的是中华大地最为善战的一族,即开明白虎族。在昆仑圣地上的天帝逐渐成为一种符号,以致被遗忘后,开明白虎族的一支与羲和族后人联姻,生了巴人,其木禾支的后人则演变为流黄辛氏。而与草原游牧族联姻的则演变为以"驺虞"为图腾的林氏国、有虞氏。开明族的后人在华胥族的发展形成中,一直扮演着十分重要的角色。

古代巴人秉承了开明白虎族的传统，作战勇猛顽强，以致被称为"神兵"，而且能歌善舞，极其乐观。他们曾在商、周、楚、秦等强大部族的包围中经过不断征战，在荒莽的大巴山、秦岭中，在极为艰难困苦的生活条件下，自强不息，世代繁衍。巴人以战争为主题的舞蹈至今为人津津乐道。"巴渝舞"作为古代巴渝地区民间武舞，来源于商末巴师伐纣时的"前歌后舞"。巴渝舞舞风刚烈，音乐铿锵有力，属武舞、战舞类型。宋代郭茂倩所编《乐府诗集》中记载："惟圣皇，德巍巍，光四海。礼乐犹形影，文武为表里。乃作《巴俞》，肆舞士。剑弩齐列，戈矛为之始。进退疾鹰鹞，龙战而豹起。如乱不可乱，动作顺其理，离合有统纪。"由此可见巴渝舞惊心动魄的艺术效果。

汉初，巴渝舞被刘邦移入宫中，成为宫廷乐舞，既供宫中观赏，也成为接待各国使节贵宾的乐舞，还成为王朝祭祀乐舞，天子丧礼乐舞。那时巴渝舞几乎成了国家乐舞。三国曹魏时巴渝舞更名为"昭武舞"，西晋时将"昭武舞"易名为"宣武舞"。唐时，巴渝舞仍为宫廷乐舞之一，唐以后，巴渝舞便从宫廷乐舞中消失了。尽管如此，在民间，巴渝舞遗风犹存，川东巴人后裔的踏踢舞、摆手舞、腰鼓舞、盾牌舞，就是古代巴渝舞的流变。现在的薅草锣鼓、花鼓调、花灯调、莲花落、川剧帮腔、川江号子、船工号子、劳动号子、翻山铰子等都和巴渝舞曲密不可分。

白虎作为开明族的象征，是战伐之神，最终与"青龙、玄武、朱雀"并列，成为四方神之一。白虎也象征着威武和军队，古代很多以白虎冠名的地方都与兵家之事有关，例如古代军队里的白虎旗和兵符上的白虎像。白虎一般出现在汉代画像石墓的墓门上，或与青龙分别作为单独画像刻在墓室的过梁两侧，用以辟邪。《风俗通义》中说："虎者，阳物，百兽之长也，能执搏挫锐，噬食鬼魅。"在汉代五行观念中，白虎被视作西方神兽。

今天的少数民族中，秉承巴人白虎崇拜的是土家族。白虎在土家人的心目中有着举足轻重的地位，土家族自称"白虎之后"。土家族现主要聚居在湖南湘西土家族苗族自治州，湖北恩施土家族苗族自治州以及四川省、重庆市和贵州省的部分地区。据有关资料记载，土家人之图腾崇拜已与祖先崇拜合为一体，并由一神派生为多神，于多神中崇尚主神，如白虎、白帝天王、土王、向王天子、女神，尤以白虎为至尊。

传说远古时期，武落钟离山上有赤黑两个洞穴，住着巴氏、樊氏、瞫氏、相氏、郑氏五姓人家；巴氏之子生于赤洞，名务相，其余四姓之子皆生于黑洞。五姓人家渔猎为生，没有首领，共同生活在武落钟离山。因为没有首领，大家商议，谁能从远处掷剑中石上目标，能用土陶船浮于水中者掷剑于石穴，就是领袖，一切全凭天意。结果只有巴氏务相能中剑、浮船，其余竞争者剑未中，船都沉了。于是立巴氏之子务相为五姓之首，号"廪君"。

五氏联盟，形成了巴人最早的部族。廪君乘土船逆夷水而上到盐阳。传说盐阳有条盐水河，河里有个盐水女神，她不仅长得楚楚动人，而且聪颖智慧。这位女神一见到廪君，就被他的英雄气概所折服，愿意以身相许，和廪君结为夫妻。廪君虽然也被女神的美貌和风韵所倾倒，但感到盐阳地方太小，部族全都在此生活，还不够理想，思来想去，廪君还是婉言谢绝了女神的要求。痴情的盐水女神并不甘心，她想用爱情的力量挽留住自己的心上人。于是，每天晚上，她悄悄跑来伴廪君宿夜，待早晨天刚放亮，就化为细小的飞虫，率领各种各样的飞虫聚集在空中，遮天蔽日，使整个盐阳昏天黑地。廪君带领部族百姓，想要启程出发，却被这声势浩大的飞虫阵阻拦住了，使他们辨不清东西南北，也不知是黑夜还是白昼。廪君一筹莫展，心里非常着急。

廪君实在无计可施，经过长时间思考，终于想出一个不得已的办法。这天,廪君派人送给女神一缕青色发丝,去的人说:"这缕青色发丝是我们首领廪君从头上拔下来的,作为定情之物,表示与女神同生共死,结为永久夫妇,请你一定要把它系在身上,不要辜负廪君的一片好意。"盐水女神一点也没怀疑,以为廪君真的回心转意了,沉浸在幸福憧憬中的她,高高兴兴地把青色发丝系在腰间。

早晨,当女神又变成小飞虫,会同其他各种各样的飞虫在天空中飞舞的时候,她腰间那缕青色发丝也随风摇曳,她做梦也没想到危险已经临近了。廪君站在地面上,登上一块石头,弯弓搭箭,朝着青色发丝的方向射去,随着一声痛苦的呻吟,盐水女神带着箭伤,从半空中飘然而下,坠入盐水河中。痴情的盐水女神带着无限思念和遗憾,随着波涛永远离去了。

后来廪君逝世,他的灵魂化为白虎升天。从此土家族便以白虎为祖神,时时处处不忘敬奉。每家的神龛上常年供奉一只木雕的白虎。结婚时,男方正堂大方桌上要铺虎毯,象征祭祀虎祖。除了进行宗教式的虔诚敬祭,土家人的生活中也随处可见白虎的影子。古代土家族先民作战时所持的戈、剑等兵器上面,都铸镂有虎头形或镂刻有虎形花纹。如今小孩穿虎头鞋,戴虎头帽,盖"猫脚"花衾被,门顶雕白虎、门环铸虎头,其意用虎的雄见来驱恶镇邪,希冀得到平安幸福。

## 蚕丛开蜀国

蜀以部族的名称出现,最早见于《山海经》中的蜀山氏。原来居于中华大地西北部的燧人氏北风部族,其中主体为"女和"与"女常"二族。"女常"族是弇兹氏"允"姓织女部的后人,善于编织与制衣。两族主要图腾为蚕蛾、蜜蜂、蜗牛等虫类。《山海经》中出现的蜜蜂与大蛾,指的是该族后代中比较出名的有蟜氏与西陵氏，即黄帝的母亲与正妃螺祖所在部落的图腾。西陵氏以善于编织而闻名，蜀山氏以"蜀"为族名，"女常"的后人构成了未来蜀国的主体。

巫山附近的司彘国，以猪为图腾。司彘国与女常族联姻，产生了蜀山氏，保留了猪的图腾。《海内经》记载，黄帝的妻子雷祖生下昌意。昌意自天上降到若水居住，生下韩流。韩流长着长长的脑袋、小小的耳、人的面孔、猪的长嘴、麒麟的身子、罗圈着双腿、猪的蹄子。韩流的母系为蜀山氏，韩流有猪的形象，是因为蜀山氏部族中有猪图腾的缘故。韩流后来生了帝颛顼，在东方接替少昊玄嚣，成为天下的共主。

《蜀王本纪》中说："蜀之先称王者有蚕丛、柏濩、鱼凫、蒲泽、开明。"柏濩也称为柏灌或伯灌，蒲泽也称为杜宇氏，而鳖灵也称为开明氏，这是有记载的蜀国五代王朝。诗人李白喟叹"蚕丛及鱼凫，开国何茫然"。长久以来，古蜀国的历史一直云遮雾罩。"蜀"的象形字从虫，上面的眼睛像蜀头形，中间表示蠕动的身体，本指蛾蝶类的幼虫，后作"蠋"。《说文》中说："蜀，葵中蚕也。"

就形象而言，"蜀"指的应是蚕变蛹到化为蚕蛾之前的一种形态。蚕蛹的眼睛基本同蚕蛾一样，是凸出的，并且呈圆形。蚕丛氏既是蜀国首位称王的人，也是蜀国王朝的代称，蚕丛氏统治的时期达数百年之久。蚕丛氏是位养蚕专家，据说他的眼睛跟螃蟹一样是向前突起，这实际上就是蚕蛹眼睛的形状。他的头发在脑后梳成"椎髻"，衣服样式向左交叉，通常汉族传统衣服为右衽，即向右交叉的。他最早居住岷山石室中，后来为了养蚕事业，蚕丛率领部族从岷山迁居到成都。

《华阳国志》中说："有蜀侯蚕丛，其目纵，始称王。"纵目与额头上的第三只眼睛是氏人神像的一种特征。三星堆铜人中有一种眼球向外突的形象,这实际上象征蚕蛹或蚕蛾的眼睛。有的铜人眼睛中甚至有长长的柱状物,好似神话中的"千里眼",这应该是对蚕蛾触须的一种模仿。铜人一副大招风耳的样子,应来源于蚕蛾的翅膀。三目人除了正常的两目,在额头中间还有一个完全竖立的眼睛,犹如古代神话传说中的二郎神杨戬与马王爷。这两位都是氏人神话的一个代表。

蚕丛氏建立蜀国约在黄帝击败蚩尤之后。黄帝正妃嫘祖来自善于编织的西陵氏。而帝颛顼的父亲为韩流,韩流的母系是蜀山氏。黄帝击败蚩尤后,蜀开始由松散的部落变为国家。其中的一个原因在于,蜀最初也是蚩尤统领的九黎的一部。在蚩尤失败以后,九黎中的苗蛮分化出来,成为三苗,而原来受压制的蜀人则独立成为蜀国。

《海外北经》记载,在欧丝之野的树上有一位欧丝的女子,这实际上就是四川蚕女传说的雏形。欧字同呕,是吐丝的意思。蚕与蚕丝的发现,应早于蚕丛氏立国。蚕丛氏实现了养蚕的大规模产业化,并以此立国,而被后人铭记。《荀子》中提出蚕的头部类似马头,后世便借此附会了蚕马的传说。据传大本营在四川的蚕神有马的特征,因而被称为"马头娘"。

道教的《搜神记》中写到,高辛氏为帝时,在四川省一个地方生活着一家人,父亲、母亲和一个女儿。一天,父亲突然被强盗抓走,不知下落,母女二人非常着急。尤其是女儿,她很爱她的父亲,又担心又悲伤,许多天都吃不下东西。母亲看到她这样更加着急,就公开宣布说,如果谁能平安地把她丈夫救回,她就把女儿嫁给他。结果,她家里一匹马听到女主人的许诺后,摆脱缰绳跑出去了。

过了几天,父亲就骑着马回来了。此后,那匹马就再也不吃草了,每次女儿从它旁边经过,它都又踢又叫。父亲非常奇怪,后来母亲想起了自己的诺言。父亲就对马说,虽然是你救了我,可我总不能把女儿嫁给一匹马呀!然后就给马买了许多上等草料,但是马仍然又踢又叫。于是,父亲就狠心杀死了马,把它的皮挂在外面。

一天,当女儿路过时,忽然那张马皮跳起来,卷起她就飞走了。过了一段时间,人们发现桑树上有一张马皮,而女儿已变成了蚕,正在吐丝。又过了几天,女儿骑着马来看望父母,哀痛地说自己已经变成神仙了,说完就飞走了。从此,那个女孩就被当成蚕神崇拜,有的地方也称她为马头娘娘,因为她的形象是一位穿着马皮的女孩。这个传说反映了蜀国开国时的情况。而在夏朝建立之前,蚕丛氏保持母系社会的传统也是极有可能的。

接替蚕丛氏掌管蜀国的是柏濩。古文中濩也通"蠖",这种虫生长在树上,颜色像树皮,行动时身体一屈一伸地前进,北方称为步曲,南方称为造桥虫。其虫成蛹后变成尺蠖蛾。这和蚕的习性非常相似。柏濩族的图腾可能是这种类似蚕的虫类。在《山海经》中,"柏"姓一直与"伯"混用。在伏羲为帝时期,随伏羲由中华大地的中部迁居东部的还有柏皇氏一脉,柏皇氏甚至接替伏羲的东方帝位统治了很长时间。

接替柏濩掌管蜀国的是鱼凫氏。古文中"凫"一般指野鸭。三星堆一号器物坑中出土的一根金杖见证了一段鱼凫氏的历史。金杖上端有46厘米长的一段平雕纹饰图案,图案分三组,最下一组为两个前后对称的人头,人头戴冠,且饰三角形耳坠,人头前后上下各有两周线纹,人头间用勾云形纹饰相隔;上面两组图案相同,下方为两背相对的鸟,上方为两背相对的鱼,鱼的颈部和鱼的头部压有一穗形叶柄。

一般的研究认为,这根金杖上的鱼和鸟分别代表着以鱼和鸟为始祖神的两个不同民族,而"人面"则代表着这两个不同民族的联盟与融合,这个融合而成的氏族即鱼凫氏。这根金杖应是鱼凫氏的权杖。权杖上的鱼和鸟表达了鱼凫氏的王权由鱼族和凫族共同行使。

这种对水鸟与鱼的崇拜可追溯到非常久远的时期。在史前大洪水之前,燧人氏在北方的风姓后人,即北风之神,在《大荒东经》中记载,有个国家叫女和月母国。有一个神人名叫鹓,处在大地的东北角以便控制太阳和月亮,令其不交相错乱地出没,掌握它们升起落下时间的长短。可见北风族中一直是以水鸟为主要图腾的。

氏族自称"盍稚",意同"弇兹",应该来源于最早的母系氏族弇兹氏。氏人最早以畜牧业为生,比如牛、羊等,后来则发展为养马,成为游牧民族,这一点与羌人很像。由于氏与羌相邻,一般把这两者合称"氏羌"。氏人大约活跃在今甘肃、青海、四川交界地带。氏人部落并没有完全从事游牧生活,一些分支进入了今四川境内,建立了氏人国。与其他部落融合的过程中,氏人的图腾也开始多样化,有鸟、蛇、鱼、马等。

氏人国因逐水而居,选择了鱼为图腾。"颛顼化鱼妇"的传说是氏人为去世的颛顼举行的一种祭祀仪式。利用传说中的建木,超度去世的帝皇登天。氏人与燧人氏北风部族联姻,这时古老的水鸟图腾与氏人的鱼图腾结合,产生了居住在水边的鱼凫氏。鱼凫氏也是蜀人的一个部落,取代柏氏而成为蜀国的新皇族。

从文物考古发现来看,广汉三星堆自第二期文化开始,就出现了与鸟有关的器物,这当与柏灌氏取代蚕丛氏有关。而第三期所出的大批器物上不仅有鸟图案,还有鱼图纹饰。这一变化则反映出三星堆第三期文化与鸟族和鱼族密切相关,或者说,它反映出鱼凫氏取代柏灌氏的历史事实。近年来相继对鱼凫城遗址、三星堆及金沙遗址的重大考古发现，可以让人走进神秘遥远的古蜀文明。成都市温江一带就有鱼凫王墓、鱼凫城遗址等多处遗迹。

接替鱼凫氏的是杜宇氏，也称为蒲泽或蒲卑。郑玄注《礼记》说："蒲，合蒲，如凫头也。"可见杜宇氏的图腾原本类似于一种水鸟，这可能是与鱼凫氏同部落的成员。至于杜宇化杜鹃的传说则在杜宇去世之后。据西汉扬雄《蜀王本纪》记载："后有一男子，名杜宇，从天堕，止朱提。有女子名利，自江源井中出，为杜宇妻。乃自立为蜀王，号曰望帝。""蚕丛、柏灌、鱼凫此三代各数百岁。"蜀国的前三个皇朝都延续了数百年之久，而"望帝积百余岁"，杜宇氏统治的时间较短，只有一百多年。

周代末年，七国称王，杜宇开始称帝于蜀，称为望帝。晚年时，洪水为患，蜀民不得安处，杜宇派其相鳖灵治水。鳖灵观察地形，测量水势，用疏导宣泄的办法治理好了水患，蜀民重新过上了安定的生活。杜宇认为鳖灵的功劳很大，就让帝位于鳖灵，号曰开明。杜宇退而隐居西山，传说死后化作鹃鸟，每年春耕时节，子鹃鸟鸣，蜀人听见了就说："这是我们望帝的魂呀。"因此称呼鹃鸟为杜鹃。另一种说法是杜宇与鳖灵的妻子私通，因惭愧而去世，他的魂化作鹃鸟，后人因此称杜鹃为"杜宇"。但其中杜宇氏与开明氏之间帝位的更迭，难免有战争与其他说不得的苦衷。

蜀人之所以把先主杜宇幻化为杜鹃鸟，也因为杜鹃和农业生产有关。杜鹃又名布谷鸟，是农林益鸟。师旷《禽经》中说："杜鹃出蜀中，春暮即鸣，田家候之，以兴农事。"杜宇掌政时期，传播先进的农业生产技术，营造了古蜀国农耕文明，后人容易把杜鹃和杜宇联系。其次，杜鹃鸟的吟唱有"四音一节"的旋律，其声凄厉动人哀思，正如李白《宣城见杜鹃花》诗中说："蜀国曾闻子规鸟，宣城还见杜鹃花。一叫一回肠一断，三春三月忆三巴。"在杜宇死后，蜀民同情失败者，为表达对杜宇的追思，将其幻化为杜鹃。望帝化为杜鹃鸟，也成为蜀人世代相传的神话故事。

扬雄《蜀王本纪》中说："荆有一人名鳖灵，其尸亡去，荆人求之不得。鳖灵尸随江水上至郫，遂活。与望帝相见，望帝以鳖灵为相。"古蜀历史上建立了开明王朝的鳖灵，是一位由荆入蜀的传奇人物。传说他在楚国搞了个投水而死的假象，才得以悄悄投奔到了蜀国。《水经注》卷三十三引来敏《本蜀论》以及其他古籍中的记述与此大致相同，不同的是将鳖灵写为鳖令或鳖泠。也就是说，鳖灵投奔蜀国一定有其目的和某种原因，而随鳖灵入蜀的还有他的部属和族人。也许正是因为鳖灵入蜀太过传奇，所以常璩采取了谨慎的态度，在《华阳国志》卷十二也提到了"又云荆人鳖灵死，尸化西上，后为蜀帝"，而在卷三只简略地写了"其相开明决玉垒山以除水害"，以求记载的严谨。

鳖灵当时治理的主要是岷江水患，一是开凿了灌县宝瓶口，二是疏通了金堂峡。特别是凿开玉垒山，抓住了治理岷江的要害，取得了极大的成功。鳖灵的妻子是位年轻貌美的女人，就在鳖灵长期在外治水期间，红杏出墙和杜宇有了私情。《太平寰宇记》则说得很清楚，杜宇是被推翻的："望帝自逃之后，欲复位不得，死化为鹃，每春月间，昼夜悲鸣，蜀人闻之曰：我望帝魂也。"鳖灵即位后，称为丛帝，建立的政权称为开明王朝。

在秦灭蜀之前，蜀分别由蚕丛氏、柏灌氏、鱼凫氏、开明氏诸族统领。开明五世之前，蜀国的都城建于广都樊乡，即今天的双流县，到了开明九世建都于成都。开明十二世时"五丁力士"开辟了石牛道，打通了从蜀至秦的信道。公元前316年秦惠王在位时秦国灭掉了蜀国，蜀地从此成为秦国的粮仓，为秦统一六国奠定了基础。秦灭蜀后，蜀人残部一支在安阳王带领下辗转南迁，最后到达交趾，在现今越南北部建立了一个新的王朝，并持续了一百多年。

但开明氏其实最早可追溯到镇守昆仑圣地的开明族。开明族以白虎为图腾，风姓的其他后人在中华大地崛起之后，其镇守圣地的使命渐渐淡化。开明族与其他各部族有频繁的联姻，其重要的子系包括保持白虎崇拜的巴人和与草原民族联姻所生的有虞氏，而其中的开明木禾部则发展为流黄辛氏，以龟或鳖为图腾。开明氏应属于流黄辛氏的后人，以"开明"为族名，但图腾则变成了鳖。

在蜀国建立之前，由燧人氏北风部族分出巴人、蜀人、苗蛮等，苗蛮实力最强，由蚩尤掌管九黎部族，即九淖。蚩尤与黄帝争帝位失败后，九黎分化出三苗与其他部族。三苗与华胥族其后一直进行战争。尧征服三苗后。娶了三苗族的散宜氏，生子丹朱，丹朱的封地在"三苗"的地盘，即黎国。《史记正义》引郑玄的话说："帝尧胤嗣之子，名曰丹朱开明也。"《帝王世纪》亦记："尧娶散宜氏女，曰女皇，生丹朱。"开明氏应在蚩尤失败后，站到了三苗的同盟中去。散宜氏女有开明氏血统，因而丹朱继承了开明的称号，丹朱与舜争夺帝位失败。而三苗最终也被大禹击败，迁居到了湖南等地。开明氏因而随三苗成为"荆楚"的一部分。

开明氏作为流黄辛氏的后人保持着"开明"的称号，一直期待回到巴蜀大地。大禹的父亲鲧娶的妻子是流黄辛氏的成员。流黄辛氏的后人开明氏有极强的治水能力也毫不奇怪。开明氏在杜宇氏统治蜀国时期利用治水能力回归，并夺取了帝位。《华阳国志·蜀志》说，丛帝之后为卢帝、保子帝等，"凡王蜀十二世"，到秦惠王灭蜀后才结束了开明王朝的统治。开明王朝在古蜀历史上是一个非常重要的时期，留下了许多有声有色的记载。现在，郫县城郊有望丛祠，始建于南齐，后经过宋朝的扩建和清代的修复，如今已成为著名的名胜古迹。这两座成都平原上最古老的帝陵虽是后人所建，但也表达了对望帝杜宇、丛帝鳖灵这两位古蜀历史上伟大传奇人物的纪念。

郫县古称"郫",在古史传说中,最初以古蜀国的都邑闻名于世。距今二千七八百年前的蜀王杜宇、鳖灵,都以郫为都邑,其中的原因在于杜宇氏蒲泽又称为蒲卑,因而有了郫城的名称。古蜀国在郫建都的遗迹,方志中多有记载。唐代李吉甫《元和郡县志》卷三十一说:"蜀望帝理汶山下,邑曰郫,是也……故郫城,在县北五十步。"清乾隆《郫县志》也有"望帝故宫在县北五十步古郫城"的记载。古杜鹃城遗址在县城北郊,至今仍存残垣。

秦灭巴蜀之后两年,秦在巴蜀同时实行分封制与郡县制,此后即以郫邑作为蜀郡的属县,称郫县,此为郫县建置之始。秦惠文王后元十四年(前311年),秦派大夫张仪和蜀守张若修筑成都、郫、临邛三城。据《华阳国志》记载,郫城"周回七里,高六丈",上置观楼、射栏,与成都同制。

## 巨人族

《山海经》中关于中华大地上巨人族的存在有明确的记载。现在东北、山东两地的人种较为高大,也在于血统与基因的关系。"侉子"之"侉"字,就字形而言,就是身材比较巨大的意思。拥有比较纯粹的巨人血统的是雷泽氏,大约生活在今日山东菏泽附近。雷泽氏因为身材比较高大,讲话声音洪亮,这一族在远古社会中,担任的是雷神的祭司角色,与风神、火神、雨师并列。在史前大洪水之前,雷泽氏就生活在雷泽附近了。雷泽氏的图腾夔,是一种牛首龙身的水兽。《海内东经》记载:"雷泽中有雷神,龙身人头,鼓其腹则雷。"《大荒东经》记载:"其状如牛,苍色无角,一足能走,出入水即风雨,目光如日月,其声如雷,名曰夔。黄帝杀之,取皮以为鼓,声闻五百里。"

华胥氏的杰出后人伏羲氏,传说是华胥族的姑娘踩踏巨人脚印而生,这实际意味着他是雷泽氏的私生子。只知其母而不知其父，在早期的母系社会是比较常见的现象。拥有雷泽氏血统的伏羲高大又聪明，代表华胥族开创了一种发达的文明，从而带动了华胥族的崛起。雷泽氏的夔图腾对华胥族后来的图腾有深远的影响。其后夔的形象变为炎帝族的牛图腾和黄帝族的龙图腾，这三者有比较深的渊源。

伏羲氏在迁居东方成为天下共主之前，首先与燧人氏北风族联姻，产生了羲和族与常羲族。而伏羲氏后人与镇守昆仑山的开明白虎族后人联姻，生了巴人。巴人秉承了伏羲氏身材高大而聪明的特点，以及白虎族的勇敢善战，从而在中华大地的西南部谋得一席之地。伏羲氏与女娲氏，即女和族联姻，羲和族的一个分支演化成苗蛮，另一支则后来随伏羲迁居东方。

盘瓠氏最早生活的地域可能在草原与山林的交界地带，以葫芦为主要粮食，作为最早发现培育葫芦的族人，被众人尊称为瓠民。盘瓠氏以龙犬为图腾，以图腾而论，其氏族可能是雷泽氏巨人族与允姓犬族联姻后产生的。其中一支是今天瑶族、畲族、部分苗族的先民，这些民族都崇拜盘瓠为自己的始祖。黄帝之孙颛顼为帝时，盘瓠氏一支后人讨灭犬戎，高辛氏把小女许给他为妻，封为犬封国。盘瓠氏之所以能顺利杀戎宣王而归，应该和他熟悉草原的环境有一定的关系。盘瓠氏中拥有巨人血统最明显的是传说中开天辟地的盘古神，但盘古之名最早见之于三国，先秦著作并无盘古名号。

《山海经》中最著名的巨人是夸父。在黄帝取代炎帝成为中原的统治者之前，炎帝家族拥有绝对的统治力。雷泽氏的一支迁居东海，成为东海海神。炎帝家族中的祝融本是炎帝族世袭的"火神"封号，祝融氏的后人后土与雷泽氏联姻，生了夸父氏。夸父氏拥有神话中巨人族的一些共同点，出身不凡，身材高大，但缺乏谋略，在实际战争中战斗力并不强。在炎帝旧臣蚩尤与黄帝的涿鹿之战中,夸父氏从东北部赶去中原支援蚩尤,但被应龙氏伏击而身亡。

《山海经》中记载的大人国则是雷泽氏的另一个分支。《海外东经》记载,大人国在它的北面,那里的人身材高大,正坐在船上撑船。《海内北经》记载,蓬莱山在海中。大人之市在海中。《大荒东经》记载,有座波谷山,有个大人国就在这山里。有大人做买卖的集市,就在叫做大人堂的山上。有一个大人正蹲在上面,张开他的两只手臂。《大荒北经》记载,有一种人名叫大人。有个大人国,这里的人姓厘,吃黄米。

在《山海经》中厘姓最早可见于颛顼的后代之姓。《大荒北经》记载:"西北海外,黑水之北,有人有翼,名曰苗民。颛顼生驩头,驩头生苗民,苗民厘姓,食肉。"《师古往》中说:"厘,本作禧。"《国语·晋语四》司空季子则说黄帝之子十二姓中有僖姓,《史记索隐》中说:"漆音僖。"漆即僖。由此可见"漆"姓与"厘"姓在一定程度上是相通的,都是黄帝族僖姓的后人。厘姓的苗民与雷泽氏联姻,生了大人国。"厘"也是春秋时期楚国的一个都城,故址在今安徽省无为县境,这大概是厘姓苗民的早期居住地。

大人国的位置应在春秋时期邾国的漆地,即今山东邹城东北。邾国,又名邾娄国、小邹国,是中国历史上春秋战国时代的一个诸侯国,国君为曹姓。《汉书·地理志》中说:"故邾国,曹姓,二十九世为楚所灭。"这个厘姓的大人国居住在海边,以海洋贸易为生,身材十分高大。大人国后代中最有名的一支是迁居封嵎山的防风氏,封嵎山约在今浙江湖州附近。防风氏又名"汪芒氏",或曰"汪罔氏",是夏禹时防风国王。

《国语》中记载,吴国进攻越国,攻克会稽,得到了一节很大的骨骼,要用一辆车专门装它。吴王派使者到鲁国访问,顺便让使者请教孔子这节骨头是什么骨头。孔子回答:"当年大禹召集众多部落首领在会稽山开会的时候,有位号称防风的部落首领迟到被杀。尸体被肢解,运他的一节骨头要一辆车装。"使者问:"那些神都是谁?"孔子回答:"大山河流是天下最主要的组成部分,这些首领就是统御山川河流的主宰,社稷的主宰是公侯,他们都受到王的管制。"使者又问:"那个号称防风的神主宰的是哪里?"孔子回答:"就在当年汪罔氏之君守的封、禺之山,为漆姓。"

《说苑·辨物》中孔子对防风氏的演变做了更详细的说明,"汪芒氏之君守封嵎之山者也,其神为厘姓,在虞夏为防风氏,商为汪芒氏,于周为长狄氏,今谓之大人。"《孔子家语·辨物》的说法略有不同,"汪芒氏之君,守封嵎山者,为漆姓。在虞、夏、商为汪芒氏,于周为长翟氏,今曰大人。"防风氏即汪芒氏,漆姓同厘姓,都是黄帝族十二姓中僖姓的后人。僖姓是黄帝与妃子彤鱼氏所生的后人。防风氏具有雷泽氏的巨人血统,后来成为"长狄"的一支。而从"长翟"到"长狄"的演变,表明防风氏本是以鸟为图腾的,因为与华夏族交恶的关系,其后人后来与草原上的"狄"联姻,而成为"长狄"了。

雷泽氏的一支与草原上以"独眼人"形象著称的鬼族联姻,从而有了独眼巨人的形象。关于独目人传说的发源地应在现今新疆与蒙古交界的阿尔泰山脉附近,因而在欧洲、亚洲很多民族中都有流传。所谓"人面而一目",则可能是对尚武的鬼族人所藏头盔或面具只在面部开孔的神秘说法。炎帝家族的烈山氏,也是拥有巨人血统的鬼族后代,他为炎帝时,其名为魁傀,"身长八尺有七寸,生而牛首人身,怪异之相,乃曰魁傀氏"。

其他未开化的巨人族则有赣巨人。《海内经》记载:"南方有赣巨人,人面长唇,黑身有毛,反踵,见人笑亦笑,唇蔽其面,因可逃也。"枭阳国是生活在今日江西境内的一个尚未开化的野人部落。据说想捉拿这种野人时,要把竹筒套在手上,等野人抓住竹筒时,把手抽出,把其嘴唇钉在额头上,即可擒获。

这么说有点低估野人的智商。但其面目形状,怕人甚至食人的传说,无不显示这个野人部落的原始状态。

## 小人族

关于小人国的记载,最早见于《山海经》,不过仅仅有几个词条。《大荒东经》记载:"有小人国,名靖人。"《大荒南经》记载:"有小人,名曰焦侥之国,几姓,嘉谷是食。""有小人名曰菌人。"《海外南经》记载:"周饶国在其东,其为人短小,冠带。一曰焦侥国在三首东。""焦侥"、"周饶"都是"侏儒"之声转,侏儒就是身材短小的人,则焦侥国即周饶国,就是人们所说的"小人国"。在古汉语中,"几"有"微"、"殆"之意,称焦侥国人为几姓,即是说其人身材微小。奇怪的是,这个小人国显然是礼仪之邦,尽管他们都身材矮小,只有三尺高,但其国人非常讲究礼节,戴帽子、系腰带都整齐考究。

在历代都有关于小人国的记载,这里的小人族应该是生活在云南、丽江、西藏交界处的"独龙族"的先民。中国境内独龙族的称谓,来自其自称"T'rnng",其祖先的一支应该是身材矮小的人种。现在公开出现的独龙族身材并不矮小,原因可能是部落先民在与其他部落通婚后,已经没有原来的矮小了,但在西藏、云南的密林深处,应该还有这个原始矮人部落的存在。

独龙族有自己的语言,属汉藏语系藏缅语族。由于独龙族长期与世隔绝,故语言发展缓慢,受外界影响小。20世纪50年代初,与独龙族系出同源的缅甸日旺人创造了一种文字。1979年,中国独龙族在日旺文基础上改制了一套适合我国独龙族使用的拉丁文拼音文字,但没有得到广泛使用。他们除学习和使用汉文外,部分群众会傈僳文或日旺文。

独龙族在历史上曾被称为"俅人"、"曲人"、"洛"、"曲洛"等。"俅"字在古代指恭顺的样子,指衣冠服饰讲究且都很有礼貌。矮小的人种加上穴居的生活,却能制造复杂的工具,又很懂礼貌,这大概是使中原人特别惊奇的原因。当然出现在古代进贡队伍中的矮人族可能经过了礼仪的培训。但《山海经》中的记载却明白地告诉我们,矮人族的一个分支,即小人国在很久之前就成为了文明程度很高的种族。

根据相关媒体资料,缅甸与中国接壤的地方有"塔龙"族,这和"独龙"的发音基本一样,都来自"T'rung"。但近来在缅甸克钦邦的依蒙市郊被发现的塔龙族,只剩下了 4 人,身长最高的只有 112 公分。这可能是因为他们一直处于封闭的地域环境内,保持了身材的矮小。

缅甸克钦邦北部的布达巫县辖内的依蒙市,北面和东面与中国接壤,西面与印度连接。在依蒙市居住的居民,多数为若望族、傈僳族、景颇族及少数的滴白族。其中塔龙族的人数最少,他们住在阿隆丹村。该村的居民是缅甸身形最矮小的民族,其中年纪最大的有 92 岁,名叫兰丹彼,身高 109 公分,年纪最小的名叫达威,45 岁,身高 112 公分。据 1955 年缅甸的人口登记纪录,塔龙族的人口有 100 人,但人口渐渐减少,至 1997 年时只有 8 人。至今只剩下 4 人。

据离该村不远的一位和尚表示,矮人族人口的骤减,主要是受气候影响及自然灾害的打击,饥寒交迫苦熬的日子使他们身体营养缺乏而体能大减,加上离群独处,不懂得种植与谋生方法,外加近亲结婚影响生育能力等多种因素,造成了塔龙矮人族濒临灭种的危机。

从相关记载可以看出,真正矮人族的身高大概在一米左右。与矮人族形成鲜明对比的是巨人族,比较纯粹的巨人族身高当在两米左右,甚至更高。

在北京延庆县,八达岭长城北面,有一条东西走向的山脉,一般人管它叫军都山。山中有近百个小人才能居住的洞穴。每一间洞的面积都比较小,顶高也有限,从石室内火炕的长度来看,大多数的宽度都在1.6米左右。据专家推断,我国北方火炕的宽度往往能够反映出使用者的身高,由居室的高度与火炕的宽度可以推测,古崖居的主人平均身高在1.6米左右,对于他们的族种,"奚人说"是目前主流的看法。距今1000多年以前,唐末五代时期游牧民族曾在这里生活过,西奚人在这里建立了他们的山寨。

有专家认为,奚人应为突厥人的一支,属于"矮人族"人种,成年人平均身高仅为1.5米~1.6米。专家考证,历史上确实有个叫"奚人"的矮人部落曾活跃于妫州一带,而妫州正是延庆一带的古称。但这个身高和"塔龙"族相比,还是不能称为"矮人族"的。

福建省泉州的古老渔村蟳埔鹧鸪山有一处"小矮人"墓群,上千个装着不到正常人一半大小骸骨的"皇金",即用于二次葬的专用陶瓷罐,曾一排排有序排列在海岸边的斜坡上,后因蟳埔社区旧村改造,被大规模迁移到蟳埔几百米开外的鹧鸪山。这些是否为矮人族的骨骸,有待进一步的考证。

清代文献对台湾小黑人的记录相当多,他们个子矮小、皮肤黑,会攻击原住民,性好渔色,据说在清朝神秘消失。菲律宾则有毗舍耶人,有少数学者认为毗舍耶人来自台湾。《泉州府志》等权威文献都有关于宋元时期毗舍耶人侵犯晋江沿海的记录,这似乎表明蟳埔小矮人墓群中埋葬的是毗舍耶人也有可能。

2003年,印度尼西亚弗洛勒斯岛上发现一具古人类骨骼化石,弗洛勒斯人的身高仅有1米左右,体重约为25公斤,头部像小柚子那么大,大脑仅为现代人的三分之一。科学家认为找到了此前从未被发现的新人种。人类学家推论,这些"小矮人"可能由直立人进化而来。直立人早在80万年前就已历经千难万险从爪哇岛来到弗洛勒斯岛，由于食物的缺乏和人口数目的增多，直立人的个体开始缩小，从而使得他们进化成为较小的个体。

而在非洲，喀麦隆小人国居民的正式称呼是俾格米人，他们总共有3万多人，是喀麦隆最古老的居民。俾格米人一词来源于希腊文，意思是"矮子"、"矮人"的意思。俾格米人不像非洲黑人那样皮肤黝黑发亮，身材魁梧，而是皮肤略呈黑红，个头异常矮小，成年男子的身高平均只有1.2米，最高的也难以超过1.5米，成年女子的平均身高比男子还要矮10厘米。

尽管关于矮人族的记载并不罕见，但在部族联姻的过程中，无论是从战斗力、劳动能力还是外貌而言，显然巨人族更有吸引力，因而能延续下去。在正常生活中，一些身体异常的矮人往往被当成一种生理缺陷，因此在部落联姻的过程中，这些矮人部族要么追求身高而被同化，要么被歧视而进入了更孤独的密林深处，从一定程度上来讲，矮人脱离了同文明社会一起发展的机遇。俾格米人也相信有上帝存在，但他们的上帝名叫"克姆玉姆"（KMVUM），俾格米人的语言叫作"朵拉"。奇怪的是，这个发音也类似"T'rung"。

古代形容矮人族的身高一般为三尺。古代的尺要短于今天的尺。最初的尺指男人伸展的拇指和中指之间的距离，大约是20厘米，所以周代的一尺相当于现在的19.91厘米。以后，尺大致都要加长一点，到战国时，一尺大致相当于现在的23厘米左右，但是当时各国也不完全一致，如出土的战国楚尺长22.7厘米。宋元时，一尺合今31.68厘米，明清时，木工一尺合今31.1厘米。一般而言，矮人族的身高大概在一米左右。但在《山海经》以后的神话传说中，无疑进一步缩小了矮人族的身高，这不太符合现实中的矮人族身高。

汉朝郭宪在《别国洞冥记》中记载："勒毕国人长三寸，有翼，善言语戏笑，因名善语国。常群飞往日下自曝，身热乃归，饮丹露为浆。丹露者，日初出有露汁如珠也。"郭宪记述勒毕国人文字较少,但仍略窥一斑,其于日下自曝,身热乃归,摄取太阳能量,以露水为食物,与蜜蜂的习性很像。

学者王立在《中国古代文献中的小人国母题》一文中列举了古代关于小人国传说的篇章。《管子·水地篇》称:"涸泽数百岁,谷之不徙,水之不绝者,生庆忌。庆忌者,其状若人,其长四寸,衣黄衣,冠黄冠,戴黄盖,乘小马,好疾驰。一其名呼之,可使千里外一日反报。"

除《山海经》所载录的外域小人外,前期小人传说集中出现在两晋时代。该母题是作为一种具有先兆意味的妖异被解释的。干宝《搜神记》卷称王莽刚登位,池阳有小人长一尺余,"或乘车,或步行,操持万物,大小各自相称,三日乃止,莽甚恶之。自后盗贼日甚,莽竟被杀"。《太平广记》卷引张华《博物志》佚文载:"西北荒小人中有长一寸,其君朱衣玄冠,乘辂车马,引为威仪居处,人遇其乘车,抵而食之,其味辛,终年不为物所咋。并识万物名字。又杀腹中三虫。三虫死,便可食仙药也。"这种可食用的小人,后来演变成具有神奇功能的"肉芝"的一种,人参娃娃类似于此。葛洪《抱朴子·仙药》也从精怪角度理解:"行山中见小人,乘车马,长七八寸,肉芝也"。祖冲之《述异记》则记载:"魏时,河间王子充家,雨中有小儿八九枚堕于庭,皆长五六寸许。自云:'家在海东南,因有风雨,所飘至此。'与之言,甚有所知,皆如史传所述。"

宋代编的《太平广记》第四百八十卷和第四百八十二卷都记述了一些关于小人的故事。西北海戌亥那地方,有个鹤民国,人身高三寸,但日行千里,步履迅急如飞,却常被海鹤吞食。他们当中也有君子和小人。君子天性聪慧机变灵巧,每每因为防备海鹤这种祸患,而经常用木头刻成自身的样子,有时数量达到数百,把它们放置在荒郊野外的水边上。海鹤以为是鹤民,就吞了下去,结果被木人卡死,海鹤就这样上当千百次,以后见到了真鹤民也不敢吞食了。鹤民大多数都在山涧溪岸的旁边,凿洞建筑城池,有的三十步到五十步长就是一座城,像这样的城不止千万。春天和夏天的时候,鹤民就吃路上的草籽,秋天和冬天就吃草根。到了夏天就裸露着身体,遇到冬天就用小草编衣服穿,也懂得养生之法。

清代纪晓岚在其所著《阅微草堂笔记》一书中,有两则关于小人的记载。其中一则关于小人的记载编在该书卷三《滦阳消夏录三》。书中描述,在乌鲁木齐经常看到身高只有尺许的小人,男女老幼都有。每到红榴树开花时,这些小人便折下榴枝,编成小圈戴在头上,成群结队唱歌跳舞。他们的声音细如鹿鸣,悠扬婉转。有的小人会偷偷走到朝廷驻军的帐篷内偷窃食物,如不小心被抓到,就跪在地上哭泣。若把他们捆绑起来,就绝食而死。假如把他们放了,他们也不敢马上跑开,先慢慢地走数尺远,回过头来看看,若有人追骂他们,马上又跪在地上哭泣,否则便慢慢走远,到了差不多追不上的距离时,就迅速遁入深山中。清军始终找不到这些小人的居处,也不知他们如何称呼,因为小人喜欢戴红榴,便称之为"红榴娃"。丘县的县丞天锦巡视牧场,曾抓到一个小人,将他带回去,仔细端详,他们的胡须和毛发都和我们平常人一样,可见不是木魅或山魈之类的妖怪。

## 女人国

《山海经》中《海外西经》关于女子国的记载有两种说法,一种说法认为女子国在巫咸国北面,有两个女子住在这里,四周有水环绕着。另一种说法认为她们住在一道门的中间。郭璞于"水周之"条下作注:"有黄池,妇人入浴,出即怀妊矣,若生男子,三岁辄死。"《山海经》成书的时代,是从母系社会到父系社会的过渡时期,保持母系社会传统的部族还非常多。书中提到的女子国,是比较极端的一个传说,国中没有一个男子,这是被郑重记下来的原因。

而今在四川省和云南省边界两侧的摩梭族人,仍保留母系社会制度。摩梭族的一切都由女性支配。摩梭族有一种独特的婚姻方式——走婚。走婚在摩挲语中叫"色色",意为"走来走去",它形象地表现出走婚是一种夜合晨离的婚姻关系:男女双方不结婚,只在晚上男子到女人家居住,白天仍在各自家中生活劳动。一到夜晚,男子会用独特的暗号叩开女子的房门。在摩梭族眼中,男人女人各住自家,女子一旦不再为男子开门,走婚关系就结束了。但摩梭族保持的这种母系社会的传统在远古时代比较普遍,与"女儿国"的概念还是有差别的。

《山海经》中的弇兹氏、西王母族、女和月母国,隋唐时期的苏毗,南北朝至唐青藏高原的西女国与东女国,乃至今日的泸沽湖畔的摩梭族人,都是保持母系社会传统的部族。《新唐书》说苏毗是"西羌种"。法国汉学家伯希和认为,苏毗是一个藏种的国家,而羌系民族的东女国是公元六七世纪出现的部落群体及地方政权,是昌都地区及整个藏族历史上重要的文明古国。《旧唐书》记载:"东女国,西羌之别种,以西海中复有女国,故称东女焉。"当初与燧人氏结盟的弇兹氏为西海海神。东女国与西女国可能秉承了该族的传统。

西女国沿袭了隋唐时期的苏毗国传统。隋唐以前,西女国在藏文史籍中即称苏毗,为西藏最初十余小邦中之强者,世以女性为首领,地在今西藏那曲地区西、北部,后为吐蕃所逼举部北迁至青海省境内。《北史·女国传》记载:"女国,在葱岭南。其国世以女为王,姓苏毗,字末羯……恒将盐向天竺兴贩,其利数倍,亦数与天竺、党项战争……隋开皇六年遣使朝贡,后遂绝。"这个女国临近天竺与党项,以贩盐获利,是《西游记》中西凉女国的原型。

在古代巴比伦神话、希腊神话和我国古代传说中,都有关于女人国的故事,流传的范围极为广泛。学者陈廷攒在《女人国考》一文中对各国的女人国神话进行了系统考据,提供了很多资料。

《博物志》中有关于女人国的记载:"有一国纯女无男,其地在沃沮东大海中。"沃沮、窝集、乌稽等都是"勿吉"的音转,意为"森林部落",是我国古代东北的一个少数民族。沃沮属秽貊系统,可分为北沃沮与南沃沮。南沃沮又名东沃沮,北沃沮人主要居住在我国今黑龙江省的东南和吉林省的东北地区,还包括前苏联沿海州的一部分。南沃沮主要居住在今朝鲜东北地区。

唐代姚思廉的《梁书》卷五十四《东夷传》中记载着有关东夷的一个女人国:"慧深又云:扶桑东千余里,有女国。容貌端正,色甚洁白,身体有毛,发长委地。至二、三月间竞入水则妊,六七月产子。女人胸前无乳,项后生毛,根白,毛中有汁,以乳子,一百日能行,三、四年则成人矣。见人惊避,偏畏丈夫。食咸草如禽兽。咸草叶似邓蒿,而气香味咸。"

冯承钧译注的《马可波罗行记》的注释中记载了距离日本不远的女人岛。岛上仅仅有女人,拿着弓箭,善于射箭。为学习射箭而烧其右边的乳房。每年固定的月份,有若干日本船载着货物来到岛上交易。船航行到岛边后,安排两人登岸,把船上的人数告诉女王,女王就定下了船上的人登岛的日子。到了这天,船上的人未登上岛之前,岛上的女子来到港口,其数目与船上男子的数目是一样的。每个女人都带着一双绳鞋,鞋上有暗记,随意地放在沙滩上,然后退走。船上的男子登岸,拿着鞋子去寻找那些女子,女子认出自己的鞋子就与其一起回去。拿到女王鞋子的,即使是丑陋的男子,她也不会拒绝。在限期满了以后,男人把居住的地址告诉女子后就分别了。第二年时,如果生的孩子是男的,就送给其父亲。这是传教士听两年前到过该岛的某个人说的。

唐代高僧玄奘的《大唐西域记》卷十一波剌斯国(即萨桑王朝统治下的波斯)后附有印度地区关于女人国的记载。拂㵖国西南海岛有西女国,都是女人,基本没有男子,多诸珍宝货。拂㵖国每年都会派男子去与其婚配。玄奘所作的《大唐西域记》中,还有罗刹女国。罗刹女也是吃人女妖的形象"昔此宝洲大铁城中,五百罗刹女之所居也,恒伺商人至宝洲者,便变为美女,持香花,奏音乐,出迎慰问,诱入铁城,乐燕欢会已,而置铁牢中,渐取食之。"佛经里所说的罗刹国就是今天的斯里兰卡。所谓罗刹,在佛教中指食人肉的恶鬼。

罗刹本是印度神话中的恶魔,见于印度现存最古老的诗集《梨俱吠陀》。相传原为印度土著民族的名称,在雅利安人征服印度后,变成了恶人的代名词,最后演变为恶鬼的总名。罗刹又有男女之别,男罗刹的形象是黑身、朱发、绿眼,一副恶鬼形象。女罗刹称为罗刹斯,长得如绝美妇人,富有魅力,专门食人血肉。

在《大唐三藏取经诗话》中,三藏法师也曾到过鬼子母国。鬼子母又名欢喜母,原为婆罗门教中的恶神,专吃人间小孩,又称为"母夜叉"。后来鬼子母为佛教吸收,成为儿童的保护神。

关于印度地区女人国的记载也见于《马可波罗行记》之《独居男子之岛及独居女子之岛》中。向南海行约五百里,则到达二岛,一个称为男岛,另一个称为女岛。男岛上住的都是男子。每年的第三个月岛上的男子都去女岛,住三个月,就是每年的三、四、五月。在这三月中与各位女子相好。三个月后,诸位男子重回本岛。其余九个月中,从事种植、工作、贸易等事情。各位女子所产之子女,女的属母亲,男的则由母抚养至十四岁,然后送到父亲所在的地方。这是两岛的风俗。各位女子除了抚养子女,摘取本岛之果外,不做其他事情,必需的物品则由男子来提供。

在《马可波罗行记》的《独居男子之岛及独居女子之岛》的注释中,还记述着印度的女人国的故事。男女分居恒河两岸,女子在六、七、八月间接待男子四十日,是为太阳偏犯,天时最寒之日。女子生了孩子后丈夫就不再来了。

在菲律宾,也有关于女人国的故事。《马可波罗行记》的注释中有记载。这些岛屿中有一个岛,仅有女子住在其中,自成一国,不许男子进入。女子一般不结婚,只在年中的某个季节允许男子来相会。一些日子后,这些男子就把无须哺乳的男孩带回去,女孩则留在母亲的住地。

希腊传说中也有关于女人国的传说。这个女人国称做"阿玛宗人",这是一群英勇善战的女人,相传居于黑海两岸,高加索近之地,每年与伽尔伽利男族会合一次,生的是男孩就杀掉,或者送给父亲抚养;女子就割去其右乳,以便练习使用弓矢。"阿玛宗"即"无乳"之义。这个关于"阿宗人"的古希腊传说,11 世纪时曾广泛地流传于欧洲各国。

总结女子国的延续方法,无非是与男子婚配而不居住在一起,或者泼水自然受孕,前者的说法更为合理。《西游记》中,女人国的女子通过喝子母河的水而怀孕,唐僧和猪八戒也不能例外。在今日新疆维吾尔族自治区的若羌县,有一条河叫做子母河,据说很多不孕的女人喝了河水而怀孕。其原因可能是,子母河由阿尔金山的冰雪融化形成,在阿尔金山矿层中反复渗透,含有丰富的微量元素,可以增强动物的生殖系统。因此,喝了河水生双胞胎的特别多,用子母河水灌溉的庄稼和果树,产量也特别高。

在植物方面,是存在"无性繁殖"的。据资料介绍,林业上常用树木营养器官的一部分和花芽、花药、雌配子体等材料进行无性繁殖。用这种方法繁育的苗木称无性繁殖苗。动物或者是其他活体也存在一定的"无性繁殖"。这主要体现在一些低等生物体身上。例如,蛙和龟有无性繁殖成功的记录。

原生动物、腔肠动物、细菌等低等生物是无性繁殖的。也就是说,在自然界中能够"无性繁殖"的,都属于比较低端的物种,植物如是,动物亦然。

神奇的子母河水,提供了一个无性繁殖的故事。人类究竟能否"无性繁殖",现代的克隆技术已经回答了。但女子国泼水自然受孕的说法,可能只存在于传说中了。

## 男人国

《海外西经》记载:"丈夫国在维鸟北,其为人衣冠带剑。"丈夫国是《淮南子》所记海外三十六国之一,其民称为丈夫民。晋人郭璞注解说,丈夫国全是男子,没有女人。这里的人衣冠整齐,身佩宝剑,颇有君子风范。佩戴宝剑具有君子风范的还有君子国。《海外东经》记载,君子国在奢比尸神的北面,那里的人穿衣戴帽而腰间佩带着剑,能吃野兽,使唤的两只花斑老虎就在身旁,为人喜欢谦让而不争斗。

《大荒东经》记载:"有司幽之国。帝俊生晏龙,晏龙生司幽,司幽生思土,不妻;思女,不夫。食黍,食兽,是使四鸟。"此处的帝俊指帝喾,这里的记载表明了丈夫国与女子国的首领也有着皇族血统。所谓思土不娶妻子,其实表明他是丈夫国的首领。所谓思女不嫁给丈夫,其实表明她是女子国的首领。

以君子国佩带宝剑的传统而言,君子国当在后来的越国地域内。越国常与吴国对抗,在沿海浙江、福建、广东一带。越国有铸剑的传统,最著名的欧冶子一支就是越国人。福建湛卢山与浙江龙泉都是最适合铸剑的地方。"衣冠带剑"的描述则表明丈夫国是受过高等礼仪教育的一个部族。

丈夫国与女子国都在《海外西经》记载的地域内,两者应有关联。《马可波罗行记》中的《独居男子之岛及独居女子之岛》记载,女岛上住的都是女子。

男岛上住的都是男子。每年的第三个月岛上的男子都去女岛。三个月后,诸位男子重回本岛。各位女子所产之子女,女的属母亲,男的则由母抚养至十四岁,然后送到父亲所在的地方。这是两岛的风俗。这似乎也表明了丈夫国与女子国的关系。

《太平御览》引用《玄中记》的记载,在西边极远的地方,全国都是男子,人人常年佩剑。早在殷代,君王派王孟到西王母处采集不死的灵药,后来断粮,困在半路,只能吃树上结的果实,穿树皮,住在荒山里。他一辈子没有妻子,天帝怜悯他无后代,令在他睡梦时从背肋间跳出两个儿子。儿子出生以后,王孟就去世了。他的儿子也用这种办法生出下一代。而且后代又都是男子。慢慢地,这地方男子越来越多,成立了丈夫国。这个地方离开玉门关有两万里。

据《竹书纪年》记载:"(商朝雍己)二十六年,西戎来宾,王使王孟聘西戎。"商朝从汤至雍己即位前一百多年,由于坚持节用宽民、以德治商的政策,社会经济得到稳定发展。但是长期的和平安稳也助长了商王室的不思进取。《史记》说,至雍己即位时,"殷道衰,诸侯或不至"。可见各诸侯的势力日趋膨胀,商王室的权利有所削弱。但王孟诞生的丈夫国的传说显然要在《山海经》的记载之后,并且这个丈夫国的国民显然处于比较原始的生活状态,这和《山海经》中君子国衣冠佩剑的潇洒是不能相比的。

一般的母系氏族中,男性可以有一定的发言权,甚至可以作为该部落的代表。但在一个父系氏族中,女性属于绝对的服从地位,没有发言权和选举权。《山海经》记载的时期尚处于母系氏族向父系氏族的过渡时期,对于这种父系氏族的存在应该是比较惊奇的。

比如四川甘孜州至今还保留着以父系血缘继嗣关系组就的氏族组织,是藏族社会从母系制向父系社会过渡的产物,当地称为"戈巴"。"戈巴",也称"帕错"。"戈巴"在藏语中是集团或群体的意思。"帕错"藏语意为父系血缘集团或群体。白玉县山岩戈巴是以父系血缘为纽带的原始部落,被人们称为父系原始文化的活化石。白玉山岩乡四面为高山环绕,村落大部分坐落于金沙江沿江的沟谷和山梁地带。"山岩",又名"三岩",是藏族地名的音译。

戈巴成员主要由男性组成,凡一个父系亲属的男孩,生下时便是戈巴成员,十四岁后开始参加会议,参与决定戈巴内的一切重要事情,诸如戈巴组织间的交流、通婚等。山岩戈巴的最高权力机构是"戈巴成员大会"。这里妇女不能做戈巴成员,更无权参加戈巴会议,但要遵守戈巴的一切规定。

这是一个男人主导一切的世界,而且,人类眼中天经地义"男耕女织"的生活在这里被彻底颠倒了。在山岩,耕田、收割这样的体力活儿是女人的专职,男人的工作就是上山挖虫草,缝补这样的小事。山岩的房屋建筑很独特,一个戈巴几十户人的房屋紧紧相连,户户相依,而且间间相通。山岩戈巴的生殖崇拜、神话礼仪、图腾等与其他藏区不同,极具神秘性。

欧洲也有男人国的记载。希腊阿索斯半岛坐落在爱琴海北部,是一座山清水秀、寺庙遍地的美丽岛屿。每年,络绎不绝的游客怀着好奇的心情争相前往,只为窥视那神秘光环笼罩下的圣地。但令人遗憾的是,该岛只接纳男性,女性禁止登陆。阿索斯半岛是东正教教士的隐修之地,也是一个名副其实的"男人国"。岛上唯一的"女性"是圣母玛丽亚的神像。除此之外,任何女性甚至雌性动物都不能靠近该岛。女子乘坐的船只途经阿索斯半岛时,必须在距它 500 米之外的海面上行驶,否则将遭受大炮的轰击。

传说公元 422 年,拜占庭皇帝狄奥多西斯一世的女儿——普拉基吉娅公主曾前往阿索斯半岛进行拜谒。不料,她刚走进修道院,就听到了圣母玛丽亚的呵斥声,只得立即返回。从此,该岛便禁止女性踏入一步。到了1060年,这条禁令还得到了拜占庭皇帝的正式批准。一千多年过去了,"女性禁入"似乎已成为该岛的钢铁法律。如今阿索斯半岛已成为希腊唯一的行政特区,其地位有点像意大利境内的梵蒂冈城。阿索斯的一切事务均由该岛的神权委员会负责处理。

《汉唐地理书抄》中关于天帝用男性的背部造人的传说与《圣经》中上帝造女人的故事非常类似。上帝创造人类的时候首先创造的是男人,亚当创造出来后,上帝将他安置到伊甸园里。亚当的潇洒生活也有不潇洒的一面,他总是形单影只,孤零零一个人。仁慈的上帝将这一切都看在了眼里:"那人独居不好,我要为他造一个配偶帮助他。"于是上帝打算趁亚当睡觉的时候用他身体的某个部分为他创造一个配偶。但就在要动手创造的时候,上帝却犯了踌躇:应该用哪一部分创造呢?

关于这个细节《旧约圣经》没有记载,但希伯来人的重要经典《塔木德》里却有一个大概的描述:"上帝斟酌了一下该用男人的哪一部分创造女人。他说,我不能用头部创造她,以免她傲慢地昂起头;不能用眼睛创造她,以免她过于好奇;不能用耳朵创造她,以免她偷听;不能用嘴创造她,以免她滔滔不绝;不能用心脏创造她,以免她太嫉妒;不能用手创造她,以免她占有欲过强;也不能用脚创造她,以免她四处闲荡;而应该用身体上隐藏的一部分创造她,以便让她谦恭。"而这个隐藏的部分就是肋骨。于是在亚当沉睡的时候,上帝从亚当的身上取下一条肋骨,创造了一个女人,这个女人便是人类的女性祖先夏娃。

《塔木德》的记载当然是古人的杜撰,并无实据,但它却与旧约圣经对妇女作为一个从属者的社会角色的设定极为一致,显示出古代希伯来妇女社会地位的卑微。尽管如此,夏娃的被创造仍然是人类历史上的一件大事,随着她的被创造,人类生生不息的历史便正式开始了。

## 四大凶神

中国上古四大凶兽,分别是四名"大恶人"的化身,也就是三苗、驩兜、共工与鲧。他们都因为反抗权力者而被杀,死后精神不灭,被当权者称为"邪魔",也就是四大魔兽,分别对应:饕餮、浑沌,穷奇和梼杌。帝尧当初在位时,因为血缘的关系,碍于种种不便,也未能将这三大凶族除掉。虞舜代表东夷金乌族的利益,最终把三凶族加上鲧一起定义为"四大凶神",处死或放逐了四个首领,并将这几个部族中叛乱的成员流放到千里之外的蛮荒之地,让他们在那里抵御草原上的游牧族。

尧复姓伊耆,他虽然是黄帝后人高辛氏帝喾的儿子,但其母亲是炎帝族人。他自小随母亲长大,代表的是炎帝族的利益。选尧为帝,也是黄帝族对共工之乱妥协的结果。尧为帝时,东夷的十日族发动叛乱,尧派有穷氏后羿平息十日之乱后,为安抚金乌族,选用了具有黄帝族与金乌族双重血统的舜为大臣。开始时,帝尧觉得舜非常孝顺,有处理政事的才干,就把两个女儿娥皇和女英嫁给他。但舜经过苦心经营后,实际获得了天下的统治权,成为幕后的摄政大臣。这时,三苗为了苗蛮的利益,再一次发动了针对舜的叛乱。舜迫使尧把"驩兜、三苗、共工、鲧"定义为危害天下的四凶,并对其进行讨伐。尧发兵征讨,战于丹水之浦。最终结果是流放共工于幽州,放驩兜于崇山,审三苗于三危,杀鲧于羽山。

舜的执政管理能力是比较强的。他摄政时,使用高辛氏帝喾时期的"八元"管土地,使用高阳氏颛顼的时期"八恺"管教化;并平息了所谓"四凶族"

的动乱。这所谓的"四大凶神"实际都是悲剧性的人物。从血统而言,他们都是有资格继承帝位的。在黄帝与炎帝旧臣蚩尤的涿鹿之战中,蚩尤统领的九黎战败,其势大衰,但他们还据有黄河下游和长江中下游一带的广阔地区。到尧、舜时期,他们又形成了新的部落联盟,这就是史书上说的"三苗"。

在涿鹿之战前,华胥族中的黄帝族代表改革的力量,与代表保守力量的炎帝族争夺帝位。炎帝族依靠其苗裔子系蚩尤的力量。而双方共同的父系少典族为了华胥族的独立,支持了黄帝,并帮助其获得帝位。黄帝为了抗衡炎帝,与东夷的羲和族立下盟约,以子玄嚣入赘,订立盟约,协定拥有两族共同血统,并代表本族利益的后代轮流执政。黄帝传帝位于少昊,少昊传帝位与颛顼,颛顼又传帝位于少昊之孙帝喾。

帝喾的儿子包括契、尧、挚、后稷等。帝喾试图打破双方部落长老规定的轮流执政制度,先传位于帝挚。帝挚之子为帝江驩兜,即浑沌,也是三苗的首领之一。后来帝挚得不到长老的支持而被迫退位,其子驩兜也成为一个流浪之人。驩兜是苗蛮部落首领的一个封号,在不同时期也称为驩头、欢兜等。黄帝族尊青阳氏少昊为共主,少昊传位于颛顼。颛顼因为有苗蛮的血统而得到苗蛮的爱戴。《山海经》记载:"颛顼生了驩头,驩头生了苗民,苗民人姓厘,吃的是肉类食物。"苗民国是颛顼族与苗蛮联姻的后代,是"三苗"之一。这位苗蛮首领后来把封号传给了帝喾之孙浑沌。

少昊与炎帝族联姻,以子入赘于炎帝族水神系,产生了新一代共工氏,即穷奇。穷奇本身则为少昊与草原部落联姻的后代。这位共工氏后与颛顼争帝位而发动不周山之战。《神异经》中说:"西北有兽,其状似虎,有翼能飞,便剿食人,知人言语,闻人斗辄食直者,闻人忠信辄食其鼻,闻人恶逆不善辄杀兽往馈之,名曰穷奇。"说此为大恶之兽。《西山经》中说:"邽山其上有兽焉,其状如牛,猬毛,名曰穷奇,音如獋狗,是食人。"共工氏因代表炎帝族而具有牛的形象。

《海内北经》中说:"穷奇状如虎,有翼,食人从首始,所食被发,在蜪犬北。一曰从足。"穷奇是中国传说中抑善扬恶的恶神,大小如牛,外形象虎,披有刺猬的毛皮,长有翅膀,叫声像狗,靠吃人为生。据说穷奇经常飞到打架的现场,将有理的一方鼻子咬掉。如果有人犯下恶行,穷奇会捕捉野兽送给他,并且鼓励他多做坏事。古人也把那种不重心意、远君子近小人的人称为穷奇。

另有炎帝的苗族后裔缙云氏之子饕餮,也称"三苗",饕餮统领的是蚩尤失败后苗蛮的主体。但从"三苗"的结构来说,是由共工氏、驩兜、饕餮这三大部族构成了所谓的"三苗"。尧、舜时期,这三者的首领都有资格获得帝位,因而组成"三苗"进行叛乱。饕餮缙云氏最早见于《左传》:"缙云氏有不才子,贪于饮食,冒于货贿,侵欲崇侈,聚敛积实,不恤穷匮,天下之民以比三凶,谓之饕餮。"

缙云是黄帝时的一种官名。《集解》引应劭的话说:"黄帝受命,有云瑞,故以云纪事也。春官为青云,夏官为缙云,秋官为白云,冬官为黑云,中官为黄云。"黄帝以云名官,分别管理一年四季之事,其中夏官的官名就叫做缙云氏。《集解》引贾逵的话说:"缙云氏,姜姓也,炎帝之苗裔。"缙云氏在黄帝时期的统领极可能为蚩尤的兄弟。两者同为炎帝族与苗蛮联姻所生,统领苗蛮,以姜为姓。

传说轩辕大战蚩尤,蚩尤被斩,其首落地化为饕餮,这实际说明饕餮成了苗蛮的新首领。《北山经》中说:"钩吾之山其上多玉,其下多铜。有兽焉,其状如羊身人面,其目在腋下,虎齿人爪,其音如婴儿,名曰狍鸮,是食人。"根据晋代郭璞对《山海经》的注解,这里说的狍鸮即是指饕餮。《神异经·西荒经》

中说："饕餮,兽名,身如牛,人面,目在腋下,食人。"亦有传说其为"龙生九子"的九子之一。饕餮因为代表炎帝族缙云氏,而有牛的形象。

在其后的历史中,饕餮变成了图腾,刻于各种祭祀用的器皿之上。《吕氏春秋·先识览》中说："周鼎著饕餮,有首无身,食人未咽害及其身,以言报更也。"殷周时代鼎彝上常刻的就是饕餮,其脑袋狰狞,双目炯炯,赫然有神,鼻梁凸出;首部有一双弯曲的兽角或足,其弯曲的方向似无定制,或内勾似羊角,或外曲似牛角;巨嘴大张,利齿如锯,嘴略弯曲内勾,或嘴巴紧锁,作正面盘踞状,身躯拱起,头着地或水云气,两边有一对利爪,象狗爪或虎爪。两侧有一对肉翅,形如耳朵。

鲧又被称为梼杌,是大禹的父亲。《神异经》记载："西方荒中,有兽焉,其状如虎而犬毛,长二尺,人面,虎足,猪口牙,尾长一丈八尺,搅乱荒中,名梼杌。"鲧是黄帝族北海海神家族的后人,因而有虎的形象。梼杌也是上古凶兽之一。其实按照当初黄帝与羲和族的约定,在帝喾之后接替帝位就应该是鲧。但帝喾打破了这种传统,加上共工氏的叛乱,帝位转到尧的手中。对于尧、舜而言,鲧才是最大的威胁。鲧的兄弟驩头是苗民国的老首领,势必也参加了"三苗"之乱,因而舜最终以治水不力的借口杀了鲧。但双方的部族长老显然是对鲧比较同情的,最终支持鲧的儿子大禹获得了帝位。

## 五方之官

黄帝对伏羲到炎帝时期的《连山易》文明加以发挥,变为洛书五行文化,强调了土地的作用,也就是《归藏易》。黄帝之后,历代帝皇强调了五行的作用,并作为固定的官职。《左传·昭公二十九年》中说："故有五行之官,是谓五官,木正曰句芒,火正曰祝融,金正曰蓐收,水正曰玄冥,土正曰后土。"《礼记·月令》中说:"孟春之月其帝太皞,其神句芒,余春月皆然;孟夏之月其帝炎帝,其神祝融,余夏月皆然;孟秋之月其帝少皞,其神蓐收,余秋月皆然;孟冬之月其帝颛顼,其神玄冥,余冬月皆然。"

炎黄之战前,炎帝系的祝融降处于江水后,生了共工,成为水神。共工氏生后土。后土生信,信生夸父,这就是涿鹿之战中的夸父族。涿鹿之战后黄帝成为共主,炎帝族共工系的水神权力被削弱了。但少昊为帝后,为了安抚炎帝族,以其子穷奇入赘,产生了新一代共工氏。这位共工后来发动叛乱,对帝颛顼和帝喾造成了很大的麻烦。并造成了自伏羲后的第二次大洪水。这场洪水一直到大禹时期方才被平息。但黄帝对原来共工氏的后代后土氏还是比较友好的,并封其为"土正"。《左传·昭公二十九年》中说:"共工氏有子曰句龙,为后土。后土为社。"句龙与句芒当不是同一人。这位句龙当是原来的共工氏与南风家族联姻的后人,也就是夸父的真正父系,他成为黄帝时期的重要助手。

《海外东经》记载,东方的句芒神,是鸟的身子人的面孔,乘着两条龙。少昊与南风部族联姻,生了句芒,名重,在东夷族中掌管羲和族。《大荒东经》中记载,有个国家叫因民国,那里的人姓勾,以黄米为食物。因民国也是羲和族的重要部族之一,同时也是商朝先祖王亥所在的国家。《大荒南经》记载,有个神人名叫因乎,南方人单称他为因,从南方吹来的风称作民。因乎是南方的风神。句芒死后成木神,主管树木的发芽生长。太阳每天早上从扶桑上升起,神树扶桑归句芒管,太阳升起的地方也归句芒管。句芒在古代非常重要,每年春祭都有份。他的本来面目是鸟,鸟身人面乘两龙。句姓同勾姓,句芒创立的国家就是"因民国"。商祖契也属于因民国的一员。

《吕氏春秋·孟春》中说:"其帝太皞,其神句芒。"高诱注解说:"太皞,伏羲氏,以木德王天下之号,死祀于东方,为木德之帝。句芒,少皞氏之裔子曰重,佐木德之帝,死为木官之神。""重"应为少昊羲和族中的因民国首领的世袭名称,后颛顼有孙也为重。

五行之官传说中炎帝族的辅助者祝融,当指后来的颛顼之孙重黎,是代表黄帝族利益的火神。燧人氏崇拜火的一支传至居于炎山的西王母族,西羌继而又与华胥族中的少典氏联姻产生烈山氏,炎帝族最终接过了火神的位置。

炎帝这一族,世袭的是火神称号,祝融实际上是火神的封号之一,从上古时的保留火种、钻木取火、开荒种地再到祭祀。烈山氏炎帝继承了火神的封号,又名神农氏。炎帝之妻,赤水之子听訞生炎居,炎居生节并,节并生戏器,戏器生祝融。这是炎帝系新的火神。但在帝颛顼期间则重新立了自己的后人为火神。颛顼生老童,老童娶了根水氏,生了重黎,也就是新一代的黄帝系祝融,接过了炎帝族延续近两千年的火神权力。这也是黄帝族与炎帝后人共工争夺天下的权力所致。

重黎因对共工讨伐不力被帝喾所杀,由重黎的弟弟吴回接替了火神的位置。重黎与共工都为黄帝族后裔,加上重黎为新的"火正"时,依然会保留原有炎帝族的人马,在这种双重的同室操戈中,自然讨伐不力。

少昊坐镇西方后,与昆仑山开明白虎族的后人联姻,生了儿子蓐收。在《山海经》中蓐收为秋神,左耳有蛇,乘两条龙,为白帝少昊的辅佐神。《西山经》记载:"泑山,神蓐收居之。其上多婴短之玉,其阳多瑾瑜之玉,其阴多青雄黄。是山也,西望日之所入,其气员,神红光之所司也。"《尚书大传》中说:"西方之极,自流沙西至三危之野,帝少皞神蓐收司之。"郭璞说:"金神也;人面、虎爪、白毛,执钺。见外传。"

黄帝之子玄嚣因为迁居东方的关系,放弃了黄帝族嫡系的身份,改姬姓为己姓。居东方统治后,启用了与金乌相似的燕子图腾。在蚩尤族向黄帝族发动涿鹿之战时,少昊发挥了举足轻重的作用,并最终帮助黄帝击败了蚩尤。

少昊与当日伏羲为太昊时不同,中风的力量要比东风的力量要强,而且更有发展前景。少昊入赘以后代表的是羲和族的领导,其领导地位是一种过渡。少昊的兄弟昌意生韩流,韩流又生了颛顼。颛顼由少昊抚养,但以姬为姓,代表黄帝的嫡系,他最终继承了少昊的位置,为帝颛顼。在涿鹿之战结束,并由颛顼接替帝位后,少昊族因与流黄辛氏的密切关系,镇守西方。

最早的刑罚之神是开明白虎族、西王母,后来这一角色传给炎帝族中的蚩尤,继而传给少昊及少昊之子蓐收。《国语·晋语二》记载,虢公住在宗庙里做了一个梦,梦见有神人面,白毛虎爪,手执大斧,立在西边的屋角。虢公吓得要逃跑。神道说:"不要走!天帝有命令,要晋国来袭击你的国家。"虢拜到在地上叩头,于是醒了,就召来史嚚来解梦。史嚚说:"这个神是蓐收,是天上的刑神。天上的事由神来执行。"虢公认为史嚚说了不吉利的说话,把他囚起来,反而使国人庆贺他做了个好梦。过了六年,晋国就灭了虢国。

颛顼的助手玄冥当指颛顼为帝时的北海海神,也即鯀,他后来接替了黄帝族中"禺京"的封号。水神又称为玄冥、冬神、北方之神,以鱼、蛇、龟等水族为图腾。炎帝后人共工当初继承了水神的权力。黄帝族与水神联姻,有禺䝞、禺京一族,分管东海与北海。在黄帝族与蚩尤之战中,出现的雨师是水神的一个分支,具有蛇与龟的图腾。《海外东经》记载:"雨师妾在其北。其为人黑,两手各操一蛇,左耳有青蛇,右耳有赤蛇。一曰在十日北,为人黑身人面,各操一龟。"雨师妾为炎帝族与流黄辛氏联姻的后人,也是水神的一个分支,其"蛇龟"形象即后来的"玄武"图腾。

有虞氏的后人统治的地方在"虞谷",也称"禺谷",指太阳下山的地方。

这实际代表着有虞氏是东夷金乌族的成员,十日族中包括有虞氏的血统。有虞氏的后人去了东海、北海为海神,即最早以"禺"为姓的成员。

黄帝战胜炎帝后,东海的海神也变为黄帝的后人。《大荒东经》记载:"黄帝生禺虢,禺虢生禺京。禺京处北海,禺虢处东海,都是海神。""东海之渚中,有神,人面鸟身,珥两黄蛇,践两黄蛇,名曰禺虢。"禺虢是黄帝族与有虞氏联姻的后人。应龙氏是黄帝族中海神家族与东夷中的鹰族联姻所生,应龙氏承担的角色是为了替代炎帝族中的雨师。但后来在黄帝族与东夷羲和族的权力交替中,少昊之孙帝喾的后人又重新接替了东海、北海海神的角色。《大荒北经》记载:"北海之渚中,有神,人面鸟身,珥两青蛇,践两赤蛇,名曰禺强。有儋耳之国,任姓,禺号子,食谷。"帝喾生了禺号,禺号接替了东海海神,而禺号的儿子禺强则成为北海新的海神。这个安排的另外一个结果是,颛顼儿子鲧的北海海神的位置被取代,鲧实际上成了一个没有身份的人。

## 四方神

青龙、白虎、朱雀、玄武是中国传统中的星宿名字,象征着四极,被誉为"四方之神",也被称为"四灵"。青龙、白虎、朱雀、玄武用来表示方位可溯源至先秦,其思想来自春秋战国之前的阴阳五行中的"五方",即东青龙、西白虎、南朱雀、北玄武、中天子。青龙的方位是东,左,代表春季;白虎的方位是西,右,代表秋季;朱雀的方位是南,前,代表夏季;玄武的方位是北,后,代表冬季。在后来的道教传说中,四方神指的是青龙孟章神君,守护东方;白虎监兵神君,守护西方;朱雀陵光神君,守护南方;玄武执明神君,守护北方。

四方神的出现与排列顺序可追溯到黄帝成为天下共主过后,设立五行之官。《左传·昭公二十九年》记载:"五行之官,是谓五官,木正曰句芒,火正曰祝融,金正曰蓐收,水正曰玄冥,土正曰后土。"随着时间的推移,大禹建立了夏朝。北方玄冥本指大禹的父亲鲧,即代表北海的海神,后来则取代炎帝系的共工氏,成为水神的代名词。金正代表少昊坐镇西方后,与昆仑山开明白虎族的后人联姻,生的儿子蓐收。少昊所在的羲和一族与开明白虎族的木禾支本有联姻,在少昊传帝位于颛顼后,迁居西方,又掌管了开明白虎族,成为新的刑罚之神,因而西方之神为白虎。

南方的祝融本是炎帝系的火神,在颛顼为帝后,以其孙重黎取而代之,成为黄帝系的新火神。神农氏是在神农架放火开垦而崛起的,位于中原南部。南方炎热,祝融也就成了南方的代表。但朱雀形象的成型,则在东夷与黄帝族建立盟约,击败蚩尤过后。东方羲和族与中部黄帝族融合到了一起,取黄帝族的龙图腾为主,因而青龙成为东方的象征。而东夷原来的图腾玄鸟或燕子,则结合了凤凰的特征,变为朱雀,掌管南方,成为南方的象征。

其后因为观测天文星象的需要,古代天文学家把天空中可见的星分成二十八组,又名二十八宿或二十八星,把南中天的恒星分为二十八群,且南中天的恒星沿黄道或天球赤道所分布的一圈星宿分为四组,取玄武、朱雀、青龙、白虎的四种图形来刻画星系,因而又称为四象、四兽、四维、四方神,每组各有七个星宿。东方青龙七宿是角、亢、氐、房、心、尾、箕;北方玄武七宿是斗、牛、女、虚、危、室、壁;西方白虎七宿是奎、娄、胃、昴、毕、觜、参;南方朱雀七宿是井、鬼、柳、星、张、翼、轸。印度、波斯、阿拉伯古代也有类似我国二十八宿的说法。

二十八宿从角宿开始,自西向东排列,与日、月运动的方向相同。每方对应七宿,每宿又对应某种动物。东方青龙包括角木蛟、亢金龙、氐土貉、房日兔、心月狐、尾火虎、箕水豹七宿。南方朱雀包括井木犴、鬼金羊、柳土獐、星日马、张月鹿、翼火蛇、轸水蚓七宿。西方白虎包括奎木狼、娄金狗、胃土雉、昴日鸡、毕月乌、觜火猴、参水猿七宿。北方玄武包括斗木獬、牛金牛、女土蝠、虚日鼠、危月燕、室火猪、壁水貐七宿。

朱雀的最早形象是燧人氏的"金乌"或"三足乌"图腾。燧人氏的风之五部后人中，西风石夷是凤凰的形象，原型类似于自然界的孔雀。在伏羲迁居东方，东风族帝俊接替伏羲氏为帝后，太阳神鸟的形象，变为金乌与凤凰形象的合体，原型类似于雉鸡。而羲和族掌管东方后，启用的玄鸟图腾其实是燕子的形象。在东方以青龙形象作为代表后，朱雀则最终变成了具有金乌、太阳神鸟、凤凰、燕子等多种特征的图腾。但因为凤凰本身具有"羽虫"的多种特征，朱雀也渐渐变成了凤凰的代名词，但从外观而言，朱雀原型更类似一种雉鸡。

在古籍的记载中，凤是一种美丽的鸟类，它的歌声与仪态为百鸟之王，它能给人间带来祥瑞，同时也拥有"非梧桐不栖，非竹实不食，非醴泉不饮"的特殊灵性。由于它是"羽虫"之长，所以和"鳞虫"之长的龙在传说中就渐渐成了一对，一个德性美好，一个变化多端，成了民俗中相辅相成的一对。凤凰原来也有阴阳之分，凤为雄，凰为雌。由于龙象征着至阳，成对之后，凤凰就渐渐的成为纯阴的代表了。其实凤凰的原型有很多种，如锦鸡、孔雀、鹰鹫、鹄、燕子等，又有说是佛教大鹏金翅鸟变成的。神话中的凤凰有鸡的脑袋、燕子的下巴、蛇的颈、鱼的尾，有五色纹。

玄武是龟和蛇组合成的一种灵物。玄武的本意是玄冥，武、冥古音是相通的。玄是黑的意思，冥就是阴的意思。北海海神启用的是玄武的图腾，北海的势力分布比较复杂，有着最古老的蛇图腾，其后流黄辛氏的龟鳖图腾进入北海，与蛇融合。在黄帝对蚩尤的涿鹿之战中，帮助蚩尤的雨师妾就有玄武的龟蛇之形。后来大禹的父亲成为新的北海海神,他同样与流黄辛氏联姻,启用的依然是玄武的图腾,成为新一代玄冥。

《楚辞·远游》中洪兴祖补注:"玄武,谓龟蛇。位在北方,故曰玄。身有鳞甲,故曰武。""玄武"为龟蛇合体。但玄武被后世的道士们升级做了北方的大帝——真武大帝,有别于其他三灵。而青龙和白虎、只做了山庙的门神,朱鸟就成了九天玄女。玄武在宋代身价倍增,并被人格化,这与宋代各皇帝的推波助澜是分不开的。宋初太祖时,即有真武、天蓬等为天之大将的传说。宋真宗天禧元年,在军营中发生了一件事,《事物纪原》卷七载:"营卒有见蛇者,军士因其建真武堂。二年闰四月,泉涌堂侧,汲不竭,民疾疫者,饮之多愈。"真宗听说此事,下诏就地建观,赐名"祥源"。这大约是中国最早的真武庙。真武大帝的身世,后人多说是在隋炀帝时,玉帝将自己的三魂之一,化身投胎于净乐国皇后所生。净乐国是一个传说中的国度,据宋朝方田子编撰《太上说玄天玄武本传神咒妙经》记载,太上老君八十二化身为玄武,黄帝紫云元年托胎于净乐国善胜皇后。净乐国为古麇国,在今湖北省丹江口市。

昆仑山上的开明白虎族本为燧人氏与弇兹氏结盟后的刑罚之神。但这个角色渐渐被西王母取代,其后炎帝家族的蚩尤也成为刑罚之神。白虎族的分支走下昆仑山,向内地渗透,包括与东方十日族友好的有虞氏,廪君的巴人白虎族,流黄辛氏木禾支等。少昊迁居西部后,重新与开明族联姻,并统领白虎族,白虎族再度崛起,成为杀伐之神。白虎一般象征着威武和军队,所以古代很多以白虎冠名的事物都与兵家有关,例如古代军队里的白虎旗和兵符上的自虎像。

四方神中常常跟龙相提并论的是虎。虎为百兽之长,它的威猛和传说中降服鬼物的能力,使得它也变成了属阳的神兽,常常跟着龙一起出动。"云从龙,风从虎",龙与虎成为降服鬼物的一对最佳拍档。而白虎也是战神、杀伐之神。白虎具有避邪、禳灾、祈丰及惩恶扬善、发财致富、喜结良缘等多种神力。白虎一般出现在汉代画像石墓的墓门上,或与青龙分别作为单独画像刻在墓室的过梁两侧,用以辟邪。《风俗通义》中说:"虎者,阳物,百兽之长也,能执搏挫锐,噬食鬼魅。"

东方青龙是东夷羲和族与黄帝族盟约后产生的。中部龙图腾也就迁到了东方。关于龙的传说有很多,龙的出处也有很多的说法,有的说是由印度传入的,有的说是由中国星宿变成。但龙的形象最早应该是雷泽氏的夔龙。印度有龙神的说法,但龙在印度的地位不高。在古代中国,头有角的为公龙;双角的为龙,单角的为蛟;无角的为螭,古时玉佩常有大小双龙,称为母子螭。中国龙的地位远高于印度龙,龙是神物、是至高无上的,也是皇帝的象征。

# 三、上古风情

## 神木

《山海经》中对神木的记载也很多,最重要的神木往往和测日等祭祀仪式有关。代表性的神木有扶桑、若木、建木、寻木、朱木等。《大荒东经》记载,在大荒当中,有一座山名叫孽摇頵羝。山上有棵扶桑树,高耸三百里,叶子的形状像芥菜叶。有一道山谷叫做温源谷。汤谷上面也长了棵扶桑树,一个太阳回到汤谷,另一个太阳刚刚从扶桑树上出去,都负载于三足乌的背上。传说古代人看见太阳黑子,认为是会飞的黑色的鸟——乌鸦,又因为不同于自然中的乌鸦,加一脚以辨别,又因与太阳有关,为金色,故为三足金乌。三足乌是神话传说中驾驭日车的神鸟名。这里的三足乌是东方帝俊族的早期图腾。根据《山海经》的描述，十日每天早晨轮流从东方扶桑神树上升起，由金乌或太阳神鸟负着在宇宙中由东向西飞翔，到了晚上便落在西方若木神树上。这表达了神话中古人对日出日落现象的观察和感受。

在四川广汉三星堆发掘出的青铜神树确凿无误地刻画出了扶桑与太阳神鸟的景象。1986年8月，四川省的考古者在三星堆二号器物坑发现了六件由青铜制造的树木，发掘者将其命名为一至六号青铜神树。人们仅能比较完好地恢复一件，即一号大铜树。

一号大铜树残高396厘米，由于最上端的部件已经缺失，估计全部高度应该在5米左右。树的下部有一个圆形底座，三道如同根状的斜撑扶持着树干的底部。树干笔直，套有三层树枝，每一层三根枝条，全树共有九根树枝。所有的树枝都柔和下垂。枝条的中部伸出短枝，短枝上有镂空花纹的小圆圈和花蕾，花蕾上各有一只昂首翘尾的小鸟；枝头有包裹在一长一短两个镂空树叶内的尖桃形果实。在每层三根枝条中，都有一根分出两条长枝。在树干的一侧有四个横向的短梁，将一条身体倒垂的龙固定在树干上。在世界所有考古发现中，三星堆遗址出土的青铜神树，都称得上是一件绝无仅有极其奇妙的器物。

一号青铜神树分为三层，树枝上共栖息着九只神鸟，显然是"九日居下枝"的写照。传说远古本来有十个太阳，他们栖息在神树扶桑上，每日一换。复原后的青铜神树上残留着9只鸟，神树的最顶端却没有神鸟。推测还应有象征"一日居上枝"的一只神鸟，同时出土的还有数件立在花蕾上的铜鸟、人面鸟身像等，很可能其中的一件便是那只居于神树上枝的铜鸟。

三星堆的二号铜树仅保留着下半段，整体形态不明，下面为一圆盘底座。

三条象征树根的斜撑之间的底座上，各跪有一人，人像的双手前伸，似乎原先拿着什么东西。能够复原的树干每层伸出三根树枝。它的枝头有一长一短叶片包裹的花蕾，其后套有小圆圈，与一号大铜树基本相同；但枝条的主体外张并且上翘，鸟歇息在枝头花蕾的叶片上，这不同于一号大铜树。这两颗大铜树体量巨大，尤其是一号大铜树上还有龙盘绕，它们应当不是普通的树木，而是具有某种神性的神树。

在《山海经》记载的帝皇谱系之中，东方是东风之神折丹掌管的，也是太阳神树的所在地。但燧人氏五大风姓部族的后人之间又有着复杂的联姻关系以及频繁的文化交流。三星堆所在的位置属于灵山十巫的地域。灵山十巫一直担任上古帝皇身边巫师的角色，其出色的青铜器制造技术，是服务于祭祀仪式的。三星堆出土的各种青铜祭司的形象，极容易让人联想到灵山十巫。

据相关专家考据，三星堆一号坑与二号坑并不是同一个时期的。但一号坑中出土的文物也有可能不是同一个时期的。其中一些陶罐与青铜器的风格与殷商时期的相近，而神树和祭司的形象在后来的中原文化中未曾出现过。这些神树与青铜祭司的形象可能来源于更早的文明中。出土的神树形制高贵但都损坏了，这也许意味着这些神物本为某个即位的帝皇所制作。但随着继位的失败，这些神树也就作为不祥之物被砸坏，丢弃到了一号坑中。在黄帝到大禹建立夏朝的历史之中，满足条件的帝皇只有一人，就是帝喾之孙帝江。这位帝江在即帝位之前极有可能担任过蜀山氏部族成员的首领，也就是鱼凫氏所在的部落。这也是为何本在东方的太阳神树会与青铜巫师的形象一起出现在蜀地的原因。

帝喾之子帝挚接替帝位后，采用的是"帝鸿"的称呼，也意味着以鸟为图腾。帝挚与苗蛮联姻，生了儿子驩兜，也是三苗的一位首领。但这种父传子的世袭制显然遭到了华胥族长老的反对，最终由尧继承了帝位。帝挚被废之前，其实还勉强把帝位传给了自己的儿子驩兜，号"帝江"。这位帝江就是浑敦，也称混沌或浑沌。对于他而言，在尧为帝后，他的帝位就已经被彻底剥夺了。十日之乱后，有虞氏崛起，尧被迫由舜摄政后，驩兜联合共工氏、饕餮发动了三苗之乱。最终混沌以失败而告终。

传说日出于扶桑之下，拂其树杪而升，因谓为日出处。扶桑亦代指太阳。扶桑一词在现代也指日本，但在中国神话及史籍中所指究竟为何地目前还存在争议。《南齐书·东南夷传赞》中说："东夷海外，碣石、扶桑。"日本古称倭国，宋以后日本冒称扶桑。但对于日本在《山海经》的地望，因为后来历史文献的缺失，自汉代就呈现出混乱的情况。即使是昆仑山的确认，也多是官方的指定。很多地理名词就张冠李戴到了其他方国的头上。

扶桑树是神话中的树木，不可能栽培。但显然有这种神树的原型，也就是桑树。古代典籍中有很多将桑树奉为神树的例子，《吕氏春秋》中记载，汤灭夏后，曾遭遇大旱，五年内农田没有收成，于是汤王率领众臣在桑林中祷告求雨。古蜀国的第一代蜀王蚕丛，自立为王后，开始教导大家养蚕。正是由于蜀国境内有大量桑树，才会有高超的养蚕技术。在《山海经》中记载的东方，桑树一直占据重要的地位，扶桑树在大多数场合是指太阳东升时攀经的神树，又叫扶木、榑木、榑桑，或叫穷桑、空桑、孤桑。少昊又号有穷氏、穷桑氏，这也说明了桑树的神格。以桑树养蚕的历史，要比蚕丛的历史早很多。

桑树喜光，对气候、土壤适应性都很强，根系发达，生长快，萌芽力强，耐修剪，寿命长，一般可达数百年，个别可达数千年。桑树的用途是非常多的。孟子说"五亩之宅，树之以桑，五十者可衣帛矣。三年桑枝，可以做老杖，一支三钱;十年桑枝,可以做马鞭,一支二十钱;十五年干枝,可以做弓材,一张弓两三百钱;做木屐,一双三十多钱;做剑格刀柄,一具十钱;二十年老桑,可以做辂车良材,一辆辂车一万钱左右;桑树还可以做马鞍,桑叶可买可吃。尤其柘桑,柘桑皮是药材,也是燃料,能染出柘黄色丝绸。桑叶喂蚕,蚕吐细丝,可作上好琴弦。"

与扶桑神木相对应,太阳西下时憩息的树称为若木,日出扶桑和西归若木的说法源自人们观察日出和日入以定时间的日常活动,观日者住地的高大树木是测日定时的常用参考物。扶桑和若木都是人们解释太阳东升西落的视觉运动现象时而被想象出来的。《大荒北经》中说:"大荒当中,有衡石山、九阴山、灰野山,山上有一种红颜色的树木,青色的叶子红色的花朵,名叫若木。"《辞海》为"若木"如此释义:"古代神话中的树名,生在昆仑山的极西处,日落的地方。"

《楚辞·离骚》中说:"折若木以拂日。"王逸注解说:"若木在昆仑西极,其华照下地。"《淮南子·地形训》也说:"若木在建木西,末有十日,其华照下地。""末有十日"即树枝上居有十日。这说明若木生长在昆仑西极太阳下山的地方。太阳每天早晨从东海汤谷的扶桑树上升起,到了黄昏就落在西极的若木树上休息。

关于《山海经》中昆仑山的位置,历代争议较多。但无疑是在黑水与西海附近,而西海的水域应当比今日青海湖的水域大很多,也即古代的居延泽,则昆仑山当在甘肃与青海交界的祁连山山系中。在燧人氏的风之五部后人逐渐崛起后,玉帝的帝位名存实亡。一直到史前大洪水过后,树立了中风后人中特别优秀的伏羲氏为天下共主时,玉帝的名号就被剥夺了。中间的这段历史时期,掌握实权的是西王母,她居住在一座炎山之上。她的行宫是瑶池,替她把守瑶池的是昆仑开明白虎族的后人有虞氏。在神农氏称炎帝后,有虞氏的后人又随新的帝王迁居到了今日陕西地域内,建立了新的"日落之所"禺谷。

昆仑西极是西王母的御苑瑶池所在,其中最能代表西王母尊贵身份的植物,是蟠桃树,这也是西方"若木"的原型。桃树的树身呈灰褐色,枝头的颜色是红褐色的,花是红色的,叶子是青色的,完全符合"若木"的特征。而蟠桃的美味,也许是西王母把"若木"作为日落之所神树的原因之一。

"建木"是上古巴蜀先民崇拜的一种圣树,位于天地中心。传说建木是沟通天地人神的桥梁。伏羲、黄帝等众帝都是通过这一神圣的梯子上下往来于人间天庭。建木的得名也许和初民的"建中"之制有关。初民于居处之地必立木杆旗帜以号众,这种木杆旗帜在甲骨文中被称为"中"。《山海经》中所描述的"都广之野"据说是天地的中心,大约在今日成都市附近。

《海内南经》记载,有一种树木,形状像牛,一拉就剥落下树皮,样子像冠帽上缨带、黄色蛇皮。它的叶子像罗网,果实像栾树结的果实,树干像刺榆,名称是建木。这种建木生长在窫窳所在地之西的弱水边上。氐人国在建木所在地的西面,那里的人都长着人的面孔却是鱼的身子,没有脚。有九座山丘,都被水环绕着,名称分别是陶唐丘、叔得丘、孟盈丘、昆吾丘、黑白丘、赤望丘、参卫丘、武夫丘、神民丘。有一种树木,青色的叶子紫色的茎干,黑色的花朵黄色的果实,叫做建木,高达一百仞的树干上不生长枝条,而树顶上有九根蜿蜒曲折的桠枝,树底下有九条盘旋交错的根节,它的果实像麻子,叶子像芒树叶。大皞凭借建木登上天,黄帝栽培了建木。

这种具有榆树和麻双重特征的神树原型应为榆树科的山黄麻。山黄麻产于西南部至台湾,生长快速,两三年就可以长成大树,可高达十米。山黄麻茎皮纤维可作人造棉、麻、绳和造纸原料;树皮含鞣质,可提栲胶,种子油可供制皂和作润滑油。"黄实"不是黄色的果实,而是指"黄蛇",即象蛇状的树皮纤维。麻纤维是古人衣服的重要来源,因而建木十分重要。而建木能通天的神话,原因是其长得很高,又能搓成绳子来做成梯子。当然在传说的演变中,建木最终变成了神树。

建木是一种为去世的上古帝皇进行祭祀的神树,通过复杂的仪式,让去世的帝皇化为神仙。伏羲、颛顼、后稷都曾经在死后举行过这个仪式。主持这个仪式的是灵山十巫中的"巫抵",他是氐人的一员,也是掌管不死药的十巫之一。"颛顼化鱼妇"的传说大致揭示了"升天"的程序。这些氐族巫师以建木为工具举行仪式,让人装扮成半人半鱼的形象代替逝去的皇族灵魂,跟随巫师沿建木向上攀登,从而完成了升天的仪式。早期祭祀之中,攀登的可能是真正的大树,后来就演变成围绕青铜制成的神树进行仪式了。

另一种比较神奇的树木是"寻木"。《海外北经》记载,有种叫做寻木的树有一千里长,在拘缨国的南面,生长在黄河岸上的西北方。"寻"是古代之长度单位,伸张两臂为一寻,约等于八尺或六尺,也有说是七尺的。拘缨指"九婴",北方之国。这是当初尧为帝时"十日族"联合起来叛乱的部落之一,被后羿打败。

描述"寻木"不说其高度,而说"长千里",满足这个特征的只有榕树。榕树为桑科榕属乔木,原产于热带亚洲。榕树以树形奇特,枝叶繁茂,树冠巨大而著称。枝条上生长的气生根,向下伸入土壤形成新的树干称之为"支柱根"。榕树高达三十米,可向四面无限伸展。其支柱根和枝干交织在一起,形似稠密的丛林,因此被称之为"独木成林"。五千年前黄河流域的气候其实和现在长江流域差不多,甚至有亚热带的迹象。在黄河边上,有绵延千里的榕树林也是有可能的。

其他的神奇的树木还有三株树、木禾、不死树、玉树等。《海外南经》记载："三珠树在厌火北,生赤水上,其为树如柏,叶皆为珠。一曰其为树若彗。"三株树是柏皇氏的图腾,原型是珍珠柏。《海内西经》记载："昆仑之虚……上有木禾,上五寻,大五围。"木禾指薏米,原来种植于玉帝的御苑。后来开明白虎的木禾支下了昆仑山,成为流黄辛氏的主要成员,即有莘氏。

不死树是不死药的重要组成部分。昆仑开明北有"不死树",即甘木,食之不老。不死松又名龙血树,因其茎干肤色灰青,斑驳栉比状如龙鳞,而且又可分泌出鲜红的汁液,因而得其美名。龙血树受伤后会流出暗红色的树脂,像流血一样。这种树脂是有名的防腐剂,古代人曾用它作为保存人类尸体的高级材料,现在人们用它作油漆的原料。流出的树脂凝固了的结块,在中药里称为"血竭"或"麒麟竭",可以治疗筋骨疼痛,是名贵的中药。不死药就是用这种树脂制成的。所谓"不死"一是可以进补,二是可以保证死后不腐,即获得如埃及木乃伊般的永生。

龙血树在全世界共有 150 种,我国只有 5 种,生长在云南、海南岛、台湾等地。龙血树还是长寿的树木,最长的可达六千多岁。花开在枝顶,绿白色,后结橙棕色浆果。比樱桃稍小,有红色突起的树脂状物质,有甜味。

朱木应为山楂树。《大荒西经》记载："有盖山之国。有树,赤皮支干,青叶,名曰朱木。"而《大荒南经》则记载为"朱木,赤枝、青华、玄实。"青华应为青叶,属于记载错误。郭璞注解说："或作朱威木也。"山楂小枝紫褐色,老枝灰褐色,符合树干与枝为赤色的描述。而成熟的山楂果实为深红色,基本符合玄色果实的要求。最重要的是山楂树古代也称为"柤",发音类同"朱"。柤树也是《山海经》中记载的很多神圣之地种植的树种。

昆仑开明北"有文玉树。"郭璞注为"五彩玉树。"其他还有琅玕，即琅玕，为珊瑚状的一种珠树，应为天然绿松石集聚成的树形玉块，个体为圆形，也适合加工成绿色的珠子。昆仑山的天帝之所以称为"玉帝"，也是因为该山盛产玉树的原因。

## 不死药

长生不死是古往今来多少人的梦想，对于历代帝皇尤其如此。那些处于历史节点中的人物，最大的敌人其实只是时间而已，如果生命能延长一些，也许整个人类的文明史都会改写。正因如此，寻找不死药也就成为诸多帝皇挥之不去的梦想。在《山海经》中确实有不死药的记载，并由此衍生出诸多的神话。一般说来，不死药既是某种神奇的药方，也指一套完善的养生秘术。《黄帝内经》之中的养生导引之术，是以从洛书发展出来的五行理论为基础的。在上古社会，自然环境保持的还是十分完善，很多山水隽秀之地为居住者的长寿提供了必要的条件。

灵山十巫原本为昆仑山上的玉帝掌管医药，后来归西王母管辖，却一直受到猜忌。灵山十巫的后人后来进入巴蜀地带。但其首领则依然被扣押在西王母族附近做人质，后来首领猰貐被谋杀，灵山十巫就独立出来，并与华胥族交好。灵山十巫中的朝云国与华胥族中的少典族联姻，产生了轩辕氏，也就是黄帝族的父系。这一族后来出现一个罕见的长寿者，即颛顼的玄孙彭祖，活了约八百岁。但在《山海经》记载的轩辕氏族人中，一般的人都要活到这个年龄，这自然与他们掌握的不死药的秘密有关。不死药也意味着高超的医术和养生术。

西王母在监督灵山十巫配制不死药的时候，显然还是有所提防的。即使在西王母逐渐失去对灵山十巫的控制后,西王母本身也能配备不死药。在夏朝时期,西王母也以此作为笼络有穷氏后羿的一种手段。而灵山十巫的后人掌握的不死药的药方,要么不是完整的,要么就因为在巫山采摘的原料没有在昆仑圣地采摘来的纯正,药效显然要差很多。因而对于灵山十巫的后人轩辕氏而言,只能活到八百岁,而不再是长生不死了。

不死药应该是一种由各种植物配成的草丹,具备延年益寿的奇效。但无论是草丹还是后来道家的金丹,无论有毒与否,服用者显然对药物有强烈的依赖性。如果停止服药,则精神与身体会陷入一种难以控制的糟糕状态。从这一点来说,不死药对帝皇是有控制作用的。夏朝的后羿拿到西王母的不死药后,其实是有顾忌的。替他保管不死药的嫦娥实际就是东方女和月母国的"娥皇"。大禹建立夏朝凭借的是母系西羌的力量,而西羌与女和月母国以及羲和族,都是其坚定的同盟。当初后羿不敢服用不死药,也许就是出于对药物依赖性的顾忌。或者他服用后,则进入一种迷狂状态,这也许是他篡位的原因之一。而一旦与嫦娥离婚,嫦娥携不死药而去,后羿的状态就非常糟糕,被寒浞推翻了。

一直为昆仑山天帝家族掌管不死药的是巫氏,后来与西王母部族联姻,衍生出不死民,阿姓,以甘木为食物。《海外南经》记载:"不死民在其东。其为人黑色。寿。不死。一曰在穿匈国东。"《大荒南经》记载:"有不死之国,阿姓,甘木是食。"《大荒西经》记载:"颛顼之子,三面一臂,三面之人不死。"颛顼有着苗蛮的血统,年轻时统领蚩尤失败后的三苗部族,并最终接替少昊的新共主。颛顼可能也统领了不死民的部族,他与一臂国联姻,生的儿子因而也成为不死民的新领导。

依据《黄帝内经》的理论,长寿的必要条件是能放下生活中的欲望,并回归到自然的本真中去。但文明越向前发展，社会模式越复杂，人心里担负的欲望越重，生活的状态越差，自然难以长寿。即使有医学的修补，但上古神仙和真人的存在，在当代人看来就是奢谈了。在上古社会，夏朝未建立之前，推崇的还是圣人无为而治的"王天下"模式，而一旦进入以君主世袭制为基础的国家形态，就是以武力征服天下的"霸天下"模式了。

道家其实延续了不死药的很多理念，由此发展出内丹与外丹的两种修行体系。内丹是以天人合一思想为指导，以人体为鼎炉，精气神为药物，而在体内凝练结丹的修行方式。从中华道家宗祖轩辕黄帝求道于广成子的记载算起，内丹已经经历了五千年的发展历程。内丹是指在人体内炼成的长生不死药，其所需原料精、气、神，亦用外丹术语喻称铅汞，其炼制过程亦如外丹之经七返九还而复归本初之道，故亦称还丹、金丹。内丹修行就是积聚能量疏通自身经络，练功时间越长，正气越多，病、邪、秽气等不干净气态自然逐渐减少直至消失，从而内气充盈，病气无存，达到神清气爽的精神状态。如果继续修行下去，能量互相感应形成人体生物场，与宇宙不断重叠，直至合一，这就是道家内丹说的天人合一。

外丹相对内丹而言，又称炼丹术、仙丹术、金丹术、烧炼法、黄白术等，是指用炉鼎烧炼金石，配制成药饵，做成长生不死的金丹。炼丹术在我国起源甚早，约产生于汉武帝时，当时方士李少君"化丹沙为黄金"以作饮食器，就是烧炼金丹。南北朝时外丹得到进一步发展，唐时臻于兴盛，出现了孙思邈、陈少微、张果等炼丹家，服食外丹亦成为一种社会风气。但外丹术难于掌握，多含有毒性，因而进入宋代后外丹渐渐衰微。

石散本来是一种治疗伤寒的药，由东汉著名的内科大夫张仲景研制，对治疗伤寒确实有一定的效用。但到了魏晋时期，五石散一下子成了士大夫津津乐道的时尚消费品。五石散的真正兴起来自何晏的推崇,他在张仲景的药方上加以改进,完成了药品到毒品的最终转换。而宽袖长袍,飘飘欲仙的名士们,多半因为服用了毒品才使自己达到迷狂状态。五石散服下后不但容易上瘾,还会使人感到燥热急痴。魏晋名士多轻裘缓带,多半是因为五石散药效发作后身体燥热的缘故。

现代人了解"五石散"主要依据两个方子,一是出自东汉神医张仲景的《侯氏黑散方》和《紫石寒食散方》,"五石"为紫石英、白石英、赤石脂、石钟乳、礜石;二是出自唐代药王孙思邈的《五石更生散方》,他的"五石"为紫石英、白石英、赤石脂、石钟乳、石硫黄。两者相比较,四种相同,就差了一种。有人考证说,张仲景方子里的礜石,含有大量的砷,长期服用,会造成慢性砷中毒。

孙思邈在经过长期的研究之后,认为是五石散有剧毒的,他在《备急千金要方》中曾说"宁食野葛,不服五石"。野葛指的是一种能让人致命的野生植物。他于是就把其中的礜石改为了石硫磺。这种以矿物质为原料的"金丹",往往因为原料的纯度不高,而且火候难以掌握,毒副作用很强,服用之人不但达不到长生不死的目的,反而因此变得痴狂,作出很多不合人理的事情,短寿甚至暴毙。

但《山海经》中记载的极有可能是一种完全由植物成分构成的草丹,毒副作用相对于金丹要小很多。但不死药的配方失传了,唯一留下的是关于不死树的记载。不死树应为龙血树,株形极为美丽,叶片色彩斑斓。有的品种叶片密生黄色斑点,被人们喜爱地称为星点木。有的品种叶片上有黄色的纵向条纹,能分泌出一种淡淡的香味,人们称它为香龙血树。有的品种叶片上嵌有白色、乳白色、米黄色的条纹,人们又称之为三色龙血树。

龙血树的茎干能分泌出鲜红色的液体，即"龙血"。龙血树的美名便由此而得。这种液体是一种树脂，暗红色，也是一种名贵的中药，中药名为"血竭"或"麒麟竭"，可以治疗筋骨疼痛。古代人还用龙血树的树脂做保藏尸体的原料，因为这种树脂是一种很好的防腐剂。既能养生，又能保持尸体不腐，这也许就是龙血树被称为不死树的原因。其他在传说中具有不死药功能的还有蟠桃、人参果、灵芝、何首乌等。

传说每年农历七月十八日为瑶池的西金母圣诞。"王母娘娘的蟠桃园有三千六百株桃树。前面一千二百株，花果微小，三千年一熟，人吃了成仙得道。中间一千二百株，六千年一熟，人吃了霞举飞升，长生不老。后面一千二百株，紫纹细核，九千年一熟，人吃了与天地齐寿，日月同庚。"王母娘娘蟠桃会，孙悟空偷吃仙桃的故事久为民间传唱，为人们品桃倍添韵味。

《西游记》第二十四回记载："在万寿山五庄观。有棵灵根，唤名草还丹，又名人参果。该树三千年一开花，三千年一结果，再三千年才得以成熟。人若有缘，闻一闻能活三百六十岁，吃一个能活四万七千年。"《武当气功》记载，道家吕洞宾称"人参果"为"炼津化精"之物。根据实物与史料对照，《西游记》中"人参果"，应是武当山草药黄精。黄精，又名救穷、仙芝、人参果，如小儿、长七八寸、四肢俱全，食后绝谷不饥，能登仙度世等。

灵芝又称灵芝草、神芝、芝草、仙草、瑞草，是多孔菌科植物赤芝或紫芝的全株，以紫灵芝药效为最好。灵芝原产于亚洲东部，我国分布最广的在江西。《本草纲目》记述了灵芝产生的三大条件：灵芝是某种珍稀高山动物的尸体附着在千年栎树的朽木之上的芝菌，须在海拔千米以上的阴湿环境气候下才能生长，这三大条件决定了灵芝非天工做巧所能。近代人类对自然的破坏，造成大量动植物和原始森林毁灭，产生灵芝的自然环境也非常少有，灵芝的生长又非常缓慢,加之人类几千年来的采摘,天然灵芝早已几近灭绝。

何首乌为蓼科多年生缠绕藤本植物,根细长,末端成肥大的块根,外表红褐色至暗褐色。《本草图经》记载:"以西洛嵩山及南京柘城县者为胜。春生苗叶,叶相对如山芋而不光泽。其茎蔓延竹木墙壁间。结子有棱似荞麦而细小,才如粟大。秋冬取根,大者如拳,各有五棱瓣,似小甜瓜。"何首乌有生首乌与制首乌之分,生首乌功能解毒、润肠通便、消痈。制首乌功能补益精血、乌须发、强筋骨、补肝肾。

## 神孕

有关上古帝皇出生的神话,在《山海经》中并无记载,但广泛分布于各种传说之中。传说本身的主题,以"神孕"为主,往往渲染了帝皇出生前后的异象,以突出其与普通人的不同。这也从另一个方面说明了统治者因为统治的需要,让这些帝皇因"神孕"而生,因而也就成为当之无愧的"天子",可以代天行神权,具有不可挑战的无上权威。从华胥族到夏朝建立的历代上古帝皇,即《山海经》中所记载的帝皇谱系之中,都有相关的传说流传。

以文明奠定中风无怀氏在风之五部中的地位,进而凭借史前大洪水的机遇而成为天下共主,华胥族中出生最早也最出名的是伏羲氏。传说是生活在华胥之国的华胥氏姑娘到一个风景特别的雷泽去游玩,偶尔看到了一个巨大的脚印,便好奇地踩了一下,于是受感而孕,于三月十八日生下一个儿子,取名为伏羲。

雷泽中的脚印其实是雷神留下的。在《海内东经》记载:"雷泽中有雷神,龙身而人头,鼓其腹。"这实际意味着伏羲氏是雷神家族的后代,也就是生活在当今山东菏泽附近的雷泽氏的私生子。"只知其母而不知其父",在原始的母系社会非常常见。雷泽氏的图腾是夔龙,是一种苍身无角,同时具备牛首龙身两种特征的龙牛。但伏羲本身则与北风的后人女娲氏结盟,最终联姻,从这一点来说,两者既是"兄妹"又是夫妻。伏羲氏入赘于北风家族,与其中的"女和"、"女常"两者联姻,合族为羲和与常羲两族,后来这两者随伏羲迁居东方而组成"女和月母国"。而伏羲因为入赘的关系,与女娲一样有了人首蛇身的形象,成为苗蛮的先祖。

迁居东方的伏羲氏先传帝位于柏皇氏,并最终传帝位于羲和族与东风家族联姻的后人,即帝俊一系。羲和族生了十日,轮流执政。常羲族生了十二月,协助十日进行执政。这也是"天干地支"的由来。但后来华胥族中的神农氏依靠原始农业而崛起,以火神的身份,最终接替帝俊族成为天下的新共主。这其中也与西王母失去对灵山十巫的控制有关。北风后人女娲氏带领苗蛮崛起,并与华胥族、灵山十巫结成同盟。代表西羌联盟利益的西王母面临母系社会向父系社会过渡的必然趋势,承认了炎帝的帝位。

相传炎帝的母亲任姒,为有娲氏之女,又名女登,一天在玩耍时,忽然看到天空金光闪闪,一条巨龙腾空而下,身体马上有了感应。怀孕一年零八个月后,女登生下一个红球。红球在田地里滚了几滚之后,裂为两半,中间坐着一个胖乎乎的男婴,长着人的体形,龙的容貌,头上还长着两只青龙角。这实际意味着炎帝的母系是西羌联盟中的流黄辛氏,同时与帝俊族也有着极为亲密的结盟关系。炎帝的父系是中风的少典族,以熊为主要图腾,但后来则启用了具备伏羲氏父系雷泽氏夔龙特征的图腾,即炎帝族的牛图腾与黄帝族的龙图腾。炎帝之"姜"姓与牛图腾表明了炎帝的西羌游牧血统。

晚于炎帝族几百年出现的轩辕氏,是少典族与灵山十巫中的"巫真",即朝云国联姻的后人。在轩辕氏出现几百年之后,出现了华胥族的另一个传奇人物黄帝,他接替炎帝家族而成为新共主。黄帝是有熊国君少典之子,母亲名附宝。传说附宝有一天在野外向苍天祈祷,突然电闪雷鸣,全身麻木,从此有孕。巫婆到处奔走相告:"不久这里必有圣人降生!"附宝怀孕二十四个月,天空出现五彩祥云,百鸟朝凤,二月初二黄帝出生了,从此有了二月二"龙抬头"之说。司马迁《史记》上说,黄帝"生而神灵,弱而能言,幼而徇齐,长而聪明"。意思是黄帝几个月就能说话,七八岁时就有大人风度,十二三岁时就有大智慧。雷电与长虹等都具有龙蜿蜒飞升的特征,这也是龙神话的变体。

黄帝以最优秀的儿子玄嚣入赘于东方羲和族,并最终击败代表炎帝族保守势力的蚩尤,传帝位与玄嚣。因为玄嚣与伏羲氏的经历十分相像,因而也称为"少昊"。少昊之母嫘祖,是西陵氏之女,为黄帝元妃,教民养蚕,治丝茧以供衣服,后世祀为先蚕。传说少昊出生时,有五色凤凰领百鸟集于庭前,此凤凰衔果核掷于少昊手中。忽然大地震动,穷桑倒地,果核裂开,一颗流光异彩的神珠出现。众人大喜,寓为吉祥之兆,太白金星见其神珠皎如明月,亦是天赐君王之物,定名神珠为"玥",称少昊为"凤鸟氏"。少昊代表着东风族的利益,帝俊族原来的"金乌"图腾渐渐演变为具有凤鸟特征的"朱雀"图腾。东夷多以鸟为图腾,凤凰为百鸟之长,但最早则是西风石夷的图腾,因而"朱雀"与凤凰是有区别的,更类似于"太阳神鸟",其原型是"三足乌"。所谓的神珠,则意味着少昊继承了帝俊族太阳之神的位置。羲和族本身是以燕子为图腾的,与金乌很相似。

羲和族是十日族的最早的父系,其后则与西羌中的流黄辛氏联姻,成为第八日"已"姓的代表。传说中的太白金星,民间俗称白虎星,即金星,而金星的化身就是白虎。实际原因在于流黄辛氏源于昆仑开明家族的木禾支,有白虎的图腾。因而羲和族与太白金星的传说往往是联系在一起的。少昊传帝位于颛顼后,迁居到西方镇守,成为"白帝",也就是西方的天帝。这自然与其血统有密切的联系。

少昊之后成为天下共主的是颛顼。黄帝正妃嫘祖生了玄嚣、昌意二子。当初面临蚩尤九黎部落的强烈反抗,黄帝采取了战与和两种策略,因而其子昌意娶蜀山氏女为妻。昌意生韩流。由于黄帝后人对猪族比较忌讳的原因,在一些历史记载中抹去了韩流的影子。当时与蚩尤一起反抗黄帝的九黎部落,由围绕九大湖泊的九大部族组成,也称为"九淖"。韩流又娶了九黎部落中某位部落首领的女儿阿女为妻,生了颛顼。《宋书·符瑞志上》记载"帝颛顼高阳氏,母曰女枢,见瑶光之星,贯月如虹,感己于幽房之宫,生颛顼于若水。"瑶光是北斗七星的第七星名。瑶光也表明了帝颛顼的龙族与太阳家族的双重身份。颛顼拥有苗蛮的血统,这也是黄帝比较长远的战略考虑所致。

黄帝之子玄嚣继位东方后为少昊,之子为蟜极,之孙为五帝之一的帝喾。帝喾启用了尘封已久的东风帝皇的"帝俊"称号。相传帝喾生于穷桑,母握裒因踏巨人足迹而生。帝喾从小就聪明好学,由少昊抚养长大,其后统领蚩尤失败后的苗地,最终成为天下共主。但帝喾的母亲踏巨人脚印怀孕的传说,则意味着帝喾也是雷泽氏的私生子。具有雷泽氏血统的私生子是非常优秀和聪明的,伏羲、帝喾以及后稷,都有这种优势。

传说帝喾有四妃,长妃叫姜原,是有邰国君的女儿。相传姜原在娘家时,因出外踏上巨人脚印而怀孕,因无夫生子,所以把生下的孩子三次弃于深巷、荒林与寒冰上,均得牛羊虎豹百鸟保护不死,所以起名叫弃。弃长大后喜欢农艺,教人种五谷,被尊为后稷。后稷也是雷泽氏的私生子。但因为姜原后来成为了帝喾妃子,其皇族身份并未能得到帝喾承认。一直到尧为帝时,因为后稷对农业的杰出贡献,加上尧与后稷都是在炎帝系中长大,一定程度上代表了炎帝族的利益，尧追认了后稷的皇族身份。

帝喾次妃简狄，是有娀国君的女儿。相传简狄在娘家与其妹建疵在春分时到玄池温泉洗浴，有燕子飞过，留下一卵，被简狄吞吃，后来简狄怀孕生契。帝喾代表的是羲和族少昊的利益，以燕子为图腾。因为其子契成为商朝的先祖，因而有了玄鸟入怀的传说。以燕子为图腾的少昊后人，分别开创了强大的商朝与秦朝。

帝喾三妃庆都，相传她是大帝的女儿，生于斗维之野，被陈锋氏妇人收养，陈锋氏死后又被尹长孺收养。后庆都随养父尹长孺到今濮阳来。因庆都头上始终覆盖一朵黄云，被认为奇女，帝喾母来听说后，劝帝喾纳为妃子，后生尧。从姓而言，尧姓"伊耆"，实际来自于炎帝族一个古老的姓氏。在共工之乱被平息后，尧代表炎帝族而继帝位。黄云之黄色，代表黄帝"以土为尊"的理念。黄帝以云名官，分别管理一年四季之事。而黄云则意味着庆都氏的皇族身份。

庆都带着儿子住在娘家，直把儿子抚养到十岁，才让他回到父亲身边。这个孩子就是后来的帝尧。这个关于尧是赤龙后代的传说，当在尧为帝后才出现。赤代表红色，这是炎帝家族的代表色，代表火与祝融。而龙是黄帝族的图腾。赤龙实际说明了尧有炎帝族、黄帝族的双重血统。

接替尧帝的是舜，名重华，晋代皇甫谧又说他字都君。舜又称虞舜，有虞氏是昆仑开明家族与草原部落联姻的一支后人，扮演着皇家卫队的角色，本镇守西王母的瑶池，后来随统治中心的变迁迁居到陕西，建立了新的日落之所"禺谷"。有虞氏与东风十日族是同盟关系。但末代炎帝之孙伯陵私通有虞氏首领葆江的妻子，私情败露后，伯陵之子杀害了葆江，被黄帝处死。由于这个原因，在涿鹿之战中有虞氏作壁上观，并没有帮助炎帝家族。有虞氏的姚姓则来自于西王母瑶池的桃林。

传说舜母握登氏遇大虹意感而生舜。舜体形异于常人,两眼均为双瞳子,掌心有花纹,如"褒"字,前额突,眉骨隆,头大而圆,面黑而方,龙颜大口。"重华"之名则来自于舜有双瞳的异象。古代比喻虹为龙,这也显示了舜为黄帝族后裔的身份。但虹本身则与太阳、雨联系在一起,这大概也是因为有虞氏代表西王母族与十日族的力量。相传舜家世寒微。虽是黄帝后裔,但五世为庶人。《史记》记载,"虞舜者,名曰重华。重华父曰瞽叟,瞽叟父曰桥牛,桥牛父曰句望,句望父曰敬康,敬康父曰穷蝉,穷蝉父曰帝颛顼"。

舜以治水不力为由杀害了颛顼的儿子鲧,鲧实际是帝喾之后华胥与东夷的长老联盟默认的第一帝位继承人。但帝喾传帝位于帝鸿氏失败,并由另一个儿子尧继承帝位。尧将帝都迁离了东方,导致权力真空,十日族乘机叛乱,但被羲和族的有穷氏后羿击败,由羲和族单独掌控了东方。但十日族的同盟有虞氏趁机崛起,并由有虞氏与黄帝族双重血统的舜接帝位。虽然鲧被杀害了,但长老联盟还是希望由鲧的儿子大禹来接替帝位。大禹隐忍不发,治水成功,并最终废除了部落长老制,建立了"家天下"的君主世袭制。

传说中,鲧死后尸体三年不腐烂,后来不知道是谁,有说是祝融,用吴刀剖开了他的尸体,这时禹就出来了,而鲧的尸体则化为黄熊,另说是黄能,飞走了。鲧本为黄帝系的北海海神,但帝喾剥夺了他的称号,以其子取代。鲧在流浪过程中,娶了流黄辛氏的后人为妻,这也帮助大禹获得了西羌的支持。传说中大禹的母亲是吞了神珠而怀孕。神珠的原型是流黄辛氏种植的薏米。薏米即薏苡,因而大禹以"姒"为姓。而鲧死后剖腹生大禹的传说,意味大禹可能是个遗腹子。

## 帝皇葬礼

建木是一种为去世的上古帝皇进行祭祀的神树,通过复杂的仪式让皇族的灵魂升天。举行这种仪式应该是灵山十巫中的"巫抵",是氐人的一支。《山海经》记载"大皞凭借建木登上天,黄帝栽培了建木。"伏羲、颛顼以及后稷都曾在死后举行过这种仪式。

炎帝的确切葬地难以考证,现在中国境内有多处炎帝陵,其中最著名的是位于陕西宝鸡和湖南长沙的两处。关于炎帝神农氏安葬地的记载,最早见于晋代皇甫谧《帝王世纪》,说炎帝"在位一百二十年而崩,葬长沙。"宋代罗泌的《路史》就记述得更具体,炎帝"崩葬长沙茶乡之尾,是曰茶陵。"据地方史《酃县志》记载,此地西汉时已有陵。西汉末年,绿林、赤眉军作乱,邑人担心乱兵发掘,于是将陵墓夷为平地。唐代佛教传入,陵前建有佛寺,名为"唐兴寺",然而陵前"时有奉祀"。炎帝陵自宋太祖乾德五年建庙之后,迄今已有千余年历史,随着历代王朝的兴衰更替,炎帝庙也历尽沧桑,屡毁屡建。

宝鸡相传为炎帝故里。《国语》、《竹书纪年》、《史记》和《帝王世纪》等古代典籍均记载炎帝出于姜水,而姜水当在现在宝鸡一带。炎帝和生活在姬水一带的邻居黄帝,共为而今中华民族的始祖,宝鸡号称"炎帝故里",也是名副其实。传说神农之母任姒游常羊山,感神龙生了炎帝。在宝鸡市南郊的常羊山上就有一座炎帝陵,相传炎帝死后葬于此地。

《史记·五帝本纪》记载:"黄帝崩,葬桥山。"陕西省黄陵县城北一华里的桥山之巅有黄帝陵墓。《汉书·地理志》中说:"桥山在上郡阳周县,山有黄帝冢也。"这是关于黄帝陵的最早、最权威的记载。但是随着时间的推移、历史的变革,关于黄帝的葬地产生了多种不同的说法,除陕西说之外,还有其他四种说法,即河北说、山东说、河南说、甘肃说。

对此,有关专家学者结合历史文献学、考古学、民族学、文化人类学、民俗学等多学科的研究方法,多方论证了黄帝陵就在陕西省黄陵县的桥山。黄陵县之黄帝陵今天已成为海内外炎黄子孙公认的圣地,每年清明节都有大批世界各地的华人和政府要员共同举行隆重的祭典仪式,成为民族的一件圣事。

少昊被后世尊为先祖神帝。相传少昊葬于云阳,现曲阜仍保存有完整的少昊陵墓,少昊陵位于曲阜城东4公里处的高埠上。墓呈方形石砌,号称中国的金字塔。据记载,黄帝之子少昊建都穷桑,后徙曲阜,葬于鲁故城东门之外的寿丘。但依据《山海经》的说法,在少昊让位于颛顼后,他还去西方镇守,并与开明白虎族后人交好,成为西方的"金帝"或"白帝"。

据考证,少昊陵墓后面的小土山,即云阳山。少昊陵何时建筑,已不可考。《阙里志》记载:"宋真宗幸鲁,祀少昊,大建宫殿,以道教守之,古树丰碑,林立栉比,金、元亦加修葺。"明弘治时为雷火焚毁,清乾隆年间又两次大修,后又多次重修。少昊陵和万石山皆平地突起,门前为少昊陵石坊,大门里有享殿五间,两旁各三间配殿,殿前又有大量明、清皇帝和大臣们祭祀少昊留下的祭文碑。

颛顼在位时因为少昊之子共工触倒不周山,未能顺利入中原安葬,其墓葬当在今日东北扶余县境内。《海外北经》记载,在东北海以外,大荒的当中,河水流经的地方,有座附禺山,帝颛顼与他的九个妃嫔葬在这座山。这里有鹃鹰、花斑贝、离朱鸟、鸾鸟、凤鸟、大物、小物。还有青鸟、琅鸟、燕子、黄鸟、老虎、豹子、熊、罴、黄蛇、视肉怪兽、璿玉瑰石、瑶玉碧玉,都出产于这座山。卫丘方圆三百里,卫丘的南面有帝俊的竹林,竹子大得可以做成船。竹林的南面有红色的湖水,名叫封渊。有三棵不生长枝条的桑树,都高达一百仞。

卫丘的西面有个沈渊,是帝颛顼洗澡的地方。

《海外东经》中有这样一段:"汉水出鲋鱼之山,帝颛顼葬于阳,九嫔葬于阴,四蛇卫之。"汉水指汉江,发源于陕西省汉中市。这里的文字又表明颛顼是葬在汉中的,与《海外北经》记载的在东北海严重不符。但据一些学者的研究,《海外东经》中这段关于颛顼葬地的记载,并非《山海经》原文,而是后人根据《水经》一书中的文字添加的。这段文字并不能作为推翻颛顼在东北安葬结论的依据。

在颛顼之后,成为天下共主的是少昊的孙子帝喾。其后帝喾传帝位与帝挚失败,由代表炎帝族利益的帝尧继位。帝尧之后又由代表有虞氏与东方十日族利益的帝舜即位,但舜同时又是尧的女婿。这三位都葬在今日湖南长沙附近。从这一点来说,炎帝家族的墓地应在长沙比较合理,因而炎帝血统的后人都选择了湖南作为葬地。

关于帝尧、帝喾、帝舜的葬地在何处有具体的记录。《大荒南经》记载,帝尧、帝喾、帝舜都葬埋在岳山。这里有花斑贝、三足乌、鹞鹰、老鹰、乌鸦、两头蛇、视肉怪兽、熊、罴、老虎、豹子;还有朱木树,是红色的枝干、青色的花朵、黑色的果实。

《大荒南经》记载,有座山叫阿山。南海的当中,有一座氾天山,赤水最终流到这座山。在赤水的东岸,有个地方叫苍梧野,帝舜与叔均葬在那里。

《海外南经》记载,唐尧死后葬在狄山的南面,帝喾死后葬在这座山的北面。这里有熊、罴、花斑虎、长尾猿、豹子、三足乌、视肉。吁咽和文王也埋葬在这里。另一种说法认为是在汤山。还有一种说法认为这里有熊、罴、花斑虎、长尾猿、豹子、离朱鸟、鹞鹰、视肉、虖交。

与帝舜葬在一处的叔均传说为后稷的孙子或侄子,或者是舜的儿子,即商均。不同的人同名也是可能的。毕竟"叔"在上古时代，多指"第二个"，是一种兄弟的排行。《大荒西经》记载："有西周之国，姬姓，食谷，有人方耕，名曰叔均。帝俊生后稷，稷降以百谷。稷之弟曰台玺，生叔均。"又："后稷是播百谷。稷之孙曰叔均，始作牛耕。"但从皇族血统来说，有资格与舜葬在一起的只可能是舜的儿子商均。

明确有陪葬之物的为颛顼、帝尧、帝喾、帝舜。这其实是参考昆仑圣地上玉帝御苑中的动物与植物等。《海内西经》记载："开明北有视肉、珠树、文玉树、玕琪树、不死树，凤皇、鸾鸟皆戴蛇，又有离朱、木禾、柏树、甘水、圣木曼兑。一曰挺木牙交。"

视肉即肉灵芝，又叫太岁，是粘菌复合体，属菌科生物，自然界发现极少。李时珍在《本草纲目》中说："肉灵芝，久食，轻身不老，延年神仙。"肉灵芝具有自身修复功能，割下一块肉，几天后即长好，恢复如初。

珠树、文玉树、玕琪树是天然形成的树状玉石，应该产于昆仑山。

不死松又名龙血树，因其茎干肤色灰青，斑驳栉比状如龙鳞，而且又可分泌出鲜红的汁液，故而得其美名。树脂所凝固成的结块，在中药里称为"血竭"或"麒麟竭"，可以治疗筋骨疼痛，是名贵的中药。

鸾鸟是古代传说中凤凰一类的神鸟。赤色多者为凤，青色多者为鸾。凤凰的原型接近于自然界的孔雀。

离朱应该是太阳神鸟的原型，有金乌、朱鸟、丹雀、丹凤、鸾鸟、鸾凤、红鸾、凤凰、火凤凰各种称谓。现有的雉类包括雉族、眼斑雉族和孔雀族。红腹锦鸡属于雉族，最接近于赤鸟的原型。

木禾指的是薏米。

圣木曼兑或挺木牙交应指璇树，即传说中的赤玉树。除了天然的玉树外,其他可能是溶洞的产物。

《大荒北经》记载:"颛顼与九嫔葬焉。爰有鸱久、文贝、离俞、鸾鸟、凤鸟、大物、小物。有青鸟、琅鸟、玄鸟、黄鸟、虎、豹、熊、罴、黄蛇、视肉、璇瑰、瑶碧,皆出于山。狄山,帝尧葬于阳,帝喾葬于阴。爰有熊、罴、文虎、蜼、豹、离朱、视肉。吁咽、文王皆葬其所。一曰汤山。一曰爰有熊、罴、文虎、蜼、豹、离朱、鸱久、视肉、虖交。"

鸱久指鸺鹠,是我国南方普遍分布的一种小型鸮类,它的整个上体以棕褐色为主,密布有狭细的棕白色横斑;翅及尾羽黑褐色,在尾羽上有六条鲜明的白色横带,头部不具耳羽,这些特征使它很容易与红角鸮区别开来。

文贝可统指有花纹的贝壳,也是紫贝的别名。郭璞注解说:"即紫贝也。"明李时珍《本草纲目·介二·紫贝》说:"《南州异物志》云:文贝甚大,质白文紫,无姿自然,不假外饰而光彩焕烂,故名。"紫贝形似贝,圆,大二、三寸,出东海及南海上,紫斑而骨白,指宝贝科动物阿文绶贝、山猫眼宝贝、虎斑宝贝等的贝壳。

离俞即指离朱。

大物、小物指殉葬的大小用具物品。

琅鸟指白鸟。玄鸟是燕子的别称,因它的羽毛黑色,所以称为玄鸟。

璇瑰、瑶碧都指美玉。

虎、豹、熊、罴是少典族驯养动物的标准组合,"使四鸟"是炎帝族与黄帝族的很多嫡系都具备的能力。罴别名马熊、人熊、灰熊,身躯粗壮强健,全身的毛比黑熊要长些,而更能耐寒。

蜼是一种体形较大的长尾猴,黄黑色,尾长数尺。

吁咽可能指传说中的帝王虞舜。文王即周文王姬昌,是周朝开国君主。

虖交应指一种猛兽。"虖"为老虎的叫声。"交"古代又通"蛟"。虖交可能指"虎蛟"。《南山经》中说:"虎蛟鱼身而蛇尾,其音如鸳鸯,食者不肿,可以已痔。"虎蛟的原型类似于蛇颈龙。

《大荒南经》记载:"帝尧、帝喾、帝舜葬于岳山。爰有文贝、离俞、鸱久、鹰、贾、延维、视肉、熊、罴、虎、豹;朱木,赤枝、青华、玄实。"

《大荒南经》记载:"有阿山者。南海之中,有汜天之山,赤水穷焉。赤水之东,有苍梧之野,舜与叔均之所葬也。爰有文贝、离俞、鸱久、鹰、贾、委维、熊、罴、象、虎、豹、狼、视肉。"

委维指延维或委蛇,即双头蛇。传说形貌怪异,但却是野心者期待看到的鬼怪。根据《庄子·达生》记载,齐桓公游猎时就曾因见到人首蛇身的延维而郁闷病倒,后得知这是自己将称霸诸侯的征兆,于是豁然痊愈。双头蛇是某苗蛮部族的图腾。《海内经》记载:"有人曰苗民,有神焉,人首蛇身,长如辕,左右有首,衣紫衣,冠旃冠,名曰延维。人主得而飨食之,伯天下。"齐桓公仅仅是看到"延维",而没有食用,所以只能称霸诸侯。

朱木应为山楂树。《大荒西经》记载:"有盖山之国。有树,赤皮支干,青叶,名曰朱木。"而《大荒南经》则记载为"朱木,赤枝、青华、玄实。"青华应为青叶,属于记载错误。郭璞注解说:"或作朱威木也。"山楂树古代也称为"柤",发音类同"朱"。

## 息壤

息壤在传说中是一种能自己生长、永不耗减的土壤。郭璞注解说:"息壤者,言土自长息无限,故可以塞洪水也。""汉元帝时,临淮、徐县地踊长五、六里,高二丈,即息壤之类也。"郭璞将息壤解释为因地壳变动而涌长出来且能够无限生长的形如堤圩一类的自然物或神物。息壤传说的最早原型，应为一种遇水能迅速膨胀的自然物质，因而能用来堵住水眼，甚至构建堤防。

顾颉刚先生曾作《息壤考》，以为在黄土地区发现的土层因地下水的作用而隆起的现象，是"息壤"传说的现实依据："原来在渭河峡谷里黄土层间……地下水位入冬冻胀，春后消融，地下水流又不断地施压力于上部较薄的地层使得土地突然隆起。"他引用矿物学家张幼丞先生的分析说，有的"息壤"或"息石"，"当是局部的地壳上升的现象"。顾颉刚先生还引述了农学家蓝梦九先生的见解："土向上隆起的原因，尚有粘土的湿胀和土壤生物作用，尤其微生物作用；土壤本身并有弹性。"

学者罗漫在《息壤与膨润土——一个文化之谜的科技考察》中指出传说中的息壤是一种膨润土，可以用作填料或灌浆材料来处理岩石中的裂缝，以降低岩石间的透水性能。一般说来，一块鸡蛋大小的膨润土，吸满水后即长成拳头大小，受热失水后又恢复原状。它的主要成分是蒙脱石，而且蒙脱石含量越多，膨胀量越大。

根据 1979 年版《辞海》，将膨润土和蒙脱石与息壤稍加对比，不难发现膨润土的遇水膨胀性与治水的息壤会"长息"的特点完全相同。换言之，块状的蒙脱石便是神话中的"息石"，土状的则是"息壤"。膨润土及其矿床吸水后膨胀，失水后会恢复原状，这也可以解释战国、汉、唐时存在数处息壤，但后来难以考据其原因。

唐代柳宗元作有《永州龙兴寺息壤记》。他被贬后，曾寄居在永州的龙兴寺。当时，寺里有一个不解之谜，寺内一间佛堂里，有一片地面顶着墙壁向上长高了一尺多，当初修建佛堂时，把它挖平过，不久它又长了起来；更为蹊跷的是，据说所有挖过这块地面的人都死了。那时永州十分迷信鬼神，以为这是挖的人触动了息壤，遭到神灵的报复。因此，龙兴寺的人都把这块长高的地面当神看待，谁也不敢再去挖平它。实际原因可能是，膨润土有一定的膨胀比率，在有水的情况下，一旦挖去一块，其他的又可能遇水膨胀，但只要挖空所谓的息壤，或者切断水源，高出来的地面是能恢复原状的。而挖土的人都死亡的原因，可能是挖开的地中有不明气体或其他致命的微生物。

息壤其后演变为埋在地下镇水的石屋，石屋中放置息壤。《玉堂闲话》对此则有更清楚的表述："禹镌石造龙宫填于空中，以塞水眼。"可见大禹治理管涌险情选用沙石填塞水眼与现今的做法基本相同。罗泌在《路史》中说，大禹治水自岷至荆"定彼泉流之穴，爰以石屋镇之"，石屋中藏有息壤用来堵住"泉流之穴"。所以这个堵泉穴的息壤是不能铲挖的，掘动息壤就会发生水坌或暴雨不止。唐李石《续博物志》说："息壤在荆州南门外，状若屋宇陷土中，而犹见其脊。旁有石记云：不可犯。犯之颇致雷雨。有妄意掘发，水坌上不可制。"

物转星移，大禹镇穴口留下的息壤在唐元和年间无意中给挖了出来。息壤的出土是当时一件引起轰动的大事。据《溟洪录》记载：唐元和年间，裴胄任荆南节度使，在修建城墙时挖得一个大石头，形状与荆州城相似，径长六尺八寸。裴胄没怎么在意，为了不影响施工，吩咐下属将石头搬走丢弃了。紧接着天色大变，连续十多天大雨不止，江水猛涨，裴胄十分着急。这时有个名为欧阳献的道士对裴胄说："你不是曾经挖得一个石头吗，我卜得一卦，那石头是大禹治水留下的息壤，如果给息壤做一石室，再埋入原地，大雨就会停下来。"裴胄大为吃惊，说："前些日确实是挖了一个石头，但不知丢到哪里去了。"他连忙派人四处寻找，最后在一个竹篱笆下面找到了。果如道士所言，息壤埋入地下，天气就晴好如初了。于是，裴胄在南门外息壤处建大禹庙，修息壤祠,拜祭大禹和息壤。

宋庆历甲申年,王子融出任荆州太守。是年,荆州久旱不雨,百姓苦不堪言。城内有位张若水老先生,是个有名的医博士,一生行善积德,做了不少好事。张老先生年愈七十,德高望重,领头率众向新任太守请示挖息壤求雨。太守想看看究竟灵验不灵验,同意挖息壤。挖了数尺,见巨石如屋,四面有石柱石窗,上百人都移不动。于是又找来牛缰绳,叫来几百人帮忙,总算移出了息壤。随即大雨不止,旱情解除。后来官府重修了息壤祠,并在墙壁上画了风雨雷电形象。

明人谢肇淛《五杂俎》记载,荆州南门外有息壤,旁有皇祐二年(公元1050年)的石刻,有元代断碑。万历壬午年(公元1582年),修筑南门城墙时再次挖出了息壤,"息壤,石也,而状若城郭"。直到清初,还有人见到过息壤。康熙元年(公元1662年),荆州连续大旱,百姓请示官员挖掘息壤祈雨。在南门外堤上只挖了几尺,便挖到了屋脊,看见一个石屋,又往下挖了一尺多,挖到了屋门。也是好奇心的驱使,几个开挖的百姓打开石门,只见息壤放在屋内正方,上锐下广,走上前去仔细一瞧,"非土非木,非金非石,其纹如篆"。不知是祸是福,几个人急忙用土将石屋回填好。挖了息壤,雨是下了,然而"其夜大雨不止,历四十余日,大江泛滥,遂决万城,几陷荆州。"事情闹大了,玩笑开过了头,官员在息壤旁勒石明戒"不敢犯"。以后每遇大旱,人们再不打息壤的主意,平时也不敢在息壤上动土挖掘,年年还得培土加高,渐成"土丘"。至此,再无人见到息壤。自唐以来,荆州历代官府建庙修祠,供奉息壤。息壤也从神话传说进入了宗教的殿堂。"春秋祀事,文武僚属咸在"。每遇洪旱,黎民百姓祭祀瞻拜,祈求平安。

鲧也是最早的城郭建造者。《吕氏春秋·君守》记载:"夏鲧作城。"高诱注解说:"鲧,禹父也,筑作城郭。"钱穆先生曾经论述城的早期作用:"耕稼民族的筑城有两种用意:一是防游牧人的掠夺,而另一是防水灾的飘没。"徐旭生先生曾经指出:"城同堤防本来是同一的东西:从防御寇盗说就叫作城,从防御水患说就叫作堤防。鲧所筑之堤防,也就是鲧所作的城或城郭"。鲧从建造堤防开始,然后开始筑城,这在防洪的同时,其实也给当时的统治者造成了极大的威胁。

炎帝时期的原始农耕,还是山林文化为主体。但黄帝发展的水利农耕注重对平原的开发。平原上发展出的文明无疑是更为先进的,但有一个很大的隐患,即部落建筑形式不能如在高山上一样对付水患。一旦发生水灾,原始居民基本上无能为力。而鲧发明的城郭则把平原文明带入了一个全新的时代,并最终为城市与国家的成形奠定了基础。这是保守势力不愿意见到的。尧舜时期,最适合治水的无疑是共工氏穷奇,但他本身又是洪水的发动者。鲧一则不擅长治水,二则城郭的出现动摇了统治者的基础,三则鲧动用的"息壤"矿藏是有限的,属于帝皇所掌控。他最终以最后一个借口被杀了。

最原始的城郭应该由石头建造。昆仑山上玉帝所居住的宫殿在很早之前就被建立起来。夯土为城的历史则还没有到来。原始的夯土围墙并不能抵抗大洪水的冲击。受到洪水严重威胁的普通民众依靠的是土石围子。远古劳动工具落后,围子所用石块是天然石块,这就决定了石块与石块之间不可能完全弥合,如果在石块之间形成的空隙处置放一些膨润土,膨润土遇水膨胀并产生很强的吸附力,自然可以堵塞漏水的孔隙,使石墙后面的土堤不会直接受到洪水的冲刷,达到堵塞洪水的预想目的。如果拦洪围子或堤坝出现水洞,也可用膨润土进行紧急抢修,确保围子或堤坝的安全。

据考古发掘证明,在新石器时代中期仰韶文化的半坡遗址中,发现在周围环绕着一条深5~6米,宽6~8米的壕沟。姜寨遗址中,氏族居住区轮廓呈椭圆形,面积约1.8~1.9万平方米,西南面为临河,东、南、北三面有人工壕沟环绕。新石器时代晚期龙山文化的王城岗遗址中,发现有先后修筑的东西相连的两座夯土围墙。在龙山文化的内蒙古阿善遗址中,其居住区的周围,有依地势修筑的石围墙,是用交错叠压的方法砌成,墙厚1~1.2米。由此可见,在新石器时代,已在聚落周围出现了用于防御的壕沟、夯土围墙、石围墙。

夏王朝建立后,为巩固其统治地位开始构筑王城等较大城池。经专家们考察分析,商代的夯筑技术比夏代有了较大提高。从已发现的河南郑州和湖北黄陂盘龙城两处商代城址来看,城墙主体都是夯土版筑而成。夯土版筑是将两侧壁和一个横头用木板堵住,在这一段内分层夯筑;夯筑成后将横堵板和两侧壁板拆除,然后逐段上筑。这种方法,能在同一时间内集中比较多的劳动力,按一定的标准施工,既加速了筑城进度,又保证了筑城质量。周代的夯筑技术,更上一层楼。位于现在洛阳的周代王城,城墙墙体采用方块夯筑的方法。夯筑时用木板隔成方块,在这个方块内分层夯筑;当夯筑到相当于木板的高度时,再拆板向一方或向上移动,重新组成方块。施用方块夯筑技术,上下夯块交错叠压,层次分明。这种成块的夯打和交错叠放,增加了城墙的坚固性,与后世用砖交错叠砌砖墙的方法类似。用夯筑法筑城,在我国沿用了很长时间。宋代,内部夯土、外部用砖包砌的城墙才逐渐增多。明代中叶以后,才比较普遍地用砖砌筑城墙。

### 驯兽

最早驱使野兽作战,并见于诸史记载的应是先古时黄帝和炎帝之间为争夺中原而展开的一场大战。《列子·黄帝》中说:“黄帝与炎帝战于阪泉之野,帅熊、罴、狼、豹、䝙、虎为前驱,雕、鹖、鹰、鸢为旗帜"。飞禽猛兽一起上阵,其战斗之酷烈,规模之大可想而知。这场大战驱用的这些猛兽,更合理的解释是以猛兽图腾命名的一些"战斗团体"。但在《山海经》之中,明确记载少典族的后人炎帝族与黄帝族后裔都擅长"使四鸟",即能驱使"虎豹熊罴"这四种猛兽。但使唤这四种猛兽的技能实际源自有熊氏少典族。在早期具体的战争之中,是否驱使丛林猛兽参加战争,并无具体的记载。大规模驯养丛林猛兽的可能性并不大,参与战争的也许是象征性的一些猛兽战队,其决定因素还是人。

据《战国策》、《史记》等记载,公元前 279 年,燕国攻打齐国,包围齐国的即墨城已有三年,齐国守将田单,一方面麻痹敌人,另一方面不断激发城内士兵和民众对敌人的仇恨,鼓舞士气,并且做好了决战的准备。他暗地里搜罗了一千头牛,牛身上披着大红大绿的褂子,角上捆上两把尖刀,牛尾上系着浸过油的粗麻绳子。半夜里战斗开始,一千多头牛尾巴上的油绳全被点燃,被火烧痛的牛拼命狂奔,后面数千名壮士挥刀砍杀,燕国士兵一个个从梦中惊醒,被黑压压冲来的怪兽吓得魂飞魄散,燕军阵地大乱,死伤无数。这就是历史上有名的"火牛阵"。"火牛阵"之战是战争中运用家畜打胜仗的范例。其时古人作战一般都骑战马。马、牛、羊、犬都是人们长期驯养的畜牲,从严格的意义上已经算不上是野兽了。

兽战究竟是从何时发展起来的,已不可考证。但凡文明萌发之初,都有过兽战记载,有些保留下来了,比如象战,还有些则消失在历史之中。象战有不少经典的例子。根据文献记载,早在公元前 3500 年左右,古埃及就开始驯养大象,虽然没有见到那时使用大象作战的记录,但如果人们不把这种体型庞大的巨兽用于军事倒是件不可想象的事。战象高大勇猛,如果使用得当,战术得法,会在战场上发挥巨大的威力。但如果消极防御和部署失当,一样会造成失败。

《山海经》中比较奇特的是使唤螃蟹的女丑,她是炎帝族的后人。《大荒东经》记载,海内有两个神人,其中的一个名叫女丑。女丑有一只听使唤的大螃蟹。女丑应该是一个巫师,居海边,以螃蟹为部落图腾。在尧为帝后,东方十日族叛乱,因为同为炎帝族血统的关系,女丑出来帮助尧帝,但被十日族所杀。

《山海经》中能使唤老虎的是聂耳国与君子国。《海外北经》记载,聂耳国在无肠国的东面,那里的人使唤着两只花斑大虎,并且在行走时用手托着自己的大耳朵。聂耳国在海水环绕的孤岛上,所以能看到出入海水的各种怪物。大耳朵习俗表明聂耳国也是保留"儋耳"习俗的某个部落。在今日海南地域内,还有在耳朵上打孔,挂比较重的装饰品,把耳朵拉长甚至到达肩部的少数民族部落。这种习俗,称为"儋耳"或"离耳"。

《大荒北经》记载,有个儋耳国,这里的人姓任,是神人禺号的子孙后代,吃谷米。儋耳国人后代中有无继国,也是任姓,其后无继国与东胡草原民族联姻生了无肠国,也是姓任。无肠国靠近聂耳国。任姓的起源,更早可追溯到炎帝之母任姒。十日族中实力较强的除了羲和族与流黄辛氏之外,还有第九日"壬"姓,后来则演变为"任"姓。

《海外东经》记载,君子国在奢比尸神的北面,那里的人穿衣戴帽而腰间佩带着剑,能吃野兽,使唤的两只花斑老虎就在身旁,为人喜欢谦让而不争斗。以君子国佩带宝剑的传统而言,当在后来的越国地域内。越国为古国名,姒姓,常与吴国对抗,在沿海浙江、福建、广东一带。越国靠近吴国,古代"虞"与"吴"通假,使唤花斑老虎的传统表明君子国有着有虞氏的血统。

炎帝族与黄帝族的最大特征为"使四鸟",即驯化虎、豹、熊、罴四种野兽。《海外东经》记载,有个国家叫黑齿国。帝俊的后代是黑齿,姓姜,那里的人吃黄米饭,能驯化驱使四种野兽。姜姓最初起源于牧羊为生的游牧族。炎帝族中的姜姓当为华胥族和羌人联姻所产生。而羌人部落中也有姜姓一族。姜姓与能驯化四种野兽的能力表明黑齿国有华胥族中姜姓血统,也似乎表明金乌族中的一支先通过和华胥族联姻,获得了姜姓,而这一支后来又和有"黑齿"习俗的某个部落联姻,产生了黑齿国。这里的帝俊即帝喾,他是少昊的孙子。

这个黑齿国固然有百越民族的成员,但其应属于金乌族的后人。我国的傣族、基诺族和布朗族有用植物烟脂自制"颜料"染齿的习惯,因植物烟脂所制颜料有光泽,似漆,所以也就叫"漆齿"。云南傣族男女从十四五岁开始,有用栗木烟涂牙齿的习惯,认为把牙齿染得愈黑愈美,因此结婚时新娘特别要将牙齿染黑。基诺族的染齿"颜料"却多用梨木,其法是将爆烧后的梨木放在竹筒内,上面盖上铁锅片,待铁片上的烟脂成发光的黑漆状时,即手持铁锅片用上面的梨木烟脂染齿。布朗族的染齿"颜料"却用红毛树枝制成,其法是将红毛树枝点燃,让黑烟熏在铁锅片上,积黑烟而待用。

除了上面所说的"牙齿愈黑愈美"的装饰作用外,染黑的牙齿还像上了一层"漆",有保护作用。同时"漆齿"还是一种表达爱情的手段,其中也可能包含着某种原始崇拜。基诺族的青年男女在一起相聚时,姑娘常把铁片端到自己爱慕的青年面前请其染齿。此俗是基诺族的古老传统,据说不习此俗者死后将不受祖先的鬼魂欢迎。布朗族漆齿习俗的内在含义也与此相似。

染齿的另一种手段是嚼槟榔。嚼槟榔是一种生活在湿热地区的少数民族的嗜好,其目的并不是为了染齿,染齿是在嚼槟榔的过程中不知不觉地完成的。在我国的少数民族中,傣族、布朗族、佤族、阿昌族、黎族等都有嚼槟榔的习俗,部分壮族也有嚼食槟榔的习俗。但是,并非所有的"嚼槟榔"嚼的都是真正的槟榔。事实上,不少少数民族嚼的都是槟榔的代用品,只不过仍称之为"嚼槟榔"。

黑齿的后人甚至以"黑齿"为姓氏。一个出自春秋战国时期古夜郎国黑齿部,属于以国名汉化改姓为氏。古夜郎国,战国后期在今贵州一带地区,其国有黑齿夷邦,族人称为黑齿氏。第二源于百济族,出自汉、唐时期朝鲜半岛古百济国附属黑齿国,属于以国名汉化改姓为氏。

《海外东经》记载,玄股国在它的北面。那里的人穿着鱼皮衣,吃鸥鸟蛋,使唤的两只鸟在身边。另一种说法认为玄股国在雨师妾国的北面。有座招摇山,融水从这座山发源。有一个国家叫玄股国,那里的人吃黄米饭,能驯化驱使四种野兽。玄股当指东北地区的赫哲族,他们不仅像周围的满、鄂伦春、鄂温克等族猎人那样以兽皮为衣,还有一些部落有穿鱼皮衣的风俗,过去的史书中称之为"鱼虎部"。大约生活在松花江、黑龙江、乌苏里江流域。玄股国"使四鸟"的技能表明其与炎帝族或黄帝族进行了联姻。

鱼皮可做衣服的有鲢鱼、鲤鱼、大马哈鱼、白鱼、草鱼以及哲罗鱼、赶条鱼等许多种类,用以取皮做衣料的都是十几斤至百斤以上的大鱼。鱼皮具有轻便、保暖、耐磨、防水等特性,做成的衣服冬夏都可穿用。主要式样除通常的衣裤外,一种是袍,先做成坎肩形状,再接两袖和下摆,长过膝盖,类似满族的旗袍。另一种是套裤,只有裤腿而没有裤腰,男式上口平直,女式则为外高内低的斜口。穿时套在裤子外面,狩猎捕鱼时可御寒防水。此外,还有用鱼皮做的绑腿、披肩、围裙、腰带、帽子、手套、靰鞡以及荷包、口袋等佩饰。用布能做的几乎用鱼皮都可以做,可见"鱼皮部"之称真是名不虚传。

赫哲人的鱼皮服饰不仅用料独特,装饰也很美观。他们用野花等制成的染料给鱼皮染上紫、蓝、红、黑、白等颜色,剪成富于本民族特色的云卷等吉祥图案和鹿、鱼、花、草等生活中常见的动植物造型,以补绣的方法装饰在妇女服装的袖口、领托、襟口、前胸、后背和下摆边缘、裤角等部位。男子服装也要用染色的皮、布镶边,显得朴素大方。有的富裕人家,还把用鱼皮剪好的图案以丝线覆盖加绣在衣物上,形成凸起的浮雕效果,艳丽美观,十分别致。

《大荒东经》记载,有一个芍国,那里的人以黄米为食物,能驯化驱使四种野兽:老虎、豹子、熊、罴。芍本指芡实的茎。宋人邓名世《古今姓氏书辩证》中说:"芍,出自芈姓。楚公族大夫食邑于芍,因以为氏。"芈姓可追溯到颛顼的儿子重黎,而重黎极有可能是双生子。芍国当为颛顼后人建立的国家。

《大荒东经》记载,有一个国家叫中容国。帝俊生了中容,中容国的人吃野兽的肉、树木的果实,能驯化驱使四种野兽:豹子、老虎、熊、罴。有个国家叫司幽国。帝俊生了晏龙,晏龙生了司幽,司幽生了思土,而思土不娶妻子;司幽还生了思女,而思女不嫁丈夫。司幽国的人吃黄米饭,也吃野兽肉,能驯化驱使四种野兽。这些都是帝喾的子孙,保留了驯兽传统。

《大荒东经》记载,有个国家叫白民国。帝俊生了帝鸿,帝鸿的后代是白民,白民国的人姓销,以黄米为食物,能驯化驱使四种野兽:老虎、豹子、熊、罴。一般将秽貊合称,指在北到中国吉林省东部、朝鲜西北部的古老民族,是朝鲜人的先民之一。古文献称之为"白民","毫人"或"发人"。貊指貘,实际上是一种像"马来貘"的动物,在缅甸、泰国等还有分布。此处帝俊指帝喾,帝鸿指帝挚。

《大荒南经》记载,大荒之中,有不庭之山,荣水到此结束。有人三身。帝俊娶了娥皇,生此三身之国。姚姓,以黍为食,能驯化驱使四种野兽。这里的帝俊当指虞舜,即帝舜。他娶了"女和月母国"的首领,同时也是尧的女儿"娥皇"为妻子。因而三身国同时保留了姚姓与使唤猛兽的传统。

《大荒南经》记载,有个人叫做张宏,正在海上捕鱼。海里的岛上有个张宏国,这里的人以鱼为食物,能驯化驱使四种野兽。张姓最早出自于轩辕黄帝的姬姓。张姓源自于少昊青阳氏之子挥公,因发明弓箭同时成为掌管弓矢的官员。少昊人赘于穷桑氏羲和族,而羲和族的一个父系是东夷的有穷氏,首领以后羿最为著名,非常善射。张氏的善射也源于此。而这位捕鱼的张宏,当为张氏与海边某部落联姻的后人。

《大荒西经》记载,在西北海以外,赤水的西岸,有个天民国,这里的人吃谷米,能驯化驱使四种野兽。天民国的周边都是黄帝的子孙,天民国应为黄帝族血统的部落。《大荒北经》记载,有个叔歜国,这里的人都是颛顼的子孙后代,吃黄米,能驯化驱使四种野兽:老虎、豹子、熊和罴。有一种形状与熊相似的黑虫,名叫猎猎。叔歜是颛顼的儿子。

《大荒北经》记载,有北齐之国,姜姓,能驯化驱使四种野兽。这里的北齐国应为炎帝族的后人。齐姓出自姜姓,齐姓始祖为姜太公子牙,是炎帝之后,发源于山东省营丘。姜太公辅助武王伐纣成功以后,封地于齐,后来建立了齐国。其后的历史上还有北齐,是中国南北朝时的北方王朝之一。公元550年由文宣帝高洋取代东魏建立,国号齐,建元天保,建都邺,史称北齐。

《大荒北经》记载,有个毛民国,这里的人姓依,吃黄米,能驯化驱使四种野兽。大禹生了均国,均国生了役采,役采生了修鞈,修鞈杀了绰人。大禹哀念绰人被杀,暗地里帮绰人的子孙后代建成国家,就是这个毛民国。依姓本为黄帝族子姓之一。毛民国应是黄帝族依姓一支与东北游牧族联姻产生的部落,但因地处偏僻,其文化主要以游牧族为主。"毛民"不是全身长毛,而是穿皮衣的时候,把毛面向外翻的缘故。古人穿皮衣以毛朝外为正,反裘指毛朝里。东北的羊皮袄等都是如此穿着。"绰人"有身材高大之意。绰人被杀的原因,应该与叛乱有关。但大禹考虑到毕竟同出华胥族,又帮助建立了毛民国。

以地理而论,毛民国大概在今日东北辽宁地域内。根据《国语·晋语》记载:"凡黄帝之子二十五宗,其得姓者十四人,为十二姓,姬、酉、祁、己、滕、箴、任、苟、僖、姞、儇、依是也。"依姓表明该族为黄帝族后人。现在世居辽宁中的满族中有依姓一支。

## 独角兽

独角兽是中国与西方都有的神话题材,在西方神话里,Unicorn 即是独角兽,是传说中一种神秘的生物。通常被形容为修长的白马,额前有一螺旋角,这也是独角兽的最大特征。关于独角兽的形态有很多不同的说法。有的说它像一匹大马,头上有一只角,是难以驯服的生物。有些人则认为它是山羊般的生物,独角。有些民族甚至信奉独角兽。古罗马博物学家普利斯形容独角兽为四肢似大象,狮子尾,上半身像山羊,头上有一黑螺旋纹的角,是极凶猛的怪兽。一位希腊哲学家克特西亚斯对独角兽作出一种普遍形态的表述,他说独角兽是印度一种野生生物,有白色的身体,紫色的头,蓝眼,一只又直又硬的角,底白,中黑,顶部是红色。

《山海经》中记载了一些独角的怪物。《西山经》中说,再往西二百八十里,是座章莪山,山上没有花草树木,到处是瑶、碧一类的美玉。山里常常出现十分怪异的物象。山中有一种野兽,形状像赤豹,长着五条尾巴和一只角,发出的声音如同敲击石头的响声,名称是狰。而"狞"则指面目丑陋。在后来的传说中"狰狞"演变为民间传说的一种野兽,人形,直立行走,面目恐怖。在野外与人相遇,先将上肢遮盖其面目,待人接近时,突然放下上肢,露出面目,使人惊吓而死。后用来形容面目凶恶、极度恐怖的怪物。"狰狞"的原型即《山海经》中五尾独角的赤豹类生物。

《海内南经》记载,兕在帝舜葬地的东面,在湘水的南岸。兕的形状像一般的牛,通身是青黑色,长着一只角。兕是一种与犀牛相当类似的生物,一说就是雌性犀牛。《西游记》里有一段,太上老君所骑青牛走落凡间成精,使着一个圈儿,套去众神好多兵器,这只青牛就是兕了。吴承恩写得好:"独角参差,双眸幌亮。顶上粗皮突,耳根黑肉光。舌长时搅鼻,口阔板牙黄。毛皮青似靛,筋挛硬如钢。比犀难照水,象牯不耕荒。全无喘月犁云用,倒有欺天振地强。两只焦筋蓝靛手,雄威直挺点钢枪。细看这等凶模样,不枉名称兕大王!"这种犀牛类的生物是确实存在过的,与难以考据的独角兽还不相同。

但《山海经》中记载的一些马形的独角兽形象,就非常接近西方神话中的独角兽了。《南山经》记载,再往西三百里,是座中曲山,山南阳面盛产玉石,山北阴面盛产雄黄、白玉和金属矿物。山中有一种野兽,形状像普通的马却长着白身子和黑尾巴,一只角,老虎的牙齿和爪子,发出的声音如同击鼓的响声,名称是駮,是能吃老虎和豹子的,饲养它可以辟兵器。《北山经》记载,再往北三百里,是座带山,山上盛产玉石,山下盛产青石碧玉。山中有一种野兽,形状像普通的马,长的一只角有如粗硬的磨石,名称是䑏疏,人饲养它可以辟火。

駮的形象大概是中西方关于各自独角兽传说的中间版本。《山海经》中说的駮在外形上具备西方独角兽的特征,凶猛之处又具有獬豸的特征。《山海经》中的很多怪兽是否存在,并不能以图腾的融合演化来一贯言之。有些是部落传说演化的图腾形象。但自然界的确能创造出我们现在都很难相信、融合多种动物特征的怪兽，比如灭绝的袋狼，具有狼和虎的双重特征。而更久远的灭绝的珍奇异兽当然更多。纵使发现了此类化石或骨骸，估计生物学家和考古学家都很难想象出其固有的样子。而现在濒临灭绝的麋鹿、鸭嘴兽、熊猫等也是有多种生物特征的融合体。好似越稀罕的怪兽，繁衍延续的能力更差，也就更有传奇色彩。

北冰洋中的独角鲸应该是独角兽传说的另一个来源。中世纪及以前流传的独角兽角最正统的就来源于独角鲸，实际上是它的牙齿。独角鲸仅上颚生一对齿，雄性个体左侧的一枚齿呈螺旋形，长可达2.5米，形似角，故名。体表光滑无毛。无外耳廓，耳孔甚小，前肢鳍状，后肢退化。独角鲸属于齿鲸类，一般体长4～5米，体重900～1600公斤，腹白背黑，是小型鲸类。在胚胎中，独角鲸本有16枚牙齿，但都不发达，至出生时，多数牙齿都退化消失了，仅上颌的两枚保留下来。而雌鲸的牙始终隐于上颌之中，只有雄鲸上颌左侧的一枚会破唇而出，像一根长杆伸出嘴外。也有人偶然发现有两枚同时长出的，但数量极少。

中国独角兽中最重要的是麒麟。东汉《说文》记载："麒，仁兽也，麋身，牛尾，一角；麟，牡麒也。""麒麟"以"鹿"为偏旁，古人造这个词的时候，便明白无误地告诉人们，麒麟由鹿演化而来，但它又不是鹿，比鹿多了一些零件和装备。麒麟的额头长着像龙一样的肉质的角、鹿的身体、马的腿、牛的尾巴，身上五彩斑斓，腹部是褐色的，行走时不会踩花和草，素食。

麒麟在古代很多典籍中均有记载。《春秋》记载："哀公十有四年春，西狩获麟"。便是十分有名的传说。根据记载，麒麟不但会被发现，被箭射中还会死。在上古，麒麟虽少见，却也不算是"妖怪"之类。但随着时间的推移，麒麟的本来面目逐渐消失了。

从麒麟的演变过程看，它与龙的演变有着千丝万缕的关联，以至到明清时期两者逐渐同化，使麒麟变成鹿形的龙，除了蹄子像鹿，尾巴像狮和躯体比龙短外，其余和龙的形象一样。因此，明清时期的麒麟，实际上是一种变异的龙。龙凤研究专家王大有先生认为，麒麟是龙凤家族的扩大化。他在著述的《龙凤文化源流》中说："麒麟虽以鹿为原型，然而实际上是一种变异的龙，只易爪为蹄而已。它为中央帝的象征，但因出现较晚，并不具统治地位，而中央帝的实际形象是蛇躯之龙。"

貔貅在传说中是一种凶猛瑞兽，这种猛兽分为雌性和雄性，雄性名"貔"，雌性名"貅"。但现在流传下来的貔貅已没有雌雄之分了。古代这种瑞兽是分一角和两角的，一角的称为"天禄"，两角的称为"辟邪"。后来再没有分一角或两角，多以一角造型为主。在南方，一般人喜欢称这种瑞兽为"貔貅"，而在北方则依然称为"辟邪"。它专为帝王守护财宝，也是皇室象征，称为"帝宝"。中国古代风水学者认为貔貅是转祸为祥的吉瑞之兽。

另外以独角著名的是獬豸。獬豸也称解廌，是古代传说中的异兽，体形大者如牛，小者如羊，类似麒麟，全身长着浓密黝黑的毛，双目明亮有神，额上通常长一角，它拥有很高的智慧，懂人言知人性。它怒目圆睁，能辨是非曲直，能识善恶忠奸，发现奸邪的官员，就用角把他触倒，然后吃下肚子。当人们发生冲突或纠纷的时候，它能用角指向无理的一方，甚至会将罪该万死的人用角抵死，令犯法者不寒而栗。传说帝尧的刑官皋陶曾饲有獬豸，凡遇上疑难不决之事，就让獬豸裁决，均准确无误。所以在古代，獬豸就成了执法公正的化身。

不曾有人亲眼见过獬豸究为何物，因而引出人们诸多想象，有人认为它像鹿,有人觉得它像牛,更多的说法还是像羊。除了相关的古籍如《后汉书》、《论衡》、《五杂组》等记述之外,考古发现,秦之前文物中的獬豸都是一角羊的造型,牛形獬豸则出现在东汉之后。相传在春秋战国时期,楚文王曾获一獬豸,照其形制成冠戴于头上,于是上行下效,獬豸冠在楚国成为时尚。秦代执法御史带着这种冠,汉承秦制也概莫能外。到了东汉时期,皋陶像与獬豸图成了衙门中不可缺少的饰品,而獬豸冠则被冠以法冠之名,执法官也因此被称为獬豸,这种习尚一直延续下来。至清代,御史和按察使等监察司法官员都一律戴獬豸冠,穿绣有其图案的补服。

## 龙生九子

龙形象形成的过程中,曾海纳百川地汇集了多种兽类形象,也就有了龙生九子的各种说法。但龙之九子为何物,究竟谁排老大谁排老二,并没有确切记载。民间对此也有各种各样的说法。

据说一次明孝宗朱祐樘心血来潮,问以博学著称的礼部尚书李东阳:"朕闻龙生九子,九子各是何等名目?"李东阳竟也不能回答,退朝后七拼八凑,列拉出了一张清单。按李东阳的清单,龙的九子是趴蝮、嘲风、睚眦、赑屃、椒图、螭吻、蒲牢、狻猊、囚牛。不过民间传说中的龙子却远远不止这几个,狴犴、貔貅、饕餮等都被传说是龙的儿子。其实所谓龙生九子,并非龙恰好生九子。中国古代传统文化中,往往以九表示极多,而且有至高无上的地位。龙生九子的版本有几个,但终究离不开以上提及的几种形象。

在上古社会,龙几乎是以一种普遍的形象而存在的,这也和当时不成熟的动物分类学有关。今日我们看来非常熟悉的一些动物,在上古社会可能就冠以龙族的名称,并逐渐演变成龙的九个儿子。但这九个儿子显然和龙本身还是有区别的。综合龙生九子的形象,可以归纳出龙族的一些特征,即"身形在同科动物中异常庞大,基本都有一颗硕大凶猛的头颅"。这类凶猛的怪物,给上古人们的印象是非常深刻的,因而统统冠以龙族之名。但随着龙图腾的最终成形并广泛传播,这类传说中的怪物原本就只是普通动物,却因广义上的龙形象出现,离其本来面貌越来越远了。

从对一些上古动物的描述中可以看出,有些史前动物好像并不是几十万年前灭绝的,在《山海经》记载的历史中还比较活跃。也许某些传说中记载了先民们口述的形象,又或者当人类活动进入农耕活跃期,这些动物就迅速消失了。

如果把龙之九子的龙首形象替换为平常的动物,就能看出其基本原型了。趴蝮一般饰于石桥栏杆顶端。传说它的形象似龙非龙,似虾非虾,平生最喜欢水,伴水而居。它喜波弄水,常年累月在河水中玩耍,又名帆蚣,擅水性,喜欢吃水妖,据说是龙王最喜之子。趴蝮的形象看上去仿佛一只懒洋洋的大蜥蜴,或者是一只大鳄鱼。趴蝮的原型应是鼍龙,又名中华鳄、扬子鳄,俗名土龙、猪婆龙,分布于长江中下游,是中国的特产动物。

椒图形状像螺蚌,性格封闭,最反感别人进入它的巢穴。人们常将其形象雕在大门的铺首上,或刻画在门板上。螺蚌遇到外物侵犯,总是将壳口紧合。人们将其用于门上,大概就是取其可以紧闭之意,以求安全。蜃的原型是海中巨大的贝壳类生物。《说文》中说:"雉入海化为蜃。"《周礼·掌蜃》注:"蜃,大蛤也。"《国语·晋语》注:"小曰蛤,大曰蜃。皆介物,蚌类也。"蜃后来演变成蜃龙,成为传说中的蛟属,能吐气成海市蜃楼,其形象为雉鸡头,背上有贝壳,身形为龙身的怪物。

蛟也属于龙的一种,一般来说,龙代表仁义,而蛟则比较邪恶。其中有虎蛟，一种说法是"蛟似蛇四足。"《抱朴子》中则说"母龙曰蛟。"又有《韵会》说："龙属。无角曰蛟。"总而言之，蛟是一种无角，蛇身，四足的水兽，同龙十分相似。《南山经》中说："虎蛟鱼身而蛇尾，其音如鸳鸯，食者不肿，可以已痔。"《埤雅》记载："蛟，其状似蛇而四足，细颈，颈有白婴，大者数围，卵生，眉交，故谓之蛟。"总而言之，据古人说蛟像蛇的样子，却有四只脚，小小的头，细细的脖子，脖颈上有白色肉瘤，大的有十几围粗，卵有瓮大小，能吞食人。这个形象非常像蛇颈龙，也是现在众多天池湖泊目击报告中的水怪的样子。

对于"龙生九子"，影响较大的一种说法是：长子囚牛，喜音乐，立于琴头。一些贵重的胡琴头部至今仍刻有龙头的形象，称之为"龙头胡琴"。不光立在汉族的胡琴上，彝族的龙头月琴、白族的三弦琴以及藏族的一些乐器上也有其扬头张口的形象。从囚牛的名称而言，其具有牛形的特征，应该来源于夔龙。《大荒东经》描写夔是："状如牛，苍身而无角，一足。"夔龙的头部类似无角的牛。

次子睚眦，样子像长了龙角的豺狼，怒目而视，双角向后紧贴背部，嗜杀喜斗，刻镂于刀环、剑柄等兵器或仪仗上起威慑之用。睚眦的原型应是一种巨型的豺狼类动物，类似早已灭绝的巨豺齿兽或恐狼。

自从恐龙灭绝后，巨豺齿兽就成了食物链上方的掠食者。它们很快在欧亚大陆与北美遍布的平原取得优势，并像此时许多动物一样，发展出巨大身躯。巨豺齿兽相当繁盛，约有七个品种，体型从狐类到小型犀牛大小的都有。巨豺齿兽具有非常强有力的双颚与巨爪，而且速度飞快。最大的种类必定是平原上的恐怖主宰，甚至会对年幼的长颈犀形兽造成威胁，但其生存年代远在4100万年到2500万年前。

狼的外形有小（郊狼）、中（森林狼）、大（草原狼）之分，吻尖长，眼角微上挑。因为产地和基因不同,所以毛色也不同。灰狼的体重和体型大小各地区不一样。在狼的进化史中,一种大名鼎鼎的狼在更新世晚期出现,这便是恐狼。恐狼的名气之大不仅仅是因为它较大的体型,更是因为它直到八千年前才灭绝。这使得恐狼成为除灰狼外,人类可能曾经面对过的唯一一种"大灰狼"。传说中的恐狼具有凶恶的眼神,钢铁般的脸庞,潜伏在黑夜之中,吼唱着它们的恐狼之歌。

三子嘲风,样子像狗,平生好险,今殿角走兽有其遗像。嘲风不仅象征着吉祥、美观和威严,而且具有威慑妖魔、清除灾祸的含义。嘲风的原型来自巨型犬类。《说文解字》中说:"狗四尺为獒。"从这点来说,獒当之无愧称得上是一种龙犬。

獒犬以产于西藏的最为著名。藏獒,又名藏狗、蕃狗、羌狗,原产于中国青藏高原,是一种高大、凶猛、垂耳、短毛的家犬。身长约130厘米左右,被毛长而厚重,耐寒冷,能在冰雪中安然入睡,性格刚毅,力大凶猛,野性尚存,使人望而生畏。护领地,护食物,善攻击,对陌生人有强烈敌意,但对主人极为亲热,是看家护院、牧马放羊的得力助手。成年公獒正常体重约在50~80公斤,母獒约在38~60公斤,身长要大于肩高。

四子蒲牢,形状像龙但比龙小,喜音乐和鸣叫,刻于钟钮上。据说蒲牢生活在海边,平时最怕的是鲸鱼。每每遇到鲸鱼袭击时,蒲牢就大叫不止。于是,人们就将其形象置于钟上,并将撞钟的长木雕成鲸鱼状,以其撞钟,求其声大而亮。蒲牢的原型应该是海狮。鲸鱼喜欢捕食海狮为食物。

海狮因面部长得像狮子而得名。海狮生活在海里,以鱼、蚌、乌贼、海蜇等为食,也常吞食小石。海狮没有固定的栖息地,每天都要为寻找食物的来源而到处漂游。北海狮又叫北太平洋海狮、斯氏海狮、海驴等,是体形最大的一种海狮,因为在颈部生有鬃状的长毛,叫声也很像狮子吼,所以得名。北海狮分布于北太平洋的寒温带海域,包括白令海、鄂霍次克海、阿拉斯加、堪察加、阿留申群岛和北千岛等地,在我国见于江苏启东的黄海海域和辽宁大洼的渤海海域。

五子狻猊,又称金猊、灵猊。狻猊的原型是狮子。狮子是唯一的一种雌雄两态的猫科动物,是地球上力量强大的猫科动物之一。狮子生存的环境里,其他猫科动物都处于劣势。亚洲狮是亚洲最凶猛的猫科动物之一,也是亚洲最顶级的食肉动物之一,曾经在亚洲地区广泛分布,但人类的猎杀和环境的破坏,使亚洲狮几乎走向了灭绝。

狻猊本是狮子的别名,所以形状像狮子,喜烟好坐,倚立于香炉足上,随着佛教传入中国。人们喜欢将其安排成佛的坐骑,或者雕在香炉上让其款款地享用香火。另外,狻猊还是文殊菩萨的坐骑,在文殊菩萨的道场五台山上还建有供奉狻猊的庙宇。因狻猊为龙的五子,所以庙名为五爷庙,在当地影响颇大。明清之际的石狮或铜狮颈下项圈中间的龙形装饰物也是狻猊的形象,它使守卫大门的中国传统门狮更为威武。

六子赑屃,又名霸下,样子似龟,喜欢负重,是驮着石碑的龟。相传上古时期它常背起三山五岳来兴风作浪。后被夏禹收服,立下不少汗马功劳。治水成功后,夏禹就把它的功绩,让它自己背起,故中国的石碑多由它背起。赑屃和龟十分相似,但细看却有差异,赑屃有一排牙齿,而龟类却没有,赑屃和龟类在背甲上甲片的数目和形状也有差异。赑屃是长寿和吉祥的象征。它总是吃力地向前昂着头,四只脚拼命地撑着,挣扎着向前走,但总是移不开步。赑屃的原型是龟或者鼋。

龟,俗称乌龟,泛指龟鳖目的所有成员。鼋是爬行动物,外形像龟,生活在水中,短尾,背甲暗绿色,近圆形,长有许多小疙瘩,它是淡水龟鳖类中体形最大的一种,体长为80～120厘米,体重约50～100公斤左右,最大的超过100公斤。

七子狴犴,又名宪章,样子像虎,有威力,好狱讼,人们便将其刻铸在监狱门上,故民间有虎头牢的说法。又相传它主持正义,能明是非,因此它也被安在衙门大堂两侧以及官员出巡回避的牌上端,以维护公堂的肃然之气。狴犴的原型是巨型虎类,而其形象中往往有两根夸张的獠牙,十分类似剑齿虎。

虎,又称老虎,是当今体型最大的猫科动物,也是亚洲陆地上最强的食肉动物之一。最大的虎种体重可以达到350公斤以上。老虎对环境要求很高,各类老虎亚种均在所属食物链中处于最顶端,在自然界中没有天敌。虎的适应能力也很强,在亚洲分布很广,从北方寒冷的西伯利亚地区,到南亚的热带丛林及高山峡谷等地,都能见到其优雅威武的身影。

狭义科学上的剑齿虎指剑齿虎亚科中的短剑剑齿虎,是大型猫科动物进化中的一个旁支,生活在中新世～更新世时期。剑齿虎长着一对和其他猫科动物相比较长的犬齿,故得名。

剑齿虎进化中的一个旁支,其中最著名的刃齿虎属大约生活在距今300万年到1万年前的更新世。全新世时期,它与进化中的人类祖先共同度过了近300万年的时间。剑齿虎的体重比现代狮子重不少。它的后腿和尾巴非常短小,更像是一只体格健壮的瘦熊。成年剑齿虎体重约200公斤,其犬齿最长可达17厘米,以大型哺乳动物为食。如果说剑齿虎最晚到一万年前才消失,其形象完全有可能随传说流传下来。

八子负屃,身似龙,雅好斯文,盘绕在石碑头顶或两侧。以赑屃驮着石碑,而负屃盘绕在石碑头顶的组合而言,这两者的组合即是"玄武",即龟与蛇。赑屃的原型是龟,而负屃的原型则是巨蛇。玄武是一种由龟和蛇组合成的一种灵物。玄武的水神属性,颇为民间重视和信仰。

末子螭吻,又名鸱尾或鸱吻,为鱼形的龙,喜欢四处眺望,一般位于殿脊两端。在佛经中,螭吻是雨神座下之物,能够灭火。螭吻的原型是鳌鱼,也可以说是一种大型的鲤鱼。相传在远古时代,金、银色的鲤鱼只有跳过龙门,才能飞入云端升天化为龙。但如果它们跃龙门前偷吞了海里的龙珠,就只能变成龙头鱼身的鳌鱼。雄性鳌鱼金鳞葫芦尾,雌性鳌鱼银鳞芙蓉尾。

饕餮,样子似狼,性贪吃,位于青铜器上,现在称之饕餮纹。因它又能喝水,故古代也将其刻在桥梁外侧正中,防止大水将桥淹没。据民间传说,这种怪兽贪吃无厌,把能吃的都吃光了以后,最后竟然吃了自己的身体,到最后吃得只剩一个头部,所以落下个"有首无身"的名声。饕餮的原型应为贪吃的猪。

《神异经·西荒经》中说:"饕餮,兽名,身如牛,人面,目在腋下,食人。"《神异经·西南荒经》记载:"西南方有人焉,身多毛,头上戴豕。贪如狼恶,积财而不用,善夺人谷物。强者夺老弱者,畏强而击单,名曰饕餮。"

貔貅在南方及东南亚一带都被称为龙的第九子。它大嘴无肛,只进不出,深为赌徒所喜。在《汉书·西域传》上有这样的记载:"乌戈山离国有桃拔、狮子、犀牛。"孟康注解说:"桃拔,一曰符拔,似鹿尾长,独角者称为天鹿,两角者称为辟邪。"辟邪便是貔貅了。貔貅的原型是马或鹿。《周礼·夏官·廋人》记载:"马八尺以上为龙。"这种中国的独角兽十分类似《山海经》中记载的駮。

## 龙生九子原型表

| 名称 | 别名 | 形象 | 原型 | 镇守位置 |
|------|------|------|------|----------|
| 趴蝮 | 帆蚣 | 大蜥蜴、鳄鱼 | 扬子鳄 | 桥栏杆顶端 |
| 椒图 | 蜃龙 | 螺蚌 | 螺蚌 | 大门铺首、门板 |
| 蛟龙 | 虎蛟 | 蛇 | 蛇颈龙 | 水纹装饰 |
| 囚牛 | 不详 | 牛 | 夔龙 | 胡琴头部 |
| 睚眦 | 不详 | 豺狼 | 巨狼 | 兵器或仪仗上 |
| 嘲风 | 不详 | 巨型犬 | 獒犬 | 屋顶垂脊前端 |
| 蒲牢 | 不详 | 小型龙 | 海狮 | 钟上 |
| 狻猊 | 金猊、灵猊 | 狮子 | 狮子 | 座骑、香炉 |
| 赑屃 | 霸下 | 龟 | 鼋 | 石碑下面 |
| 狴犴 | 宪章 | 虎 | 剑齿虎 | 监狱门、衙门大堂 |
| 负屃 | 不详 | 蛇 | 巨蛇 | 石碑头顶或两侧 |
| 螭吻 | 鸱尾、鸱吻 | 鱼形龙 | 大鲤鱼 | 殿脊两端 |
| 饕餮 | 三苗 | 牛或猪 | 巨型猪 | 青铜器、桥梁外侧 |
| 貔貅 | 辟邪 | 鹿或马 | 独角兽 | 守财之所 |

## 发明与创造

　　黄帝对于华胥族所保留的文明种子,持一种完全开放的态度。更多的部落通过与黄帝族的联姻获得了姓氏,并分享了其文明形态。黄帝族所代表的改革势力以水利农耕为基础,击败了代表保守势力的炎帝族。其后的后稷更把农耕的技术带入了新阶段。传说巧倕精通各种工具的制作。般发明了弓和箭。番禺发明了船。吉光发明了车。殳发明了箭靶,鼓、延二人发明了钟,作了乐曲和音律。帝俊有八个儿子,创作出歌曲和舞蹈。晏龙发明了琴和瑟两种乐器。但更为合理的说法应该是,这些皇族担任了相应的官职,他们把更早的原始发明改良成为正式可用的形式,并对全族进行推广,以法律的形式进行固化。从这一点而言，他们其实算不上是最初的发明者，只是影响最广泛的官方改良者与推广者。

《山海经》记载，有个西周国，这里的人姓姬，吃谷米。有个人正在耕田，名叫叔均。帝俊生了后稷，后稷把各种谷物的种子从天上带到下界。后稷的弟弟叫台玺，台玺生了叔均。叔均于是代替父亲和后稷播种各种谷物，开始创造耕田的方法。后稷开始播种各种农作物。后稷的孙子叫叔均，这位叔均最初发明了使用牛耕田。大比赤阴，开始受封而建国。大禹和鲧开始挖掘泥土治理洪水，度量划定九州。大比赤阴可能指后稷的生母姜嫄。

姜嫄虽然是帝喾的元妃，大概也是婚前生子的原因，并没有得到帝喾的宠爱。帝喾先传帝位于帝挚，这是第四妃常仪所生。姜嫄成为元妃后，还生了儿子台玺。但他显然没有得到帝喾的信任，没有担任任何重要的职位，而是与后稷一起进行农耕技术的改进。台玺的儿子叫叔均，后稷的孙子叫叔均，帝舜的儿子也叫商均。但这三者应不是同一人。"均"的本意是划分土地，因而"均"可能也是一种掌管土地的官职。台玺的儿子先担任这个位置，然后传给了后稷的孙子，他们一起改进了牛耕田的技术。这个位置后来可能还传给了舜的儿子。

《海内经》记载，帝俊生了三身，三身生了义均，这位义均便是所谓的巧倕，从此开始发明世间的各种工艺技巧。这里的"帝俊"指帝舜比较容易解释。从这一点来说，义均是帝舜的孙子。以字形而论，姚之甲骨文十分类似三个人并立在一起，可能是"三身"国的来由。巧倕传说是上古尧舜时代的一名巧匠，他的手非常巧，改良了弓、耒、耜、舟等。

《海内经》记载，少暭生了般，这位般最初发明了弓和箭。般即少昊之子挥弓，也是张姓的始祖。少昊入赘于穷桑氏羲和族，而羲和族的一个父系是东夷的有穷氏,首领以后羿最为著名,非常善射。

《海内经》记载,帝俊赏赐给后羿红色弓和白色赠箭,用他的射箭技艺去扶助下界各国,后羿便开始去救济世间人们的各种艰苦。在东夷之中,善射的有穷氏一族掌管的是"射正",即射箭的礼仪。这一族实力强大,与羲和族联姻成"穷桑氏"。有穷氏中善射的历代首领都冠以"羿"之名。嫦娥奔月传说中的后羿,是在夏朝建立之后出现的有穷氏中的首领。最原始的弓箭的发明应归功于有穷氏。

《海内经》记载,帝俊生了禺号,禺号生了淫梁,淫梁生了番禺,这位番禺最初发明了船。番禺生了奚仲,奚仲生了吉光,这位吉光最初用木头制做出车子。此外帝俊指帝喾。轩辕氏擅长造车,其后人黄帝也精通此道,并发明了指南车,在与蚩尤之战中发挥了重要作用。轩辕氏最初发明的是比较简单的人力车,在大禹时期才发展成为成熟的规范化的马车。奚仲是大禹时的"车正",负责造车事宜,他与轩辕氏后人联姻,生了吉光,吉光本身的名字即有"辕"之形。吉光也成为古代对神马的一种称呼。谯周《古史考》记载:"黄帝作车,少昊驾车,禹时奚仲驾马,仲又造车,广其制度也"。这是指轩辕氏发明了车,少昊发明了驾车,而奚仲发明了马车。

帝喾后裔中的番禺发明了船。这位番禺应该封地于后来广州的"番禺"。番禺为秦始皇三十三年设置的古县,是南海郡的首县,并为郡治所在地。《山海经》记载,"桂林八树在贲禺东"。郭璞注解"贲禺"说:"今番禺。"汉初的史料亦多处提到"番禺",或亦书作"蕃禺(隅)",即指今广州番禺一带,是当时岭南最为重要的聚落,已形成地区性的政治、经济中心,亦是广东境内最早见于古史的地名。

《海内经》记载,炎帝的孙子叫伯陵,伯陵与吴权的妻子阿女缘妇私通,阿女缘妇怀孕三年,这才生下鼓、延、殳三个儿子。殳最初发明了箭靶,鼓、延二人发明了钟,作了乐曲和音律。末代炎帝的孙子伯陵为新的钟山之神"烛阴",他生了儿子鼓。伯陵因私情被吴权发现,其子鼓联合了西王母手下的某个首领钦邳杀了葆江。鼓与钦邳其后被黄帝下令诛杀。

《海内经》记载,帝俊有八个儿子,他们开始创作出歌曲和舞蹈。帝喾四妃常梦吞日,经八梦,生子八人,皆精通日月星辰观测,被誉为"八才子"、"八翌"、"八神"、"八元"。

《海外南经》说:"有神人二八,连臂,为帝司夜于此野。""连臂"是携袂踏歌而舞之象,即《楚词》中所说的"二八接舞"。"神人二八"即民间所说的夜游神,就是"八恺"与"八元"的组合。

《海内经》记载,帝俊生了晏龙,这位晏龙最初发明了琴和瑟两种乐器。"烛阴"、"祝融"、"晏龙"是不同时期对钟山之神的称谓,这一点在《山海经》中其他部落首领的称号演变中也可以见到。但琴瑟显然不是由晏龙最早发明的。《大荒东经》记载,东海以外有一深得不知底的沟壑,是少昊建国的地方。少昊就在这里抚养帝颛顼成长,帝颛顼幼年玩耍过的琴瑟还丢在沟壑里。

《古史考》则记载:"伏羲作琴、瑟。"《纲鉴易知录》中说:"伏羲斫桐为琴,绳丝为弦;缚桑为瑟。"这都把伏羲作为最早的琴瑟发明者。《帝王世纪》记载:"神农始作五弦之琴,以具宫商角徵羽之音。历九代至文王,复增其二弦,曰少宫、少商。"帝喾是少昊的孙子。但琴的出现则早于帝喾执政时期。这也可见古琴与瑟的发展改良是由多人完成的,而在晏龙手中最终完成了琴的官方形制。

# 春秋战国考

春秋战国时期合称东周时期。西周时期,周朝君王保持着天下宗主的威权,平王东迁以后,东周开始,周王室开始衰微,只保有天下共主的名义,而无实际的控制能力。同时,一些被称为蛮夷戎狄的民族在中原文化的影响或民族融合的基础上实力也很快赶了上来。中原各国也因社会经济条件不同,大国间争夺霸主的局面出现了,各国的兼并与争霸促成了各个地区的统一。因此,东周时期的社会大动荡,为全国性的统一准备了条件。

春秋战国来源于春秋和战国两部分,在中国上古时期,春季和秋季是诸侯朝觐王室的时节。另外,春秋在古代也代表一年四季。而史书记载的都是一年四季中发生的大事,因此"春秋"是史书的统称。鲁国史书的正式名称就是《春秋》。传统上认为《春秋》是孔子的作品,也有人认为是鲁国史官的集体作品。而"战国"来自于《战国策》,这是国别体史书。一般史学界以三家分晋,田氏代齐为春秋(前770～前476)和战国(前475～前221)的分界线。

平王东迁洛邑(今河南洛阳)以后,西土为秦国所有。它吞并了周围的一些戎族部落或国家,成了西方强国。在今山西的晋国,山东的齐、鲁,湖北的楚国,北京与河北北部的燕国,以及稍后于长江下游崛起的吴、越等国,都在吞并了周围一些小国之后,强大起来,成了大国。于是,在历史上展开了一幕幕大国争霸的激烈场面。

战国七雄是七个最强的诸侯国的统称。春秋时期无数次战争使诸侯国的数量大大减少。到战国时期,实力最强的七个诸侯国分别为燕、齐、楚、秦、赵、魏和韩。除战国七雄外,其余为人熟知的还有晋、陈、吴、越、宋、鲁、卫、陈等国。

## 燕国

黄帝儿子青阳氏入赘于东夷后,成为少昊。少昊成为天下共主后,启用的是新的太阳神鸟的图腾,即与金乌类似的燕子图腾,他统领的部族主体是羲和族。少昊的孙子帝喾在颛顼后继位,也保留了燕子图腾。高辛氏帝喾的一个儿子契,因为保留了少昊的燕子图腾,就有了殷商先祖关于玄鸟的传说。司徒契也就成为殷商的先祖。以燕子为图腾的少昊后人伯益,成为秦朝的先祖。

少昊的后人包括后来诸多以"燕"为名的国家。黄帝的后代中有个叫伯倏的,商朝时被封于燕(今河南省延津县东北),建立燕国,历史上为与蓟地燕国相区别,称作南燕。中国历史上有许多燕国,如北燕、南燕、前燕、后燕、西燕、大燕、五代燕等。其中,最早的燕国是商代的南燕。少昊坎坷一生,足迹遍布中部、东部、西部,因而他的后人以燕子为图腾立国的国家也很多,而且在地域上分布很广。

北燕,始封于公元前11世纪,都城在"蓟",位于今北京房山区琉璃河,其国土相当于今北京及河北中部与北部一带。北燕国的始祖是周召公,但最早可追溯到《山海经》中的钜燕国,这也是少昊羲和族统领的故地。毕竟少昊作为黄帝之子,起初也是姬姓的。周召公封地于此,应也有这个考虑。

## 齐国

齐姓出自姜姓,齐姓始祖为姜太公,发源于今山东省营丘。姜太公辅助武王伐纣成功以后,封地于齐,后来建立了齐国。姜太公的始祖可追溯到尧舜时期的伯夷。相传伯夷为姜姓,为炎帝神农氏之裔共工的侄孙,也就是共工兄弟的孙子。这位共工氏就是与颛顼争帝位,触倒不周山,引起大洪水的穷奇。穷奇的身份是少昊之子,入赘于炎帝共工氏水神家族,因与颛顼争帝位而被尧舜冠以凶神之名。共工的兄弟也应是少昊的另一个儿子,他大概是与穷奇一起入赘于炎帝家族的。

伯夷曾担任帝颛顼的大祭司,后为第一代太岳。另一说伯夷父即伯夷。而伯夷父是帝颛顼的老师。颛顼曾让伯夷父颁布法典,制五刑,以折臣民。伯夷在帝尧时辅政,掌管礼仪,帝舜时正式任命伯夷为秩宗。大禹治水及代行天子之政时,伯夷尽心辅弼,成为禹的心腹之臣。为嘉奖伯夷,帝舜晚年赐伯夷恢复姜姓,封为吕侯,掌管四岳,其子孙因此亦以吕为氏。伯夷所在部落发展出四支胞族,以申、吕、齐、许的四个地方为名,后来演变成四姓,掌管四岳。在尧、舜、夏禹时代,四岳是部落联盟的山岳祭司。伯夷后被尊为吕姓始祖。从这一点来说,伯夷是四岳之长,但分管的"四岳"又指申、吕、齐、许这四人。

### 楚国

楚之先祖可追溯到季连,出自帝颛顼高阳氏。季连之后曰鬻熊,是周文王的老师,其曾孙熊绎在成王时被封为楚子,意为楚地的子爵。颛顼生了老童,老童生了祝融,也就是重黎。重黎因对共工讨伐不力被帝喾所杀。据《东周列国志》记载,重黎死后,其弟吴回接替了祝融的位置,生子陆终,娶鬼方国君之女,第六子就是季连。

生活在巴山、巫山、成都平原上的部族,包括巴人、蜀山氏、巫氏等,在黄帝时期大部分与苗蛮一起成为一个统一的部族联盟,即由炎帝臣子蚩尤统领的九黎。华胥族与其相处时,既有联姻也有战争。在蚩尤领导九黎部落与黄帝作战失败后,九黎部族开始分裂。但其中苗蛮的主体三苗则依然有举足轻重的影响力。黄帝到大禹时期,三苗的后人为恢复自己的统治力,与华夏族进行了持续的战争。

随着华胥族实力的日益巩固,三苗的努力都以失败告终了。舜击败三苗之后,把三苗的一部分迁到了三危山,即伺候西王母的三青鸟族居住的地方,以对抗西戎,约在今日敦煌附近。但"三苗"的主体还是在中原的,而且一直抗争不休。最后大禹再次征伐三苗,大败苗师,三苗从此衰微。三苗被迫迁徙到今日的湖南,到商、周时期,"三苗"又被称为"荆楚",有时也被称为"南蛮"。在战国时期,三苗的后人终于以楚国的身份独立出来。从地域而言,荆楚大地一直是炎帝族的圣地,历代炎帝系皇族都埋在九嶷山附近。这也是三苗得以迁居此地的原因。

### 秦国

伯益为秦国的祖先。《史记》记载:"帝颛顼之苗裔孙曰女修。女修织,玄鸟陨卵,女修吞之,生子大业。"大业娶黄帝父系所属的少典氏族之女女华为妻,生子名叫繇,即皋陶。皋陶之子伯益,佐禹治水有功,舜命作虞,赐姓曰嬴。女修吞玄鸟卵的传说,则意味着与少昊族的联姻。因而少昊也是伯益的先祖。

### 赵国

赵国的先祖可追溯到造父。赵姓出自嬴姓,形成于西周,祖先是伯益。

造父为伯益的九世孙，是西周时著名的驾驭马车的能手。造父驾车日驰千里，使周穆王迅速返回了镐京，及时发兵打败了徐偃王，平定了叛乱。由于造父立了大功，周穆王便把赵城赐给他，自此以后，造父族就称为赵氏。

周孝王传至周幽王时，因幽王无道，造父的七世孙赵叔带离周仕晋，从此赵氏子孙世代为晋大夫，掌握晋国大权。晋景公为了夺取赵氏家族控制的政权，默许三卿联合诛赵氏，灭其族。到战国初年，叔带的十二世孙赵敬侯联合魏武侯、韩哀侯三家分晋，建立赵国。至他的孙子赵籍时，正式获得了周烈王的承认，与韩、魏两家并列为诸侯。公元前222年，赵国为秦国所灭，赵国王室纷纷散落民间。

### 魏国

魏国的先祖可追溯到毕万。毕万是周初重臣毕公高之后。毕公高是周文王的庶子。周初，周人吞并商之后，便封毕公高于毕国故地，其后裔以毕为氏。后毕国国灭，公族子弟流落各地，其中有一后裔名毕万，流落至晋国。

公元前661年冬，晋献公发动了一次开疆拓土的战争。晋献公出征的战车上，赵夙御戎，毕万为车右。此次出兵战果丰硕，一举歼灭了耿、霍、魏三个小诸侯国，凯旋而还。为了奖励英勇作战的赵夙与毕万，献公将耿封给了赵夙，将魏封给毕万做了采邑。从此，毕万之后称"魏氏"，在今后的晋国繁衍壮大起来。

### 韩国

韩国的先祖可追溯到韩万。春秋末年，晋国大夫赵襄子、魏献子和韩宣子于公元前433年先行暗杀智伯，然后再将晋的领地瓜分，成为三个诸侯国，即韩、魏、赵三国。西周成王的弟弟唐叔虞封于晋国。晋穆侯是西周诸侯国晋国的第九任统治者。史载晋穆侯之子曲沃桓叔生公子万，封于韩，立韩氏，故称韩万，是为韩武子。韩武子的三世孙名韩厥。按照周王朝的册封，自厥起，他和他的后代才是真正的韩姓了。

但"韩"的名称在《山海经》中最早可见于"寒荒国"。灵山十巫中的巫即是掌管食物的祭司，其后人包括以猪为图腾的蜀山氏。黄帝正妃嫘祖生了玄嚣、昌意二子。昌意娶蜀山氏女为妻，生了韩流，韩流有猪的形象。韩流娶了九黎某部族首领的女儿阿女，生帝颛顼。韩流掌管过"寒荒国"。

## 晋国

晋国出自周成王弟唐叔虞。周成王是中国西周第二代国王，谥号成王。邑姜是姜太公吕尚的女儿，嫁给武王发，梦到上天说："余命女生子，名虞，余与之唐。"她生的儿子据此名叫"虞"。《史记》记载，周公诛灭唐后，周成王与叔虞玩游戏。成王把桐叶削成珪的样子交给叔虞，并对他说："我要用这个来封你作王。"史官尹佚因此让周成王选择日子立叔虞为王。成王说："我是开玩笑的。"尹佚说："天子没有戏言。说的话史书都有记载，并且举行仪式来实现，并用音乐来歌颂它。"周成王于是封其弟于唐，史称唐叔虞。唐叔虞之子晋侯燮父徙居晋水，因在晋水边，因此改国号为晋。自晋侯燮开始，唐叔虞的国就被称为晋国。

## 陈国

陈国先祖可追溯到妫满。帝舜是帝颛顼的后代，娶帝尧二女娥皇、女英，女英生子商均。商均后代妫满娶周武王长女太姬,公元前1045年受封于陈,建都宛丘,让他奉守舜帝的宗祀,辖地大致为现在的河南东部和安徽一部分。

帝舜代表的其实是有虞氏的利益,该族以白虎为图腾,最早可追溯到为玉帝镇守御苑的昆仑开明白虎族。其后有虞氏与草原部落联姻,为西王母镇守瑶池,并衍生出林氏国。舜还姓妫,因此姚姓也出自妫姓。"为"在古文字中为"母猴"之形。妫氏以猴为图腾。

### 吴国

吴国先祖可追溯到古公亶父。古公亶父在周人发展史上是一个上承后稷、公刘之伟业,下启文王武王之盛世的关键人物,他是中国上古周族领袖。周灭商朝后,认为"王气"始于姬亶父,故追尊为太王。

周太王生有长子泰伯,次子仲雍和小儿子季历。季历的儿子昌聪明早慧,深受太王宠爱。周太王想传位于昌,但根据当时传统应传位于长子,太王因此郁郁寡欢。太伯明白父亲的意思后,就和二弟仲雍借为父采药的机会一起逃到荒凉的江南,自创基业,建立了勾吴古国。商朝灭亡后,周朝建立,周武王封太伯第三世孙周章为侯,遂改国号为吴。春秋时期,吴国被越国所灭。

古代"虞"与"吴"通假。吴地最早居住的部族应该为有虞氏的后人。重黎的弟弟称为吴回。《山海经》中的水伯天吴指重。重为祝融后,其弟吴回接替他为水伯。但后来重黎为帝喾所杀,吴回又接替了祝融的位置。

### 越国

越国先祖是夏代少康庶子无余。大禹周游天下,在越地登茅山,四方群臣朝见他。大禹分封有功之臣,赐爵有德之人,之后,大禹驾崩,葬在越地。夏后帝少康恐怕禹迹宗庙祭祀断绝,把其庶子封到于越,号称无余。贺循《会稽记》中说:"少康,其少子号曰于越,越国之称始此。"

## 宋国

宋国的始祖是微子启。微子启是商王帝乙的长子,纣王的庶兄。《吕氏春秋》称微子、微仲与纣王三人同母,但是其母在生微子和微仲时尚未成为妃,所以是庶子。

周武王伐纣,商朝灭亡。按照分封制的礼法,朝代虽然灭亡,胜利者仍然不能让以前的贵族宗祀灭绝,因此当武王分封诸侯时,仍然封纣王的儿子武庚于殷,以奉其宗祀。武王死后,武庚叛乱,被周公平叛杀死,另封纣王的庶兄,当年曾降周的微子启于商邱,国号宋,以奉商朝的宗祀,孔子《论语》"尧曰篇"曾记载此一原则叫做"兴灭国,继绝世"。

宋国实际上是殷商文化的一种延续,殷商的始祖是契。帝喾的帝位由尧帝继承。他的另一个儿子契成为尧帝旧臣,舜帝留用,位居三公之列,官居司徒,主管民政事务。尧继承帝位后,因"十日之乱",被金乌族联盟中的舜取得帝位。契因为保留了少昊的燕子图腾,就有了殷商先祖关于玄鸟的传说。

## 鲁国

鲁国始祖是周公旦。武王伐纣,歧周代商。武王发封其弟周公旦于曲阜,是为鲁公。伐灭管蔡之乱,平定徐戎之叛后,鲁国得到"殷民六族"。而本来是王族的殷商之民,拥有较高的文化水平,同时也善于发展经济,加上鲁国地处东方海滨,盐铁等重要资源丰富,占有在经济、文化上的优势。

鲁国一直都是周室强藩,震慑并管理东方,充分发挥了宗邦的作用。此鲁国"奄有龟蒙,遂荒大东。至于海邦,淮夷来同",其国力之强,使得诸夏国人和夷狄之民"莫我敢承"、"莫不率从"。这种情形一直延续到春秋,彼时曹、滕、薛、纪、杞、郜、邓、郏、牟、葛等诸侯仍旧时常朝觐鲁国。

## 卫国

卫国始祖是康叔。据《元和姓纂》及《通志·氏族略》等所载,周武王灭商后,赐同母弟封康邑,史称康叔封。周公旦又将原来商都周围地区和殷民七族封给康叔封,让康叔迁徙至殷商故都,建立卫国,定都朝歌。

## 郑国

郑国始祖是郑桓公。周宣王封周厉王幼子友于郑,史称郑桓公。周幽王时期,郑桓公身为周王室的司徒,看出西周马上就要灭亡,于是在太史伯的建议下,将郑国财产、部族、宗族连同商人、百姓迁移到东虢国和郐之间,号称新郑。这是郑国历史上有名的大迁移。桓公三十六年(前771年),犬戎杀死周幽王和郑桓公,桓公之子武公即位,继位的郑武公攻灭郐和东虢国,建立了实际独立的郑国,定首都为新郑。

## 黄帝十二姓

黄帝族与其他部落联姻后,姬姓才是黄帝的嫡系,而其余儿子实际继承的是母系的图腾和传统。从这一点来说,从黄帝族衍生出来的一些姓氏,并不能代表黄帝族本身的势力。

关于黄帝的后代及姓氏有许多种说法。

在《山海经》中记载的黄帝子系如下：

黄帝正妻西陵氏雷祖，生昌意。昌意生韩流。韩流取淖子曰阿女，生帝颛顼。

黄帝生禺䝞，禺䝞生禺京。禺京处北海，禺䝞处东海，都是海神。

黄帝生骆明，骆明生白马，白马是为鲧。

黄帝女魃在涿鹿之战中帮助黄帝战胜蚩尤，后迁居赤水。

黄帝有四妃，正妃为西陵氏，名嫘祖。"嫘"是丝束的形状，变母系社会的特征为"嫘"。西陵氏也是北风族中善于编织的常族的后人。黄帝有三个次妃，为方雷氏女、彤鱼氏女、嫫母。《后汉书·东夷传序》记载，"夷有九种，曰畎夷、于夷、方夷、黄夷、白夷、赤夷、玄夷、风夷、阳夷。"方雷氏为东方方夷氏与雷泽氏联姻产生的后代。据说彤鱼氏为炎帝之女，她教会黄帝族人用石板炒肉吃。方雷氏创造了梳子，教会了人们梳妆打扮。嫫母是西王母族的人，即西嫫族人，并非外貌丑陋。

传说黄帝有二十五子，分别为四母所生，黄帝把他们分成十二个胞族，赐给他们十二个姓，继承姬姓的只有青阳与苍林氏二人。黄帝的儿子入赘于其他部落，或者统领其他部落，都是为了政治联姻的需要。上古社会，姓是部落接受帝皇认可，进入上层统治者的标志。皇帝赐姓的情况很多，有原来使用但未得皇帝认可的，可以追认为官方的姓氏；有原来没有姓，由皇帝下令造字赐姓的，这些姓基本反映了原有部落的文化特征等面貌。

《青山彭氏敦睦谱·宗系》记载："黄帝生二十五子，依序为：娶西陵氏（嫘祖），生昌意、玄嚣、酉、祁、冯夷、滕等六子；娶方雷氏（女节），生龙苗、葳、荀、任、清、采等六子;娶肜鱼氏,生夷鼓、缙云、乔伯、姞、僖等五子;娶鬼方氏(嫫母),生苍林、青阳、儇、詹人、依、禺、累祖、白民等八子。一女曰女华。"

《国语·晋语四》记载,"黄帝之子二十五人,其同姓者二人而已。唯青阳与夷鼓皆为己姓。青阳,方雷氏之甥也。夷鼓,肜鱼氏之甥也。其同生而异姓者,四母之子别为十二姓。凡黄帝之子,二十五宗,其得姓者十四人为十二姓,姬、酉、祁、己、滕、箴、任、苟、僖、姞、儇、依是也。唯青阳与苍林氏同于黄帝,故皆为姬姓。"

### 黄帝二十五子十二姓考据表

| 人物 | 姓 | 母系 | 姓氏来源 |
| --- | --- | --- | --- |
| 昌意 | 不详 | 嫘祖 | 不详 |
| 玄嚣 | 己 | 嫘祖 | 十日族 |
| 酉 | 酉 | 嫘祖 | 十二月族 |
| 祁 | 祁 | 嫘祖 | 伊耆氏 |
| 冯夷 | 不详 | 嫘祖 | 不详 |
| 滕 | 滕 | 嫘祖 | 不详 |
| 龙苗 | 不详 | 方雷氏 | 不详 |
| 葳 | 箴 | 方雷氏 | 缝衣的工具 |
| 苟 | 苟 | 方雷氏 | 不详 |
| 禹阳 | 任 | 方雷氏 | 十日族 |
| 清 | 不详 | 方雷氏 | 不详 |
| 采 | 不详 | 方雷氏 | 不详 |
| 夷鼓 | 己 | 肜鱼氏 | 十日族 |
| 缙云 | 应为姜 | 肜鱼氏 | 炎帝族 |
| 乔伯 | 不详 | 肜鱼氏 | 不详 |
| 姞 | 姞 | 肜鱼氏 | 轩辕氏 |
| 僖 | 僖 | 肜鱼氏 | 巨人族 |
| 苍林 | 姬 | 鬼方氏 | 黄帝族 |
| 青阳 | 姬 | 鬼方氏 | 黄帝族 |

| 人物 | 姓 | 母系 | 姓氏来源 |
|---|---|---|---|
| 儇 | 儇 | 鬼方氏 | 纺织工具 |
| 詹人 | 不详 | 鬼方氏 | 不详 |
| 依 | 依 | 鬼方氏 | 不详 |
| 禺 | 不详 | 鬼方氏 | 不详 |
| 累祖 | 不详 | 鬼方氏 | 不详 |
| 白民 | 不详 | 鬼方氏 | 不详 |

下面分析黄帝二十五子十二姓的来源。

黄帝元妃西陵氏：生昌意、玄嚣（己姓）、酉（酉姓）、祁（祁姓）、冯夷、滕（滕姓）。

黄帝正妃嫘祖生了玄嚣，昌意二子。玄嚣之子为蟜极，之孙为五帝之一的帝喾。昌意娶蜀山氏女为妻，生了韩流。韩流又生了高阳氏，继承天下，就是帝颛顼。

玄嚣在黄帝家族中原本继承了青阳氏的称号，但入赘东夷后，改姓"己"，就把青阳氏的称号让给了黄帝与鬼方氏的另一个儿子。这位青阳延续的是黄帝的姬姓。玄嚣启用的这个"己"姓，实际出自于东夷"十日族"中的第六日。羲和族最初是十日族的父系，后来附属于该部族的则有十日中的第六日"己"姓与十二月中的"巳"姓。羲和族与昆仑山白虎木禾支联姻，生了流黄辛氏，这是十日族中的第八日。流黄辛氏的后人中有莘氏为"姒"姓，可看成"巳"姓的一个分支。刘师培《姒姓释》说，"姒"与"巳"同文，夏为姒姓即巳姓，"巳"与"蛇"古同字，且"巳"古读通"己"，这三个姓是相通的。

酉姓最早可追溯到"十二地支"中的鸡图腾。帝俊与常羲生了"十二月"后，这十二位后人掌管"十二地支"，分别统领十二个少数民族部落，并与之联姻，采用了十二个主要部落的动物图腾，并最终形成了十二生肖。

《广韵·有》记载："酉：姓。魏有酉牧。"魏国的始祖可追溯到毕万。毕万,乃周初重臣毕公高之后。毕公高是周文王的庶子。晋献公将魏封给毕万做了采邑。从此,毕万之后称"魏氏",在今后的晋国繁衍壮大起来。春秋魏国,在今天山西芮城县北。

祁姓最早可追溯到炎帝族中一个古老的氏族伊耆氏,即伊祈氏。陶唐氏尧自小由其母系伊耆氏抚养长大。据《姓氏考略》所载,帝尧伊祁氏之后有祁姓。春秋时晋国大夫祁奚,晋悼公时任中军尉。祁奚食采于祁,以地为氏改姓祁。后世子孙于是尊祁奚为其得姓始祖。今日祁县位于山西省中部,隶属于山西省晋中市。

冯夷也称为冰夷,作为黄帝的儿子,掌管的是黄河。《海内北经》记载,从极渊有三百仞深,只有冰夷神常常住在这里。冰夷神长着人的面孔,乘着两条龙。冯夷作为黄河的水神,可能入赘于流黄辛氏部落,因而还以水族中的鳖为图腾。在《抱朴子·释鬼篇》里说他过河时淹死了,就被天帝任命为河伯管理河川。到大禹治水时期,也有冯夷把河图给大禹看,并和他一起治水,泛滥的洪水很快就得到了平息。冯夷从此就成为了中华的水神。这里的河伯就不是第一代河伯冯夷,而是其后人了。

黄帝的二十五子中有滕姓,这是滕姓的最早起源。周武王封自己的弟弟,亦即周文王第十四子错叔绣于滕地,建立了滕国,在今山东省滕州市西南。战国初期,滕国被越国所灭,但后来又恢复起来,不久又灭于宋国,原滕国王族遂以国名命姓,成为滕姓。滕之地名最早应起源于黄帝之子的封地。

黄帝妃子方雷氏生子:龙苗、葳(或箴,箴姓)、荀(荀姓)、任(任姓)、清、采。

龙苗即苗龙,其后人入赘于戎人部落。《大荒北经》记载,有一种人名叫犬戎。黄帝生了苗龙,苗龙生了融吾,融吾生了弄明,弄明生了白犬,这白犬有一公一母而自相配偶,便生成犬戎族人,吃肉类食物。有一种红颜色的野兽,形状像普通的马却没有脑袋,名叫戎宣王尸。犬戎国也有黄帝的血统。高辛氏帝喾为帝时,犬戎首领戎宣王因叛乱被盘瓠氏所杀。帝喾将女儿嫁给盘瓠,因为担心其不服管教,让其带领部分犬戎成员迁居到海中小岛上,建立了犬封国。

葴同箴,葴姓在现在几乎看不见记录,但箴姓还是存在的,并演化为"针"姓。《说文解字》中解释箴为缝衣的工具。箴也指规戒性的韵文,铭在古代常刻在器物上或碑石上,兼用于规戒、褒赞。箴字有"咸"之形,最早用来编织衣服的大概是石针,而这种石头是带有盐分的。后来才发展成竹针、骨针等。春秋战国时卫国有针地,卫卿针庄子以封地为姓针。卫国是周王朝的同姓诸侯国之一,始祖是康叔。卫国地域大致在黄河北岸,太行山脉东麓的今河南省鹤壁、新乡附近。

黄帝时,有个大臣叫荀始,是开发制麻、麻织工艺的发明者和创始者。在荀始的后裔子孙中,有以先祖名字命氏者,称荀氏。但黄帝之赐姓既然为荀姓的开始,则荀始可能出自黄帝的子系。《水经注》中说:"汾水又西与古水合,水出临汾县故城西黄阜下,其大若轮,西南流,故沟横出焉。东注于汾,今无水。又西南迳魏正平郡北,又西迳荀城东,古荀国也。"《一统志》记载荀城在绛州西十五里。新绛县古称绛州,位于山西省西南部,春秋时曾为晋都,战国时属魏。

西周初期,周文王将自己的第十七子郇侯分封于郇国。春秋时被晋武公所灭,其后代子孙遂以国名"郇"为氏,后去邑旁加草头为荀姓。荀氏后人也尊郇侯为荀姓的得姓始祖,位置在今山西省临猗县之故郇城。古荀国和古郇国不是一个地方,可能是荀国搬迁到了郇国的位置所致。

黄帝的儿子禹阳封的是任姓。禹阳也可能为禺阳。《唐书宰相世系表》上说:"黄帝少子禹阳,受封于任,以国为氏"。任姓的起源,更早见记载于炎帝之母任姒。在十天干中有"壬",象形兼指事,像一个人挑担子。太昊伏羲氏迁居东夷为共主时,先与女和族联姻生羲和族,羲和族又与东风帝俊联姻生了十日族。因而任姓应起源于东夷的十日族,即"壬"字。从这一点来说,任姓是起源于太昊伏羲氏的。《通志氏族略》说:"任,为风姓之国,实太昊之后,今济州任城即其地"。任城区历史悠久,据传是古代东夷族部落的住地,为我国最早风姓古国之一,远在三皇五帝时,系唐虞氏故国,有仍氏繁衍生息之地。夏商为仍国,周为任国、邳国。春秋时期楚国人任不齐,为孔子七十二贤弟子之一,被唐朝皇帝追封为任城伯,宋朝天子加封为当阳侯。

《大荒北经》记载,有个儋耳国,这里的人姓任,是神人禺号的子孙后代,吃谷米。在北海的岛屿上,有一个神人,长着人的面孔鸟的身子,耳朵上穿挂着两条蛇。禺号是帝营的儿子,儋耳国是帝营与某少数部落联姻所生。儋耳国人后代中有无继国,也是任姓,其后无继国生了无肠国。

黄帝之子清最早的封地应在少昊之后所在的"清国"。《路史》、《国名纪》记载:"最早出于上古,源自少昊氏,少昊之后封于清,建立清国,子孙以国为氏,乃成清姓。"

黄帝之子采的封地与兄弟夷鼓在一起。在史籍《姓考》中有记载:"黄帝子夷鼓始封于采,为左人,有采氏。"而史书上所称的"左人",就是擅长巫蛊卜术之人。中国古代,以巫蛊之术为左道,后凡占卜相命之术亦统名为"左",因称擅此术者为"左人"。

黄帝妃子彤鱼氏生子:夷鼓(己姓)、缙云、乔伯、姞(姞姓)、儇(儇姓)。

夷鼓与最初的青阳氏玄嚣后来都为己姓,这意味着两者都入赘了东夷羲和族。这种兄弟同时入赘于其他部落的情况，在上古时并不少见。

缙云是黄帝时的一种官名。《集解》中说："黄帝受命，有云瑞，故以云纪事也。春官为青云，夏官为缙云，秋官为白云，冬官为黑云，中官为黄云。"黄帝以云名官，分别管理一年四季之事，其中夏官的官名就叫做缙云氏。

《集解》中说："缙云氏，姜姓也，炎帝之苗裔。"缙云氏最早应该是炎帝族的苗裔成员。饕餮缙云氏最早见于《左传》文公十八年，谓："缙云氏有不才子，贪于饮食，冒于货贿，侵欲崇侈，聚敛积实，不恤穷匮，天下之民以比三凶，谓之饕餮。"饕餮的父亲为缙云氏首领，在黄帝时期为官，其极有可能是蚩尤的兄弟。今缙云县隶属浙江省丽水市。

黄帝儿子乔伯掌管的应该是有娇氏部落。有娇氏即有蟜氏，是炎帝与黄帝的双重母系。

晋代皇甫谧《帝王世纪》较详细地记述了炎帝的诞生神话："炎帝，神农氏，姜姓也。母曰任姒，有娇氏之女，名女登，为少典妃。游于华阳，有神龙，首感女登于常羊，生炎帝。"少典氏先与朝云国联姻，生了轩辕氏。轩辕氏附属于少典氏，为同族。在轩辕氏从朝云国衍生出来几百年后，即距今五千多年前，轩辕氏再与北风族后人中的有蟜氏联姻，生了黄帝。黄帝母亲为有蟜氏附宝，"蟜"指蜜蜂，有蟜氏图腾为蜜蜂和蛾子，是居于西北部的女常族的一员，善于编织、采蜜以及种植等。

乔姓出自姬姓，为桥姓所改，是一个以山命名的姓氏。但乔姓最早可追溯到乔伯。据《元和姓纂》及《万姓统谱》所载，相传中原各族的共同祖先黄帝死后葬于桥山，子孙中有留在桥山守陵看山的，于是这些人就以山为姓，称为桥氏。至于桥氏改为乔氏，是在南北朝时的魏。据桑君编纂的《新百家姓》记载，东汉时有太尉桥玄的六世孙桥勤在北魏任平原内史，北魏末年魏孝武帝不堪忍受宰相高欢的专权和压迫逃了出来,桥勤随孝武帝一起投奔到宇文泰建立的西魏。一天,宇文泰心血来潮,叫桥勤去掉桥的木字边,变成乔,取"乔"的高远之意。桥勤不敢不从,从此改桥为乔,世代相传下去。这就是陕西乔姓的由来。

《山海经》中记载帝喾的后人中有奚仲,是大禹时的"车正",他与轩辕氏后人联姻,生了吉光。吉光的后人当以"姞"或"吉"为姓。《说文解字》中说后稷的妃子也是姞姓,可见在帝喾时期就有姞姓的存在。吉光的名称应来源于轩辕氏的"辕"字,因而善于造车。从这一点来说,与黄帝联姻所生的姞姓应来自轩辕氏内部的一个部落。传说中有"古帝吉夷氏",而夏初教羿学射的吉甫,则可能是"吉夷氏"的后裔。

据《唐书·宰相世系表》所载,伯儵,受封于南燕国,赐姓姞。后来他的子孙省去女旁,遂成吉氏,世代相传姓吉。

僖姓也同漆姓,或者厘姓,是黄帝族与巨人族联姻所生的部族。大禹为帝后,防风国国王迟到而被大禹所杀。袁珂《山海经校注》说:"汪芒氏即汪罔氏,漆姓即僖姓也。则大人者,防风之后,亦黄帝之裔也。"《说苑·辨物》中记载孔子所言,"汪芒氏之君守封嵎之山者也,其神为厘姓,在虞夏为防风氏,商为汪芒氏,于周为长狄氏,今谓之大人。"防风氏即汪芒氏,具有雷泽氏的巨人血统,后来成为"长狄"的一支。

黄帝妃子鬼方氏(嫫母)生子:苍林(姬姓)、青阳(姬姓)、儇(儇姓)、詹人、依(依姓)、禹、累祖、白民。

黄帝与草原部落上的鬼方氏生了苍林,保留了姬姓。苍林又与草原上的狄人联姻,生了始均,建立了北狄国。《大荒西经》中说,有个北狄国。黄帝的孙子叫始均,始均的后代子孙,就是北狄国人。在玄嚣入赘东夷成为少昊之后,他的"青阳氏"的称号就让给了黄帝的另一个儿子,即鬼方氏之子青阳,他保留了姬姓。

黄帝儿子儇统领的应该是某个以纺织业为主的部落。《路史》记载:"黄帝之宗有儇国。"儇姓在而今十分少见,其来源应是"睘",古代也同"还"。战国时期,在宋、魏、陈、楚等江淮一带的诸侯国里,"还"是"缳"的通假字,又称为"楦",是一种纺织工具,专门用来槌击丝、麻、蒲草、树皮等纤维物体,使其至软并纤维分离,用以纺纱。实际上就是手工纺织工序中将浸泡的含纤维原料进行槌击的木槌。做此工序的匠人称"缳工"、"还工",其后裔子孙中有以先祖职业为姓氏者,称还氏、缳氏、楦氏。

黄帝的儿子詹人掌管的可能是占卜之官。"詹"在古代一定程度上是通"占"的。河南省偃师市《姬氏志》介绍:"詹姓,系出河开郡,有熊氏,黄帝之子詹人,封詹国。"周宣王时,封其支子于詹,建立詹国,为侯爵,史称詹文侯,其后世袭为周大夫。文侯在幽王时任少师,见幽王宠爱褒姒,玩物丧志,遂辞职返回自己的封地。后来幽王烽火戏诸侯,导致亡国之祸,自己也命丧黄泉。而詹文侯虽然是幽王的庶兄,却明哲保身,毫发无损,其子孙也得以逃过一劫。因詹文侯首封于詹,故后世子孙尊其为詹姓得姓始祖。

黄帝的依姓子系统领的绰人部落,也就是毛民国。《大荒北经》记载,有个毛民国,这里的人姓依,吃黄米,能驯化驱使四种野兽。大禹生了均国,均国生了役采,役采生了修鞈,修鞈杀了绰人。大禹哀念绰人被杀,暗地里帮绰人的子孙后代建成国家,就是这个毛民国。毛民国应是黄帝族依姓一支与东北游牧族联姻产生的部落,但因地处偏僻,其文化主要以游牧族为主。"毛民"不是全身长毛,而是穿皮衣的时候把毛面向外翻的缘故。大禹同情绰人的原因,是因为毕竟两者都有黄帝族的血统。

黄帝的儿子禺应为禺虢。《大荒东经》记载："黄帝生禺虢，禺虢生禺京。禺京处北海，禺虢处东海，都是海神。"禺严格来说没有成为一个姓，而是海神家族的封号。黄帝族与海神联姻，有禺虢、禺京一族，分管东海与北海。帝喾的后人禺号接替禺虢掌管了东海。禺号有子禺强，接替禺京掌管北海。

黄帝的儿子累祖接替的应该是黄帝正妃西陵氏所在部落的领导权。

黄帝之子白民统领的是东北部某草原部落。《海外西经》记载，白民国在龙鱼所在地的北面，那里的人都是白皮肤，披散着头发。有一种叫做乘黄的野兽，形状像一般的狐狸，脊背上有角，人要是骑上它就能活两千年。肃慎国在白民国的北面。《大荒东经》记载，有白民之国。帝俊生帝鸿，帝鸿生白民，白民销姓，以黍为食，驯化四种野兽：虎、豹、熊、罴。帝鸿指帝喾的儿子帝挚，在位九年，后被剥夺帝位。这位销姓的白民取代了原来黄帝族子系的领导地位。

白民是东北部貊人的一个分支。《山海经》记载有貊国，靠近燕，后为燕国所灭。先秦时期北方民族貊字古多作"貉"，往往与"胡"连称"胡貊"，泛指貊和北方民族，《周礼》有"九貊"，可见其族类之多。西周时，貊为北国之一，貊人的一支和秽人汇合而成秽貊族。秽貊是中国东北的古老民族，又称貉、貉貊或藏貊，古文献称之为"白民"、"亳人"或"发人"。

黄帝生有一女"女华"。女华应为少典氏中"华"族部落历代首领的名称。

黄帝族的另一个女儿魃，应该是与草原上的鬼方氏联姻所生。女魃掌握着使天变晴的自然力量，刚好可以克制风伯雨师。女魃止住了雨，并和应龙以及黄帝族中的其他部落对蚩尤族发动了大反攻。蚩尤族抵抗不住，被击败，蚩尤本人也被应龙杀死。古时有种说法，认为旱魃是天将大旱的征兆，因此就有焚烧旱魃祀雨的求雨祭典。

黄帝二十五子之中,有姓十二。玄嚣与夷鼓一起入赘于东夷,得"己"姓。苍林和青阳延续的是黄帝的姬姓。昌意入赘的是蜀山氏,生了韩流。如果他随女方姓,当为"常"姓。冯夷入赘的是流黄辛氏,他应该为"辛"姓。龙苗可能入赘于苗蛮部落,可能为"姜"姓。缙云入赘于炎帝的苗裔,也是"姜"姓。乔伯入赘于有娇氏,可能为"任"姓或"常"姓。詹人可能为"儋耳"族统领,随"任"姓。禺是海神的称号,为有虞氏部落首领,当为"虞"姓或"吴"姓。累祖同为西陵氏成员,当为"常"姓。白民为游牧部落成员,随戎狄的姓氏。

## 姓氏与联姻

从伏羲到大禹建立夏朝为止,是母系社会过渡到父系社会的漫长时期。以今日父系社会的眼光看来不可思议的事情,在当时却是非常自然的。以今日结婚的两人来说明,他们结婚时可能会考虑的问题是:婚后随女方居住,还是随男方居住,或者两者组合成新的独立家庭? 孩子随女方姓,还是随男方姓,或者采用其他姓氏?

这涉及父系社会和母系社会的本质问题。在当今社会,男女双方组成独立家庭的情况较多,整体而言婚后还是随男方居住,而孩子则一般随男方的姓。至于随女方的姓,一般是男方入赘的情形。而启用其他的姓氏,创造一个新姓氏的情况不多,现在可能采用父亲、母亲的双方姓氏作为类似复姓的排列。另外一种情况是,因父母或更早的长辈中出现某支没有香火延续的情况,在所生的孩子较多的情况下,可能会让孩子改姓某个长辈的姓氏,而这个姓氏可能是与父母都没有关联的。

在上古社会,情形则基本相反。父系因战争的需要而展现自己的雄性优势,进而在部落中占据一定的地位,但母系的传统还是非常牢固的。如同现代女儿出嫁的传统一样,当时以儿子入赘于其他部落的情况更为普遍。男方随女方居住,而孩子一般随母系的姓氏,即使启用了新姓氏,也基本反映了母系的传统,如炎帝之"姜"姓、黄帝之"姬"姓、大禹之"姒"姓。

母系传统与禅让制、部落长老联盟制是密不可分的。禅让制指在位君主生前便将统治权让给他人。形式上,禅让是在位君主自愿进行的,通过选举继承人让更贤能的人统治国家。通常禅让是将权力让给异姓,这会导致朝代更替,称为"外禅";而让给自己的同姓血亲,则被称为"内禅",让位者通常称"太上皇",不导致朝代更替。

禅让制的本质是部落长老联盟制。氏族组成大的部落,部落组成部族,部族又组成更大的部族联盟。各部落有自己的长老,这些长老进而又推荐出进入大部族联盟领导层的人选。显然大部族拥有更多的席位,在决定大部族首领或者其他事务时,拥有更多的发言权。各部族推举出适合作为首领的候选人,并最终从中选择出符合整个长老联盟的大首领。大首领的大臣,主要由各部族的首领组成。这样可以鼓励其积极参与部族事务,为整个部族服务,并为未来的禅让产生合适的继承人。在适当的时机,长老联盟再次通过选举来实现首领权力的更替。

禅让制或者部落长老联盟制之所以会随着文明的发展而分崩离析,与母系社会传统的衰落是同步的。在部落联盟制度下,各部族既要考虑共同发展又要相互制约。部族之间赖以生存的自然条件不同,由此导致的文明程度也不同。部落长老联盟要充分考虑到这种差距,并进行适当的弥补。在这种情况下,高端部族有向低端部族传播文明,使其改进生活方式,增强实力的义务。在整个部族联盟中,不可避免地存在一个最为强力的部族。这个部族中出现大首领的概率显然要大于其他部族。

一旦担任了部族联盟的大首领,他给自己的部族带来的好处是显而易见的。如果这种权力历代积累下去,让其他部族完全处于弱势地位,进而出现"家天下"的君主世袭制,也就导致了国家的出现。因而父系与母系抗争的过程,也就是强力部族与整个部落长老联盟制、禅让制、整个母系传统抗争的过程。部落长老联盟为了避免出现这种情况,实行的是联姻的策略。实行禅让制的首领之间是有血缘的延续性的。

禅让制的可操作性,一是在于男性大首领本身与其他部族首领进行联姻时,所生的儿子往往随母居住于其所在部族。大首领所在部族的部分成员会为联姻的其他部落带去更为先进的技术与文明,协助其子对其他部族的领导。二是大首领往往把最优秀的儿子入赘于其他部族。这位儿子进而统领其他部族,其血统与之融合,他的姓氏随女方,代表女方的利益。在与其父系部族的利益发生冲突时,他同样毫不留情。而禅让制的首位候选人,就是入赘于其他部族的最为优秀者,这样既保证了血统的延续,又保证了权力的分享,最为重要的是,血统的力量在权力交替过程中,最终把整个部族串联在了一起。三是在禅让制的延续过程中,如果大首领的外籍子系没有合适的候选者,则尽可能挑选与其血缘相近者。

从男性大首领的角度而言,能保留他自己姓氏的嫡系子孙其实是比较少的。如果他做到能让自己的诸多儿子都保留自己的姓氏,进而分封到各部族的领地,无疑就完成了对部族长老联盟、对母系传统的对抗,实现了"家天下"的分封制度,君主世袭的国家制就呼之欲出了。国家的出现,实际上是强力部族最终征服其他部族,独享权力的过程,但这种形式显然也是有弊端的。国家的封闭性把原来频繁的部族交流屏蔽在外,部族间文明的差距会拉大,即使用女性和亲,也是迫不得已之举,其他部族最终也会形成国家模式。国家与国家之间,也就从部族间可以通过长老联盟调解的冲突,发展为更为惨烈的"国战"。国家与国家之间的战争与融合,是在无奈中进行的。

大禹建立夏朝后,华夏族与其他部族的交流实际上急剧减少了。之前的部族间其实有着频繁的交流。禅让制向君主世袭制发展的过程,也是姓氏快速繁衍的进程。姓氏指姓和氏,二者本有分别,姓起于女系,氏起于男系。由于人口不断增长,一个母系氏族繁衍为若干个女儿氏族和孙女儿氏族,这些新的近亲氏族仍然保持原来的血缘关系不变。随着近亲婚配的限制日益扩大,氏族之间也不再准许通婚。于是各个氏族就必须启用新的氏名,但还是团聚于一个共同的姓之下。这样一个姓可以代表一个部落,而在同一部落内的各个氏族,又各有新的标志,这就是氏。秦汉以后,姓、氏合一,通称姓,或兼称姓氏。

姓在上古社会是非常稀缺的。谁掌握了文字就掌握了文明传播的魔力,而姓是最神圣的文字。拥有姓的部族可以在迁徙过程中传播自己的姓,与之联姻的部族也会感到莫大的光荣。而氏的名称只能在一个小范围内传播,并且难以逾越氏族统治的地域。姓都是由帝皇加封的,有时创造了具有母系传统的新的姓,有时是升格原来的氏为姓。自从单一的图腾不能区分部族特征后,赐封的姓也就成为了处于文明黑暗中的部族所追求的至高目标。这种姓的分封制度控制得非常严格,直到黄帝时期,才局部开放了这种注册制度。这种联姻加赐姓的方式为黄帝族获得了更多的部族支持,并最终赢得了对代表保守势力的炎帝族的战争。但其导致的另一个结果则是更纷乱的社会与国家的出现。

从昆仑圣地上走向草原的弇兹氏,与走向山林的燧人氏最终完成了中华民族史上的第一次大结盟。燧人氏的"风"姓与弇兹氏的"允"姓是最早的姓氏。统一的共主在昆仑圣地上被树立起来。随着时间的推移，西王母族在草原上取代了原有弇兹氏的地位，而戎人和狄人则向草原的更深处迁徙而去。燧人氏的后人演变成风之五部，占据了中华大地的东北部、西北部、南部、东部与中部。中风的实力并不强劲，但却是中华文明发展的主体。史前大洪水摧毁了大部分部落，在一定程度上阻碍了文明的发展，但却促成了中华大地的第二次大结盟。中风的伏羲氏迁居东风成为新共主，并最终把帝位传给了东风之后帝俊族。

在这漫长的历史中，严格来说，中华大地上的姓是唯一的，"风"姓是当之无愧的帝皇之姓，为各风族所拥有。伏羲、女娲、早期的帝俊，都是以风为姓的。但各个风姓部族中，也发展出了自己的氏族。开明白虎族之后有虞氏、林氏国、流黄辛氏，东风帝俊之后十日族与十二月族，北风之后女常与女和族，中风之柏皇氏、华氏，都是强力氏族的代表。

其后中风的神农氏崛起，并以火神之位开创了原始的农耕时代，取代帝俊族成为新的共主，即炎帝一族。风之五部的长老联盟认可了炎帝族创立的另一个姓，即"姜"姓。通过部落长老联盟制使其他的部族也分享了姜姓，其中除了炎帝本身的嫡系祝融氏、共工氏、后土氏外，炎帝族最依赖的无疑是苗蛮的力量，也就是蚩尤统领的部落。烈山氏又叫厉山氏，其首领为烈山或柱。魁傀氏，身长八尺有七寸，生而牛首人身。从这个形象可以看出，魁傀氏可能是炎帝族与后代草原上鬼族一支联姻的后代。魁傀传说为熊国君少典长子，又名石年，姜姓。伊耆氏也为神农氏的一支。后来的尧帝也是伊耆的后人，他自小寄于伊长孺家，从母所居，故姓伊耆。这些都是炎帝族的联姻部族。

同是中风的黄帝族依靠更先进的水利农耕技术，使华胥族更加独立出来。改革的力量最终战胜了保守的力量。黄帝族获得的是"姬"姓。黄帝二十五子之中,有姓十二。黄帝开放了姓的注册制度,为其他部族赐封了姓,赢得了坚定的同盟,同时也为黄帝族血统的延续打下了基础。黄帝为帝到大禹建立夏朝这段时期,部族之间的联姻进入了一个前所未有的高峰,更多的部族获得了姓氏,掌握了原本稀缺的知识。帝喾继位后,与之联姻的部落获得姓氏的也非常多。但黄帝族本身则依靠血统联系在一起,并最终促进了国家统一的形成。

《海外东经》记载,有个毛民国,这里的人姓依,吃黄米,能驯化驱使四种野兽。毛民国应是黄帝族依姓一支与东北游牧族联姻产生的部落,但因地处偏僻,其文化主要以游牧族为主。

《大荒北经》记载,有一种人长着一只眼睛,这只眼睛正长在脸面的中间。一种说法认为他们姓威,是少昊的子孙后代,吃黄米。少昊坐镇西方后,与草原上的鬼氏联姻生了威姓。《大荒东经》记载,有个国家叫因民国,那里的人姓勾,以黄米为食物。有个人叫王亥,他用两手抓着一只鸟,正在吃鸟的头。少昊与南风部族联姻,又生了句芒,在东夷族中掌管羲和族。他死后成为木神,主管树木的发芽生长。句姓同勾姓,句龙创立的国家就是"因民国",或"困民之国"。

《大荒北经》记载,有个北齐国,这里的人姓姜,能驯化驱使老虎、豹子、熊和黑。北齐国也是炎帝族的后裔。有个胡不与国,这里的人姓烈,吃黄米。胡不与国可能为烈山氏与草原民族联姻所生。

《海内经》记载,伯夷父生了西岳,西岳生了先龙,先龙的后代子孙便是氐羌,氐羌人姓乞。伯夷父即伯夷,父为一种尊称。他为姜姓,是炎帝神农氏之裔共工的侄孙,也就是共工兄弟的孙子。而伯夷父也是帝颛顼的老师。

《大荒北经》记载,有一种人名叫大人。有个大人国,这里的人姓厘,吃黄米。有一种大青蛇,黄色的脑袋,能吞食大鹿。厘姓通僖姓、漆姓。僖姓也是黄帝赐封的十二子姓之一。大人国是黄帝族与巨人部族联姻所生的部族,也就是防风国。《大荒北经》记载,颛顼生了驩头,驩头生了苗民,苗民人姓厘,吃的是肉类食物。还有一座山名叫章山。《大荒南经》记载,有个国家叫伯服国,颛顼的后代组成伯服国,这里的人吃黄米饭。有个鼬姓国。鼬姓国可能是伯服国与周边的以黄鼠狼为图腾的部落联姻所生。

《海外北经》记载,有个西周国,这里的人姓姬,吃谷米。有个人正在耕田,名叫叔均。帝俊生了后稷,后稷把各种谷物的种子从天上带到下界。尧帝执政时期,追认帝喾的元妃姜嫄婚前的私生子后稷为姬姓。

《海外西经》记载,有个国家叫白民国。帝俊生了帝鸿,帝鸿的后代是白民,白民国的人姓销,以黄米为食物,能驯化驱使四种野兽:老虎、豹子、熊、罴。白民的首领最早是黄帝的二十五子之一,帝喾与之联姻封了销姓。

《海外东经》记载,有个国家叫黑齿国。帝俊的后代是黑齿,姓姜,那里的人吃黄米饭,能驯化驱使四种野兽。姜姓表明了黑齿国的炎帝族血统。

《大荒北经》记载,有个儋耳国,这里的人姓任,是神人禹号的子孙后代,吃谷米。禹号是帝喾的儿子。

《大荒北经》记载,有一种人称作无继民,无继民姓任,是无骨民的子孙后代,吃的是空气和鱼类。无继民、无骨民都是任姓的后人。

《大荒南经》记载,三身国的人姓姚,吃黄米饭,能驯化驱使四种野兽。这里有一个四方形的渊。姚姓是帝舜所创,三身国是帝舜的后代。

《大荒南经》记载,有个国家叫载民国。帝舜生了无淫,无淫被贬在载这个地方居住,他的子孙后代就是所谓的巫载民。巫载民姓盼,吃五谷粮食,不从事纺织,自然有衣服穿;不从事耕种,自然有粮食吃。《大荒北经》记载,有一群人正在吃鱼,名叫深目民国,这里的人姓盼,吃鱼类。这些都是有虞氏帝舜的后代。

《大荒南经》记载,有个国家叫盈民国,这里的人姓於,吃黄米饭。又有人正在吃树叶。根据《世本》记载,黄帝的臣子中有於则,开始发明和制作鞋子。於则最初封于内乡,所在地在现在的河南省境内。而根据《世本》的记载,这个家族的子孙主要繁衍于广陵。於氏后人尊於则为於姓的得姓始祖。但《山海经》中则有早有"嬴民国",可能即"盈民国",从字形"嬴"可看出为女和月母国后人。女和月母国与司彘国联姻,产生了嬴民国。嬴民国后与少昊族联姻,获得了玄鸟图腾。

《大荒南经》记载,有个国家叫不死国,这里的人姓阿,吃的是不死树。一直为昆仑山天帝家族掌管不死药的是巫氏,后来衍生出不死民,阿姓,以甘木为食物。颛顼的后代与不死民联姻,生了三面人。这应是包括三个部族的联盟。

《大荒南经》记载,有座山叫做蜮山,在这里有个蜮民国,这里的人姓桑,吃黄米饭,也把射死的蜮吃掉。有人正在拉弓射黄蛇,名叫蜮人。据《姓谱》、《万姓统谱》记载:"出自少昊的穷桑氏,子孙以桑为氏。"也就是说桑姓出自穷桑氏,是少昊的后代。另据《姓氏考略》所载,神农氏娶了桑氏作为自己的妻子,他们的后代于是有以桑为氏者,称做桑氏。按这个记载,在少昊人赘东夷之前,东夷部落中就有了桑氏。

《大荒南经》记载,有一个由三尺高的小人组成的国家,名叫焦侥国,那里的人姓幾,吃的是优良谷米。"焦侥"、"周饶"都是从"侏儒"的发音变化而来,侏儒就是身材短小的人,则焦侥国即周饶国,就是人们所说的"小人国"。"幾"是"几"的繁体字,在古汉语中,"几"就有"微"、"殆"之意,称焦侥国人为几姓,即是说其人身材微小。

在周朝末期,特别是春秋战国时期,周朝帝皇彻底丧失了对赐姓的控制,各个诸侯王可以随心所欲地赐封自己的儿子或大臣以新的姓,姓也不再成为一种神圣的象征,姓的来源呈现多样化。总的来说,姓的来源有如下几种:

在母系氏族社会,以母亲为姓。上古时代许多姓都是女字旁,如:姬、姜、妫、姒、姚等。

以出生地、居住地为姓。传说上古时代虞舜出于姚墟,便以姚为姓。春秋时代齐国公族大夫分别住在东郭、南郭、西郭、北郭,便以东郭、南郭等为姓。郑大夫住在西门,便以西门为姓。这类姓氏中,复姓较多,一般都带邱、门、乡、闾、里、野、官等字,表示不同环境的居住地点。

以古国名为姓。虞、夏、商朝都有个汪芒国,汪芒的后代乃姓汪;商朝有个在泾渭之间的阮国,其后代便姓阮。

以封地为姓。造父被周武王封到赵城,他的后代便姓赵;周昭王的庶子被封于翁地,因而姓翁;周公旦的儿子被封到邢国为邢侯,他的后代便姓邢。

以官职为姓。古代有五官,即:司徒、司马、司空、司士、司寇,他们的后代都以这些官职为姓。

天子赐氏,以谥号为姓。如周穆王死了一个宠姬,为了表示哀痛,赐她的后代姓痛;周惠王死后追为惠王,他的后代便姓惠。

以祖辈的字为姓。如郑国公子偃,字子游,其孙便姓游;鲁孝公的儿子,字子臧,其后代便姓臧。

因神话中的传说为姓。传说舜时有个纳言是天上龙的后代,其子孙便以龙为姓;传说神仙中有个青鸟公,后人便也有姓青鸟的。

因避讳或某种原因改姓。比如战国时代田齐襄王法章的后代本姓田,齐国被秦灭了,其子孙不敢姓田而改姓法。汉明帝讳"庄"字,凡姓庄的都改姓"严"。明代燕王朱棣以讨伐黄子澄等为名起兵攻破南京,推翻建文帝并当了皇帝,当时号"靖难",而太监马三保因"靖难"有功而被赐姓为"郑",后他改名为郑和。

随着历史的发展,民族的复杂化,有些姓则是民族语言的音译。如匈奴首领单于的子孙就有不少姓单于。

以国名为姓。如我们所熟悉的春秋战国时期的诸侯国:齐、鲁、晋、宋、郑、吴、越、秦、楚、卫、韩、赵、魏、燕、陈、蔡、曹、胡、许等,皆成为今天的常见姓。

以邑名为姓。邑即采邑,是帝王及各诸侯国国君分予同姓或异性卿大夫的封地。如周武王时封司寇岔生采邑于苏,岔生后代便姓苏。

以乡、亭之名为姓。今日常见姓有裴、陆、阎、郝、欧阳等。

以先人的字或名为姓。如周平王的庶子字林开,其后代以林姓传世。宋戴公之子充石,字皇父,其孙以祖父字为姓,汉代时改皇父为皇甫。

以次第为姓。一家一族,按兄弟顺序排行取姓,如老大曰伯或孟,老二曰仲,老三曰叔,老四曰季等。

以技艺为姓。如巫、卜、陶、匠、屠等。

古代少数民族融合到汉族中带来的姓。如完颜、耶律等。

## 帝皇执政时间考

从黄帝到大禹建立夏朝为止,究竟历经多少年,每位帝皇执政时间又有多长,实难考据。现有的资料主要是从战国时魏国史官所作《竹书纪年》、西汉司马迁《史记·五帝本纪》、东汉皇甫谧《帝王世纪》、宋代罗泌《路史》这四部书中而来。

《竹书纪年》相传为战国时魏国史官所作,记载自夏商周至战国时期的历史,据《晋书·卷五十一》可知原书有十三篇。《竹书纪年》是编年体史书,与传统正史记载多有不同,对研究先秦史有很高的史料价值。《竹书纪年》又与近年长沙马王堆汉初古墓所出古书近似,而《竹书纪年》的诸多记载也同甲骨文、青铜铭文相类,可见其史料价值。

《五帝本纪》篇是司马迁对我国夏代以前先民历史的概述。人们把人类有确切文字记载以前的历史称为"史前史"。我国史学家则把没有确切文字记载,而由口耳传说构成的历史,称为"中国古史的传说时代",《五帝本纪》记述的就是这个时期的历史。

《帝王世纪》之前的所有历史著作都没有对三皇五帝的世系作过系统研究和排列,司马迁《史记》也只将黄帝作为上古历史的开端,皇甫谧第一次对黄帝以前帝王世系进行了研究,排出了三皇时期的帝王世系,其次序是:太昊帝庖牺氏,亦称伏羲氏、黄熊氏。凡女娲氏、大庭氏、柏皇氏、中央氏、栗陆氏、骊连氏、赫胥氏、尊卢氏、浑混氏、昊英氏、有巢氏、朱襄氏、葛天氏、阴康氏、无怀氏十五世,皆袭庖牺制度,故虽为皇而不自为一代;炎帝神农氏,一号魁隗氏、连山氏、列山氏,凡帝承、临、明、直、来、衰至榆罔,也有八世;黄帝有熊氏,亦号帝鸿氏、归藏氏、轩辕氏。

南宋孝宗时代,学者罗泌著《路史》一书,采用道家等遗书的说法,再上溯高推旧史所称"三皇五帝"以上的往事,文章华丽而亦富于考证,言之成理,书名意思是说这是中国历史文化的"大史"之意。从他的著作宗旨来看,深惜孔子"删书"断自唐尧,忽略远古史的传统。此书详述了有关上古时期的历史、地理、风俗、氏族等方面的史事和传说,虽然资料丰富,但取材芜杂,很多材料来自纬书和道藏,神话色彩强烈,故向来不为历史学家所采用。但是此书在中国姓氏源流方面的见解较为精辟,常被后世研究姓氏学的学者所引用。

以下是根据上述史料记载整理出的自黄帝到夏朝建立为止,各位上古帝皇的在位时间。

黄帝登位时年龄为十几岁,执政时间为九十多年。《帝王世纪》中说:"在位百年而崩,年百一十一岁。"《大戴礼记》中记载,宰我问孔子说:"我听荣伊说黄帝治国有三百年之久,那么请问,黄帝是人还是神?怎么能达到三百年的?"孔子回答说:"黄帝一生勤劳,尽心竭力,而且教导民众节省物资财力,其贡献之大无与伦比。在其一生中民众得到利益一百年;虽然逝世,而民众敬畏之如神,沿用黄帝制定的一切典章制度,又一百年;民众希望黄帝复生而遵循他的教诲,又一百年。所以黄帝的直接影响达三百年之久。"《竹书纪年》以黄帝登位开始记载。在位二十年时,祥云出现。黄帝以云名官,分别管理一年四季之事。七十七年时,昌意降居弱水,生了帝干荒。干荒即韩流,颛顼之父。

关于少昊的即位时间不详。

颛顼登位时年龄为20岁,执政时间为78年,去世时为98岁。颛顼十岁时就辅佐少昊,治理九黎地区,封于高阳,故又称其为高阳氏。《帝王世纪》中说:"在位七十八年,年九十八。"《竹书纪年》记载:"帝颛顼高阳氏母曰女枢,见瑶光之星贯月如虹,感己于幽房之宫,生颛顼于若水。首戴干戈,有圣德。生十年而佐少昊氏,二十而登帝位。三十年,帝产伯鲧,居天穆之阳。七十八年,帝陟。"

帝喾登位时年龄为30岁,执政时间为70年,去世时为105岁。帝喾少小聪明好学,十二三岁便有盛名,十五而佐颛顼,封有辛地方,实住帝丘。黄帝正妃嫘祖生了玄嚣、昌意二子。玄嚣之子为蟜极,之孙为五帝之一的帝喾。

《帝王世纪》记载:"帝喾高辛氏,姬姓也。韬龁有圣德,年十五而佐颛顼,三十登位,都亳,以人事纪官也。"又说:"在位七十年,年百五岁而崩。"

帝挚是帝喾的长子,在位9年。

尧帝是帝喾的另一个儿子,登位时年龄为20岁,执政时间为98年,去世时为118岁或117岁。其中执政的后28八年由舜摄政。尧实际执政时间为70年。《帝王世纪》中说:"尧即位九十八年,通舜摄二十八年也,凡年百一十七岁。"孔安国说:"尧寿百一十六岁。"

舜帝登位时年龄为61岁,执政时间为39年,去世时为100岁。其中舜被启用时11岁,摄政时33岁。舜实际执政67年。《帝王世纪》中说:"舜以尧之二十一年甲子生,三十一年甲午征用,七十九年壬午即真,百岁癸卯。"《史记》记载有所不同,舜帝20岁时以孝出名,30岁时被尧任用,50岁时摄政,58岁时尧去世。61岁时登位,在位39年,去世时100岁。

大禹何时被启用,何时登帝位,这些史料并没有具体指出。但在综合其相关资料的基础上,则可得出大致的轨迹。《竹书纪年》记载,"尧六十一年命崇伯鲧治河,六十九年黜崇伯鲧。"鲧治理洪水九年不成而被杀。尧为帝时,"七十五年,司空禹治河",这是关于大禹最早的记载。古本《竹书纪年》说禹立四十五年,今本则有八年后驾崩的说法。下面以大禹的年龄为一百岁而向前推断,所取为大禹登位八年后的说法,如是大禹登帝位45年,从鲧被杀那年计算,则大禹的年龄约在119岁以上,不太符合情理。如此推出大禹出生于尧43年,鲧治水时,大禹9岁,鲧被杀时大禹19岁。大禹开始治河时24岁。尧驾崩时大禹47岁,三年后舜继位,大禹50岁。舜登帝位39年,去世时大禹89岁。服丧三年后,大禹92岁,继位8年去世,刚好100岁。

关于大禹儿子夏启的记载也相差比较大。《竹书纪年》记载启在位39

年,78 岁驾崩。《路史·后纪》记载启在位 16 年,91 岁驾崩。《御览》八十二引《帝王世纪》:"启在位九年。"

根据以上史书的记载,黄帝在位九十多年,颛顼在位 78 年,帝喾在位 70 年,帝挚在位 9 年,尧帝在位 98 年,舜帝在位 39 年,大禹在位 8 年,夏启在位 9 年。这里的矛盾之处,在于共工、伯夷、鲧三人的传说与此严重不符。少昊之子共工,即穷奇,与颛顼争帝位,由此造成第二场大洪水危害天下。而穷奇直到舜摄政时才被击败,以此而言共工氏起码活了 200 多岁。鲧为颛顼的儿子,在尧 69 年被杀,则鲧的年龄也在 150 岁以上。

相传伯夷为姜姓,是炎帝神农氏之裔共工的侄孙,也就是共工兄弟的孙子。共工的兄弟也应是少昊的另一个儿子,他大概是与穷奇一起入赘于炎帝家族的。伯夷曾担任帝颛顼的大祭司,后为第一代太岳。伯夷在帝尧时辅政,掌管礼仪,帝舜时正式任命伯夷为秩宗。大禹治水及代行天子之政时,伯夷尽心辅弼,成为禹的心腹之臣。为嘉奖伯夷,帝舜晚年赐伯夷恢复姜姓,封为吕侯,掌管四岳,其子孙因此亦以吕为氏。伯夷与共工一样,贯穿于颛顼、帝喾、尧、舜、禹的年代,以此而论,他的年龄也在 200 岁以上。

如果把共工氏穷奇与伯夷作为参照标准,即使以两人的年龄为 100 岁计算,颛顼、帝喾、尧、舜整体的执政年限最多为八十多年,平均执政时间为二十多年。这其实是比较符合历史发展规律的。根据这种推断,舜可能不是颛顼的子孙,《史记》的记载可能有误。《史记》记载:"虞舜者,名曰重华。重华父曰瞽叟,瞽叟父曰桥牛,桥牛父曰句望,句望父曰敬康,敬康父曰穷蝉,穷蝉父曰帝颛顼。"舜是颛顼的 6 世孙,即使以男子平均生子年龄为 20 岁计算,颛顼与舜的年龄差也在 120 岁上下。

《路史》说有虞氏"五帝之中独不出于黄帝,自敬康而下其祖也。敬康生于穷系，系出虞幕。"这是说舜帝并不出自黄帝的血统，而是出自虞幕，虞幕是颛顼的臣子。但有虞氏最早来自昆仑圣地的开明白虎族，而传说黄帝之母为吴枢，古代"虞"通"吴"，表明黄帝本身含有虞氏的血统，颛顼也完全有可能与虞幕进行联姻。而舜后为尧帝的女婿，对于舜的后人而言，是能够追认黄帝为其祖的。

《礼记》说："男子二十而冠，始学礼，三十而始有室，始理男事，女子十五而笄，二十而嫁。"这是古代的"民法"，主张男子三十岁，女子二十岁是适当结婚年龄。女子二十岁而嫁，如遇事故、丧父母或其他事情不能出嫁，也不可超过二十三岁。这并非硬性规定，只认为这是适当年龄而已。古代的礼法虽然如此规定，而实际上，男子十四已婚，女子十五已为人母者亦比比皆是。有时统治者为增兵源，大力提倡早婚，如越王勾践为了与吴国交兵，规定如男子二十，女子十七尚未结婚者，其父母受罚。以上古代的生活与医疗条件而言，男性初次生子的年龄约在 15~20 岁之间。

下面从夏朝到清朝的帝皇平均执政时间来进行比较：

夏朝共传 14 代 17 王（一说 13 代 16 王，主要对大禹是君主还是部落联盟首领有争议），约 471 年，后为商朝所灭，平均在位时间为 28 年。

商朝约 554 年，自太乙（汤）至帝辛（纣），共 17 世、31 王，平均在位时间为 18 年。

周朝分为"西周"与"东周"两个时期，周王朝共传 30 代 37 王，共计存在时间约为 791 年，平均在位时间为 21 年。

秦朝自秦始皇至秦王子婴，共传 3 帝，享国 15 年，平均在位时间为 5 年。

汉朝分西汉与东汉，西汉共有 14 帝，历经 211 年；东汉总计 12 帝，历时 195 年。两汉共计 26 帝，406 年，平均在位时间为 16 年。

晋朝分西晋和东晋,西晋历经50年,共4帝;东晋共156年,历18主。两晋共计206年,共22主,平均在位时间为9年。

隋朝存在38年,传2帝,平均在位时间为19年。

唐朝共289年,历21代皇帝(包括武则天),平均在位时间为14年。

后周传3帝,共10年,平均在位时间为3年。

宋朝历经309年,共有18位皇帝,其中北宋9位,南宋9位,平均在位时间为17年。

元朝经97年,历11帝,平均在位时间为9年。

明朝经历276年,共有17位皇帝(实际是16个,因为朱祁镇做过两次皇帝,故用两个年号),平均在位时间为13年。

清朝296年,历12帝,平均在位时间为25年。

根据统计,夏朝以后平均在位时间为3~25年,其中清朝康熙在位时间最长,为61年。执政时间较长的一般在20年左右。

从尧、舜、禹到夏启,与前任帝皇的"禅让制"不同,又多了关于继位者必须守孝三年的记载。传说尧死之后,舜守孝三年;舜死之后,禹守孝三年。禹死之后,其子启守孝三年之后即位。

古人守孝三年,实则27个月,在三年间不参与任何娱乐活动,不能婚嫁,夫妻不能同房,不能吃肉等。孔子的弟子宰我,不愿对父母守"三年之丧",孔子提出了他的看法,他说:"子生三年,然后免于父母之怀。"这就是说,父母对子女,不但有着亲子的血缘关系,而且在子女生下来之后,差不多三年的时间内,都是在父母的怀抱中长大的。父母不但养育了子女,还用尽心力,对子女进行教育,使子女能成家立业。既然父母对子女有如此深的恩情,为什么子女不应当加倍予以报答呢?

守孝三年的儒家礼仪，是否因汉代以后以儒家为尊而反溯到三皇五帝时期的传统并不可考，但如果这种传统确实是从尧之后开始的，也有其特殊的历史原因。黄帝族与羲和族的约定，是由一元化的部落长老制变为二元化的部落长老制。原来只要由单方的部落长老联盟选出继承人即可，现在则由双方的长老选出继承人，该继承人分别代表黄帝族与羲和族的利益。但这种顺序从帝喾传帝位与帝挚后就失败了。这也是后期每个上古帝皇都试图把帝位传给儿子，向"禅让制"与母系传统挑战的必然趋势。

帝喾之后应该是鲧，但结果是帝喾的另一个儿子尧继承了帝位。舜是尧的女婿，在尧晚年已经实际摄政。在尧试图传帝位给子丹朱后，部落长老选择了旁观的策略，最终舜击败了丹朱。舜代表的是东方金乌族的另一支力量，他摄政时杀了鲧，并有效削弱了炎帝族与苗蛮的力量，而后在匆忙征讨三苗的途中驾崩。舜的儿子商均没有机会获得帝位的继承权。由此大禹在三年之后顺理成章地成为新的共主，这大概是守孝三年的由来，实质是部族长老对由禅让制转向君主世袭制的无奈观望。

下面是根据本书内容对上古帝皇执政时间作的推演：

黄帝有四妃，正妃为西陵氏，有三个次妃，为方雷氏女、彤鱼氏女、嫫母。据说彤鱼氏为炎帝之女，生夷鼓、缙云、乔伯、姞、僖等五子，从这一点来说，与尧与舜的关系一样，黄帝也是末代炎帝的女婿。炎帝当政的晚年，其主要依靠的力量有两派，一是从炎帝家族本身延续下来的祝融氏、共工氏等，二是炎帝家族必须依赖的苗蛮力量，其与炎帝族频繁联姻，掌管天下的刑罚，其首领为蚩尤。炎帝家族已经失去了对整个部落联盟的吸引力，完全处于下坡路，其他部落基本都不来进贡了，而中风中代表少典族新兴力量的正是黄帝族。

当时对其他部族最有吸引力的，其实是姓氏与领地的分封制。黄帝通过联姻获得了大部分部族的支持。但黄帝启用自己的"姬"姓非常晚，黄帝娶了四妃鬼方氏，生苍林、青阳，这两位继承了"姬"姓。由此可见，黄帝先辅助炎帝，在炎帝的晚年摄政并最终接过了帝位。但黄帝继位后，继续通过联姻的方式与其他部族交好，以新兴的文明力量获得了广泛的支持。这种情况下，黄帝才可能启用自己的"姬"为新的帝皇之姓，这也是中风家族中，继燧人氏的风姓与炎帝族的姜姓之后的第三个帝皇之姓。这种情况下，已经下台的炎帝族发动阪泉之战，并被黄帝轻易击败。因为与炎帝族嫡系是互相利用并且互相戒备的关系，这时候代表苗蛮的蚩尤是冷眼旁观的，只有末代炎帝失败后，炎帝族的部分嫡系才会改而支持蚩尤领导的苗蛮。

引发炎帝与黄帝族战争的导火索，是炎帝之重孙杀葆江事件。黄帝下令处死了鼓。自此以后，开明白虎族也与炎帝成员渐行渐远，并间接导致了蚩尤对黄帝战争的失败。

以此推测，黄帝继位大概 30 岁，末代炎帝大概为 60 多岁。阪泉之战时黄帝大概 45 岁，而炎帝 75 岁，已经是暮年。玄嚣与昌意在黄帝 20 岁左右时出生，玄嚣在黄帝 70 岁左右时继位为少昊。这时候少昊 50 岁左右，昌意的孙子颛顼出生，少昊抚养颛顼 10 年。颛顼其后辅助少昊 5 年，在 15 岁时执掌蚩尤失败后留下的九黎余部，20 岁时代替少昊接替帝位。少昊 70 岁时传帝位与颛顼，并迁居到西方镇守，成为"白帝"。这一年黄帝已经 90 多岁，离过世不远了。在少昊在东方即位的时候，因为稳定中部的需要，黄帝保留了帝皇的称号，而少昊启用的则是与太昊伏羲氏类似的称号。从一点来说，既可以说少昊继承了帝位，也可以说黄帝直接把帝位传给了颛顼。

如果把蚩尤与黄帝发生的涿鹿之战当成阪泉之战的后续，则涿鹿之战发生在阪泉之战不久。蚩尤获得了炎帝族余部的支持。而蚩尤为炎帝旧臣，年龄应和黄帝差不多。由此可推测,蚩尤与黄帝发生战争时,黄帝与蚩尤都在50岁左右,少昊30岁,颛顼还未出生。这时候末代炎帝理论上为80岁,已经不能再掌控局势。炎帝归顺黄帝后,炎帝族部分嫡系与苗蛮都归蚩尤领导。但因黄帝的苦心经营,天下大局已定,而黄帝也与灵山十巫乃至苗蛮本身有联姻,这也分化了蚩尤的同盟。在涿鹿之战中出现了黄帝与草原部落所生的女魃以及神秘的应龙氏。应龙氏极有可能是黄帝的孙子辈,是黄帝海神家族与东夷中的鹰族联姻所生。

颛顼20岁继位,30岁左右生了儿子鲧。颛顼在位期间,少昊的儿子共工入赘于炎帝族,并迅速崛起,成为中部的新霸主。共工与颛顼争帝位,导致了第二场史前大洪水。这位共工当为少昊晚年所生,年龄与颛顼相差不大。颛顼在位的时间并不长,可能在40岁就驾崩了。颛顼去世以后,代替颛顼坐镇东方的是少昊的孙子帝喾。这一年,帝喾30岁,共工30岁,鲧10岁。帝喾执政了大概16年,传帝位与儿子挚。帝挚执政了9年,帝位由尧继承,尧继位时为20岁。这时候帝喾55岁,鲧35岁,共工65岁。这一年大禹大概刚出生。大禹和舜的年龄应该差不多。

尧执政时发生东方十日族之乱,借助后羿的力量得以平息。舜原来作为有虞氏的后人迁居到吴地,属于东夷部落。尧执政10年启用舜,舜被启用时10岁左右。尧执政后20年为40岁,此时舜大概20岁,已经成为舜的女婿,并实际摄政。这时候鲧55岁,已经治理共工遗留的洪水问题9年。而共工85岁,大禹20岁左右。舜杀了鲧,并放逐了年迈的共工。

大禹开始治水时约25岁。这一年伯夷,即当过颛顼师父的那位,比共工的年龄还要大,接近百岁,辅助大禹治水。辅助大禹治水的还有皋陶,他是颛顼的苗裔孙女与少昊族联姻所生,皋陶大概35岁,其子伯益15岁左右。

舜摄政10年后为30多岁,尧为50岁,舜继承帝位。这时候三苗继续发动叛乱,舜持续镇压。在舜为帝10年后,大禹治水成功,两人都在45岁左右。舜又执政了10后,死于征伐三苗的途中。这一年,大禹大概在55岁。服丧三年后,大禹继位,继位八年去世,大概在65岁。大禹的儿子启在大禹刚开始治水时出生,在大禹去世时大概为40岁。而大禹理论上的继位者皋陶已经75岁,其子伯益55岁。启最终击败了伯益,创立了夏朝,开启了君主世袭的国家制度。

## 帝皇执政时间推演表(以黄帝出生年为基准)

| 人物 | 出生年份 | 大事件1 | 大事件2 | 大事件3 | 去世年份 |
|---|---|---|---|---|---|
| 末代炎帝 | 前30 | 前10(即位) | 30(退位) | 45(阪泉之战) | 50 |
| 黄帝 | 1 | 30(即位) | 45(阪泉之战) | 50(涿鹿之战) | 95 |
| | | 80(让权少昊) | 90(退位) | | |
| 蚩尤 | 1 | 25(掌管苗蛮) | 50(涿鹿之战) | | 50 |
| 少昊 | 20 | 40(入赘东夷) | 70(成为少昊) | 90(让位颛顼) | 110 |
| 昌意 | 20 | 45(生子韩流) | 70(生孙颛顼) | | 100 |
| 颛顼 | 70 | 80(辅佐少昊) | 85(掌管九黎) | 90(即位) | |
| | | 95(不周山之战) | 100(生子鲧) | 110(退位) | 110 |
| 共工 | 70 | 85(入赘炎帝族) | 95(不周山之战) | 155(三苗之乱) | 160 |
| 帝喾 | 70 | 110(即位) | 115(杀重黎) | 126(退位) | 136 |
| 帝挚 | 90 | 126(即位) | 135(退位) | | 145 |
| 帝江 | 110 | 130(掌管苗蛮) | 135(擅自称帝) | 155(三苗之乱) | 165 |
| 尧 | 115 | 135(即位) | 140(十日之乱) | 145(启用舜) | |
| | | 155(由舜摄政) | 155(三苗之乱) | 165(退位) | 170 |
| 后稷 | 105 | 135(获尧承认) | 165(封为农神) | | 175 |
| 舜 | 135 | 145(被尧启用) | 155(摄政) | 155(三苗之乱) | |
| | | 165(即位) | 185(退位) | | 185 |
| 丹朱 | 135 | 165(与舜争位) | | | 165 |
| 鲧 | 100 | 110(掌管北海) | 115(去海神封号) | 135(生子大禹) | |

| 人物 | 出生年份 | 大事件1 | 大事件2 | 大事件3 | 去世年份 |
|------|----------|---------|---------|---------|----------|
|      |          | 146（开始治水） | 155（治水失败） |         | 155 |
| 大禹 | 135 | 160（开始治水） | 175（治水成功） | 188（即位） | 196 |
| 启 | 160 | 196（即位） | 235（退位） |         | 235 |
| 皋陶 | 121 |         |         |         | 195 |
| 伯益 | 141 | 196（与启作战） |         |         | 206 |

## 龙迹迷踪

　　龙的存在可谓中华文化史上的一大迷案,十二生肖之中龙是唯一不为世人所见的动物。龙的形象笼罩在云雾之中,恰如龙本身给历史留下的想象与困惑。同为少典族后人的黄帝族发展了水利农耕技术,并击败了代表保守势力的炎帝族。黄帝族以龙为图腾,这种综合了多种动物特征的形象也成为中华民族的终极图腾。代表母系传统的凤鸟退居到第二位,成为龙的辅佐。但龙对各种动物形象的综合,也使人怀疑龙本身是否真实存在,或者只是各部族统一的标志而已。

　　龙的形象在古籍记述中多不一。龙在中国的神话与传说中是一种神异动物,具有九种动物合而为一的九不像之形象,具体是哪九种动物则有争议。宋代罗愿作《尔雅翼》,解释《尔雅》草木鸟兽虫鱼各种物名,以为《尔雅》辅翼。《尔雅翼》称龙为鳞虫之长。王符称其形有九似:头似牛,角似鹿,眼似虾,耳似象,项似蛇,腹似蜃,鳞似鱼,爪似凤,掌似虎,是也。其背有八十一鳞,具九九阳数。其声如戛铜盘。口旁有须髯,颔下有明珠,喉下有逆鳞。头上有博山,又名尺木,龙无尺木不能升天。呵气成云,既能变水,又能变火。另一种说法是:"嘴像马、眼像蟹、须像羊、角像鹿、耳像牛、鬃像狮、鳞像鲤、身像蛇、爪像鹰……"还有一种说法则是:"头似驼、眼似鬼、耳似牛、角似鹿、项似蛇、腹似蜃、鳞似鲤、爪似鹰、掌似虎。"

龙有不少分类,《广雅》中说:"有鳞曰蛟龙,有翼曰应龙,有角曰虬龙,无角曰螭龙,未升天曰蟠龙。"《说文解字》称:"龙为鳞虫之长,能幽能明,能细能巨,能短能长,春分而登天,秋分而潜渊。"这无疑都增加了龙的神秘性。

对于龙的主体原形的探讨,学者们作过许多研究,有鳄鱼说、蜥蜴说、马说等。另一个比较普遍的观点认为龙的基调是蛇,最初系统提出这一见解的是闻一多的《伏羲考》。龙即大蛇,蛇即小龙。闻一多认为,蛇氏族兼并别的氏族以后,吸收了许多别的形形色色的图腾,大蛇这才接受了兽类的四脚、马的头、鬣的尾、鹿的角、狗的爪、鱼的鳞和须,而成为后来的龙。

但从龙形象本身的综合性而言,并不能否定龙的存在。而今为人熟知的动物中,麋鹿就是一个综合了其他动物形象而确实存在的例子。由于麋鹿长相非常特殊,它的犄角像鹿,面部像马,蹄子像牛,尾巴像驴,整体看上去似鹿非鹿,似马非马,似牛非牛,似驴非驴,故获得"四不像"的美名。另外鸭嘴兽、袋狼也是现实存在过的动物。由此而言,不光是龙,麒麟也可能是一种真实的动物。只是因为人类活动范围的扩大以及自然环境的变化,这些珍奇的动物要么已经灭绝了,要么就遁入了更深更远的山林与海洋中。即使拥有令人敬畏的力量,在人类对自然的无限开发索取面前,这些动物也是无能为力的。

龙一直出现于早期的历史记载中。《左传·昭十七年》记载:"太皞氏以龙纪,故为龙师而龙名。"这表明伏羲氏时,有龙呈瑞,因而以龙纪事,创立文字。《竹书纪年》记载,伏羲氏各氏族中有飞龙氏、潜龙氏、居龙氏、降龙氏、土龙氏、水龙氏、青龙氏、赤龙氏、白龙氏、黑龙氏、黄龙氏。《左传·昭二十九年》有"公赐公衍羔裘,使献龙辅于齐侯"的记载。《拾遗记》也说:舜时,"南浔之国献毛龙,一雌一雄,放置豢龙之宫,至夏代,豢龙不绝,因以命族。"说明夏朝盛行着饲养龙的习俗和以龙作氏族集团的族名。

在《山海经》的记载中,龙是一种比较普通的动物,甚至用来形容其他动物。就龙的形象而言,其特征可归纳为:"有着牛首,身材巨大修长,吼声响亮的一种水生动物。"这是具体的一类龙,即黄帝族启用的图腾。而龙形象的另一种演变,是用来描述某类生物中体型特别巨大者,相当于一个形容词。体型巨大到某种程度,就成为世人眼中的神或精怪了,就是所谓的"龙"。龙之九子中的鳌鱼,也可以说是一种大型的鲤鱼。而蜃龙其实就指某种特别巨大的贝壳类生物。

《周礼·庾人》中记载:"马八尺以上为龙。"汉字之中甚至有"驨"这个字。《汉书·匈奴传》中说:"匈奴骑,其西方尽白,东方尽驨,北方尽骊,南方尽驿。"驨这里指青马。《周礼·秋官·犬人》中说:"用驨可也。"这里驨指毛色不纯的马。驨马则指面、额白色的黑马。冉驨也是西南的古部族名,汉武帝时在其地置汶山郡,在今四川茂县、汶川、理县一带。《尚书·顾命》中《孔安国传》记载:"伏羲王天下,龙马出河,遂则其以画八卦,谓之河图。"这种综合马与龙两者特征的龙马在四川出土的文物中还可以见到其形象。

龙的分类也很多。虯是一种早期的龙,是以爬虫类中的蛇作模特儿想象出来的,常在水中。《述异记》中说:"虯五百年化为蛟,蛟千年化为龙。"虯指龙的幼年期,少量出现在西周末期的青铜器装饰上。一般把没有生出角的小龙称为虬龙,指成长中的龙。王逸在《楚辞》中注释:"有角曰龙,无角曰虬。"另一种则说幼龙生出角后才称虬。两种说法虽有出入,但都把成长中的龙称为虬。还有的把盘曲的龙称为虬龙,唐代诗人杜牧在《题青云说》诗中就有"虬蟠千仞剧羊肠"之句。

螭是龙属的蛇状神怪之物,是一种没有角的早期龙,《广雅》集里就有"无角曰螭龙"的记述。对螭也有两种说法，一种是指黄色的无角龙，另一种是指雌性的龙，在《汉书·司马相如传》中就有"赤螭，雌龙也"的注释。角龙指有角的龙。据《述异记》记述："蛟千年化为龙，龙五百年为角龙。"角龙便是龙中之老者了。蟠龙指蛰伏在地而未升天之龙，龙的形状作盘曲环绕。在我国古代建筑中，一般把盘绕在柱上的龙和装饰在梁上、天花板上的龙称之为蟠龙。在《太平御览》中，对蟠龙又有另一番解释："蟠龙，身长四丈，青黑色，赤带如锦文，常随水而下，入于海。有毒，伤人即死。"这是把蟠龙和蛟、蛇之类混在一起了。

有翼的龙称为应龙。据《述异记》中记述："龙五百年为角龙，千年为应龙"，应龙称得上是龙中之精了，故长出了翼。传说应龙是上古时期黄帝的神龙，它曾奉黄帝之令讨伐过蚩尤，并杀了蚩尤而成为功臣。在禹治洪水时，神龙曾以尾扫地，疏导洪水而立功。其实应龙氏是黄帝族海神系与东夷鹰族联姻的后人，在黄帝击败蚩尤的战争中发挥了举足轻重的作用。应龙的特征是生双翅，鳞身脊棘，头大而长，吻尖，鼻、目、耳皆小，眼眶大，眉弓高，牙齿利，前额突起，颈细腹大，尾尖长，四肢强壮，宛如一只生翅的扬子鳄。在战国的玉雕及汉代的石刻、帛画和漆器上，常出现应龙的形象。应龙的形象可能是鹰的形象与龙的嫁接，也可能是指鹰类之中体型特别巨大者，即大雕类猛禽。

龙一般代表正直，与此相对的是蛟，一般代表邪恶。蛟的含义也比较多。《韵会》说："蛟，龙属，无角曰蛟。"这里把无角的龙称为蛟。《楚辞》中说："麾蛟龙使梁津兮，诏西皇使涉予。"王逸注解说"小曰蛟，大曰龙。"《酉阳杂俎》说："鱼二千斤为蛟。"《世说新语·自新》记载："义兴水中有蛟。"蛟这里指鼍、鳄一类的动物。又有说法是母龙称为蛟。

蛟或称为虎蛟，在《山海经》中也出现较多。这是一个非常具体而确定的形象。《埤雅》记载:"蛟,其状似蛇而四足,细颈,颈有白婴,大者数围,卵生,眉交,故谓之蛟。"总而言之,据古人说蛟像蛇的样子,却有四只脚,小小的头,细细的脖子,脖颈上有白色肉瘤,大的有十几围粗,卵有瓮大小,能吞食人。这个形象非常像人们认为早已灭绝的蛇颈龙,也是现在众多天池湖泊目击报告中的水怪的样子。

蛟古代也通"鲛",即指鲨鱼。而蛟鱼则是传说中的人鱼。鲛人是中国神话传说中鱼尾人身的生物。鲛人神秘而美丽,他们生产的鲛绡,入水不湿,他们哭泣的时候,眼泪会化为珍珠。西方传说里的美人鱼与鲛人相似,都是生活在大海里的生物。晋干宝《搜神记》卷十二记载:"南海之外,有鲛人,水居如鱼,不废织绩,其眼泣,则能出珠。"此说《博物志》、《述异记》都有记录,内容大同小异。

中国很早就有鲛人的传说。魏晋时代,有关鲛人的记述渐多渐细,曹植、左思、张华的诗文中都提到过鲛人。传说中的鲛人过着神秘的生活。郭璞注《山海经》时称"雕题国"人为鲛人。古音中,"雕题"与"鲛"可以互转,与海南岛的"黎"族也颇为音近。黎族有纹身的习俗,并且居住于海边,这也许是鲛人的原型。

据《晋书·郭璞传》中记载,诞人"点涅其面,画体为鳞采,即鲛人也"。"鲛人",即古巫蜑人,简称蜑人,亦称蜒人、旦人、蛋人、龙人、鲛人、龙户人等,"自云龙种"。后来把流放在海域,终生生活在海上不能上岸的人也称为蜑人。《山海经》中的"雕题国"也是诞人的后人。

《山海经》中关于龙形生物的记载很多。《南山经》记载,浪水从这座山发源,然后向南流入大海。水中有一种虎蛟,形状像普通鱼,却拖着一条蛇的尾巴,脑袋如同鸳鸯鸟的头,吃了它的肉就能使人不生痈肿疾病,还可以治愈痔疮。这里的虎蛟即蛇颈龙一类。

《中山经》记载，再往东二十里，是座金星山，山中有很多天婴，形状与龙骨相似，可以用来医治痤疮。天婴不详为何种植物。据古人讲，在山岩河岸的土穴中常有死龙的脱骨，而生长在这种地方的植物就叫龙骨。在中药中，龙骨指古代哺乳动物象类、犀类、三趾马、牛类、鹿类等的骨骼化石，由磷灰石、方解石以及少量黏土矿物组成。

《北山经》记载，隁水从这座山发源，然后向东流入泰泽，水中有很多龙龟。有些注解把"龙龟"解释成龙与龟，但也有注释把龙龟看作是一种动物，即龙种龟身的赑屃。其原型可能来自于某种体型巨大的龟类。

《中山经》记载，再往东北三百里，是座岷山。长江从岷山发源，向东北流入大海，水中生长着许多优良的龟，还有许多鼍。山上有丰富的金属矿物和玉石。鼍，古人说是长得像蜥蜴，身上有花纹鳞，大的长达二丈，皮可以制做鼓用，也就是现在所说的扬子鳄，俗称猪婆龙。

夔是雷泽氏的图腾，在《山海经》中经常出现。《大荒东经》记载，东海当中有座流波山，这座山在进入东海七千里的地方。山上有一种野兽，形状像普通的牛，是青苍色的身子却没有犄角，仅有一只蹄子，出入海水时就一定有大风大雨相伴随，它发出的亮光如同太阳和月亮，它吼叫的声音如同雷响，名叫夔。黄帝得到它，便用它的皮蒙鼓，再拿雷兽的骨头敲打这鼓，响声传到五百里以外，威震天下。

夔牛，古人说是一种重达几千斤的大牛。所谓苍身无角一足之夔牛，有可能是指海豹、海狮、海牛之类海洋动物，这些动物后肢退化或尾部，远看即"一足"。夔牛与龙相似之处大概只有牛首与水居的习性。伏羲氏的父系即为雷泽氏，而夔牛也渐渐演变为夔龙的形象。夔龙的牛身则变为蛇身的修长形象。伏羲氏的后人中炎帝启用了牛图腾,黄帝启用了龙图腾,都与夔龙有渊源。

《中山经》记载,再往东一百七十里,是座贾超山,山南面多出产黄色垩土,山北面多出产精美赭石,这里的树木大多是柤树、栗子树、橘子树、柚子树,山中的草以龙须草最多。龙须草与莞草相似而细一些,生长在山石缝隙中,草茎倒垂,可以用来编织席子。

《大荒东经》记载,在大荒的东北角上,有一座山名叫凶犁土丘山。应龙就住在这座山的最南端,因杀了神人蚩尤和神人夸父,不能再回到天上,天上因没了兴云布雨的应龙而使下界常常闹旱灾。下界的人们一遇天旱就装扮成应龙的样子求雨,得到大雨。应龙为传说中的一种生有翅膀的龙,是应龙氏的图腾。应龙可能是鹰与龙的复合体,类似远古的翼龙。也可能指体型特别巨大的雕类。

《中山经》记载,再往南九十里,是座柴桑山,山上盛产银,山下盛产碧玉,到处是柔软如泥的泠石、赭石,这里的树木以柳树、枸杞树、楮树、桑树居多,而野兽以麋鹿、鹿居多,还有许多白蛇、飞蛇。飞蛇即螣蛇,也作“腾蛇”,传说是能够乘雾腾云而飞行的蛇,属于龙一类。飞蛇为游蛇科金花蛇属爬虫类,共 3 种,体细长,树栖,分布于亚洲南部和东印度,能作短距离滑翔,滑翔时身体挺直,腹部正中鳞片收缩使腹部微凹。在飞蛇开始下落时,它们的头部不停地左右摇摆,这使它们的身体在空中时弯曲成 S 形。飞蛇还能令其身体与地面保持平行。

《海外西经》记载:“龙鱼陵居在其北,状如鲤,一曰鰕。即有神圣乘此以行九野。一曰鳖鱼在沃野北,其为鱼也如鲤。”一种说法是龙鱼的形状像一般的鲤鱼,另一种说法认为像鳜鱼。体型大的鲵鱼叫做鳜鱼。鲵鱼是一种水陆两栖类动物,有四只脚,长尾巴,眼小口大,生活在山谷溪水中。因叫声如同小孩啼哭,所以俗称娃娃鱼。

《海内南经》记载,窫窳长着龙一样的头,住在弱水中,处在能知道人姓名的猩猩的西面,它的形状像貙,长着龙头,能吃人。窫窳即猰㺄,本为对灵山十巫首领的称谓。后来被西王母手下所害,灵山十巫自此脱离了西王母。但猰㺄部落本身则开始流浪,其图腾形象从蛇变为龙类。貙是古书上说的一种似狸而大的猛兽。

关于龙形象的山神也很多。这些山神往往综合了其他动物的形象,可能是龙图腾与其他图腾的融合。比如鹊山山系山神的形状都是鸟的身子龙的头。南方第二列山系山神的形状都是龙的身子鸟的头。南方第三列山系山神都是龙的身子人的脸面。东方第一列山系山神的形貌都是人的身子龙的头。岷山山系山神的形貌都是马的身子龙的脑袋。洞庭山山系山神的形貌都是鸟的身子龙的脑袋。

《中山经》记载,再往东一百三十里,是座光山,山上到处有碧玉,山下到处是流水。神仙计蒙居住在这座山里,形貌是人的身子龙的头,常常在漳水的深渊里畅游,出入时一定有旋风急雨相伴随。计蒙应为神农氏时期的雨师。在涿鹿之战中代表炎帝族出战的雨师是计蒙的后人雨师妾。

《海内北经》记载,从极渊有三百仞深,只有冰夷神常常住在这里。冰夷神长着人的面孔,乘着两条龙。冰夷即冯夷,为黄帝元妃西陵氏所生的儿子。他是黄河的水神河伯,入赘于开明族分支流黄辛氏,继而以水族中的鳖为图腾。

《海内东经》记载，雷泽中有一位雷神，长着龙的身子人的头，他一鼓起肚子就响雷。雷泽在吴地的西面。雷泽氏的图腾为夔龙。在舜为帝时，夔为乐官。该夔当为雷泽氏后人。雷泽氏与伏羲氏、黄帝族有着十分密切的关系。

《大荒北经》记载，在西北方的海外，赤水的北岸，有座章尾山。有一个神人，长着人的面孔蛇的身子，全身是红色，身子长达一千里，竖立生长的眼睛正中合成一条缝，他闭上眼睛就是黑夜、睁开眼睛就是白昼，不吃饭不睡觉不呼吸，只以风雨为食物。他能照耀阴暗的地方，所以称作烛龙。《西山经》记载，再往西北四百二十里，是座钟山。钟山山神的儿子叫做鼓，鼓的形貌是人面龙身。

"烛龙"、"烛阴"、"祝融"、"晏龙"是不同时期对钟山之神的称谓，这一点在《山海经》中其他部落首领的称号演变中也可以见到。"烛龙"是末代炎帝的孙子伯陵。伯陵生了儿子鼓，鼓杀害了白虎族的天神葆江。

《山海经》中乘着龙的一般为远古帝皇最重要的辅佐之臣或帝皇本身。

《海外南经》记载，南方的祝融神，长着野兽的身子人的面孔，乘着两条龙。神农是掌管火的祭司，开创了以火开荒的农业体系，也就成为新的帝皇，即炎帝。炎帝的后人之中，火神的体系分化出来，也就是烛龙或祝融氏。南方的祝融本是炎帝系的火神，在颛顼为帝后，以其孙重黎取而代之，成为黄帝系的新火神。

《海外西经》记载，西方的蓐收神，左耳上有一条蛇，乘驾两条龙飞行。少昊坐镇西方后，与昆仑山开明白虎族的后人联姻，生了儿子蓐收。少昊所在的羲和族与开明白虎的木禾支本有联姻，在少昊传帝位于颛顼后，迁居西方，又掌管了开明白虎族，成为新的刑罚之神。

《海外东经》记载，东方的句芒神，是鸟的身子人的面孔，乘着两条龙。少昊与南风部族联姻，又生了句芒，名重，在东夷族中掌管羲和族。句芒死后成木神，主管树木的发芽生长。"重"应为少昊羲和族中的一个部落首领的世袭名称，后颛顼有孙也为重。

《海外西经》记载，大乐野，夏后启在这地方观看《九代》乐舞，乘驾着两条龙，飞腾在三重云雾之上。启为大禹的儿子，后来建立了夏朝。

名字中有"龙"之名称的基本为黄帝族后人。《大荒东经》记载，有个国家叫司幽国。帝俊生了晏龙，晏龙生了司幽，司幽生了思土，而思土不娶妻子；司幽还生了思女，而思女不嫁丈夫。司幽国的人吃黄米饭，也吃野兽肉，能驯化驱使四种野兽。晏龙是钟山之神的另一称谓，本为炎帝族掌管，后来由帝喾的子系取代。

《大荒北经》记载，大荒当中，有座山名叫融父山，顺水流入这座山。有一种人名叫犬戎。黄帝生了苗龙，苗龙生了融吾，融吾生了弄明，弄明生了白犬，这白犬有一公一母而自相配偶，便生成犬戎族人，吃肉类食物。有一种红颜色的野兽，形状像普通的马却没有脑袋，名叫戎宣王尸。苗龙为黄帝与苗蛮联姻的后人。其后人中有戎宣王，在高辛氏为帝时被盘瓠氏所杀。

《海内经》记载，伯夷父生了西岳，西岳生了先龙，先龙的后代子孙便是氐羌，氐羌人姓乞。伯夷父是颛顼的师父。相传伯夷即伯夷父，为姜姓，炎帝神农氏之裔共工的侄孙，也就是共工兄弟的孙子。这位共工就是少昊的儿子穷奇，入赘于炎帝族共工氏，成为新的水神。他的兄弟当也是少昊的儿子，和其一起入赘。两者都是黄帝的后人。

在现代考古发掘中，龙的形象较多出现于红山文化中，其因最早发现于内蒙古自治区赤峰市郊的红山遗址而得名。红山文化的社会形态初期处于母系氏族社会的全盛时期，主要社会结构是以女性血缘群体为纽带的部落集团，晚期逐渐向父系氏族过渡，经济形态以农业为主，兼以牧、渔、猎并存。

红山玉龙已在多处发现，其中尤以内蒙古三星他拉出土的玉龙刻划得最为栩栩如生。这条玉龙墨绿色，高 26 厘米，完整无缺，体蜷曲，呈 C 字形，吻部前伸，略向上弯曲，嘴紧闭，有对称的双鼻孔，双眼突起呈棱形，有鬣，龙背有对称的单孔，经试验，此孔用于悬挂，龙的头尾恰好处于同一水平线上。考古人员还在辽河流域发现了 20 余件红山文化时期形似熊龙的玉块，这种玉雕熊龙是红山文化玉器中最多的种类之一。

玉猪龙在红山文化中也有发现，它的头像猪首，整器似猪的胚胎。辽宁省凌源市牛河梁出土的红山文化后期玉猪龙为岫岩软玉雕琢而成，猪首龙身，通体呈鸡骨白色，局部有黄色的土沁，龙体卷曲如 C 形，首尾相连，器体厚重。造型粗犷。猪首形象刻画逼真，肥首大耳，大眼阔嘴，吻部前突，口微张，獠牙外露，面部以阴刻表现眼圈、皱纹，中央的环孔光滑，背部有一可穿绳系挂的小孔，出土时位于死者胸部，专家猜测其不仅为佩饰，很有可能是代表某种等级和权力的祭礼器。

其他关于龙形遗迹的考古成果也不少。辽宁阜新查海原始村落遗址出土了"龙形堆塑"，查海遗址属"前红山文化"遗存，距今约 8000 年。"龙形堆塑"位于这个原始村落遗址的中心广场内，由大小均等的红褐色石块堆塑而成。龙全长近 20 米，宽近两米，扬首张口，弯腰弓背，尾部若隐若现。这条石龙，是我国迄今为止发现的年代最早、形体最大的龙，形状与鳄鱼很相似。

其他还有内蒙古敖汉旗兴隆洼出土的距今达七八千年的陶器龙纹，陕西宝鸡北首岭遗址出土的距今达七千年的彩陶细颈瓶龙纹,河南濮阳西水坡出土的距今六千四百多年蚌塑龙纹等。

根据考古发掘而提出的关于龙的起源的说法较多,有鳄鱼、猪、熊、蛇等。但这并不能推翻龙真实存在的可能性。黄帝的父系为少典族,黄帝继承了其有熊氏的称号。神话中也有黄帝后人大禹化熊治水的传说。炎帝族与黄帝族都有驱使"虎、豹、熊、罴"这四种兽类的本领,可见熊本身就是华胥族中比较普遍的部族图腾。猪的图腾来自灵山十巫中的巫即族,最早是司彘国,蜀山氏保留了猪图腾。黄帝的儿子昌意娶蜀山氏女为妻,其子韩流就有猪的形象。燧人氏本身就有蛇的图腾,其后保留蛇图腾的主要是女娲氏。女娲与伏羲都可谓华胥族的先祖。从这点来说,龙是完全有可能与猪、熊、蛇来进行形象融合的。当然猪龙或者熊龙的出现,也可能代表了其同类中体型特别巨大者。

龙的神秘之处还在于其没有翅膀,而能飞翔。但这种飞翔能力显然是有限制的,只能在厚厚的云层之中。云起的地方基本靠近大河或大海边,这种云层往往意味着即将到来的大风大雨,这也是龙与降雨联系在一起的原因。联系到传说为龙类之一的飞蛇是可以顺风滑行的,龙也有可能利用风的对流来进行滑行。但如果风或雨的流动速度不能支持龙的重量,龙就会掉落下来。龙可谓一种以水居为主的两栖类动物。如果龙掉落在靠近水边的沙滩上,还可以存活一段时间,并慢慢爬进水里。但如果太干旱的话,龙就全身乏力,无法回到水中了。这也是难以考据的历史上多次目击事件所描述的情况。

## 昆仑圣地

《山海经》中最为神秘也最为人向往之地,非昆仑山莫属。在这座山上,中华文明象征意义上的始祖有巢氏建立树屋,开始了向中华大地传播文明的过程。其后进入山林与平原的燧人氏和进入草原与大漠深处的弇兹氏结盟,在昆仑山竖立了天下的共主玉帝,并建立了宫殿与御苑。继而草原上的西王母族崛起,逐渐掌控了昆仑山。而燧人氏的风之五部利用史前大洪水的机会第二次结盟,推举伏羲氏迁居东方为新的共主,并衍生出十日族与十二月族。伏羲的位置其后由东风帝俊族继承。西王母族的西羌势力与中风无怀氏少典族第三次结盟,推举两者的后人炎帝为新共主,取代东风的帝位。少典族继而又与灵山十巫联姻,诞生黄帝一族,黄帝与东风羲和族第四次结盟,击败代表炎帝族保守势力的蚩尤,并成为新共主。黄帝与少昊的后人轮流执政,并最终建立了夏朝。

　　这四次结盟,规模一次比一次小,但每次结盟的背后,都可见西王母族的西羌势力。西王母族与华胥族结盟,也是为了共同对抗草原上的戎人与狄人的需要。东风羲和族与西羌的流黄辛氏关系十分密切,炎帝的母系源于西羌,黄帝的妃子中有嫫母,也是西王母族人,就连最终建立夏朝的大禹,其母系同样源自西羌。中华大地统治的中心随着新共主的出现几度变迁,从西北部玉帝到东部帝俊,再到中部炎帝,继而又在中部黄帝与东部少昊间摇摆,最终确立了夏朝,定都为中部。《山海经》记载的中心位置大致在河南境内的古代夏都附近。国家的建立意味着长老联盟制与母系社会的双重崩溃,从此西王母渐渐淡出了主流文化的视野。

　　昆仑是上古名山,在中国的历史地位非同寻常,先秦乃至后世的文献屡有提及。但昆仑究在何处,后世名谁,战国时期就已鲜为人知了。屈原在《天问》中就发出疑问道:"昆仑县圃,其居安在? 增城九重,其高几里? 四方之门,其谁从焉？西北辟启,何通气焉？"汉代以来直到今天,为了揭开昆仑之谜,人们进行了不懈的努力,提出了各种答案。

一为酒泉南山说。关于昆仑的所在,唐初魏王泰《括地志》明确指出:"昆仑山在肃州酒泉县南八十里。"即今祁连山脉主峰祁连山,海拔5547米。此说可称为酒泉南山说。酒泉南山说晋代已有,《晋书·张轨传》中说:"(334年)酒泉太守马岌上言:'酒泉南山,即昆仑之体也。周穆王见西王母,乐而忘归,即谓此山。此山有石室、玉堂,珠玑镂饰,焕若神宫。宜立西王母祠,以裨朝廷无疆之福。'骏从之。"

汉代已有酒泉南山说。具体说来,可推到汉武帝时期。《汉书·地理志下》敦煌郡条:"广至:宜禾都尉治昆仑障。莽曰广垣。"昆仑障又称昆仑塞,是汉长城的一个关塞。昆仑障应在安西县一带。这里距酒泉虽有一段距离(约300公里),但既以"昆仑"为名,则附近应有昆仑山,"附近"当然最可能是酒泉了:

唐代以后,酒泉南山说一直延绵不绝,唐魏征《隋书·地理志》、唐李吉甫《元和郡县志》、宋乐史《太平寰宇记》等均主此说。只是到了明代,酒泉南山说发生了一些变化。如《大明一统志》卷三十七陕西行都指挥使司山川昆仑山条:"在肃州卫城西南二百五十里,南与甘州山连,其巅峻极,经夏积雪不消,世呼雪山。后凉(当为前凉)张骏时,酒泉太守马岌言周穆王见王母于此,宜立王母祠,骏从之。"此说虽然承认昆仑在酒泉,但否定了南山,而以更南的雪山(今名托来南山)为昆仑,此说可称为托来南山说。但清代的《大清一统志》又驳斥了托来南山说,而赞同酒泉南山说。

二为于阗南山说。关于昆仑的所在,汉武帝时期不仅有酒泉南山说,还出现了于阗南山说。这主要归功于张骞。虽然西域与中原早有联系,但西域的情况为中原人所熟知却始自张骞出使西域。汉武帝即位之初,张骞即应募通使,十三年后才得归来。《史记·大宛列传》中说:"骞身所至者大宛、大月氏、大夏、康居,而传闻其旁大国五六。具为天子言之。"在这个报告中,张骞谈到一个重要观点,就是黄河的源头在西域。按照他的观点,汉武帝又派出使者,勘查详细情况。《史记·大宛列传》记载:"而汉使穷河源,河源出于寘,其山多玉石,采来,天子案古图书,名河所出山曰昆仑云。""其山"即于阗南山,约相当于今和田县南的慕士山(海拔7282米)一带。此说可称为于阗南山说。

　　张骞的观点一出,立刻得到了广泛的赞同,但也有很多人不接受,例如司马迁在《史记》中说:"《禹本纪》言'河出昆仑。昆仑其高二千五百余里,日月所相避隐为光明也。其上有醴泉、瑶池。'今自张骞使大夏之后也,穷河源,恶睹《本纪》所谓昆仑者乎?故言九州山川,《尚书》近之矣。至《禹本纪》、《山海经》所有怪物,余不敢言之也。"后来到了东晋时期,许多佛教人物往来于印度与中国之间,路经西域,对昆仑问题又做了进一步的探索,如释氏《西域记》就在于阗南山说的基础上,进一步提出阿耨达山是昆仑的新观点。阿耨达山应是今喀喇昆仑山东段、今昆仑山脉西段。此说可称为阿耨达山说,实际是于阗南山说的变体,此后阿耨达山说竟深入人心,其声势甚至于凌驾酒泉南山说之上。郭璞《山海经注》、康泰《扶南传》、郦道元《水经·河水注》等都赞同此说。但也有的地方两存其说,如魏王泰《括地志》(《史记·大宛列传》正义引)说:"阿耨达山亦名建末达山,亦名昆仑山。恒河出其南吐师子口,经天竺入达山。妫水今名为浒海,出于昆仑西北隅吐马口,经安息、大夏国入西海。黄河出东北隅吐牛口，东北流经滥泽，潜出大积石山，至华山北，东入海。其三河去山入海各三万里。此谓大昆仑，肃州谓小昆仑也。"

三为青海积石山说。人们对昆仑问题的探索不止于此。汉晋时期，人们虽有酒泉南山、于阗南山二山的分歧，但却都认为黄河源于西域，认为"中国"黄河之源在青海湖南岸，而称此地为河首、河曲，称今青海南山或鄂拉山为积石山。但隋唐时期，随着对青藏高原的深入了解，人们发现黄河并非源于青海湖南岸，而是星宿川，即今星宿海。于是人们又把星宿川一带称为河源，把今巴颜喀喇山脉西段雅拉达泽山一带称为积石山。但也有些人因此开始不相信黄河源于西域之说，相应地于阗南山说也遭到否定，而把星宿川当成真正的河源，并根据"河出昆仑"的记载提出当时的积石山为昆仑的观点。

四为青海巴颜喀喇山说。清代康熙曾经派遣使者追寻河源，因为当时西藏还不在版图之内，仅仅到青海星宿海就结束了，于是就把巴颜喀喇山当成昆仑山。相关记载可见于《大清一统志》，其言大略曰："今黄河发源之处，虽有三山，而其最西而大，为真源所在者，巴颜喀喇也。东北去西宁边外一千四百五十五里，延袤约千余里，山不极峻，而地势甚高，自查灵、鄂灵二海子之西，以渐而高，登至三百里，始抵其下。山脉自金沙江发源之犁石山，蜿蜒东来，结为此山。自此分支向北，层冈叠嶂，直抵嘉峪关，东趋大雪山，至西宁边，东北达凉州以南大小诸山。并黄河南岸，至西倾山，抵河洮阶诸州，至四川松潘口诸山。河源其间，而其枝干盘绕黄河西岸，势相连属，蒙古概名之为枯尔坤。"

"枯尔坤"音同"昆仑"。蒋廷锡在《尚书地理今释》中引用这个说法来注释《禹贡》中的昆仑："昆仑在今西番界。有三山：一名阿克坡齐禽，一名巴尔布哈，一名巴颜喀拉。总名枯尔坤，在积石西，河源所出。"

五为青海阿尼马卿山说。《禹贡》中说"导河积石，至于龙门"。《海内西经》中说"河水出东北隅……入禹所导积石山。"这种说法以黄河源追溯出处，指出积石山为昆仑山。积石山有大小之分，小积石在今甘肃临夏县西北，即唐述山，当黄河曲处，其地有积石关。大积石则在今青海东南境，番名阿木奈玛勒占木逊山，又称为阿弥耶玛勒津木逊山，又称为阿木尼麻禅母逊阿林，蒙古语则称为木素鄂拉，今地理书则称为阿尼马卿山。《新唐书》记载刘元鼎出使吐蕃的故事，刘元鼎曾经说："自湟水入河处，西南行二千三百里，有紫山，三山中高而四下，直大羊同国，古所谓昆仑，番曰闷摩黎山，东距长安五千里，河湖其间。"闷摩黎山与阿尼马卿音同。

六为新疆天山说。孙璧文《新义录》卷八引用洪亮吉的话说："昆仑即天山也。其首在西域……自贺诺木尔至叶尔羌，以及青海之枯尔坤，绵延东北干五百里，至嘉峪关以迄西宁，皆昆仑也。华言或名敦薨之山，或名葱岭，或名于阗南山，或名紫山，或名天山，或名大雪山，或名酒泉南山，又有大昆仑，小昆仑，昆仑丘，昆仑墟诸异名。译言则曰阿耨达山，又云闷摩黎山，又名腾乞里塔，又名麻山，又名枯尔坤，其实皆一名也。"

魏源《海国图志》中说："俄罗斯跨此岭东西焉，其岭所连诸山皆葱岭西北之干，蜿蜒回环，千曲百折，以抵海滨。信乎。葱岭之大雪山为古昆仑，巍为群山之祖也。"葱岭为今帕米尔高原，上面的大雪山就是新疆的天山。

七为青海西宁说。《汉书·地理志》中说："金城郡临羌，西北塞外，有西王母石室，西有弱水，昆仑山祠。"汉代置临羌县，将军赵充国曾在这儿屯田。城靠近湟水南岸，青海额鲁特蒙古及阿里克等四十姓土司在这儿与汉人进行贸易,是当时西边的一个大城市。王充《论衡·恢国》中说:"孝平元始四年(公元四年)金城塞外羌献其鱼盐之地,愿内属,汉遂得西王母石室,因以为西海郡。"郑玄注解《禹贡》中的织皮昆仑,称之为西方的戎人,马融则说昆仑在临羌西,是一个种族的名称。《汉书·地理志》提及了西王母、弱水、昆仑山祠,而没有说其地有哪座山可以称为昆仑。但既然境内有弱水,那么也有一座小山称为昆仑,而上面有一座祠堂就称为昆仑山祠。

八为新疆喀喇科龙山说。张星烺在《中西交通史料汇编》引用夏德所著《中国古代历史》的资料说,和阗南部有喀喇科龙山,其音与昆仑很相近。

九为西藏冈底斯山说。《大清一统志》中说:"西藏有冈底斯山,在阿里之达克喇城东北三百一十里,其山高五百五十余丈,周一百四十余里,四面峰峦陡绝,高出乎众山者百余丈。积雪如悬崖,皓然洁白,顶上百泉流注,至山麓即伏流地中。前后环绕诸山,皆版岩峭峻,奇峰拱列,即阿耨达山也。"康熙中期,西藏有大喇嘛来到京城,说昆仑其实在西藏境内,即冈底斯山。清廷特别派使者同喇嘛一起去,绘制西藏青海地图回奏,认为与昆仑相符合,因而康熙赐封此山为昆仑。但康熙曾经定巴颜喀喇山为昆仑,后面又定为冈底斯山,两者是矛盾的。有学者干脆采取折中的说法,认冈底斯为大昆仑,巴颜喀喇为小昆仑。蒋廷锡《尚书地理今释》是这种说法的代表。

十为岷山说。《海内经》与《淮南子·形训》这些古文献都不约而同提到"都广"和"建木"两个词。明代杨慎在《山海经补注》中说:"黑水都广,今之成都也。"蒙文通先生认为:"若水即后之雅砻江,若水之东即雅砻江之东,在雅砻江上源之东、黄河之南之昆仑,自非岷山莫属。是昆仑为岷山之高峰。……昆仑既为蜀山,亦与蜀王有关。《大传》、《淮南》皆以昆仑为中央,与《禹本纪》、《山海经》说昆仑、都广为中央之义合……盖都广在成都平原而岷山即蠹立成都平原侧也。"对此，著名学者邓少琴亦称，岷山是昆仑之一臂，"岷山导江，东别为沱，于《禹贡》仅一见之，于殷墟甲文亦未之见。"

十一为阿富汗兴都库什山之大雪山说。《元史·郭宝玉传》记载："帝驻大雪山前，时谷中雪深二丈。诏封其昆仑山为元极王，大盐池为惠济王。"成吉思汗在西域用兵的时候，经常把部队驻扎在雪山以避暑。长春真人丘处机在《西游记》中说："是年闰十二月将终，有侦骑回报言：上驻跸大雪山之东南，今则雪积山门百余里，深不可行。"丘处机在元太祖十六年到达成吉思汗在大雪山的行宫，第二年随车驾在大雪山避暑。这个地方就是八鲁湾。八鲁湾属于兴都库什山系，山势十分高峻，雪终年不消，因而有大雪山之名。元太祖封此山为元极王，认为此山就是昆仑山。五十七年后，元世祖忽必烈又命令都实探索河源，以阿尼马卿为昆仑山。不知当时的元代朝廷何以处置成吉思汗所封的大雪山。但因为历来有大小昆仑山的说法，只用区别大小就可以了。也许元朝采取的也是这种折中的方法。

其他关于昆仑山地理位置考据的观点也很多。近代以来对昆仑的研究更加繁荣。如顾实说昆仑在波斯，丁谦、刘师培说昆仑在伊拉克迦勒底。这些观点的差异之大，可谓空前。但它们却有一个共同特点，即都把昆仑指在西方。直到1985年，何幼琦先生发表《海经新探》一文，提出昆仑在东方的观点，具体说即认为古昆仑就是泰山。此说也可称为泰山说。

本书下面主要根据《山海经》中对于昆仑山的描述来判定昆仑山所在的位置。

《西山经》对昆仑山的记载最为详尽。再往西北四百二十里，是座钟山。

钟山山神的儿子叫做鼓,鼓的形貌是人的脸面,龙的身子,他曾和钦邳神联手在昆仑山南面杀死天神葆江,天帝因此将鼓与钦邳诛杀在钟山东面一个叫瑶崖的地方。这槐江山确实可以说是天帝悬在半空的园圃,由天神英招主管着,而天神英招的形状是马的身子,人的面孔,身上长有老虎的斑纹和禽鸟的翅膀,巡行四海而传布天帝的旨命,发出的声音如同用辘轳抽水。在山上向南可以望见昆仑山,那里火光熊熊,气势恢宏。向西可以望见大泽,那里是后稷死后埋葬之地。

往西南四百里,是座昆仑山,这里确实是天帝在下界的都邑,天神陆吾主管它。这位天神的形貌是老虎的身子却有九条尾巴,一副人的面孔可长着老虎的爪子,这个神主管天上的九部和天帝苑圃的时节。山中有一种野兽,形状像普通的羊却长着四只角,名叫土蝼,是能吃人的。山中有一种禽鸟,形状像一般的蜜蜂,大小与鸳鸯差不多,名叫钦原,这种钦原鸟刺螫其他鸟兽就会使它们死去,刺螫树木就会使树木枯死。山中还有另一种禽鸟,名叫鹑鸟,它主管天帝日常生活中各种器用服饰。山中又有一种树木,形状像普通的棠梨树,却开着黄色的花朵并结出红色的果实,味道像李子却没有核,名叫沙棠,可以用来辟水,人吃了它就能漂浮不沉。山中还有一种草,名叫薲草,形状很像葵菜,但味道与葱相似,吃了它就能使人解除烦恼忧愁。河水从这座山发源,然后向南流而东转注入无达山。赤水发源于这座山,然后向东南流入氾天水。洋水也发源于这座山,然后向西南流入丑涂水。黑水也发源于这座山,然后向西流到大杅山。这座山中有许多奇怪的鸟兽。

《海外南经》记载,昆仑山在它的东面,山基呈四方形。另一种说法认为昆仑山在反舌国的东面,山基向四方延伸。羿与凿齿在寿华的荒野交战厮杀,羿射死了凿齿。地方就在昆仑山的东面。

《海外北经》记载,大禹杀死了相柳氏,血流过的地方发出腥臭味,不能种植五谷。大禹挖填这地方,多次填满而多次蹋陷下去,于是大禹便把挖掘出来的泥土为众帝修造了帝台。这帝台在昆仑山的北面,柔利国的东面。

《海外西经》记载,流沙的发源地在钟山,向西流动而再朝南流过昆仑山,继续往西南流入大海,直到黑水山。东胡在大泽东。

《海内西经》记载,海内的昆仑山,屹立在西北方,是天帝在下方的都城。昆仑山,方圆八百里,高一万仞。山顶有一棵像大树似的稻谷,高达五寻,粗细需五人合抱。昆仑山的每一面有九眼井,每眼井都有用玉石制成的围栏。昆仑山的每一面有九道门,而每道门都由称作开明的神兽守卫着,是众多天神聚集的地方。众天神聚集的地方在八方山岩之间,赤水的岸边,不是具有像夷羿那样本领的人就不能攀上那些山冈岩石。

赤水从昆仑山的东南角发源,然后流到昆仑山的东北方,又转向西南流而注到南海厌火国的东边。河水从昆仑山的东北角发源,然后流到昆仑山的北面,再折向西南流入渤海,又流出海外,就此向西而后往北流,一直流入大禹所疏导过的积石山。洋水、黑水从昆仑山的西北角发源,然后折向东方,朝东流去,再折向东北方,又朝南流入大海,直到羽民国南面的弱水。青水从昆仑山的西南角发源,然后折向东方,朝北流去,再折向西南方,又流经毕方鸟所在地的东面。

昆仑山的南面有一个深三百仞的渊潭。开明神兽的身子大小像老虎,却长着九个脑袋,九个脑袋都是人一样的面孔,朝东立在昆仑山顶。

《海内北经》记载,西王母靠倚着小桌案而头戴玉胜。在西王母的南面有三只勇猛善飞的青鸟,正在为西王母觅取食物。西王母和三青鸟的所在地是在昆仑山的北面。帝尧台、帝喾台、帝丹朱台、帝舜台,各自有两座台,每座台都是四方形,在昆仑山的东北面。昆仑山南面的地方,有一片方圆三百里的氾林。

《海内东经》记载,在流沙中的国家有埻端国、玺晚国,都在昆仑山的东南面。另一种说法认为埻端国和玺晚,国是在海内建置的郡,不把它们称为郡县,是因为处在流沙中的缘故。在流沙以外的国家,有大夏国、竖沙国、居繇国、月支国。

西胡的白玉山国在大夏国的东面,苍梧国在白玉山国的西南面,都在流沙的西面,昆仑山的东南面。昆仑山位于西胡所在地的西面。总的位置都在西北方。

在西海的南面,流沙的边沿,赤水的后面,黑水的前面,屹立着一座大山,就是昆仑山。有一个神人,长着人的面孔、老虎的身子,尾巴有花纹,而尾巴上尽是白色斑点,住在这座昆仑山上。昆仑山下有条弱水汇聚的深渊环绕着它,深渊的外边有座炎火山,一投进东西就燃烧起来。有人头上戴着玉制首饰,满口的老虎牙齿,有一条豹子似的尾巴,在洞穴中居住,名叫西王母。这座山拥有世上的各种东西。

整理上面《山海经》提供的昆仑山资料,并把昆仑山调整成地理坐标的中心,则相应地描述如下:昆仑山火光熊熊,气势恢宏。昆仑山的北面有一个西海,昆仑山在流沙的边沿,前面有赤水,后面有黑水。昆仑山的南面有一个深三百仞的渊潭,这条弱水汇聚的深渊环绕着它。深渊的外边有座炎火山,一投进东西就燃烧起来。有人头上戴着玉制首饰,满口的老虎牙齿,有一条豹子似的尾巴,在洞穴中居住,名叫西王母。西王母和三青鸟的所在地是在昆仑山的北面。

在昆仑山的西北面是槐江山,是天帝悬在半空的园圃。槐江山向西可以望见大泽,那里是后稷死后埋葬之地。另一种说法认为反舌国在昆仑山的西面。羿与凿齿交战的寿华的荒野就在昆仑山的东面。大禹为众帝修造了帝台,这帝台在昆仑山的北面。帝尧台、帝喾台、帝丹朱台、帝舜台,各自有两座台,每座台都是四方形,在昆仑山的东北面。

在流沙中的国家有埠端国、玺映国,都在昆仑山的东南面。在流沙以外的国家,有大夏国、竖沙国、居繇国、月支国。西胡的白玉山在大夏国的东面,苍梧国在白玉山国的西南面,都在流沙的西面,昆仑山的东南面。昆仑山位于西胡所在地的西面。总的位置都在西北方。

流沙的发源地在钟山,向西流动而再朝南流过昆仑山,继续往西南流入大海,直到黑水山。东胡在大泽东。赤水从昆仑山的东南角发源,然后流到昆仑山的东北方,又转向西南流而注到南海厌火国的东边。河水从昆仑山的东北角发源,然后流到昆仑山的北面,再折向西南流入渤海,又流出海外,就此向西而后往北流,一直流入大禹所疏导过的积石山。洋水、黑水从昆仑山的西北角发源,然后折向东方,朝东流去,再折向东北方,又朝南流入大海,直到羽民国南面的弱水。青水从昆仑山的西南角发源,然后折向东方,朝北流去,再折向西南方,又流经毕方鸟所在地的东面。

从《山海经》描述的地理位置来看,昆仑山在中华大地的西北部,大致位置在青海与甘肃的交接处,而具体位置无疑在敦煌附近,部分已经深入古代西域地区。酒泉南山说是相对可信的。

三危山又名卑羽山,在敦煌市东南 25 公里处,绵延 60 公里,主峰在莫高窟对面,三峰危峙,故名三危。"三危"是史书记载中最早的敦煌地名。《尚书·舜典》记载:"窜三苗于三危"。传说西王母的使者三青鸟就栖息在三危山。

《北山经》记载,敦薨水从这座山发源,然后向西流入泑泽。泑泽位于昆仑山的东北角。有人认为敦煌可能是月氏族的译音。也有人认为敦煌可能是在《山海经》中被译为"敦薨"的吐火罗人,敦煌以前可能就叫"敦薨"。

根据西海在昆仑山北面的描述,西海不是今日的西海湖,而是古代的居延海。"昆仑之丘"即祁连山,如果由东向西行,祁连山正在流沙(腾格里沙漠和巴丹吉林沙漠)之滨,赤水(大通河)之后,黑水(党河)之前,那么祁连山北面的"西海"自然就是弱水(今额济纳河)流入的居延海了。居延海在今内蒙古额济纳旗北境,弱水(今额济纳河)自张掖北来,至下游分为东河、西河等河,汇聚于此。汉称居延泽,魏晋一名西海,唐以后通称居延海,本为一湖,位于汉居延城东北,狭长弯曲,形如初月。东汉建安时置西海郡,治所就在居延(今内蒙古额济纳旗东南),辖境约当今居延海附近一带。据《海内经》记载,西海之内,流沙之中,有国家称为壑市。西海之内,流沙之西,有国家称为氾叶。这里用"西海"和"流沙"来确定一个国家的位置,可见二者相距很近,这也说明了"西海"就是靠近腾格里沙漠和巴丹吉林沙漠的居延海。

昆仑山如果为六条河流的源头,则可以肯定是常年积雪的大雪山,当为祁连山脉某座靠近酒泉的山峰,但也不一定指而今推测的祁连山主峰。根据对昆仑山火光熊熊,以及旁边西王母居住的炎火山,一投进东西就燃烧起来的情况表明,昆仑山与炎山当时都是活动的火山,有熔岩沸腾。而昆仑虚四方的描述,极有可能是指山顶喷射过的火山口,在远处看来就是方的。昆仑上的宫殿在险要之处,当早已坍塌泯灭。昆仑山宫殿前种植了许多木禾,也就是今日的薏米。

判断某山是否为昆仑山,还有另外重要的辅助证据。昆仑山建有天帝的御苑。《海内西经》记载:"开明北有视肉、珠树、文玉树、玕琪树、不死树,凤皇、鸾鸟皆戴蒇,又有离朱、木禾、柏树、甘水、圣木曼兑。一曰挺木牙交。"视肉即肉灵芝,又叫太岁,是粘菌复合体。珠树、文玉树、玕琪树是天然形成的树状玉石。不死松又名龙血树,因其茎干肤色灰青,斑驳栉比状如龙鳞,而且又可分泌出鲜红的汁液,故而得其美名。

鸾鸟是古代传说中凤凰一类的神鸟。凤凰的原型接近于自然界的孔雀。离朱应该是太阳神鸟的原型,原型接近现有的雉类。木禾指的是薏米。圣木曼兑或挺木牙交应指即璇树,即传说中的赤玉树。这些东西作为当初的御苑组成部分,或者天帝的陪葬物,在真正的昆仑山上应该是能找到的。如果能在祁连山的某座主峰上找到昆仑圣殿的遗迹,以至于能找到天帝御苑中的这些圣物的痕迹,就基本能证明酒泉南山说是可能的了。

# 第十九章 《山海经》故事详解

## 一、南山经

### 南山经第一

南方第一列山系叫做鹊山山系。鹊山山系的头一座山是招摇山,屹立在西海岸边,生长着许多桂树,又蕴藏着丰富的金属矿物和玉石。山中有一种草,长得像韭菜却开着青色的花朵,名叫祝余,人吃了它就不会感到饥饿。山中又有一种树木,长得像构树却呈现黑色的纹理,并且光华照耀四方,名叫迷谷,人佩带它在身上就不会迷失方向。山中还有一种野兽,外形像猿猴但长着一双白色的耳朵,既能匍匐爬行,又能像人一样直立行走,名叫狌狌,吃了它的肉可以使人走得飞快。丽水从这座山发源,然后往西流入大海。水中有许多叫做育沛的东西,人佩带它在身上就不会生蛊胀病。

再往东三百里,是堂庭山。山上生长着茂密的棪木,又有许多白色猿猴,还盛产水晶石,并蕴藏着丰富的黄金。

再往东三百八十里,是即翼山。山上生长着许多怪异的野兽,水中生长着许多怪异的鱼。这里还盛产白玉,有很多蝮虫,很多奇怪的蛇,很多奇怪的树木,人是无法攀登上去的。

再往东三百七十里,是枏阳山。山南面盛产黄金,山北面盛产白银。山中有一种野兽,外形像马却长着白色的头,身上的斑纹像老虎而尾巴是红色的,吼叫的声音像人唱歌,名叫鹿蜀,人穿戴上它的毛皮就可以多子多孙。怪水从这座山发源,然后向东流入宪翼水。水中有众多暗红色的龟,外形像普通乌龟,却长着鸟一样的头和蛇一样的尾巴,名叫旋龟,叫声像劈开木头时发出的响声,佩带上它就能使人的耳朵不聋,还可以治愈脚底老茧。

再往东三百里,是柢山。山间多水流,没有花草树木。有一种鱼,外形像牛,栖息在山坡上,长着蛇一样的尾巴,胁骨上有一对翅膀,鸣叫的声音像犁牛,名叫鯥,冬天蛰伏而夏天复苏,吃了它的肉就能使人不患痈肿病。

再往东四百里,是亶爰山。山间多水流,没有花草树木,不能攀登上去。山中有一种野兽,外形像野猫却长着人一样的长头发,名叫类,一身兼有雄雌两种性器官,吃了它的肉就会使人不产生妒忌心。

再往东三百里,是基山。山南阳面盛产玉石,山北阴面有很多奇怪的树木。山中有一种野兽,外形像羊,却长着九条尾巴和四只耳朵,眼睛也长在背上,人穿戴上它的毛皮就不会产生恐惧心。山中还有一种禽鸟,外形像鸡,却长着三个脑袋、六只眼睛、六只脚和三只翅膀,吃了它的肉就会使人不打盹。

再往东三百里,是青丘山。山南面盛产玉石,山北面多出产青䨼。山中有一种野兽,外形像狐狸却长着九条尾巴,发出的声音与婴儿啼哭相似,能吃人,吃了它的肉就能使人不中妖邪毒气。山中还有一种禽鸟,外形像斑鸠,鸣叫的声音如同人在互相斥骂,名叫灌灌,把它的羽毛插在身上能使人不迷惑。英水从这座山发源,然后向南流入即翼泽。泽中有很多赤鱬,外形像普通的鱼却有一副人的面孔,发出的声音如同鸳鸯鸟在叫,吃了它的肉就能使人不生疥疮。

再往东三百五十里,是箕尾山。山的尾端坐落于东海岸边,沙石很多。汸水从这座山发源,然后向南流入淯水,水中多产白色玉石。

总计鹊山山系的首尾,从招摇山起,直到箕尾山止,一共是十座山,绵延二千九百五十里。诸山山神都长着鸟的身子和龙的头。祭祀山神时,需把禽畜和璋一起埋入地下,祀神的米用稻米,用白茅草来做神的坐席。

## 南山经第二

南方第二列山系的首座山是柜山。西边临近流黄酆氏国和流黄辛氏国,在山上向北可以望见诸毗山,向东可以望见长右山。英水从这座山发源,向西南流入赤水。水中有很多白色玉石,还有很多米粒般大小的丹砂。山中有一种野兽,外形像普通的小猪,却长着一双鸡爪,叫的声音如同狗叫,名叫狸力。哪里出现狸力,哪里就一定会有繁多的水土工程。山中还有一种鸟,外形像鹞鹰却长着人手一样的爪子,啼叫的声音如同痹鸣,名叫鴸,它的鸣叫声就是自身名称的读音。哪里出现它,哪里就一定会有众多的文士被流放。

从柜山往东南四百五十里,是长右山。这里没有花草树木,但有很多水。山中有一种野兽,外形像猿猴却长着四只耳朵,名叫长右,叫的声音如同人在呻吟,任何郡县一出现长右,就会发生大水灾。

再往东三百四十里,是尧光山。山南阳面多产玉石,山北阴面多产金。山中有一种野兽,外形像人却长有猪那样的鬣毛,冬季蛰伏在洞穴中,名叫猾褢,叫声如同砍木头时发出的响声。哪里出现猾褢,哪里就会有繁重的徭役。

再往东三百五十里,是羽山。山下到处是流水,山上经常下雨,没有花草树木,蝮虫很多。

再往东四百里,是句余山。山上没有花草树木,但有丰富的金属矿物和玉石。

再往东五百里,是浮玉山。在山上向北可以望见具区泽,向东可以望见诸毗水。山中有一种野兽,外形像老虎却长着牛的尾巴,发出的叫声如同狗叫,名叫彘,能吃人。苕水从这座山的北麓发源,向北流入具区泽,水中生长着很多紫鱼。

再往东五百里,是成山。这座山的形状像三层四方形的土坛叠在一起。山上盛产金属矿物和玉石,山下多产青雘。从这座山发源的小溪,向南流入虖勺水,水中有丰富的黄金。

再往东五百里,是会稽山,呈四方形。山上有丰富的金属矿物和玉石,山下盛产晶莹透亮的砆石。勺水从这座山发源,然后向南入湨水。

再往东五百里,是夷山。山上没有花草树木,到处是细沙和石子。湨水从这座山发源,然后向南流入列涂水。

再往东五百里,是仆勾山。山上有丰富的金属矿物和玉石,山下有茂密的花草树木,但没有禽鸟野兽,也没有水。

再往东五百里,是咸阴山。这里没有花草树木,也没有水。

再往东四百里,是洵山。山南阳面盛产金属矿物,山北阴面多出产玉石。山中有一种野兽,外形像普通的羊却没有嘴巴,不吃东西也能活着不死。洵水从这座山发源,然后向南流入阏泽,水中有很多紫色的螺。

再往东四百里,是虖勺山。山上到处是梓树和楠树,山下生长着许多牡荆树和枸杞树。滂水从这座山发源,然后向东流入大海。

再往东五百里,是区吴山。山上没有花草树木,到处是沙子和石头。鹿水从这座山发源,然后向南流入滂水。

再往东五百里,是鹿吴山。山上没有花草树木,但有丰富的金属矿物和玉石。泽更水从这座山发源,然后向南流入滂水。水中有一种野兽,名叫蛊雕,外形像普通的雕鹰却头上长角,发出的声音如同婴儿啼哭,能吃人。

再往东五百里,是漆吴山。山中没有花草树木,多出产可以用作棋子的博石,不产玉石。这座山位于东海之滨,从山上远望能看到一片丘陵,有光影忽明忽暗,那是太阳停歇之处。

总计南方第二列山系的首尾,从柜山起到漆吴山止,一共十七座山,绵延七千二百里。诸山山神都长着龙的身子和鸟的头。祭祀山神时,需把禽畜和玉璧一起埋入地下,祀神的米用稻米。

## 南山经第三

南方第三列山系的头一座山,是天虞山。山下到处是水,人不能上去。

从天虞山往东五百里,是祷过山。山上盛产金属矿物和玉石,山下到处是犀牛和兕,还有很多大象。山中有一种禽鸟,外形像鸡,却长着白色的脑袋、三只脚和人一样的脸,名叫瞿如,它的鸣叫声就是自身名称的读音。泿水从这座山发源,然后向南流入大海。水中有一种虎蛟,长着普通鱼的身子,却拖着一条蛇的尾巴,脑袋如同鸳鸯鸟的头,吃了它的肉就能使人不生痈肿病,还可以治愈痔疮。

再往东五百里,是丹穴山。山上盛产金属矿物和玉石。丹水从这座山发源,然后向南流入渤海。山中有一种鸟,外形像普通的鸡,但全身上下长满五彩羽毛,名叫凤凰,头上的花纹是"德"字的形状,翅膀上的花纹是"义"字的形状,背部的花纹是"礼"字的形状,胸部的花纹是"仁"字的形状,腹部的花纹是"信"字的形状。这种叫做凤凰的鸟,吃喝很自然从容,常常是自个儿边唱边舞,一出现天下就会太平。

再往东五百里,是发爽山。这里没有花草树木,到处流水,有很多白色的猿猴。泛水从这座山发源,然后向南流入渤海。

再往东四百里,便到了旄山的尾端。此处南面有一峡谷,叫做育遗,生长着许多奇怪的鸟,南风就是从谷里吹出来的。

再往东四百里,便到了非山的顶部。山上盛产金属矿物和玉石,没有水,山下到处是蝮虫。

再往东五百里,是阳夹山。这里没有花草树木,到处是流水。

再往东五百里,是灌湘山。山上到处是树木,但没有花草。山中有许多奇怪的禽鸟,却没有野兽。

再往东五百里,是鸡山。山上有丰富的金属矿物,山下盛产丹雘。黑水从这座山发源,然后向南流入大海。水中有一种怪鱼,外形像鲫鱼却长着猪毛,发出的声音如同小猪叫,它一出现就会天下大旱。

再往东四百里,是令丘山。这里没有花草树木,到处是野火。山的南边有一峡谷,叫做中谷,东北风就是从这里吹出来的。山中有一种禽鸟,外形像猫头鹰,却长着一副人脸和四只眼睛,而且有耳朵,名叫颙,它发出的叫声就是自身名称的读音,一出现天下就会大旱。

再往东三百七十里,是仑者山。山上有丰富的金属矿物和玉石,山下盛产青雘。山中有一种树木,长得像一般的构树却有着红色的纹理,枝干流出的汁液似漆,味道是甜的,人吃了它就不会感到饥饿,还可以解除忧愁,且能把玉石染得鲜红。

再往东五百八十里,是禺稿山。山中有很多奇怪的野兽,还有很多大蛇。

再往东五百八十里,是南禺山。山上盛产金属矿物和玉石,山下到处是流水。山中有一个洞穴,水在春天流入洞穴,在夏天流出,这个洞穴在冬天则闭塞不通。佐水从这座山发源,然后向东南流入大海。佐水流经的地方有凤凰和鹓雏栖息。

总计南方第三列山系的首尾,从天虞山起到南禺山止,一共十四座山,绵延六千五百三十里。诸山山神都长着龙的身子和人的脸面。祭祀山神时,全部是用一条白色的狗作供品祈祷,祀神的米用稻米。

以上是南方经历之山的记录,大大小小总共四十座,绵延一万六千三百八十里。


# 二、西山经


## 西山经第一

西方第一列山系华山山系的首座山,叫做钱来山。山上有许多松树,山下有很多洗石。山中有一种野兽,外形像普通的羊却长着马的尾巴,名叫羬羊,羬羊的油脂可以护理治疗干裂的皮肤。

从钱来山往西四十五里,是松果山。濩水从这座山发源,向北流入渭水,其中多产铜。山中有一种禽鸟,外形像一般的野鸡,长着黑色的身子和红色的爪子,可以用来治疗皮肤干皱。

再往西六十里,是太华山。山崖陡峭像刀削而呈现四方形,高五千仞,宽十里,禽鸟野兽无法栖身。山中有一种蛇,名叫肥遗,长着六只脚和四只翅膀,一出现就会天下大旱。

再往西八十里,是小华山。山上的树木大多是牡荆树和枸杞树,山中的野兽大多是柞牛。山北阴面盛产磬石,山南面盛产珚珸玉。山中有许多赤鷩鸟,饲养它就可以避火。山中还有一种叫做萆荔的草,长得像乌韭,但生长在石头上面,也攀缘树木而生长,人吃了它就能治愈心痛病。

再往西八十里,是符禺山。山南面盛产铜,山北面盛产铁。山上有一种树木,名叫文茎,结的果实像枣子,可以用来治疗耳聋。山中生长的草大多是条草,长得与葵菜相似,开红色花朵,结黄色果实,果实的样子像婴儿的舌头,吃了它就可使人不迷惑。符禺水从这座山发源,然后向北流入渭水。山中的野兽大多是葱聋,外形像普通的羊却长有红色的鬃毛。山中的禽鸟大多是鹠鸟,外形像一般的翠鸟却长着红色的嘴巴,饲养它可以避火。

再往西六十里,是石脆山。山上的树大多是棕树和楠树,而草大多是条草,与韭菜相似,开白色花朵,结黑色果实,人吃了这种果实就可以治愈疥疮。山南面盛产珚珸玉,而山北面盛产铜。灌水从这座山发源,然后向北流入禺水。灌水里有硫磺和赭土,将这种水涂洒在牛马的身上,就能使牛马健壮。

再往西七十里,是英山。山上到处是杻树和橿树,山北阴面盛产铁,而山南阳面盛产赤金。禺水从这座山发源,向北流入招水。水中有很多怪鱼,外形像一般的鳖,发出的声音如同羊叫。山南面还生长着很多箭竹,野兽大多是牦牛和羬羊。山中有一种禽鸟，外形像一般的鹌鹑鸟，却长着黄身子和红嘴巴，名叫肥遗，人吃了它的肉就能治愈麻风病，还能杀死体内寄生虫。

再往西五十二里，是竹山。山上到处是高大的树木，山北面盛产铁。山中有一种草，名叫黄蓶，长得像樗树，但叶子像麻叶，开白色的花朵，结红色的果实，果实外表的颜色像赭色，用它洗浴就可治愈疥疮，还可以治疗浮肿。竹水从这座山发源，向北流入渭水。竹水的北岸有很多的小竹丛，还有许多青色的玉石。丹水也发源于这座山，向东南流入洛水。水中多出产水晶石，又有很多人鱼。山中有一种野兽，外形像小猪却长着白色的毛，毛如簪子粗细而尖端呈黑色，名叫豪彘。

再往西一百二十里，是浮山。山上到处是盼木，长着枳树一样的叶子却没有刺，虫子寄生于此。山中有一种草，名叫薰草，叶子像麻叶却长着方方的茎干，开红色的花朵，结黑色的果实，气味像蘼芜，把它插在身上就可以治疗麻风病。

再往西七十里，是羭次山。漆水发源于此，向北流入渭水。山上有茂密的棫树和橿树，山下有茂密的小竹丛。山北面有丰富的赤铜，山南面有丰富的婴垣玉。山中有一种野兽，外形像猿猴而双臂很长，擅长投掷，名叫嚣。山中还有一种禽鸟，外形像一般的猫头鹰，长着人一样的面孔而只有一只脚，常常是冬天出现而夏天蛰伏，把它的羽毛插在身上就能使人不怕打雷。

再往西一百五十里，是时山。山上没有花草树木。逐水从这座山发源，向北流入渭水。水中有很多水晶石。

再往西一百七十里，是南山。山上到处是米粒大小的丹砂。丹水从这座山发源，向北流入渭水。山中的野兽大多是猛豹，而禽鸟大多是布谷鸟。

　　再往西一百八十里,是大时山。山上有很多构树和栎树,山下有很多杻树和橿树。山北面多出产银,而山南面有丰富的白色玉石。涔水从这座山发源,向北流入渭水;清水也从这座山发源,向南流入汉水。

　　再往西三百二十里,是冢遂山。汉水发源于此,然后向东南流入沔水;嚣水也发源于此,向北流入汤水。山上到处是葱茏的桃枝竹和钩端竹,野兽以犀牛、兕、熊、罴居多,禽鸟以白翰和赤鷩居多。山中有一种草,叶子长得像蕙草叶,茎干却像桔梗,开黑色花朵但不结果实,名叫菁蓉,吃了它就会使人不能生育孩子。

　　再往西三百五十里,是天帝山。山上是茂密的棕树和楠树,山下主要生长茅草和蕙草。山中有一种野兽,长得像普通的狗,名叫溪边。人坐卧时,铺垫上溪边兽的皮就不会中妖邪毒气。山中又有一种禽鸟,外形像一般的鹌鹑鸟,但长着黑色的花纹和红色的颈毛,名叫栎,人吃了它的肉可以治愈痔疮。山中还有一种草,长得像葵菜,散发出和蘼芜一样的气味,名叫杜衡,给马插戴上它就可以使马跑得很快,而人吃了它就可以治愈脖子上的赘瘤。

　　往西南三百八十里,是皋涂山。蔷水发源于此,向西流入诸资水;涂水也发源于此,向南流入集获水。山南面到处是米粒大小的丹砂,山北面盛产银和黄金,山上到处是桂树。山中有一种白色的石头,名叫礜,可以用来毒死老鼠。山中又有一种草,叶子像葵菜的叶子而背面是红色的,名叫无条,可以用来毒死老鼠。山中还有一种野兽,外形像普通的鹿,却长着白色的尾巴、马一样的脚蹄、人一样的手和四只角,名叫玃如。山中还有一种禽鸟,外形像鹞鹰却长着人一样的脚,名叫数斯,吃了它的肉就能治愈人脖子上的赘瘤。

　　再往西一百八十里,是黄山。这里没有花草树木,到处是郁郁葱葱的竹丛。盼水从这座山发源,向西流入赤水。水中有很多玉石。山中有一种野兽,外形像普通的牛,却长着苍黑色的皮毛和大大的眼睛。山中又有一种禽鸟,外形像一般的猫头鹰,却长着青色的羽毛和红色的嘴,像人一样的舌头能学人说话,名叫鹦鹉。

再往西二百里,是翠山。山上是茂密的棕树和楠树,山下到处是竹丛,山南面盛产黄金和玉,山北面有很多牦牛、羚羊和麝。山中的禽鸟大多是鸓鸟,外形像一般的喜鹊,却长着两个脑袋、四只脚和红黑色的羽毛,人养着它可以避火。

再往西二百五十里,是騩山。它坐落在西海边上。这里没有花草树木,却有很多玉石。凄水从这座山发源,向西流入大海。水中有许多彩石、黄金,还有很多米粒大小的丹砂。

总计西方第一列山系的首尾,自钱来山起到騩山止,一共十九座山,绵延二千九百五十七里。华山是诸山的宗主。祭祀华山山神时,需用猪、牛、羊齐全的三牲作祭品。羭山山神是神奇威严的。祭祀羭山山神需用烛火,斋戒一百天后用一百只毛色纯正的牲畜,随一百块瑜埋入地下,再烫上一百樽美酒,祀神的玉器是一百块玉珪和一百块玉璧。祭祀其余十七位山神的典礼相同,都是用一只完整的羊作祭品。所谓的烛,就是用百草制作的尚未烧成灰的火把。而祀神的席是用各种颜色等差有序地将边缘装饰起来的白茅草席。